PRIVATE FUND CONTRACTS
ARBITRATION CASES

深圳国际仲裁院　中国国际仲裁研究院　编著

刘晓春　主编　　何音　洪艳蓉　刘哲玮　副主编

TYPICAL ARBITRATION CASES AND PRACTICAL ESSENTIALS
OF PRIVATE FUND CONTRACTS

私募基金合同纠纷
典型仲裁案例与实务精要

图书在版编目(CIP)数据

私募基金合同纠纷典型仲裁案例与实务精要／深圳国际仲裁院，中国国际仲裁研究院编著． —北京：北京大学出版社，2023.6
　ISBN 978-7-301-34137-7

Ⅰ．①私… Ⅱ．①深… ②中… Ⅲ．①证券投资基金法—经济纠纷—审判—案例—中国 Ⅳ．①D922.287.5

中国国家版本馆 CIP 数据核字(2023)第 109001 号

书　　　名	私募基金合同纠纷典型仲裁案例与实务精要 SIMU JIJIN HETONG JIUFEN DIANXING ZHONGCAI ANLI YU SHIWU JINGYAO
著作责任者	深圳国际仲裁院　中国国际仲裁研究院　编著
责 任 编 辑	王建君
标 准 书 号	ISBN 978-7-301-34137-7
出 版 发 行	北京大学出版社
地　　　址	北京市海淀区成府路 205 号　100871
网　　　址	http://www.pup.cn　http://www.yandayuanzhao.com
电 子 邮 箱	编辑部 yandayuanzhao@pup.cn　总编室 zpup@pup.cn
新 浪 微 博	@北京大学出版社　@北大出版社燕大元照法律图书
电　　　话	邮购部 010-62752015　发行部 010-62750672　编辑部 010-62117788
印 刷 者	大厂回族自治县彩虹印刷有限公司
经 销 者	新华书店
	650 毫米×980 毫米　16 开本　25 印张　422 千字 2023 年 6 月第 1 版　2024 年 9 月第 2 次印刷
定　　　价	88.00 元

未经许可，不得以任何方式复制或抄袭本书之部分或全部内容。
版权所有，侵权必究
举报电话：010-62752024　电子邮箱：fd@pup.cn
图书如有印装质量问题，请与出版部联系，电话：010-62756370

私募基金合同纠纷典型仲裁案例与实务精要编辑委员会

主 编
刘晓春

副主编
何 音　洪艳蓉　刘哲玮

学术委员会
(以姓氏拼音为序)

傅郁林	郭 雳	郭小慧	郭晓文	黄显辉	黄亚英	蒋小文
梁爱诗	梁定邦	刘春华	刘晓春	潘剑锋	Peter Malanczuk	
沈四宝	王桂壎	袁国强	张守文	张勇健	赵 宏	

编委会成员
(以姓氏拼音为序)

安 欣　蔡书馨　陈巧梅　陈 昕　董连和　樊奇娟　范文静
黄郭勇　李秋良　李 冶　林一飞　王素丽　谢卫民　熊天保
杨 涛　曾银燕　曾宇洁　赵 枫　赵彦莹　周春玲　周 毅
朱 宏　邹长林　邹处平

编辑部成员
(以姓氏拼音为序)

邓凯馨　付汶卉　何 音　刘欣琦　孟 伟　庄淮清

撰稿人

(以姓氏拼音为序)

蔡卓瞳 范正阳 杭雅伦 柯 达 王艺璇 武鸿儒 杨骐玮
袁也然 郑舒倩

序

2012年12月28日,修订后的《中华人民共和国证券投资基金法》正式将私募基金纳入法律规范范畴。"入法"十年来,私募基金行业进入高速发展期。根据中国证券投资基金业协会发布的数据,截至2022年末,我国存续私募基金管理人23667家,私募基金143658只,私募基金管理规模达19.33万亿元。[①]私募基金已成为我国多层次资本市场的重要组成部分和创新资本形成的重要载体,在丰富金融工具和产品供给、提高直接融资比重、推动供给侧结构性改革等方面发挥了关键作用。

与此同时,私募基金行业的发展也暴露出变相公开募集资金、承诺保本保收益、信息披露违约违规等许多问题,行业风险逐步显现。与其他金融市场一样,这些问题的解决,既需要持续完善行业监管规则,也需要接受以诉讼、仲裁为代表的争议解决体系的全面检视。近年来,证监会颁布的《私募投资基金监督管理暂行办法》《关于加强私募投资基金监管的若干规定》等文件已初步构建起监管框架,通过重申和细化底线要求,促进私募行业回归"私募"和"投资"本源;诉讼和仲裁判例与监管和实践实现了一定互动,但总体上争议解决体系对私募行业的规范仍不够系统化、体系化,如何合理界定私募基金当事人的权利义务,准确认定合同效力和违约责任,仍需要进一步探索和研究。

深圳国际仲裁院(又名华南国际经济贸易仲裁委员会、粤港澳大湾区国际仲裁中心、深圳仲裁委员会,以下简称"深国仲")创立于1983年,是中国改革开放之后各省市设立的第一家仲裁机构,也是粤港澳地区第一家仲裁机

---

① 参见中国证券投资基金业协会:《2022年私募基金登记备案综述》,载https://www.amac.org.cn/researchstatistics/report/zgsmjjhysjbg/,访问日期:2023年2月17日。

构。2021年11月,深国仲与深圳证券交易所落实综合改革试点与证券期货行业仲裁试点任务,共建中国(深圳)证券仲裁中心,致力于提供国际一流的资本市场争议解决服务。为帮助业界人士了解私募基金合同纠纷仲裁案件的裁判要点,深国仲系统梳理和筛选了近年来由深国仲处理的代表性案例,在对当事人信息进行脱密处理的前提下,组织研究人员进行深度评析。本案例集的出版将有助于当事人掌握私募基金合同纠纷仲裁案件的裁判动向,为新形势下私募基金风险防范及纠纷化解提供指引,推动行业高质量可持续发展。

致　谢

以下仲裁员(以姓氏拼音为序)为本书选编仲裁案例的仲裁庭组成人员,特在此表示衷心感谢!

蔡　奕	曹圆媛	陈国尧	陈　胜	陈　勇	高　峰	郭晓文
洪艳蓉	胡泽恩	胡忠孝	黄士林	黄思周	计剑锋	林一飞
刘东耀	刘清香	卢国聪	鲁　楷	陆继强	麻云燕	彭庆伟
钱伯明	钱明强	申　黎	宋萍萍	孙红庆	台　冰	唐文峰
仝胜利	童　新	王春阁	王千华	王秋潮	吴　伟	项　翔
谢学军	徐　建	杨玉亭	余　峰	张德明	张　亮	张愉庆
周佳兴	朱　涛					

编　者
2023 年 2 月 6 日

凡 例

1. 深圳国际仲裁院,又名华南国际经济贸易仲裁委员会、粤港澳大湾区国际仲裁中心、深圳仲裁委员会,曾用名中国国际经济贸易仲裁委员会华南分会、中国国际经济贸易仲裁委员会深圳分会。

2. 除非另有注明,各案例所涉币种均为人民币。

3. 法律文件名称中的"中华人民共和国"省略,例如《中华人民共和国民法典》简称《民法典》。

4. 《合同法》《担保法》《民法总则》已自2021年1月1日起废止。

5. 全简称对照表。

简 称	全 称
证监会	中国证券监督管理委员会
中基协	中国证券投资基金业协会
银保监会	中国银行保险监督管理委员会
《基金法》	《中华人民共和国证券投资基金法》
《合同法解释(二)》	最高人民法院《关于适用〈中华人民共和国合同法〉若干问题的解释(二)》(法释〔2009〕5号,已失效)
《担保制度解释》	最高人民法院《关于适用〈中华人民共和国民法典〉有关担保制度的解释》(法释〔2020〕28号)
《合同纠纷指导意见》	最高人民法院《关于当前形势下审理民商事合同纠纷案件若干问题的指导意见》(法发〔2009〕40号)
《九民纪要》	最高人民法院《全国法院民商事审判工作会议纪要》(法〔2019〕254号)

(续表)

简　称	全　称
《私募管理办法》	《私募投资基金监督管理暂行办法》(中国证券监督管理委员会令第105号)
《私募若干规定》	《关于加强私募投资基金监管的若干规定》(中国证券监督管理委员会公告〔2020〕71号)
《基金募集办法》	《私募投资基金募集行为管理办法》(2016年7月15日施行)
《私募信息披露办法》	《私募投资基金信息披露管理办法》(2016年2月4日施行)
《资管新规》	中国人民银行、中国银行保险监督管理委员会、中国证券监督管理委员会、国家外汇管理局《关于规范金融机构资产管理业务的指导意见》(银发〔2018〕106号)
《仲裁规则》	《深圳国际仲裁院仲裁规则》
《担保法司法解释》	最高人民法院《关于适用〈中华人民共和国担保法〉若干问题的解释》(法释〔2000〕4号,已失效)

目 录

专题一 私募基金的募集与适当性义务

（一）私募基金合同性质与效力

案例1 私募基金合同性质是否"名为基金,实为借贷"（一） ········ 003

案例2 私募基金合同性质是否"名为基金,实为借贷"（二） ········ 013

（二）私募基金的违规或非法募集

案例3 未提示子基金投资范围按约定变更不构成欺诈 ············ 026

案例4 私募基金募集行为合法合规性的认定 ···················· 037

案例5 两份基金合同约定不一时投资者购买基金份额类别的判断 ··· 051

（三）私募基金的投资者适当性义务

案例6 私募基金募集的投资者适当性义务及其法律责任 ········ 061

案例7 私募基金管理人未进行回访确认的法律后果 ············ 073

专题二 私募基金的投资与管理（上）

（一）私募基金的财产独立性与主体资格

案例8 契约型私募基金法律主体资格与管理人仲裁主体资格的认定 ··· 089

（二）私募基金的投资目标与资金的合规运用

案例9 基金净值止损线条款有效变更的认定 ··················· 101

案例10 私募基金管理人未依约投资的认定与法律责任 ········ 112

案例11 私募基金管理人因客观原因未能及时平仓不构成违约 ··· 124

案例 12　基金投向不符合约定,投资者有权引用法定事由解除
合同 ·· 136

(三)私募基金的信息披露
案例 13　私募基金信息披露义务人及其披露内容与方式的
确定(一) ·· 148
案例 14　私募基金信息披露义务人及其披露内容与方式的
确定(二) ·· 160
案例 15　私募基金净值的确认及其披露义务的履行 ················· 175

(四)私募基金与刚性兑付
案例 16　基金份额转让协议相对于基金合同的独立性与效力
认定 ·· 185
案例 17　私募基金管理人关联方回购的法律效力 ····················· 196

专题三　私募基金的投资与管理(下)

(一)私募基金更换基金管理人
案例 18　私募基金管理人失联后基金合同终止和清算与否的
认定 ·· 213

(二)私募基金的管理人职责
案例 19　私募基金管理人履行信义义务与否的认定 ················· 224
案例 20　FOF 基金管理人平仓义务的认定 ································ 238
案例 21　管理人依约尽责推进基金管理和清算,投资者应自担
风险 ·· 250
案例 22　同一类别投资者享有基金财产公平分配权 ················· 262
案例 23　管理人的选择符合商业判断,自愿提前终止基金的
投资者应自担风险 ··· 276

(三)私募基金的托管人责任
案例 24　账户监督人与基金托管人的区分及其责任认定 ········· 289

案例 25　基金托管人应否与基金管理人成为共同受托人承担
　　　　　连带责任 ·· 300
案例 26　基金的间接投资方式及其基金托管人审核监督义务
　　　　　的履行 ·· 313

专题四　私募基金的退出与清算

(一) 私募基金的延期与退出

案例 27　基金份额自动赎回条款的理解与执行 ···················· 325
案例 28　基金延期的生效要件及其决定的披露 ···················· 338
案例 29　基金合同预期违约的解除与救济 ·························· 350

(二) 私募基金的清算

案例 30　基金份额赎回权与基金清算的冲突处理 ················· 361
案例 31　基金财产清算中预留费用的合法扣除 ···················· 375

专题一
私募基金的募集与适当性义务

（一）私募基金合同性质与效力

案例1　私募基金合同性质是否"名为基金，实为借贷"（一）

仲裁要点：投资者与基金管理人在私募基金合同中约定于投资期限内依约付息，并于期限届满时通过基金退出来实现返还投资本金和支付利息的，因相关约定符合借款合同的特征与规定，投资者与基金管理人之间实际上构成了民间借贷法律关系，应当按照民间借贷的法律关系进行认定。

一、案情概要

自然人 A（本案申请人）于 2017 年 11 月 9 日认购由基金管理人 B 资本管理有限公司（本案被申请人）发起并管理的"××保理投资私募基金"项目 300 万元整。双方及案外人 D 银行于 2017 年 11 月 15 日签订的《基金合同》约定，项目的投资方式为债权投资，资金投向为 C 商业保理公司持有的应收账款债权，基金退出日为每个月的 15 日和 30 日，退出金额的计算公式为：退出金额＝投资者持有基金份额＋预期业绩比较基准；申请人的投资期限为 12 个月，业绩比较基准（年化）为 9.50%；收益分配方式为半年付息，到期还本付息。此外，被申请人于 2017 年 11 月向申请人出具的《基金成立确认函》载明，起息日为 2017 年 11 月 10 日，到期日为 2018 年 11 月 15 日（到期 10 个工作日内兑付）。

2018 年 5 月 15 日，即第一期付息日，私募基金募集专户向申请人支付了第一期半年利息 141820 元整，但未于到期日 2018 年 11 月 15 日支付本金及剩余利息。2018 年 11 月 23 日，私募基金募集专户通过银行转账向申请人支付了部分投资款本金 30000 元整。《银行个人账户收款回单》的摘要/附言内容注明："××保理投资私募基金"投资者兑付本金。此后，被申请人未再向申请人支付任何款项。

2019年5月20日,申请人根据《基金合同》约定的仲裁条款向深圳国际仲裁院提起仲裁,请求裁决:

1. 被申请人返还申请人投资款297万元,并支付未按期兑付应承担的利息(利息按照《基金合同》约定的年利率9.50%的标准计算,计算至提出仲裁申请之日共计291507.50元,其中2018年5月16日至2018年11月23日期间以300万元为本金计算利息,利息为152000元,自2018年11月24日起以297万元为本金计算利息,计算至提起仲裁申请之日为139507.50元,利息实际应计算至被申请人付清所有款项之日止)。

2. 被申请人承担本案仲裁费、保全费、律师费等仲裁费用。

二、当事人主张

(一)申请人主张

申请人主张,《基金合同》虽形式为基金合同,但实质上为借款合同,被申请人应依照《基金合同》的约定还本付息。理由在于:

首先,从《基金合同》第一部分"××保理投资私募基金简要说明书"的内容和条款看,被申请人向申请人承诺及确认的事实为"保本付息,到期回购",申请人基于上述核心条款才与被申请人签订《基金合同》。从实际利息支付情况看,2018年5月15日被申请人向申请人支付利息141820元的事实,被申请人是按合同载明的利率来计付,而不是根据基金产品的收益情况来计付。由此可见,申请人与被申请人之间签订的《基金合同》具备借款合同的性质,其中约定保本付息的条款对申请人及被申请人均有约束力。

其次,被申请人作为基金管理人从未向申请人提交过本案基金产品实际运行情况的报告,被申请人也从未向申请人提供投资款实际投向的证明材料。

最后,投资期限终止后被申请人提出该基金存在亏损,但未向申请人提供任何关于该基金亏损的说明或报告,而是直接向申请人兑付部分本金。如果本案基金在投资期限届满前存在亏损或其他问题,被申请人按照惯例应当与申请人对亏损情况进行确认或对预期业绩比较基准进行调整,但被申请人没有作出任何重新确认的行为而是直接进行兑付。由此可见,被申请人认可申请人的退出价格应按照《基金合同》约定的业绩比较基准计算,表明被申请人当时是愿意全额兑付,从这一层面也可以看出《基金合同》实际上具备借款合同的性质。

(二)被申请人主张

被申请人主张,申请人与被申请人之间系委托投资关系,被申请人已依约管理、运用基金财产,申请人作为合格投资者在预期投资收益的同时也应当自行承担投资风险。申请人在本案基金暂无可供分配收益的情形下强行要求被申请人代为偿付本息收益的行为,不仅违反了《基金合同》及系列投资相关文件的条款,还明显违反了私募基金监管部门关于严禁"保本保收益""刚性兑付"的原则。

被申请人作为基金管理人,仅在因违反法律法规或《基金合同》的约定导致基金财产遭受损失的情况下承担赔偿责任。本案基金出现未回款情形后,被申请人已积极采取措施,履行管理人职责,投资者的损失还未实际发生。即使最终项目公司兑付不能,确实无法全部/部分回款,该损失也并非被申请人原因所致,申请人要求被申请人返还投资本金及支付利息的主张无任何事实和法律依据。

三、仲裁庭意见

装订成册的基金合同文件由《××保理投资私募基金简要投资说明书》(以下简称《基金合同之投资说明书》)《基金合同》等文件组成。仲裁庭认为,《基金合同》系双方当事人自愿协商签订的,是双方当事人的真实意思表示,不违反中国的法律和行政法规的强制性规定,应属合法有效,并对本案双方当事人具有约束力。

关于当事人之间的法律关系,仲裁庭认为,《基金合同》虽名为基金合同,但实质应为借款合同,申请人与被申请人之间形成的是民间借贷法律关系。具体理由如下:

第一,从合同的约定看,《基金合同》明确了申请人的投资本金为300万元,投资期限为12个月;作为《基金合同》组成部分的《基金合同之投资说明书》明确了申请人的投资本金为300万元,投资期限为12个月,业绩比较基准(年化)为9.50%,收益分配是半年付息,到期还本付息;被申请人出具的《基金成立确认函》亦确认:申请人的出资金额为300万元整,投资期限为12

个月,预期年化收益率为9.50%,起息日为2017年11月10日,到期日为2018年11月15日(到期10个工作日内兑付);《基金合同》还约定了基金退出日和计算公式,退出金额=投资者持有基金份额+预期业绩比较基准。所有这些约定表明申请人依约认购基金份额,被申请人在投资期限内依约付息,并在期限届满时通过基金退出来实现返还投资本金和支付利息。该等约定符合借款合同的特征与规定,申请人与被申请人之间应构成民间借贷法律关系,应当按照民间借贷的法律关系进行认定。因此,《基金合同》名为基金投资,实为民间借贷,即申请人的出资金额(即认缴基金份额)实为借款本金,投资期限实为借款期限,预期年化收益率实为年利率,借款期内的利息每半年支付一次,最后一次利息于借款期限届满时与本金一起支付。

第二,从被申请人的还本付息看,被申请人按照《基金合同之投资说明书》中半年付息的约定向申请人支付了第一期半年利息,该利息的计算依据为《基金合同之投资说明书》和《基金成立确认函》中约定的预期业绩比较基准(年化)9.50%;2018年11月23日,被申请人向申请人返还了部分投资本金30000元。被申请人的上述还本付息行为并非依据基金实际运营的盈亏情况,而是依据《基金合同之投资说明书》和《基金成立确认函》的约定,符合民间借贷中还本付息的特征,表明申请人与被申请人之间形成了民间借贷关系而非真正的基金投资行为。

第三,从基金投资的还款来源看,本案基金的第一还款来源为应收账款回款,第二还款来源为原始债权人到期回购,第三还款来源为担保方还款,第四还款来源为C商业保理公司到期回购。这些安排实质上是被申请人对本案基金投资预期收益的保证。申请人与被申请人通过签订《基金合同》《基金合同之投资说明书》《基金成立确认函》等约定申请人明确的预期收益,被申请人按半年向申请人支付预期收益利息,在约定的投资期届满后归还本金,且在未能达到最低预期的情况下,通过上述保证措施以兑现申请人投入的本金及收益。该《基金合同》《基金合同之投资说明书》《基金成立确认函》具有申请人只享受利益而不承担投资风险的特征,故本案不符合基金投资关系的基本特征,仲裁庭不能认定申请人与被申请人之间形成的是基金投资关系。

第四,从基金的使用情况看,《基金合同之投资说明书》约定,基金应投资于C商业保理公司持有的优质应收款债权,保理核心企业为F集团,旗下控股上市公司G公司是通风设备及系统领域的龙头企业。在庭审调查中,被申请人未能说明基金的实际使用情况,且在庭后规定的期限内没有提交基金投资用途的证据,亦未提供其未能提交相关证据的理由。在未能证明申请人投资款之用途和运行的情况下,被申请人以本案基金亏损无法进行兑付作为抗辩,缺乏事实依据,仲裁庭不予采信。

第五,从基金管理人的义务看,《基金合同》约定,被申请人作为基金管理人应严格按基金文件的约定,履行诚实、信用、谨慎、有效管理的义务。申请人主张,被申请人作为基金管理人从未向申请人提供过投资款实际投向的证明材料,亦未提交本案基金产品实际运行情况的报告。庭审中,被申请人同意在庭后提交本案基金投资款的实际用途、本案基金产品的实际运行情况以及还款来源保证措施等方面的相关证据,但被申请人在规定的期限内没有提供任何相关证据,亦未提供其未能提交相关证据的理由。因此,被申请人主张其已履行了诚实、信用、谨慎、有效管理之义务,缺乏事实依据,仲裁庭不予采信。

第六,从诚实信用原则看,《基金合同之投资说明书》写明,被申请人是由来自国内外知名学府、具有丰富经验的专业人士组成,是集保理、供应链、融资租赁、财富管理、股权投资、证券投资等业务的综合性金融集团。作为证券投资、股权投资的专业机构,被申请人在明知《私募管理办法》等部门行政性规章和《资管新规》等行业标准和业务规范的情况下,单方制作具有申请人只享受利益而不承担投资风险特征的《基金合同》并与申请人签订《基金合同》,之后又主张该合同中约定的被申请人偿付本息收益的行为违反私募基金监管部门严禁的"保本保收益""刚性兑付"等原则。被申请人的该等行为有悖于诚实信用原则,应承担相应的法律后果。

第七,从合同的制作情况看,《基金合同》是被申请人提前印制成册并重复使用的合同;被申请人未能提供其与申请人协商修订《基金合同》的证据。因此,仲裁庭认为,《基金合同》属于被申请人的格式合同,应当作出有利于申请人的解释。

四、裁决结果

仲裁庭支持了申请人的全部仲裁请求,具体裁决如下:

1. 被申请人返还申请人投资款297万元,并支付该款项相应利息(自2018年5月16日起,以300万元为本金,按照《基金合同》约定的年利率

9.50%的标准,计至2018年11月23日利息为149917.81元;自2018年11月24日起,以297万元为本金,按照《基金合同》约定的年利率9.50%的标准,计至被申请人付清本息之日止)。

2. 被申请人承担申请人因本案仲裁产生的律师费和保全费。
3. 本案仲裁费用由被申请人承担。

五、评析

本案的争议焦点在于当事人之间是何种法律关系。关于契约型私募基金合同的性质,在司法实践中,根据具体案情的不同,主要有信托关系、委托理财关系和借贷关系等观点。[①]考虑到本案要区别的是借贷与投资,且以证券投资基金为典型的资产管理难以简单用委托或信托定性[②],在此以"基金投资关系"来与借贷关系相区别。

区别二者的意义在于,若本案合同系基金投资关系,则适用《基金法》《私募管理办法》等相关规定,在案涉基金亏损的情况下,被申请人无须向申请人支付《基金合同》约定的预期收益。若系借贷关系,则适用《合同法》中关于借款合同的相关规定,被申请人应按照《基金合同》及《基金成立确认函》的相关约定向申请人还本付息。

(一)关于基金投资与借贷的区别

根据《基金法》第2条的规定,所谓"证券投资基金"是由基金管理人管理,基金托管人托管,为基金份额持有人的利益进行证券投资活动的金融工具。作为一种金融投资工具,证券投资基金也具有投资性和风险性的基本特征。[③]根据《基金法》第3条和第5条第1款的规定,公募基金的基金份额持有人按其所持基金份额享受收益和承担风险,而私募基金的收益分配和风险承担由基金合同约定;基金份额持有人以其出资为限对基金财产的债务承担责任,但基金合同可依法另行约定。

---

① 参见上海金融法院综合审判一庭课题组:《涉契约型私募基金案件法律适用疑难问题研究——以115篇类案数据分析报告为基础》,载《上海法学研究》2021年第8卷。
② 参见缪因知:《资产管理内部法律关系之定性:回顾与前瞻》,载《法学家》2018年第3期。
③ 参见邢会强主编:《证券法学》,中国人民大学出版社2019年版,第7页。

而根据《合同法》的规定,所谓"借款合同"是借款人向贷款人借款,到期返还借款并支付利息的合同,其内容一般包括借款种类、币种、用途、数额、利率、期限和还款方式等条款。①借款合同的主要特征在于,其标的为金钱,合同的功能是转移标的钱款的所有权。②

相较于公募基金合同,私募基金合同具有更大的契约自治空间,也正因为如此,私募基金合同在一定程度上有可能被用于承载借贷法律关系。但是,基金和借贷是两种功能不同的融资工具,二者所形成的法律关系主要有以下几方面不同:

1. 关于风险负担

基金投资关系下,使用资金的风险由作为资金提供方的投资者负担,作为资金使用方的基金管理人为投资者利益行事,其履行诚实信用、勤勉尽责的义务并收取相应的管理费用。基金投资遵循的一般逻辑是在"卖者尽责"的前提下,风险由"买者自负",投资者是否能够获得本金和预期收益取决于基金的运营情况,基金管理人不得向投资者承诺投资本金不受损失或者承诺最低收益。③当基金亏损时,不论基金管理人自身资产情况如何,均无保本付息负担。由于投资者承担了主要的投资风险,但资金却由基金管理人使用,在风险管理上,基金财产独立于基金管理人的财产,且基金管理人应按照《基金合同》约定的用途使用资金,不得挪用基金财产。

而借贷关系下,使用资金的风险由作为资金使用方的借款人负担,借款人为自己利益行事,其合同义务主要是按照约定用途使用借款,以及按期支付利息和按期返还借款。借款人的还款义务不会因其使用资金亏损而改变。借贷关系下,所借款项与借款人的财产是混同的,借款合同之所以约定资金用途,并非因为借款人使用资金出现亏损便无须还款,该约定的目的在于适当控制资金运用风险,避免借款人因过度冒险而丧失还款能力,确保当事人最初共同预期的收益相对确定。

2. 关于收益分配和剩余所有权归属

基金投资关系下,收益分配和剩余所有权的基础是由投资者所提供资金组成的基金资产。尽管《基金合同》会对预期收益进行约定,但理论上投资

---

① 参见《民法典》第667条和第668条。
② 参见王利明主编:《民法(下册)》(第9版),中国人民大学出版社2022年版,第233页。
③ 参见《私募管理办法》第15条。

者的收益是无限的。同样,基金的剩余所有权也归属于投资者而非基金管理人。而借贷关系下,还本付息的基础是借款人的财产状况。贷款人的收益是固定的本金和利息,而借款人的收益是无限的,即由借款人享有剩余所有权。

3. 关于退出机制

基金遵循的是清算退出的逻辑,即根据当时基金财产的情况清算份额后退出,也正因为如此,在订立合同时,投资者无法确定退出时的收益。而借贷关系遵循的是还本付息的逻辑,借款期限届满时不需要清算标的款项的使用情况,相应的,贷款人在订立合同时对未来的收益有确定预期。

可以看到,基金投资与借贷是两种不同的安排,二者的区别其实是股权性投资与债权性投资的差异,风险特征不同,发挥融资功能的机制亦不相同,其中,风险特征是最为基础的,因为风险特征的不同,衍生出不同的交易安排。适用于借贷关系的相关法律规则针对的是资金使用方享受无限收益且承担无限风险的情形,将其适用于资金提供方承担无限风险的情形,会导致权利义务的失衡,故而有甄别借基金之名行借贷之实的必要。因此,在认定相关当事人之间所形成法律关系时,应检验合同安排与何种产品的功能和特点相契合,不能按照所签订合同的名称进行简单认定。

(二) 关于本案的法律关系

本案中,《基金合同》通过设置保本保息的退出方式和多重还款来源保障申请人承担的风险与资金的使用情况脱钩。在该交易构造下,即便基金亏损,申请人依旧可以获得本金和固定利息回报,无论基金管理人是否勤勉尽责,作为投资者的申请人实际上不承担基金的经营风险。此外,从基金退出金额的计算公式(退出金额=投资者持有基金份额+预期业绩比较基准)也可以看出,即便基金盈利,投资者也不享有超过预期业绩比较基准之外的收益。经由合同安排,投资者的风险被转嫁给他人,其不承担基金亏损的风险,在订立合同时,其收益也是确定的,并不符合基金的特征。

除此之外,本案仲裁庭还从基金的实际使用情况不透明、基金管理人未能举证其已履行了勤勉管理之义务、格式合同应作有利于投资者的解释等方面对论证进行了完善。其中第二点和第六点理由值得关注。

仲裁庭在第二点理由中提到,被申请人于2018年11月23日向申请人返还部分投资本金30000元的行为并非依据基金实际运营情况,而是符合民间借贷中还本付息的特征。需注意的是,仲裁庭的该项认定系综合本案情况所作出的,一般情况下,基金管理人返还本金的行为并不当然意味着符合民间借贷中还本付息的特征,亦有可能系根据基金运营情况,投资者的投资仅剩余部分本金,或者基金管理人未能履行全额兑付义务。在这种情况下,基金管理人虽有违约行为,但并不会改变合同性质。当然,本案中,被申请人未能提供有关基金实际运营情况的证据,由其承担举证不利的后果并无不妥,但抛开本案而言,对合同性质的认定应回归到风险特征的差异上。

仲裁庭在第六点理由中提到,被申请人单方面制作具有申请人只享受利益而不承担投资风险特征的合同,并与申请人签署了该合同,此后又以合同相关规定违反"刚性兑付"原则而拒绝履行合同,有违诚信原则。这里的法律依据是《私募管理办法》第 3 条。① 除违背诚信原则外,被申请人的主张实际上还缺乏法律依据。2018 年 4 月 27 日发布并实施的《资管新规》首次明确要打破"刚性兑付",该意见为确保平稳过渡,按照"新老划断"原则设置了自"本意见发布之日起至 2020 年底"的过渡期,过渡期内,仅要求金融机构发行的新产品应当符合相关规定,为接续存量产品所投资的未到期资产,维持必要的流动性和市场稳定,还可以发行老产品对接。案涉基金成立于 2017 年 11 月 15 日,早于该文件发布之日,并且申请人的投资到期日为 2018 年 11 月 15 日,尚在过渡期内,因此,案涉基金实际上并不适用该文件。

不过,尽管直至 2018 年监管部门才明确提出禁止"刚性兑付"②,2018 年中基协才在业务准入端切断基金从事借贷工作的可能③,2020 年证监会才明确禁止私募基金管理人从事借贷工作④,但在逻辑上,并非这些规定决定了基金的功能和特征;相反,应是基金的功能和特征决定了监管部门出台相关规定——基金是一种投资者承担无限风险的融资工具,有别于借款人承担无限责任的借贷;基金管理人的职责是代为管理投资者的资产,不应借基金之名从事应由银行开展的吸储、放贷工作。从《基金法》第 3 条和第 5 条第 1 款强调非公开募集基金的合同应"依照本法"约定,以及《私募管理办法》第 15

---

① 《私募管理办法》第 3 条规定,从事私募基金业务,应当遵循自愿、公平、诚实信用原则,维护投资者合法权益,不得损害国家利益和社会公共利益。
② 参见《资管新规》第 6 条、第 19 条等。
③ 《私募基金管理人登记须知》第 4 条第 2 款明确,为落实《私募投资基金监督管理暂行办法》关于私募基金管理人防范利益冲突的要求,对于兼营民间借贷、民间融资、融资租赁、配资业务、小额理财、小额借贷、P2P/P2B、众筹、保理、担保、房地产开发、交易平台等业务的申请机构,因上述业务与私募基金属性相冲突,为防范风险,协会对从事冲突业务的机构将不予登记。
④ 参见《私募若干规定》第 4 条。

条禁止基金管理人承诺保本保息等规定可以看出,尽管法律法规虽未予以明言,但《基金合同》的约定应符合基金的投资逻辑,是背后的应有之义。因此,尽管前述相关规定并不直接适用于本案,但按照基金和借贷的功能和特征进行法律解释和适用,与之殊途同归。

(本案例由北京大学法学院博士研究生郑舒倩编撰)

案例2 私募基金合同性质是否"名为基金，实为借贷"（二）

仲裁要点：在《基金合同》没有约定保本保息且充分揭示投资风险的情况下，基金销售人员向投资者承诺所谓的保本保息，以及在《基金合同》之外设置独立第三方向投资者回购基金份额的，投资者与基金管理人之间成立的系基金投资关系而非借贷关系。

一、案情概要

案涉基金于2017年11月成立并备案，类型为股权投资基金，其管理人为B公司（本案第一被申请人），托管人为C银行（本案第二被申请人）。该基金《募集说明书》载明：基金资金投资于某城市更新项目；基金规模为1亿元；投资期限为12个月；分配方式为每月15日分配收益，期满一次性归还本金和当期收益；风控措施之一为D公司（本案第三被申请人）以全部资产和未来收益为案涉基金提供连带担保；还款来源分别为银行融资、项目公司股权融资、第三被申请人的全部资产和未来收入。此外，案涉基金成立公告载明：收益分配日为每月15日，收益水平参照《基金合同》业绩比较基准。

2018年1月19日，自然人A（本案申请人）与第一被申请人和第二被申请人签订《基金合同》，约定：基金募集方式为非公开募集方式，运作方式为封闭式，资金全部投资于F公司的股权，基金存续期限为13个月；基金业绩比较基准为年化11%，超出业绩比较基准部分，管理人提取20%作为业绩报酬；申请人认购金额为100万元。

2018年1月20日，第一被申请人向申请人发送《出资份额认购书》，确认申请人认购案涉基金金额为 100 万元,起息日为 2018 年 1 月 20 日,投资期限为 13 个月,收益计算方式为业绩比较基准×投资总额,收益分配方式为按月分配收益、到期获得投资本金及当月收益。

此外,申请人与第三被申请人还签订了《基金份额受让协议》,该协议约定:在满足受让条件的情况下,申请人有权在 5 个工作日内请求第三被申请人受让其持有的价值 100 万元的案涉基金;受让条件为:在申请人认购案涉基金的出资全部到位且持有的基金份额未转给第三方的情况下,基金管理人未按《基金合同》约定向申请人分配本金及相应的收益;受让价格计算方式为:申请人认购金额+申请人应得预期收益(申请人基金认购金额大于等于 100 万元但小于 300 万元的,预期收益率按 11% 计算)−申请人已从基金中获得的任何分配款。

2018 年 2 月(含)至 2018 年 10 月(含)期间,案涉基金按月向申请人分配收益,此后未再向申请人支付任何款项。

2019 年 1 月 14 日,申请人根据《基金合同》约定的仲裁条款向深圳国际仲裁院提起仲裁,请求裁决三被申请人连带承担如下责任:

1. 向申请人返还基金本金 100 万元及支付拖欠的约定固定收益 20191.79 元。

2. 向申请人支付拖欠基金本金及固定收益产生的利息 22189.17 元(按照同期银行贷款利率 4.35%/年标准,暂计自 2018 年 12 月 18 日至 2019 年 6 月 18 日,最终计算至实际支付之日止)。

3. 向申请人支付公证费、交通费、通信费、保全相关费用和律师费,本案仲裁费用由三被申请人共同承担。

二、当事人主张

(一)申请人主张

申请人主张,本案属于中基协于 2017 年 2 月 13 日发布的《证券期货经营机构私募资产管理计划备案管理规范第 4 号——私募资产管理计划投资房地产开发企业、项目》中所述的"名股实债"情形,申请人与第一被申请人、第三被申请人实为借贷关系,第一被申请人、第三被申请人应向申请人归还基金本金(实为借款本金)及每月固定收益(实为利息)。第二被申请人作为托管银行,对此违规设立的基金进行托管,未尽到资金监管职责,应承担连带责任。第三被申请人对申请人购买的基金份额承担回购、连带担保的责任,故对本案承担连带责任。理由有以下几个方面:

第一,案涉基金不符合法律所规定的私募基金特征。私募基金是一种风险投资活动,投资者是否获得收益或承担风险是不确定的,销售机构不得向投资者承诺本金不受损失、保息或最低收益。然而,第一被申请人的员工在推销涉案基金时向申请人承诺该基金保本保息,该行为系第一被申请人的表见行为;第三被申请人以与申请人签订《基金份额受让协议》的方式向申请人承诺对申请人的基金本金和收益进行保本保息。

第二,案涉基金的每次收益分配均固定按照预期年化收益率来计算支付,符合"名股实债"的规定。

第三,案涉基金所募集资金并非用于案涉城市更新项目。

第四,在基金推介时期,第一被申请人、第三被申请人明确承诺由第三被申请人承担连带担保责任;《基金份额受让协议》约定第三被申请人对申请人购买的基金份额承担回购责任;并且,《募集说明书》明确第一被申请人隶属于第三被申请人,第三被申请人是第一被申请人的母公司,实际控制其经营,两家公司人员、人格混同,实际为同一责任主体。因此,第三被申请人应承担连带责任。

第五,根据《基金合同》的约定,托管人对于基金管理人有违反合同约定或法律规定的行为,对基金财产及其他当事人的利益造成重大损失的情况有权中止委托并报告中基协及采取必要措施,发现基金管理人的投资指令违反法律法规规定及《基金合同》约定的应当拒绝执行。但第二被申请人对违规设立的基金进行托管,且未注意基金资金去向和收益分配问题,也未采取必要措施,未履行监管职责,应当承担连带责任。

(二)被申请人主张

1. 第一被申请人主张

第一被申请人主张,申请人与第一被申请人之间的法律关系为投资关系,而非借贷,申请人应当自行承担投资风险。理由在于《基金合同》中没有保本保息的约定,并已经充分披露风险,申请人签署合同表明申请人应当并已经知晓且愿意承担风险,申请人关于本金和收益的支付请求缺乏事实与法律依据。

2. 第二被申请人主张

第二被申请人主张,申请人请求其承担连带责任没有法律和事实依据,具体理由如下:

第一,第二被申请人系在案涉基金完成备案后开展托管业务,而基金依法备案说明中基协已经完成对基金的审核,并未发现不能备案的情形,案涉基金非违规设立的基金。并且第二被申请人对申请人与第一被申请人私下达成的协议或出具的相关承诺并不知情,而根据《中国银行业协会商业银行资产托管业务指引》第15条的规定,托管银行的托管职责不包含审查托管产品以及托管产品资金来源的合法合规性。

第二,根据第二被申请人在托管案涉基金过程中获取的信息,申请人与第一被申请人之间的关系为基金投资,而非民间借贷。《基金合同》已明确约定不对委托财产的收益状况作出任何承诺或担保,同时对基金无法取得收益,甚至投资本金遭受损失的风险都进行了充分揭示。申请人作为私募基金合格投资者,对投资存在的风险已有预知,而由于投资标的问题申请人未获得收益分配或未能收回本金,属于投资风险,申请人应自担其责。

第三,即便申请人与第一被申请人之间的法律关系被认定为"名股实债",第二被申请人也不是实际借款人和款项实际使用人,且第二被申请人执行的资金划转均符合《基金合同》的约定,对基金资产已尽到审慎保管义务,对于已划转出托管账户的基金资产,第二被申请人不再承担保管责任。因此,第二被申请人无义务承担连带赔偿责任。

第四,在当前私募基金频频暴雷的情况下,要求托管银行承担连带责任,属于将投资风险转嫁给托管银行,与"打破刚兑"的监管政策相违背,极易影响金融体系的稳定,扰乱金融秩序。

3. 第三被申请人主张

第三被申请人亦提出前述第一申请人的主张。此外,第三被申请人还提出,其并非基金管理人,不应承担基金退出和清算责任;《基金份额受让协议》约定的预约受让条件尚未成就,申请人也未提出转让要求,故其无须就申请人主张的本金和利息承担连带责任。

三、仲裁庭意见

关于《基金合同》的效力,仲裁庭认为,该合同系各方当事人的真实意思表示,未违反法律法规的强制性规定,应属合法有效,合同各方当事人应根据合同约定确定各自的权利和义务。

关于申请人与第一被申请人之间的法律关系,仲裁庭认为,从《基金合同》的约定及合同履行情况来看,系基金投资关系,并非借贷关系。具体理由如下:

第一,申请人与第一被申请人之间并不存在借贷合意。从合同内容来看,系双方就投资私募基金而产生的权利义务进行约定,合同中并无申请人与第一被申请人达成借贷合意的相关约定。

第二,《基金合同》所附的《风险揭示书》及申请人签署的"投资者声明"等内容表明,第一被申请人作为案涉基金管理人,并未向申请人承诺案涉基金保本保息,相反,其通过《风险揭示书》声明案涉基金属于较高风险投资品种,存在无法获得收益甚至本金亏损的投资风险。对上述风险,申请人充分知晓,并明确承诺愿意承担相应投资风险。

第三,第一被申请人员工在推介案涉基金时所作的陈述仅系该员工的个人陈述,并未约定于双方当事人之后签订的《基金合同》之中,并且《基金合同》中多次言明案涉基金存在投资风险。因此,该陈述不能作为确定申请人与第一被申请人合同权利义务的依据。

第四,第一被申请人并未承诺申请人可获得年化11%的固定收益。《募集说明书》中对案涉基金的"收益分配"在约定比较基准的同时,亦注明"历史收益不能作为未来业绩保证"。此外,从《基金合同》的内容来看,基金管理人已明确告知申请人年化11%的业绩比较基准仅为预估的参考值,并非最终收益率,案涉基金的实际收益率以实际运作情况为准,申请人仍然面临着投资本金及收益受损的风险,对此,申请人在签署合同时应当明确知晓并理解。

第五,相关证据表明,作为基金管理人的第一被申请人已按《基金合同》的约定,将基金资金用于收购F公司的股权以及投资于案涉城市更新项目。申请人主张第一被申请人未将案涉基金资金投资于案涉项目,缺乏事实依据。

此外,仲裁庭还提到,申请人提及的有关"名股实债"的管理规范,是指被投资企业对于投资者提供的保本保收益承诺及特定法律安排,而非指私募基金管理人对于投资者作出相应承诺及法律安排的认定。因此,不适用于本案第一被申请人与申请人之间法律关系的认定。

关于第二被申请人的责任,仲裁庭认为,申请人关于案涉基金资金去向存在违规及案涉基金存在"名为基金,实为借贷"的情形,第二被申请人对上述情形未尽监管责任的主张均无依据。因此,不论第一被申请人是否应当承担还款责任,申请人以第二被申请人未尽托管职责而要求其承担连带责任之请求,缺乏依据。

关于第三被申请人的责任,仲裁庭认为,第一被申请人与第三被申请人均为各自独立的法人,申请人主张上述两被申请人存在人格混同,证据不足。但是,申请人与第三被申请人签署的《基金份额受让协议》项下受让条件已经满足,从计算方式与金额上看,申请人关于第三被申请人连带返还本金和固定收益的仲裁请求实为要求第三被申请人履行《基金份额受让协议》约定受让基金份额并支付受让款项的合同义务。该支付义务系基于申请人提出受让请求而发生,申请人无证据证明其在本案之前曾向第三被申请人提出受让请求,但申请人就本案提出仲裁申请,可视同申请人向第三被申请人提出受让请求。利息损失自仲裁通知送达之日起计算,即 2019 年 3 月 6 日。

四、裁决结果

仲裁庭对本案作出裁决如下:

1. 第三被申请人向申请人支付基金份额受让款 1020191.79 元,用于受让申请人持有的 100 万份案涉城市更新私募投资基金四期基金份额。

2. 第三被申请人向申请人支付拖欠基金份额受让款产生的利息(按照同期银行贷款利率 4.35%/年标准,从 2019 年 3 月 6 日起计算至实际支付之日止)。

3. 第一被申请人、第三被申请人共同向申请人支付公证费。

4. 第三被申请人向申请人支付交通费、有证据证明的保全相关费用和已实际发生的律师费。

5. 本案仲裁费用由第三被申请人承担。

五、评析

本案的核心争议焦点是申请人与第一被申请人之间成立的是基金投资

关系还是借贷关系。基金投资与借贷是两种不同的资金运用安排,二者其实是股权性投资与债权性投资的区别,具体体现在风险负担、收益分配和剩余所有权归属、退出机制等方面。详言之:

风险负担方面,基金投资关系下,使用资金的风险由作为资金提供方的投资者负担,作为资金使用方的基金管理人为投资者利益行事,其履行诚实信用、勤勉尽责的义务并收取相应的管理费用。基金财产独立于基金管理人的财产,当基金亏损时,不论基金管理人自身资产情况如何,均无保本付息负担。而借贷关系下,使用资金的风险由作为资金使用方的借款人负担,借款人为自己利益行事,其合同义务主要是按照约定用途使用借款,以及按期支付利息和按期返还借款。所借款项与借款人的财产是混同的,借款人的还款义务不会因其使用资金亏损而改变。

收益分配和剩余所有权归属方面,基金投资关系下,尽管《基金合同》会对预期收益进行约定,但理论上投资者的收益是无限的。同样,基金的剩余所有权也归属于投资者而非基金管理人享有。而借贷关系下,贷款人的收益是固定的本金和利息,借款人的收益是无限,即由借款人享有剩余所有权。

退出机制方面,基金遵循的是清算退出的逻辑,即根据当时基金财产的情况清算份额后退出。也正因如此,在订立合同时,投资者无法确定退出时的收益。而借贷关系遵循的是还本付息的逻辑,借款期限届满时不需要清算标的款项的使用情况,相应的,贷款人在订立合同时对未来的收益有确定预期。

(一) 关于申请人与第一被申请人法律关系的认定

关于风险负担、收益分配和剩余所有权归属,案涉《基金合同》明确约定,投资者享有"分享基金财产收益、参与分配清算后的剩余基金财产、按照本合同的约定申购、赎回和转让基金份额"的权利并负有"按照基金合同约定承担基金的投资损失"等义务,承担"可能由于投资标的公司经营情况低于预期等情况……无法取得收益,甚至投资本金遭受损失的风险"。换言之,案涉基金的收益和基金财产的剩余所有权由资金提供方享有。同样,风险由资金提供方负担,风险收益与资金使用情况直接挂钩,符合基金投资关系而非借贷关系的特征。关于退出机制,根据案涉《基金合同》的约定,当合同终止时,"基金财产清算后的全部剩余财产扣除基金财产清算费用后,按私募基金的份额持有人持有的计划份额比例进行分配",即资金提供方需清算退出,其退出时是否获得以及能够获得多少收益都取决于清算结果,与借贷关系下借贷期限届满径行还本付息情况不同。因此,案涉《基金合同》的安排符合基金投资的特点,申请人与第一被申请人之间成立的应是基金投资关系。

本案中,仲裁庭以申请人与被申请人之间无借贷合意来反面排除借贷关系存在,并以《基金合同》等相关文件均无关于案涉基金保本保息的约定,投资者的收益具有不确定性来正面论证申请人与第一被申请人之间成立的系私募基金投资关系。其中,反面排除借贷关系存在的论证方式值得肯定,但有关申请人与第一被申请人之间无借贷合意的观点值得商榷。一方面,尽管2004年施行的《基金法》已禁止基金管理人承诺收益或承担损失,2014年施行的《私募管理办法》明确禁止基金管理人承诺保底,但在《资管新规》出台前,通过"抽屉协议"等方式变相保底的情形大量存在;另一方面,2018年中基协才在业务准入端切断基金从事借贷工作的可能[1],2020年证监会才明确禁止私募基金管理人从事借贷工作[2]。在此之前,实践中存在"名为基金,实为借贷"的情形。在这种大背景下,投资者可能只是想要保本保息,并没有明确意识到自己要从事借贷活动还是进行基金投资。当然,理论上投资于私募基金的应是合格投资者,但从本案可以看到,《募集说明书》《出资份额认购书》等只约定了比较基准利率,但申请人却认为这些文件可以体现出第一被申请人向申请人作出了案涉基金没有风险的承诺,到期即会归还本金及收益。可见,实践中私募基金的一些投资者并不"成熟"。因此,对于合同设计的是基金投资还是借贷,还是回归交易结构上进行判断更为稳妥。

(二)关于投资者对"保本保息"的理解

本案中,申请人认为案涉基金存在保本保息情况的主要依据有三点:一是销售人员向其承诺保本保息;二是往期收益均是按照固定利率计算;三是与第一被申请人有关联关系的第三被申请人进行了回购承诺。仲裁庭

---

[1] 《私募基金管理人登记须知》第4条第2款明确,为落实《私募投资基金监督管理暂行办法》关于私募基金管理人防范利益冲突的要求,对于兼营民间借贷、民间融资、融资租赁、配资业务、小额理财、小额借贷、P2P/P2B、众筹、保理、担保、房地产开发、交易平台等业务的申请机构,因上述业务与私募基金属性相冲突,为防范风险,协会对从事冲突业务的机构将不予登记。

[2] 参见《私募若干规定》第4条。

对此未作详细回应,但该等观点反映了实践中投资者在"比较基准"和"保本保息"问题上的理解偏差,值得关注。

1. 关于销售人员的承诺是否构成"保本保息"

申请人主张,第一被申请人的员工在推销案涉基金时向申请人承诺该基金保本保息,构成表见代理。关于该主张,仲裁庭认为,销售人员的陈述未被纳入《基金合同》,不能作为确定申请人与第一被申请人合同权利义务的依据。尽管《私募管理办法》第16条要求投资者应书面承诺符合合格投资者条件并对风险揭示书进行签字确认。但考虑到除法律规定必须以书面形式订立的合同以外,合同可采取口头方式订立,不难理解申请人为何会提出本案存在表见代理情形,销售人员的承诺对第一被申请人产生拘束力的观点。

根据《合同法》第49条的规定,表见代理指向的是行为人没有代理权、超越代理权或者代理权终止后以被代理人名义订立合同,但相对人有理由相信行为人有代理权的情况。表见代理的构成要件包括:①代理人没有代理权;②客观上存在使相对人相信行为人具有代理权的理由;③相对人与无权代理人成立法律行为;④相对人善意且无过失。①

本案中,《基金合同》和《募集说明书》多处提示案涉基金的风险,以及比较基准不等同于投资者的实际收益,也不意味着保证本金不受损失。在该等情况下,申请人不可谓善意且无过失地信赖基金销售人员具有订立与书面合同截然相反的口头合同的代理权。并且,销售人员的口头承诺在先,而签署书面《基金合同》在后,书面的、在后的意思表示是更强的意思表示,在多个意思表示内容产生冲突时,书面的、在后的意思表示更能代表当事人真实的意思表示。

本案也警醒投资者,应更加慎重地对待基金合同,而不应依赖于无法落实到纸面上的口头承诺。

2. 关于往期收益均按照约定收益率计算是否构成"保本保息"

如仲裁庭所述,案涉《募集说明书》在"收益分配"部分注明"历史收益不能作为未来业绩保证",该等约定仅系对案涉基金收益的预估,并非有关收益的承诺和保证。

此外,按照比较基准分配利润并不意味着基金收益实际上是确定的、与

---

① 参见杨立新:《民法总论》,高等教育出版社2007年版,第232—233页。

基金运作情况无关的固定利息。根据《基金法》第 3 条第 3 款的规定,私募基金的收益分配和风险承担由基金合同约定。收益分配的基础是基金运营情况并不等同于基金不能以固定收益进行分配,也不等同于基金可供分配的利润在当期需要 100%向投资者进行分配。①因此,在基金实际运作所得的可分配利润大于或等于合同约定的比较基准时,基金管理人可以只根据合同约定按照比较基准利率向投资者分配利润,该行为不代表基金收益与基金运作情况不挂钩,更不代表基金保本保息。

3. 关于第三方承诺回购案涉基金份额是否构成"保本保息"

尽管本案也通过回购的方式进行了风险转移,在基金亏损的情况下,投资者实际上还是有可能通过第三方回购获得固定收益,但在本案中,回购是一种保障措施(对投资者而言)和增信措施(对基金管理人而言),与基金投资由投资者承担风险并不矛盾。

之所以禁止保本保息,是因为基金不可能实现保本保息。基金是一个独立于基金管理人的资金池,在亏损的情况下不可能对所有投资者进行保本保息支付,而如果用基金资产对部分投资者保本保息,则必然损害其他投资者利益。②若由基金管理人进行保底承诺,一方面,作为资金使用方的基金管理人承担了更大的风险,就有可能为自己利益,而非为投资者利益行事,从而产生利益冲突;另一方面,将导致风险转移中断,使业务风险积累于作为基金管理人的资管机构。③此外,在"卖者尽责,买者自负"的逻辑下,基金管理人的既往业绩和基金投资前景等基金本身的情况是投资者进行投资决策的重要考虑因素;而在允许基金管理人进行保底承诺的情况下,投资者有可能选择那些虽然既往业绩一般甚至出现过"暴雷",但能提供保本保息承诺的基金管理人,从而有碍于正常市场竞争秩序的维护和资金价格的形成。④基金销售机构进行保底承诺同样有类似问题,不再赘述。而对于基金管理人和销售机构外的独立第三方提供的"保底",虽然对投资者而言,该等安排实质上也起到了"保底"

---

① 法律上对私募基金关于分配比例没有特别要求,对于公募基金,《公开募集证券投资基金运作管理办法》第 37 条第 1 款规定,封闭式基金的收益分配,每年不得少于一次,封闭式基金年度收益分配比例不得低于基金年度可供分配利润的 90%。

② 此处不考虑私募集合投资计划中,合同约定以分级的方式由劣后投资者进行实质上保本的情况。

③ 参见罗苓宁:《防范银行理财风险》,载《中国金融》2017 年第 12 期。

④ 有关无监管部门干预下市场主体的行为博弈,参见常宏、禹俊德、李善民:《资管行业"刚性兑付"的演化博弈分析》,载《经济问题》2018 年第 4 期。

作用,但因提供"保底"的非基金管理人,投资者是否获得"保底"取决于第三方,不涉及基金管理人之间的不正当竞争,不影响基金的运作,也不改变投资者与基金管理人之间"卖者尽责,买者自负"的权利义务特征,投资者与基金管理人之间的法律关系独立于该等安排存在。因此,该等安排属于增信措施,如公募避险基金中的保障机制(由管理人向保障义务人支付费用,保障义务人承担差额补足责任),不属于《私募管理办法》第15条①的情形。

如此,回购的存在并不当然等同于基金保本保息,需对回购方进行甄别。需要说明的是,关于基金管理人的密切关联利益主体如股东、投资经理、实际控制人、关联公司等关联方作出保底承诺的效力,并无明确规定,尚有争议。②但就本案而言,虽然申请人主张作为回购方的第三被申请人与第一被申请人系母子公司关系,存在人格混同,但从仲裁庭查明的事实看,仅能知悉第一被申请人与第三被申请人是独立法人。若第三被申请人与第一被申请人确系关联关系,则需要对关联方作出保底承诺是否等同于基金管理人作出保底承诺作进一步讨论。在此仅讨论回购方是基金管理人、销售机构及二者关联方之外的独立第三方的情形。

除《私募管理办法》外,2018年发布的《资管新规》和2019年发布的《九民纪要》均否认基金管理人的"刚性兑付",相较而言,前者的"刚性兑付"范围更广。③本案发生于《资管新规》过渡期结束之前,因此并不适用该文件。不过,即便考虑该文件,本案亦不属于《资管新规》第19条视为"刚性兑付"

---

① 《私募管理办法》第15条规定:私募基金管理人、私募基金销售机构不得向投资者承诺投资本金不受损失或者承诺最低收益。

② 司法实践中,对于这种情况,大多认定为刚兑承诺有效。有效的理由主要是该等行为并非履行职务行为,是双方真实的意思表示,并不违反法律的强制性规定。无效的理由主要是承诺主体与管理人实际上是利益共同体,且从约定来看双方在签订协议时已知悉承诺人为基金管理人实际控制人的事实。因此,该等协议系为规避法律、行政法规的监管而作出的约定,有损社会公共利益。参见上海金融法院综合审判一庭课题组:《涉契约型私募基金案件法律适用疑难问题研究——以115篇类案数据分析报告为基础》,载《上海法学研究》2021年第8卷。

③ 后者仅禁止合同订立时承诺"保底",并没有否认资产管理产品不能如期兑付或者兑付困难时基金管理人的事后兑付行为。而前者的"刚性兑付"包括了事前和事后两个阶段:(1)资产管理产品的发行人或者管理人违反真实公允确定净值原则,对产品进行保本保收益;(2)采取滚动发行等方式,使得资产管理产品的本金、收益、风险在不同投资者之间发生转移,实现产品保本保收益;(3)资产管理产品不能如期兑付或者兑付困难时,发行或者管理该产品的金融机构自行筹集资金偿付或者委托其他机构代为偿付。

的情形。因此,在第三被申请人系独立第三方的前提下,案涉《基金份额受让协议》并不违反法律、行政法规强制性规定,应属有效。

关于独立第三方提供差额补足或进行回购等类似承诺文件的性质,学理上存在保证担保、债的加入以及独立合同等不同学说,实践中亦存在不同认识。如果该等承诺被定性为担保合同和债务加入,则可能因未依照法律和公司章程规定履行内部决议程序而导致无效;如果该等承诺被定性为独立合同,则无须受制于《公司法》第 16 条的规定,相关义务人需按照承诺文件履行义务。①

关于如何判断回购的性质,《九民纪要》第 91 条提出:"信托合同之外的当事人提供第三方差额补足、代为履行到期回购义务、流动性支持等类似承诺文件作为增信措施,其内容符合法律关于保证的规定的,人民法院应当认定当事人之间成立保证合同关系。其内容不符合法律关于保证的规定的,依据承诺文件的具体内容确定相应的权利义务关系,并根据案件事实情况确定相应的民事责任。"2020 年出台的《担保制度解释》第 36 条则提出,对于具有提供担保的意思表示的,依照保证的有关规定处理,具有加入债务或者与债务人共同承担债务等意思表示的,认定为债务加入,难以确定是保证还是债务加入的,认定为保证;对于既不具有担保意思表示,又不具有加入债务或者与债务人共同承担债务等意思表示的,按照独立合同来处理。

关于如何对意思表示进行解释,增信措施的运用领域复杂多样,如果增信措施保证或债务加入的意思表示明显,则当然属于保证或债务加入,如若不然,则应根据其交易结构、交易习惯和行为目的进行意思表示解释。就资管业务而言,增信措施能够在合法合理范围内发挥"保底"作用,融资方或第三方借此确保债权人既能获得流动性保障,又能避免设立典型担保的法律障碍,具有经济上的合理性,并非保证所能替代。②

就本案而言,《基金份额受让协议》搭建的是一个份额转让交易,合同对价是申请人持有的基金份额以及受让款,尽管受让款的计算方式与《基金合同》中的比较基准和分配情况挂钩,但该结果并不等同于存在保证担保的意

---

① 参见彭冰:《私募资管业务中差额补足等增信措施的法律性质认定——招商银行股份有限公司与光大资本投资有限公司其他合同纠纷案》,载"上海金融法院"微信公众号(https://mp.weixin.qq.com/s/lTswHDZkOwaiJycLyVoLKg),访问日期:2022 年 6 月 20 日。

② 参见朱晓喆:《增信措施担保化的反思与重构——基于我国司法裁判的实证研究》,载《现代法学》2022 年第 2 期。

思表示,不能以效果论目的。《基金份额受让协议》与《基金合同》是两个独立的合同,申请人与第一被申请人、申请人与第三被申请人之间系独立的法律关系。

(本案例由北京大学法学院博士研究生郑舒倩编撰)

(二) 私募基金的违规或非法募集

案例 3 未提示子基金投资范围按约定变更不构成欺诈

仲裁要点：基金的投资范围应当依照《基金合同》约定的内容进行确定。《基金合同》签订时，基金管理人和托管人未披露子基金投资范围即将变更不构成欺诈。投资者申购母基金后，子基金投资范围有效变更，导致母基金的投资范围被动变更，但该变更未超出《基金合同》约定的范围，基金管理人投资于经变动的投资范围内的对象，不应当视为越权交易。但投资范围变更属于基金的重大事项，按约定变更后，基金管理人应当及时告知投资者，否则将视为对信息披露义务的违反。

一、案情概要

2015 年 5 月 15 日，自然人 A（申请人）申购由 B 投资管理有限公司（第一被申请人）发行、C 证券公司（第二被申请人）托管的 H 基金 101 万元。三方签署了《H 基金合同》，并于 2015 年 5 月 19 日生效。

根据《H 基金合同》的约定，H 基金的投资范围为：货币市场基金、银行存款、股指期货空头以及 H 平台证券投资基金[1]（以下简称"H 平台基金"）。H 平台基金的投资范围为：国内依法发行上市的股票[2]、债券、债券回购、银行存款、权证、证券投资基金、期权、期货、融资融券、收益互换……具体以 H 平台基金的基金合同约定为准。同时，H 基金的基金财产主要投资于 H 平台基

---

[1] H 平台证券投资基金为 H 基金投资的基金，申请人投资的是母基金，H 平台基金为母基金投资的子基金。第一被申请人同时担任 H 基金、H 平台基金的管理人。

[2] 国内依法发行上市的股票具体包括中小板、创业板、定向增发股票及其他经证监会核准上市的股票。

金,H 基金财产的最终投向不得超过《H 平台基金合同》约定的投资范围。

2015 年 5 月 18 日,即申请人申购 H 基金第三日,《H 平台基金合同》按合同约定的程序发生变更并生效,H 平台基金的投资范围中增加了"港股通"。

2016 年 9 月 30 日至 2017 年 6 月 30 日,H 基金共发布了四期季报,均披露了投资"港股通"的情况。

2017 年 6 月 15 日,申请人通过第一被申请人网站获悉 H 基金投资于"港股通"的事实。申请人对投资港股较为陌生,无法接受其风险,遂于 2017 年 7 月 15 日申请赎回全部现值金额 87 万余元。2017 年 7 月 21 日,申请人收到全部赎回款。

申请人认为,H 基金的投资范围并未包含"港股通",《H 基金合同》中的"风险揭示书"也未提及港股交易风险。第一被申请人在未与其协商变更《H 基金合同》的情况下,擅自越权超范围投资,第二被申请人则未尽到基金托管人义务,未及时发现并纠正基金管理人的越权交易行为。

因此,在 2019 年 9 月 29 日,申请人依据案涉合同中的仲裁条款向深圳国际仲裁院提交仲裁申请,提出如下仲裁请求:

1. 裁决第一被申请人对其投资损失(13 万余元)及利息承担赔偿责任。
2. 裁决第二被申请人对该部分赔偿责任承担连带责任。
3. 裁决第一被申请人及第二被申请人承担仲裁费。

二、当事人主张

(一)申请人主张

两被申请人在申请人申购 H 基金时,存在欺诈、隐瞒 H 平台基金投资范围即将变更,投资于"港股通"的事实。投资港股有诸多明显区别于 A 股及其他市场的风险。第一被申请人在明知该风险的情况下,没有提示申请人,也没有与申请人协商一致即变更《H 基金合同》,超越《H 基金合同》中约定的投资范围进行投资,构成越权交易。而该越权交易行为,造成申请人在 H 基金投资中亏损 13 万余元。第一被申请人作为基金管理人,应当对该投资损失承担赔偿责任。

第二被申请人身为基金托管人,怠于履行监督义务,未及时发现并纠正第一被申请人的越权交易行为,未尽到《基金法》中规定的基金托管人义务,应当对第一被申请人的赔偿责任承担连带责任。

(二)被申请人主张

1. 第一被申请人主张 H 基金的最终投向未超出《H 基金合同》约定的投资范围

根据《H 基金合同》的约定,H 基金的投资范围包括货币市场基金、银行存款、股指期货空头以及 H 平台基金。2015 年 5 月 18 日,《H 平台基金合同》变更并生效,H 平台基金的投资范围中增加了"港股通"。因此,在 2015 年 5 月 19 日,即《H 基金合同》生效之日,以 H 平台基金为主要投资标的的 H 基金的投资范围已经发生了相应的变化,新增了"港股通"。因此,第一被申请人依据变更后的《H 平台基金合同》投资"港股通"的行为,并未超出《H 基金合同》约定的投资范围。

申请人将申购金额与赎回金额之间的差额(13 万余元)主张为投资损失,并不正确。因为第一被申请人不存在越权投资行为,所以不存在因"越权交易导致的投资损失",该 13 万余元是证券投资中正常的市场波动风险。

2. 第二被申请人主张已妥善履行托管人义务

第一被申请人未超出《H 基金合同》约定的投资范围进行投资,不存在违规行为,第二被申请人作为基金托管人,当然也不存在怠于履行托管人义务的情况,无须承担连带赔偿责任。

三、仲裁庭意见

1.《H 基金合同》的效力

《H 基金合同》是申请人、第一被申请人、第二被申请人自愿协商签订的,是三方当事人真实的意思表示,不违反我国的法律、行政法规的强制性规定,应属合法有效,对本案的三方当事人具有法律约束力。

2. 在申请人申购 H 基金时,就子基金(H 平台基金)投资范围即将变更的事实,两被申请人是否存在欺诈、隐瞒的故意

首先,申请人申购的是 H 基金,而非 H 平台基金。申请人的申购时间为 2015 年 5 月 15 日,而 H 平台基金投资范围变更时间为 2015 年 5 月 18 日。因此,申请人申购 H 基金时,H 平台基金并未投资于"港股通"。因此,在签订《H 基金合同》时,基金管理人在进行风险揭示、投资范围、投资理念等方

面的宣传和说明时,无须包含"港股通"相关的内容。

其次,根据合同相对性原理,申请人申购的是 H 基金,与两被申请人签署的是《H 基金合同》。该合同约定了 H 基金的投资范围包括 H 平台基金。虽然在《H 基金合同》中对 H 平台基金的投资范围也作了列举,但合同明确约定具体以《H 平台基金合同》约定的为准。申请人签署了《H 基金合同》,应视为同意前述约定。因为申请人并非《H 平台基金合同》的当事人,对《H 平台基金合同》中投资范围的修改无须申请人同意。在经过《H 平台基金合同》约定的程序后,第一被申请人可以对 H 平台基金的投资范围进行变更,也包括增加"港股通"的行为。至于此种变更情况是否需要及时向申请人在内的 H 基金投资者披露,《H 基金合同》中并未有相关的约定,也无其他法规作此规定。

最后,根据第一被申请人提供的 H 基金从 2016 年 9 月 30 日至 2017 年 6 月 30 日的四期季报,第一被申请人均如实披露了 H 基金投资于"港股通"的事实,以及相应的投资占比情况。

因此,仲裁庭认为,虽然在签订《H 基金合同》时,两被申请人未充分告知 H 平台基金的投资范围即将变更的事实,但基于合同相对性原理以及《H 基金合同》对投资范围的明确约定,H 基金的投资范围存在发生变动的可能及合理性。现有事实和证据,不足以证明两被申请人在申请人申购 H 基金时存在欺诈、隐瞒的故意。

退一步来说,即使在申购 H 基金时两被申请人存在欺诈、隐瞒的故意,根据《合同法》(本案适用的法律)第 54 条的规定,因重大误解订立的,在订立合同时显失公平的,一方以欺诈、胁迫手段或者乘人之危使对方在违背真实意思的情况下订立的合同,受损害方有权请求人民法院或者仲裁机构变更或者撤销。《合同法》第 55 条规定:"有下列情形之一的,撤销权消灭:(一)具有撤销权的当事人自知道或者应当知道撤销事由之日起一年内没有行使撤销权……"申请人声称于 2017 年 6 月 15 日知悉了 H 基金投资于"港股通"的事实,但提起仲裁日为 2019 年 9 月 29 日,远超出 1 年。合同撤销权行使的期间是除斥期间,该期限不能中止、中断或者延长,申请人未能及时行使撤销权,提起仲裁之日时,申请人已丧失该项权利。

3. 子基金(H 平台基金)投资范围变更,投向"港股通",导致母基金(H 基金)被动投资于"港股通"的行为是否构成越权交易

根据《H 基金合同》的约定,H 基金的投资范围包括:货币市场基金、银行

存款、股指期货空头以及H平台基金。H平台基金的投资范围则具体以《H平台基金合同》的约定为准。因此，H基金投资于H平台基金符合《H基金合同》的约定。

根据《H平台基金合同》的约定，H平台基金的投资范围可以进行变更，包括增加"港股通"。基金管理人提供了相应的证据证明，经过《H平台基金合同》约定的变更程序后，H平台基金的投资范围新增了"港股通"，该变更合法有效。

H基金的投资范围新增了"港股通"，是由H平台基金的投资范围变更导致的，而H基金的投资范围在形式上并未发生变化，H基金投资于H平台基金符合《H基金合同》的约定。第一被申请人不存在越权交易。

4. 申请人的申购金额与赎回金额之间的差额，与被申请人之间的行为不具有因果关系

因为根据现有事实和证据，不足以认定两被申请人在申请人申购H基金时存在欺诈、隐瞒的故意，也不足以证明在H基金的运作过程中，第一被申请人存在越权交易行为，第二被申请人存在失职行为，所以无法证明申请人主张的投资损失是由两被申请人的行为导致。仲裁庭倾向于认为该等差额属于证券投资过程中正常的市场波动风险，应由申请人自行承担。

四、裁决结果

1. 驳回申请人所有仲裁请求。
2. 本案仲裁费由申请人承担。

五、评析

本案是在涉及母、子基金的情况下，子基金投资范围变更导致母基金投资范围被动变更而产生的纠纷，特殊之处在于，子基金的投资范围在投资者购买母基金后3日即发生变更。投资者主张在申购时，管理人和托管人存在欺诈、隐瞒子基金投资范围即将发生变更的事实，基金管理人越权交易造成投资损失。欺诈行为使得合同处于可撤销的效力状态，越权交易则是基金合同合法生效后的违约行为，二者系不同层面的问题。因此，投资者的主张是

否成立,基金管理人和托管人的行为是否违规,应以投资范围变更的时间为节点,分阶段判断。下文将依此思路进行讨论,同时对基金管理人变更基金投资范围的行为性质及法律后果进行拓展讨论。

(一) 母基金合同签订时未提示子基金投资范围即将变更不构成欺诈

本案投资者于2015年5月15日申购H基金,与基金管理人、托管人签订《H基金合同》。而H基金的主要投资标的——H平台基金的投资范围于2015年5月18日发生有效变更。因此,应认为是投资者与基金管理人、托管人签订《H基金合同》之后,子基金的投资范围方发生变更。

投资者主张基金管理人、托管人在签订《H基金合同》时存在欺诈、隐瞒H平台基金投资范围即将变更的故意。根据民事法律行为效力的原理,以及《合同法》第54条的规定,若基金管理人和托管人确实存在欺诈投资者的情形,导致投资者在违背真实意思的情况下签订了《H基金合同》,那么在撤销权未消灭之前,投资者有权请求法院或仲裁机构撤销《H基金合同》。《民法典》生效后,其与本案相关的规定与《合同法》一致。

基金管理人和托管人未说明子基金投资范围即将变更是否构成欺诈,应当根据合同签订当时的情况考虑。现已明确,子基金的投资范围在合同签订后才发生变更,也即在基金合同签订时,子基金的投资范围尚未包含新增的"港股通"。因此,基金管理人在进行风险揭示、履行说明义务时,当然无须包含"港股通"的相关内容。同时,子基金的投资范围是否确定变更在签订《H基金合同》时仍处于悬而未决的状态,基金管理人无须也不应就不确定的事实进行披露。综上,基金管理人和托管人在签订基金合同时,未说明子基金投资范围即将变更,此种行为不应认定为欺诈。

基金管理人和托管人的行为不构成民法上的欺诈,故而投资者的合同撤销权未成立。由于投资者不享有撤销权,本案中的《H基金合同》是当事人各方平等协商后真实的意思表示,在不存在其他合同效力瑕疵的情况下,《H基金合同》成立,并于2015年5月19日确认生效。

另外,不考虑本案中的特殊情形,若在签订基金合同时,基金管理人确实存在欺诈、隐瞒基金投资范围的情况,基金合同约定的投资范围与实际的投资情况不一致,可认定为基金合同可撤销,投资者享有撤销权。但在此种情况下,应当格外注意投资者撤销权消灭的情形。从现有实践案例来看,投资者即使认为自身被"欺诈",也通常是在基金合同签订多年后,甚至是基金终止清盘后,才向法院或仲裁机构要求维护其合法权益。但《合同法》(本案适用的法律)以及其后生效的《民法典》均规定,具有撤销权的当事人自知道或者应当知道撤销事由之日起 1 年内没有行使撤销权,或具有撤销权的当事人知道撤销事由后明确表示或以自己的行为放弃撤销权的,撤销权消灭。因此,即使受欺诈,在购买基金后不久投资者应予察觉,时隔多年后,享有撤销权的投资者,撤销权大多已经消灭,或者其接受变更投资范围后的投资收益等行为,可以视为以行为放弃撤销权。正如本案中的情形,受欺诈的投资者在多年后主张撤销基金合同,其主张往往无法得到支持。

(二)基金管理人投资于按约定变更的投资标的不构成越权交易

除基金管理人、托管人存在欺诈、隐瞒行为之外,投资者认为管理人在未与其协商的情况下,变更 H 基金投资范围,并且投资于擅自变更后的投资标的,此类操作属于违反《H 基金合同》的越权交易行为。

前已述及,由于不存在欺诈行为,《H 基金合同》成立并生效,基金管理人应当依据合同约定的投资范围进行投资。基金管理人投资"港股通"的行为是否超越权限,也应当严格依照《H 基金合同》的约定进行判断。

《H 基金合同》约定,H 基金的投资范围为货币市场基金、银行存款、股指期货空头以及 H 平台基金,并且 H 平台基金是 H 基金主要的投资标的。因此,H 基金的投资范围为何,应当具体参照 H 平台基金的投资范围。考察《H 基金合同》的文本也可以注意到,合同中特别提示了"H 平台基金的投资范围……具体以 H 平台基金的基金合同约定为准"。

根据现有证据,《H 平台基金合同》的变更是经合同各方当事人协商一致作出的,具有程序上的合法正当性。2015 年 5 月 18 日《H 平台基金合同》变更生效时,H 平台基金的投资范围已经增加了"港股通"。因此,以 H 平台基金为主要投资标的的 H 基金的投资范围也会发生相应变化,自 2015 年 5 月 18 日起包含了"港股通"。

在 H 基金的投资范围包含"港股通"的情况下,基金管理人将基金财产投向"港股通"当然符合《H 基金合同》的约定,不属于违反合同约定的越权交易行为。

另外,H 基金投资范围的变更,是遵循《H 基金合同》的约定而发生的,因此也并不存在基金管理人未与投资者协商就擅自修改基金合同、变更约定的投资范围的行为。

(三)子基金投资范围变更导致母基金投资范围变更时基金管理人应当履行信息披露义务

根据《合同法》(本案适用的法律)第8条以及《民法典》第465条的规定,依法成立的合同,受法律保护,对当事人具有法律约束力。

本案中,投资者、管理人和托管人签订的唯一合同是《H基金合同》,应当根据《H基金合同》的约定思考三者之间的权利义务关系。至少从形式上来看,基金管理人并未违反《H基金合同》的约定。同时,《H基金合同》中明确说明"H平台基金的投资范围……具体以H平台基金的基金合同约定为准",也即作为合同缔约人的投资者应当关注H平台基金的投资范围,合理认识到H平台基金投资范围有可能会发生变更。

但同时也会产生另一层面的思考,当母基金的投资范围因子资金的投资范围变更而发生实质性变化时,负责基金投资运作活动的基金管理人是否有义务将这一重大事项告知投资者?

笔者认为,虽然基金管理人并不存在违反合同约定的越权交易行为,但当H基金的投资范围发生实质性变化时,基金管理人应当有义务主动向投资者履行信息披露义务,告知并说明基金的投资范围增加了"港股通"的事实及其原因。

《基金法》第95条规定,基金管理人、托管人依基金合同的约定,向基金份额持有人提供基金信息。《私募管理办法》第24条规定,私募基金管理人、托管人应当按照合同约定,如实向投资者披露基金投资、资产负债、投资收益分配、基金承担的费用和业绩报酬、可能存在的利益冲突情况以及可能影响投资者合法权益的其他重大信息。中基协对基金管理人和托管人的信息披露规则进行了细化,其制定的《私募信息披露办法》第9条明确了信息披露义务人应当向投资者披露哪些信息,其中,基金的投资情况是基金管理人必须披露的信息。并且,基金管理人、托管人的信息披露义务自基金募集期间始,一直持续至基金清算终止后。[①]

本案中,在《H基金合同》签订3日后,H基金的主要投资标的的投资范

---

① 《私募信息披露办法》第21条规定,信息披露义务人应当妥善保管私募基金信息披露的相关文件资料,保存期限自基金清算终止之日起不得少于10年。因此,可以合理解释认为,即使基金已经清算终止,该只基金的投资者有合理理由需要了解相关信息的,信息披露义务人也有义务为其提供。

围依法变更,导致 H 基金的投资范围发生实质性变化。基金的投资范围是基金投资情况的基本信息。《私募信息披露办法》第 18 条规定,发生重大事项的,信息披露义务人应当按照基金合同的约定及时向投资者披露,其中第(二)项即是"投资范围和投资策略发生重大变化"。因此,基金投资范围的变化属于基金重大事项,负责基金投资运作业务的基金管理人理应依照合同约定的方式向投资者进行披露,并且确认送达至投资者。

但本案证据并未显示基金管理人曾在 H 基金投资范围发生变更时,及时向投资者进行信息披露,说明相关情况。况且仅在《H 基金合同》签订 3 日后,其子基金的投资范围即发生了变更,属于投资者较难预料的突发情况,此时基金管理人及时进行信息披露和提示至关重要。

因此,综合全案来看,即使在签订合同时,基金管理人并不负有提示资金投资范围即将变更的义务,其行为不构成欺诈;在投资运作过程中,基金管理人投资"港股通"也并非违反合同约定的越权交易行为。但基金管理人在履行信息披露义务时存在重大疏漏,未及时披露基金投资范围的变更情况。投资者可就信息披露义务履行瑕疵,追究基金管理人的违约责任。[①]

(四)管理人变更基金投资范围的行为性质与法律后果

基金投资范围变更并不是什么新鲜事,增配港股也是近年来基金投资的重要趋势。在 A 股投资难度加大、回报率平庸的情况下,南向资金明显活跃,港股开启拉涨模式。尽管近期港股受多方面因素影响出现调整,但依然有着不少符合产业发展规律的优质个股,拉长时间看,港股市场将产生更多性价比更高的投资机会。[②]

增配港股可能会涉及对基金的投资范围进行调整,也即本案中的情形。《基金法》第 3 条第 1、2 款规定:"基金管理人、基金托管人和基金份额持有人的权利、义务,依照本法在基金合同中约定。基金管理人、基金托管人依照本

[①] 本案证据显示,《H 基金合同》中并未约定投资范围变更的,基金管理人应当及时披露,但此属于法定应当披露的内容。信息披露义务是《H 基金合同》明确约定的内容,即使合同约定披露的信息并未具体至"投资范围变更",但基金管理人未及时披露的行为也可视为违反了《H 基金合同》约定的信息披露义务。

[②] 参见黎旅嘉:《资金南下增持港股,基金更是集体增配,港股为何成了香饽饽?》,载财联社微信公众号(https://mp.weixin.qq.com/s/CCR9YqnU_ZOe3wMQoexq1Q),访问日期:2022 年 6 月 10 日。

法和基金合同的约定,履行受托职责。"基金的投资范围是决定基金投向、影响基金收益的重要内容,一般都会在基金合同中予以明确约定。基金的投资范围或投资标的应以基金合同的约定为准。而依照约定的投资范围运作、投资基金,既是基金管理人的权利,也是其应当履行的受托义务。

在目前的司法实践中,基本一致认定基金管理人未按照基金合同约定,擅自变更投资范围构成严重违约。该行为导致投资者遭受损失的,可以要求管理人承担赔偿投资者本金损失及利息的责任。例如,在王宁宁等与山东赑贝贸易有限公司等金融委托理财合同纠纷案中,济南市中级人民法院认为:王宁宁与基金管理人、基金托管人之间形成了合法的委托理财合同关系。基金管理人委托的山东赑贝贸易有限公司未按照合同约定的投资范围进行投资,应视为基金管理人在履行《基金合同》时对王宁宁构成了违约,应当承担相应的违约责任,判令基金管理人赔偿本金损失。[1]另外,广州市中级人民法院也持相同观点,其认为:基金管理人挪用基金财产,侵犯投资者权益,导致投资者的损失,应当承担侵权赔偿责任。[2]

笔者认为,基金资金的使用与基金合同约定不一致时是否构成严重违约,投资者是否有权解除合同,要求返还投资款或赔偿全部投资损失,不能一概而论,宜区分不同情况确定管理人的违约性质和赔偿责任。

当资金的全部或者大部分实际运用与基金合同约定不符时,应视为严重违约,投资者要求解除合同,返还投资款,或者要求赔偿全部投资损失的,应予支持。

当资金的实际运用增加了部分投资项目时,则增加部分构成违约,原则上应当根据增加部分的投资金额占基金总额的比例确定违约损害赔偿责任,但是如果增加部分投资造成全局性损失的,比如私募证券投资基金约定作平层投资,管理人将部分资金用于杠杆投资,实际结果是杠杆投资亏损,平层投资因资金被挪用亦存在损失,管理人应承担全额赔偿责任。

当基金合同约定了多个投资项目,管理人仅投资了部分项目,如管理人能够证明未完全按照基金合同约定进行投资存在合理理由的,要尊重管理人的商业判断,不应认为管理人违约;管理人不能证明存在合理理由的,可根据

---

[1] 参见王宁宁等与山东赑贝贸易有限公司等金融委托理财合同纠纷案,山东省济南市中级人民法院(2019)鲁 01 民终 8544 号民事判决书。
[2] 参见中国建设银行股份有限公司广州越秀支行、邱振光合伙协议纠纷、财产损害赔偿纠纷案,广东省广州市中级人民法院(2020)粤 01 民终 2614 号民事判决书。

实际情况确定违约损害赔偿责任。

另外,实践中还有可能遇到《基金募集说明书》中的投资范围与《基金合同》约定不一致的情况,原则上应以《基金合同》约定的投资范围为准。《基金募集说明书》是在推介、销售基金过程中涉及的文件,基金销售者(管理人)的行为应当符合适当性义务的要求,因此管理人应当尽到基本的说明义务①,若投资者能举证证明管理人未进行特别说明的,一般可认定管理人至少构成对适当性义务中说明义务的违反。但根据适当性义务的原理,参照适当性义务的免责事由,如果管理人能够举证证明根据投资者既往的投资经验、受教育程度等事实,未进行特别说明并未影响投资者作出自主决定的,可不视为违反了说明义务。

最后,关于如何合法变更基金的投资范围问题。基金管理人若想变更投资范围,需要通过一定的程序。在私募基金中,根据《基金法》第92条的规定,基金的投资范围是基金合同中必须包含的内容。根据《基金法》第47条的规定,变更基金的投资范围这一基金合同重要内容属于基金份额持有人大会的职权,应由全体基金份额持有人组成的基金份额持有人大会进行投票。通常相关事项需要经参加大会的基金份额持有人所持表决权的1/2以上同意后才可以变更投资范围。实践中,如果基金管理人就投资范围的变更征求投资者意见,投资者虽未表示明确同意,但有证据证明投资者知晓变更事宜,且接受了投资范围变更后的收益而未提出异议的,根据《民法典》第140条"行为人可以明示或者默示作出意思表示"的规定,投资者接受投资收益等行为可以视为默示同意变更投资范围,管理人在满足基金份额持有人大会决议通过的条件(即经参加大会的基金份额持有人所持表决权的1/2以上同意)的基础上相应地有权变更基金的投资范围。

(本案例由北京大学法学院博士研究生王艺璇编撰)

---

① 适当性义务是指卖方机构在向金融消费者推介、销售高风险等级的金融产品,或为金融消费者参与高风险等级投资活动提供服务过程中,必须履行的了解客户、了解产品、将适当的产品(或者服务)销售(或者提供)给适合的金融消费者的义务,是卖方机构的法定义务。在履行适当性义务过程中,必然会涉及风险提示和告知义务。简单来说,适当性义务可包含了解产品、了解客户、风险匹配、提示与说明等义务。

案例4　私募基金募集行为合法合规性的认定

仲裁要点：为实现将产品销售给合适的投资者，私募基金募集行为应符合一定的行为规范。私募基金不得通过公众媒体向不特定投资者宣传、推介；通过互联网宣传、代销的，网站应当设置相应的合格投资者确认程序。宣传推介材料中披露的信息原则上应与基金合同保持一致，不得虚假宣传。若代销网站在基金募集过程中存在虚假宣传等违规行为，基金管理人与代销机构应当承担连带责任。当虚假宣传行为符合欺诈要件时，投资者也可以依法请求撤销基金合同。

一、案情概要

自然人A（申请人）通过互联网广告得知，基金管理人B投资管理有限公司（被申请人）发行了J基金，并且通过网站广告了解了J基金的风险、收益等情况。2015年5月7日，申请人申购由被申请人作为管理人、C证券公司作为托管人的J基金101万元。申请人在《风险揭示书》《投资者承诺书》《风险承受能力调查问卷（自然人）》上签字，三方共同签署了《基金合同》。随后，被申请人向申请人寄回了落款日期为2015年5月12日的《J基金确认书》，该确认书载明，申请人投资的J基金已经于2015年5月11日成立，基金存续期限为10年，申请人的认购金额为101万元，认购份额为100万份，申请人的申购行为经被申请人确认生效。

2015年5月15日，被申请人在中基协办理完成了J基金的私募投资基金备案证明。

2015年6月24日，F资产管理计划（以下简称"F资管计划"）成立并生效。根据《F资管合同》的约定，F资管计划的资金分为A类（优先级）和B类

(一般级),B类资金全部为J基金投入。同时,被申请人为F资管计划的投资顾问。

2016年5月6日,被申请人在其官方网站发布《关于J基金运作情况的说明》(以下简称《说明》),称截至2016年4月29日,F资管计划的净值为0.937元,作为F资管计划一般级的J基金份额单位净值为0.272元。《说明》还提出,被申请人将以自有资金将J基金的单位净值补足至0.42元,使投资者的损失不超过产品结构的规定。

2016年8月2日,被申请人与J基金托管人共同出具《J基金清算报告》,称J基金已经于2016年8月2日终止,基金份额单位净值约为0.246元。

2016年8月9日,申请人收到J基金清算后的剩余资金(约24.59万元),J基金确实已经终止。

申请人认为,被申请人在宣传推介、基金投资运作、终止清算环节均存在严重的违法违规行为,给申请人造成重大投资损失。因此,申请人依据案涉合同中的仲裁条款向深圳国际仲裁院提交仲裁申请,请求:

1. 裁决被申请人支付申请人投资款差额76.41万元以及相应的利息。
2. 裁决被申请人支付申请人聘请律师的费用。
3. 裁决被申请人承担本案的仲裁、保全等费用。

二、当事人主张

(一)申请人主张

(1)申请人与被申请人之间签订的《基金合同》应当无效或可撤销,具体理由包括:

第一,被申请人向不特定对象公开宣传并募集私募基金,属于非法吸收公众存款的行为,严重扰乱社会金融、经济秩序,不仅违反《基金法》,更涉嫌触犯《刑法》。

第二,被申请人对J基金的情况作夸大、虚假宣传,属于严重的欺诈行为,如宣称"J基金由私募大佬操作,可实现240%的收益",致使申请人作出错误的意思表示。

第三,申请人购买的是YJ基金,并非J基金。而YJ基金没有备案,最终未成立。申请人一直不知道J基金的存在,直至被告知其购买的基金被清算而解散后,才知道投资款投向了 J 基金。将投资款投向 J 基金并非申请人真实的意思表示。

第四,申请人并非 J 基金的合格投资者,申请人为保守型投资者,且被申请人未对申请人作风险提示、风险问卷调查,是被申请人替申请人答卷的。即使申请人与被申请人签订的《基金合同》合法有效,不足以撤销,但被申请人存在重大违法和根本违约行为,应当退还申请人所有的投资款,赔偿相应的损失。

(2)即使被申请人的行为不构成根本违约,其也应当遵守 0.88 元净值平仓线的承诺,按照该净值退还投资款并赔偿损失。

(二)被申请人主张

(1)申请人与被申请人之间签订的《基金合同》合法有效,双方之间的权利义务应当以《基金合同》的约定为准。被申请人不存在申请人所称的欺诈或违法和违约行为,具体而言:

第一,关于向不特定投资者公开宣传推介。申请人提及的宣传推介网站并非由被申请人经营;进入被申请人网站必须经过私募基金合格投资者验证程序,该网站面向的是"特定对象"。因此,被申请人并未构成向不特定对象宣传推介。

第二,关于虚假宣传的行为。申请人声称的虚假宣传材料并非由被申请人提供,申请人获得宣传材料的网站并非由被申请人经营;《基金合同》中关于投资经理的描述只是模糊性的表达,并非合同的重要承诺或保证条款。即使事实情况与此类条款略有出入,对此类条款构成违约,被申请人承担责任的范围或金额也应该与该条款的重要性及违反程度相对应。

第三,关于申请人是否为合格投资者。申请人不仅购买了 J 基金,还在被申请人处购买了其他基金产品,基金所涉合同中的风险评估以及签名,均确认申请人是"合格投资者"。

第四,关于申请人所称的"被申请人存在重大违法和根本违约行为":一是《基金合同》并无预警线、强制平仓线的规定,被申请人在 J 基金的投资运作过程中的行为,完全是按照《基金合同》的约定进行;二是被申请人不存在披露 J 基金虚假净值的情况,被申请人在网站上公布的是 F 资管计划的净值情况,而非 J 基金的净值情况;三是根据《基金合同》的约定,基金管理人可以根据基金运作、市场行情等情况决定终止合同,因此被申请人单方面决定终止《基金合同》并未违反合同约定。

(2)申请人不能证明其所称的被申请人的侵权及违约行为与投资损失之间存在因果关系,申请人的损失完全是由市场波动所致。

三、仲裁庭意见

(一)申请人购买的是 YJ 基金还是 J 基金

第一,申请人提交给仲裁庭的最主要证据是《基金合同》,根据《基金合同》约定的内容,申请人购买的是 J 基金。

第二,宣传材料中的 YJ 基金与《基金合同》中的 J 基金在名称、产品特征描述、投资经理信息等方面均存在诸多显见不同。因此,YJ 基金与 J 基金虽然存在一定的相似之处,但若仔细阅读《基金合同》,可明显发现不是同一个产品。

第三,申请人作为完全民事行为能力人,在《基金合同》《风险揭示书》等文件上签字,即表明其承诺已仔细阅读了《基金合同》等法律文件,应当清楚 J 基金并非 YJ 基金,其愿意接受《基金合同》的约束并据此承担相应的法律责任。

综上,仲裁庭认为申请人应当清楚了解其所购买的基金为 J 基金。申请人声称自己购买的是 YJ 基金,以及被申请人擅自将其投资款投向了 J 基金的说法与事实不符,仲裁庭不予采信。

(二)《基金合同》的效力问题

第一,本案双方当事人签订《基金合同》时,均具有完全的民事行为能力。

第二,申请人与被申请人均对《基金合同》本身的真实性没有异议,双方在《基金合同》上的签章真实有效。

第三,J 基金已经经过了法定备案程序。

第四,申请人向仲裁庭提供的是 YJ 基金的相关宣传推介材料,并未提供 J 基金应当依法撤销的证据。

第五,根据《合同法》(本案适用的法律)第 52 条的规定,《基金合同》的内容及其签署情况不存在应当认定合同无效的情形。

综上,《基金合同》不存在应当依法认定撤销或者无效的情形,本案所涉《基金合同》合法有效。

(三) 被申请人是否向不特定对象宣传推介私募基金

《基金法》第 91 条和《私募管理办法》第 14 条均对私募基金宣传、推介的对象和方式进行了限制。非公开募集基金,不得向合格投资者之外的单位和个人募集,不得通过报刊、电台、电视台、互联网等公众传播媒体向不特定对象宣传推介。

根据申请人提交的证据显示,Z 网站对 YJ 基金进行公开宣传推介,同时在百度搜索 J 基金可以找到 YJ 基金产品在互联网上的公开宣传材料。2016 年 7 月 18 日工业和信息化部域名信息备案管理系统查询的结果显示,Z 网站的主办单位为 Z 公司,网站负责人为 J 基金的投资经理张某。同时,该投资经理还同时担任被申请人的法定代表人、投资总监,并曾担任 Z 公司的自然人股东。

因此,申请人提交的证据已经足以证明在一段时期内,被申请人网站存在私募基金 YJ 基金产品的公开宣传推介资料,并且可以被不特定对象获取。且宣传推介材料在内容、表述、用语等方面高度一致,载明了基金管理人为被申请人、基金托管人为 C 证券公司以及资金募集账户的具体信息,显然为授意后统一制作,而非网站独自为之。同时,考虑到被申请人与 Z 网站之间的高度关联,可以认定被申请人存在通过其关联方网站向不特定对象营销和宣传私募基金产品的行为。即使并非被申请人授意或授权,被申请人亦应当非常清楚上述行为的存在,而且事实上接受了相应的营销后果,与接触到该信息的投资者进一步达成购买产品的交易。

此外,被申请人提供证据证明其官方网站在投资者登录时设置了私募基金合格投资者验证程序,应视为向特定人招募。但是该证据的采录时间为 2016 年 12 月 13 日,仅能证明该采录时点被申请人网站设置有其声称的合格投资者验证程序,不能证明在此时间点之前的情况,仲裁庭不予采信。

综上,仲裁庭认为被申请人通过其关联方网站向不特定对象公开宣传推介私募基金产品,违反了《基金法》第 91 条和《私募管理办法》第 14 条的相关规定。

(四) 被申请人是否存在虚假宣传行为

被申请人的虚假宣传可归纳为两个方面：基金产品的风险和收益状况、投资经理的从业经历。

第一，关于基金产品的风险和收益状况。申请人提交的证据显示，被申请人关联方 Z 网站登载了名为"YJ 基金"的宣传推介材料，使用了"火爆、稀缺""9 个月收益 240%""杠杆收益坐上直升机""最安全策略""国内最具实力 45 人投研团队""国内最优风控体系""最快飙升收益"等文字。

仲裁庭认为：首先，被申请人不能举证证明其管理过甚至实际上存在过所谓"YJ 基金"，因此宣传材料中关于该产品的高额收益等文字描述与事实完全不符，属于明显的虚假陈述；其次，使用了"最安全""最具实力""国内最优"等表述，明显夸大了被申请人的投资研究能力和风险控制能力，误导投资者相信投资该产品不仅收益很高且非常安全、风险可控；最后，上述宣传材料没有任何风险提示，使得投资者极易忽略风险，从而为了获得所谓高收益而轻易作出认购决定。

第二，关于投资经理的从业经历。申请人质疑并举证《基金合同》中陈述的 J 基金投资经理张某具有"十余年证券从业经历"与事实不符。被申请人则辩称此处仅为模糊性表达，并非合同重要的承诺或保证条款，并举证证明基金经理张某于 2010 年通过证券从业资格考试。

仲裁庭认为：首先，《基金合同》是确定合同当事人之间权利义务关系的重要法律文件，其内容对合同双方均有法律约束力。J 基金的《基金合同》为被申请人制作的格式合同，其应当保证合同内容真实、准确。其次，证券从业经历是在证券行业相关单位从业或任职的经历，而非从事证券投资的经历。被申请人提供的证据，仅能证明投资经理张某于 2010 年通过证券从业资格考试，不足以证明其具备"十余年证券从业经历"。

综上，关于基金产品的风险和收益状况、投资经理的从业经历，被申请人均存在一定程度的夸大和虚假宣传行为。

(五) 被申请人的投资、管理行为是否违反法律规定和合同约定

1. 被申请人是否应当按照基金单位净值 0.88 元进行赔偿

YJ 基金的宣传材料载明 YJ 基金设置了 0.92 元净值预警线、0.88 元净值平仓线。但宣传材料并非具有法律约束力的文件，同时，《基金合同》中并

没有关于0.88元净值平仓线的约定。因此,被申请人无须按照单位净值0.88元赔偿投资者损失。

2. 被申请人提前终止J基金的《基金合同》是否违约

《基金合同》第22条第4款约定了合同终止的情形,其中包括基金管理人根据基金运作、市场情况决定终止,该条属于对合同终止情形的特别约定。因此,被申请人据此终止《基金合同》并未违反合同的约定,不属于违约行为。

3. 被申请人的投资行为是否违法、违约

在中国股市下跌的情形下,被申请人仍然将J基金的基金财产全部投入风险极高的一般级份额中,投资决策过于激进和冒险,未采取任何有效的防范和控制措施以对冲、分散风险。因此,被申请人的投资行为有悖于专业投资机构组合投资、分散风险的投资原则,不符合《基金法》第9条及《基金合同》中对被申请人"谨慎经营""谨慎勤勉""有效防范和控制风险"的要求,违反了其应承担的法律及合同义务。

4. 被申请人是否充分履行信息披露义务

《私募管理办法》第24条要求基金管理人必须如实向投资者披露可能存在的利益冲突情况,以及可能影响投资者合法权益的重大信息。本案中,被申请人作为J基金的基金管理人,将J基金的全部基金财产投资于F资管计划,且兼任F资管计划的投资顾问,已构成关联交易且存在利益冲突。这一事实显然属于对投资者合法权益有重大影响的事项,应当及时向投资者充分披露这一利益冲突的事实,并且采取防范措施。但被申请人始终未向投资者充分披露该事实,也没有采取任何有效的防范措施,未充分履行基金管理人的信息披露义务。

(六) 被申请人违规行为与申请人投资损失之间的因果关系

被申请人在基金募集阶段、投资阶段、信息披露等方面均存在诸多违规行为,主观上存在明显过错,客观上使得申请人遭受了较大的投资损失,被申请人的行为与申请人的投资损失之间具有相当因果关系。

申请人作为完全民事行为能力人,在对J基金所涉投资过程中,没有认真阅读、分析、理解《基金合同》条款,轻信被申请人的虚假宣传,草率地签署包括《基金合同》在内的各项法律文件。申请人自身对其认购J基金导致的投资损失,主观上存在疏忽大意的过失,应当承担相应的责任。

综上,仲裁庭认为被申请人应当对申请人的投资损失承担 70% 的责任,申请人应当对其投资损失承担 30% 的责任。

(七)系统性风险的扣除

自 J 基金于 2015 年 5 月 11 日成立至 2016 年 8 月 2 日终止清算之日,同期上证综合指数收盘点位下跌 1362.30 点,跌幅为 31%。该期间系统性风险确实存在。系统性风险所造成的投资损失与被申请人的违法行为无直接因果关系。因此,系统风险造成的损失应当从投资损失中扣除,即申请人所遭受的投资损失中扣除 31%。

四、裁决结果

1. 被申请人向申请人赔偿 369078.71 元及相应的利息损失。
2. 被申请人向申请人支付其已经发生的律师费。
3. 本案仲裁费由申请人承担 30%、被申请人承担 70%。

五、评析

在本案基金的募集、投资和管理过程中,基金管理人在各个阶段均存在一定的违法违规行为。其中,基金募集阶段的系列行为及其体现的问题较为典型,具体包括通过网站代销基金的责任承担问题、虚假宣传行为的法律后果等问题。下文将在梳理私募基金募集阶段的行为规范的基础上,对这些问题逐一进行分析。

(一)私募基金募集行为规范

1. 募集流程

中基协发布的《基金募集办法》第 15 条规定,私募基金募集应当履行下列程序:(1)特定对象确定;(2)投资者适当性匹配;(3)基金风险揭示;(4)合格投资者确认;(5)投资冷静期;(6)回访确认。

2. 募集主体

《基金募集办法》规定,私募基金的募集主体分为两类:一类为已在中基协完成登记的私募基金管理人,另一类为在证监会取得基金销售业务资格并已成为中基协会员的机构。除此之外,任何其他机构和个人不得从事私募基金的募集活动。

3. 募集对象

在募集的对象方面,根据《基金法》第 87 条的规定,私募基金应当向合格投资者募集,合格投资者累计不得超过 200 人。否则就应当认定为公开募集。[①]所谓合格投资者,是指达到规定资产规模或收入水平,并且具备相应的风险识别能力和承担能力、基金份额认购金额不低于规定限额的单位和个人。而《私募管理办法》对何谓"合格投资者"提供了具体、量化的标准,该办法第 12 条第 1 款规定:"私募基金的合格投资者是指具备相应风险识别能力和风险承担能力,投资于单只私募基金的金额不低于 100 万元且符合下列相关标准的单位和个人:(一)净资产不低于 1000 万元的单位;(二)金融资产不低于 300 万元或者最近三年个人年均收入不低于 50 万元的个人。"除此之外,社会保障基金、企业年金等养老基金,慈善基金等社会公益基金,依法设立并在基金业协会备案的投资计划,投资于所管理私募基金的私募基金管理人及其从业人员,也可以视为合格投资者。

4. 募集的方式和行为

在募集的方式上,《基金法》第 91 条规定,私募基金不得通过报刊、电台、电视台、互联网等公众传播媒体或讲座、报告会、分析会等方式向不特定对象宣传推介。《私募管理办法》第 14 条进一步对募集方式进行了限制,私募基金管理人、私募基金销售机构不得通过布告、传单、手机短信、微信、博客和电子邮件等方式,向不特定对象宣传推介。

为确保私募基金销售给适格的投资者,《私募管理办法》第 16 条、第 17 条规定,私募基金管理人应当自行或者委托第三方机构对私募基金进行风险评级;在销售私募基金前,私募基金管理人和受委托的销售机构应当通过调查问卷等方式对投资者的风险识别能力和风险承担能力进行评估,由投资者签署风险揭示书确保其知晓风险,以最终实现向风险识别能力、风险承担能力与基金风险评级相匹配的投资者推介、销售私募基金。

---

① 根据《基金法》第 50 条的规定,公开募集基金,包括向不特定对象募集资金、向特定对象募集资金累计超过 200 人等情形。依据反面解释,非公开募集基金,也即私募基金,是指向特定对象募集资金且累计不超过 200 人的情形。

(二) 网站代销基金法律关系分析

本案中,被申请人通过网站代销基金。在目前的基金市场中,通过互联网代销基金优势显著,是重要的募集方式。鉴于此,有必要对代销基金的法律关系进行分析,厘清各个主体之间的权利义务关系,为定分止争提供指引。

本案中,被申请人通过与其存在关联关系的Z网站宣传推介J基金,Z网站与被申请人之间应为委托代理关系。《民法典》第162条规定:"代理人在代理权限内,以被代理人名义实施的民事法律行为,对被代理人发生效力。"所谓"对被代理人发生效力",是指代理行为产生的法律效果归属于被代理人。《民法典》第162条在规定代理行为的归属效力时,特别强调了"以被代理人名义实施的民事法律行为",该条是对显名代理的要求,但其并不否认隐名代理的存在及其意义;以例外存在的隐名代理行为,代理人虽然以自己的名义为法律行为,但相对人知道代理人与被代理人之间的委托代理关系,代理行为也具有归属于被代理人的效力。[①] 本案中,投资者知晓Z网站与被申请人之间的委托代理关系,因此依据委托代理关系的基本原理,《基金合同》直接约束投资者与基金管理人(被代理人),投资者与基金管理人之间属于合同关系。

那么网站作为基金管理人的代销机构,其与投资者之间存在何种法律关系呢?对代销机构与投资者之间法律关系的识别,是追究代销机构法律责任的重要基础。关于代销机构与投资者之间的法律关系,以及如何追究代销机构的法律责任,存在如下几种解释:

第一,投资者可以以《民法典》第167条的规定为基础,请求基金产品的发行人、销售者共同承担连带责任。《民法典》第167条规定:"代理人知道或者应当知道代理事项违法仍然实施代理行为,或者被代理人知道或者应当知道代理人的代理行为违法未作反对表示的,被代理人和代理人应当承担连带责任。"代销机构的行为应当符合基金募集的行为规范,在本案情形下,代销网站和基金管理人就违规募集行为承担连带责任,基金募集过程中因代销机构违规行为造成的损失,投资者可要求基金管理人承担连带责任。

---

① 参见邹海林:《民法总则》,法律出版社2018年版,第393页。同时《民法典》第925条规定:委托人以自己的名义,在委托人的授权范围内与第三人订立的合同,第三人在订立合同时知道受托人与委托人之间的代理关系的,该合同直接约束委托人和第三人。

第二,投资者通常并未与代销机构签署合同,但双方之间成立了金融委托理财合同关系。根据《民法典》第135条的规定,合同不局限于书面、口头形式,通过事实行为等形式也可以建立合同关系。《资管新规》第31条明确规定,"销售"不仅包括申购、赎回等环节,宣传、推介也包含在"销售"范围之内。具体到金融产品代销过程中,投资者接受代销机构的推介服务,并根据推介在代销机构营业场所或网站上完成了购买行为,可以认定投资者与代销机构之间形成了金融委托理财合同关系。此外,代销机构要求投资者填写申请表,并在申请表上加盖代销机构印鉴的行为,也可以认定双方之间成立了金融委托理财合同关系。这种观点也得到了司法实践的支持,例如,上海金融法院认为,投资者在银行网站上完成了银行代销的案涉理财产品的购买行为,双方当事人之间形成金融委托理财法律关系。[①]北京市朝阳区人民法院认为,投资者向银行提交《代销业务申请表》,银行盖章确认,投资者与银行建立了金融委托理财法律关系。[②]另外,在《九民纪要》实施后,最高人民法院民事审判第二庭在《〈全国法院民商事审判工作会议纪要〉理解与适用》一书中提出,建议代销机构与投资者之间的纠纷考虑适用"金融委托理财合同纠纷"作为案由。[③]但此种理解会产生疑问,如果成立金融委托理财法律关系,那么应是代销机构进行资产管理,而本案中仍是由基金管理人操作理财。投资者与管理人之间已经成立了金融委托理财法律关系,如此理解会使得投资者与管理人之间的委托理财关系中嵌套了一层委托理财关系。

第三,投资者与代销机构之间可以成立金融服务法律关系。司法实践中,部分法院创设性地提出,代销机构向投资者提供产品推介及申购等服务,投资者与代销机构之间形成的是金融服务法律关系,而非合同关系。上海市第一中级人民法院曾认为,商业银行向客户提供包括财务分析与规划、投资建议、个人投资产品推介等内容的理财顾问服务,在法律后果上体现为商业银行与客户之间形成了金融服务法律关系。[④]但基于金融服务法律关

---

① 参见广发银行股份有限公司上海分行与唐惠玲财产损害赔偿纠纷案,上海金融法院(2021)沪74民终1325号民事判决书。

② 参见谭蓓蓓与平安银行股份有限公司北京分行等金融委托理财合同纠纷案,北京市朝阳区人民法院(2019)京0105民初30941号民事判决书。

③ 参见最高人民法院民事审判第二庭编著:《〈全国法院民商事审判工作会议纪要〉理解与适用》,人民法院出版社2019年版,第414页。

④ 参见胡象斌等诉中国银行股份有限公司上海市田林路支行财产损害赔偿纠纷案,上海市第一中级人民法院(2015)沪一中民六(商)终字第198号民事判决书。

系,代销机构须承担代销基金过程中的适当推介、风险提示等义务。代销机构的募集行为不合规,可视为其法定义务的未履行或履行瑕疵。法定义务未履行,属于"违反法律规定而侵害他人合法权益的行为",应当就其违规行为承担侵权责任。那么根据一般侵权的基本原理,侵权责任的成立需要满足侵权行为、过错、损失、因果关系四个构成要件。当法定义务未履行时,侵权行为和过错要件即满足,损失则需要投资者举证证明,因果关系需要根据个案综合判断。从实践情况来看,在大多数情况下,代销机构通常会因为其销售过程中的违规行为而承担部分投资损失。①

笔者认为,以金融委托理财法律关系和金融服务法律关系来认定本案中的情形均不合适。本案中,投资者已经明确自身的投资意愿与投资产品,代销机构Z网站并未向投资者提供投资建议或其他服务,Z网站只是帮助基金管理人发布了宣传广告,投资者后续的基金认购、合同签订、划款等行为均是与基金管理人直接接洽,并未通过代销网站进行。因此,投资者与Z网站之间并未产生金融委托理财法律关系或金融服务法律关系。在Z网站与基金管理人之间存在委托代理关系的情况下,Z网站违规发布广告的行为,根据《民法典》第167条的规定,基金管理人和Z网站应当承担连带责任,即投资者可就违规广告要求基金管理人承担相应的责任。

(三)私募基金虚假宣传的法律后果

基金推介材料是基金销售者、基金管理人履行说明义务的主要方式和主要内容,同时投资者主要通过推介材料对基金产品进行了解,进而作出投资决策。因此,基金推介材料需要真实、客观、准确地反映金融产品的投资标的及其交易结构设计、风险控制措施等信息。《基金募集办法》第23条规定,私募基金推介材料内容应与基金合同主要内容一致,如有不一致的应当向投资者特别说明。实践中,个别私募基金管理人为了完成资金募集,在宣传推介基金时,误导、夸大甚至欺诈投资者,同时也未将相应的调整和差异予以充分的告知和说明,导致投资者对基金投资作出错误决策,基金销售者、基金管理

---

① 例如在胡象斌等诉中国银行股份有限公司上海市田林路支行财产损害赔偿纠纷案中,法院依据《民法典》第1173条规定的过失相抵原则,认为投资者对损害也存在过错,判决胡象斌对本金损失承担60%的责任,银行因其适当性义务履行瑕疵承担40%的责任。另外,赔偿部分损失的现象也与投资者的诉求有关。实践中,投资者的诉求多为要求代销机构赔偿本金损失,而鲜少要求撤销合同。

人应当对此类虚假宣传的行为承担相应的法律责任。

当思考虚假宣传的民事责任时,一个直接的问题就是虚假宣传能否构成民法上的欺诈。虚假宣传并非一个严谨的法律概念,直接规范虚假宣传行为的法律主要有《消费者权益保护法》《反不正当竞争法》《广告法》《刑法》等,在这些不同的法律中,虚假宣传的含义也并不完全一致。[①]概括地说,虚假宣传是指宣传呈现的内容不实,意图导致信息接受者产生错误的认识。根据《民法典》第148条的规定,欺诈行为的成立需要满足四个要件:欺诈故意、欺诈行为、被欺诈方的错误认识与欺诈行为之间有因果关系、被欺诈方因错误认识而作出意思表示。欺诈的认定应逐步考察四个方面的要件。

实践中,部分商家、销售者会采用明显夸张的用语,如本案中Z网站的宣传材料中包含"杠杆收益坐上直升机""最安全策略""国内最具实力""国内最优风控体系""最快飙升收益"等绝对化的用语。在此种情况下,按照普通投资者正常的认知程度,也可以明确此仅为夸张的说法,并非对事实情况的准确描述。即使是在信息不对称的金融产品消费中,此种宣传也不足以令具有正常认知能力的普通消费者陷入错误的认识当中,不宜认定为欺诈行为。另外,消费者在购买金融产品时也应当保有一定程度的谨慎注意义务,在虚假宣传明显违背常识的情况下也不宜认定为欺诈。

在判断基金产品虚假宣传是否构成欺诈时,首先,应当考虑该虚假宣传是否会使一名理性投资者在施以平常注意力的情况下,可能产生误解;其次,在判断虚假宣传时应以主要功能为主,对于与实际功能基本无关的虚假宣传通常不宜认定欺诈。具体到基金领域,虚假宣传行为是否构成欺诈还有赖于裁判者的自由裁量。从目前的司法实践看,在大多数涉及虚假宣传的案例中,基金管理人同时存在违规运作的行为,且投资者的诉求多为赔偿投资损失,而非请求撤销基金合同,直接认定虚假行为构成欺诈,进而撤销基金合同的案例并不多见。

若宣传推介材料的内容与合同中对金融产品核心要素的约定存在重大差异,且未向投资者告知说明相应调整和差异,如基金的资金运用方式、担保措施、风险控制措施等信息,或可认定卖方机构存在欺诈的情形,依据《合同法》(本案适用的法律)第54条的规定,投资者受欺诈后在违背真实意思的

---

① 具体含义的差别参见马一德:《虚假宣传构成欺诈之认定》,载《法律科学(西北政法大学学报)》2014年第6期。

情况下订立了基金合同,有权请求人民法院或者仲裁机构予以撤销。但结合投资活动的具体特点,此种撤销权成立的条件应当较为严格。《合同法》第55条规定,当事人自知道或者应当知道撤销事由之日起1年内没有行使撤销权,或者当事人知道撤销事由后明确表示或者以自己的行为放弃撤销权的,当事人的撤销权消灭。在购买基金产品的场景中,若卖方机构在募集时存在对产品特点的欺诈行为,理论上投资者应当在购买产品不久后即可发现。若投资者持有基金产品多年,甚至在赎回资金若干年后,仍主张撤销基金合同,其撤销合同的请求或许无法得到支持。投资者持有基金产品多年的行为某种程度上可以视为"以自己的行为放弃撤销权"。在认定投资者何时知道撤销事由,以及撤销权是否已经消灭时,应当谨慎。《合同法》失效后,《民法典》的相关规定也与此一致。

此外,《九民纪要》中的相关规定值得注意。《九民纪要》第77条规定,"合同文本虽然没有关于预期收益率、业绩比较基准或者类似约定,但金融消费者能够提供证据证明产品发行的广告宣传资料中载明了预期收益率、业绩比较基准或者类似表述的,应当将宣传资料作为合同文本的组成部分"。可见,当合同内容约定不明,而宣传材料中涉及金融产品核心要素描述的,此类信息也可以视为合同文本的一部分,而不仅只局限于基金合同的约定。实践中,基金合同中的产品情况往往写得较为原则,而募集说明书写得较为具体,为保护投资者,允许其引用募集说明书或宣传材料的内容细化基金合同的原则性规定。因此,在此情况下,符合一定条件时,违反宣传材料中的规定,或可视为违反基金合同的约定。

(本案例由北京大学法学院博士研究生王艺璇编撰)

案例 5 两份基金合同约定不一时投资者购买基金份额类别的判断

仲裁要点：两份《基金合同》因勾选了不同类别的基金份额而相互矛盾，均不能作为证明投资者基金购买情况的证据，但并不影响《基金合同》的成立、生效。对投资者购买何种基金份额的判断应当综合基金成立、运作中形成的其他证据进行考量。

一、案情概要

2016年，自然人X（本案申请人）与基金管理人Y资产管理有限公司（本案被申请人）签署《基金合同》。根据合同约定，申请人向被申请人认购200万元的H一号私募基金（以下简称"基金"），基金份额的初始募集面值为1元，合计200万份额。申请人于2016年7月6日向户名为"Z证券公司基金运营外包服务募集专户"转入"认购H一号私募基金"款项200万元，被申请人于2016年7月14日向申请人出具《基金交易确认单》，确认申请人基金认购成功。

根据《基金合同》对基金财产收益分配的约定，基金份额将被分成风险与收益特征不同的两个级别，即A级份额和B级份额，两类份额分别设有不同的代码，分开募集，合并运作。当基金的资产份额年化收益率小于6%时，B级份额以其份额为限补足A级份额的本金及6%的基准年化收益。剩余收益在基金管理人对B级份额持有人提取业绩报酬（如有）后，归B级份额持有人所有。

2016年5月19日，基金成立。根据《基金合同》的约定，基金的存续期限为自成立之日起18个月，因此，基金应于2017年11月20日到期并清算,不得延期。

2016年7月7日,被申请人作出《基金运营通知书》,该材料载明,B级份额直销(含居间推荐),A级份额代销(通过代销系统销售)。此外,申请人签署确认的《投资者告知书》载明,在直销机构认购或申购的投资者须将认购资金从在中国境内开立的自有银行账户划款至募集账户(注:以托管人Z证券公司名义开立),在代销机构认购或申购的投资者按代销机构的规定缴付资金。

2018年7月23日,基金进入清算期,根据被申请人的《基金清算报告》,截至2018年7月23日,A级份额为54550877.18份,基金资产净值为42227819.30元。

申请人以其所持《基金合同》第59页勾选了"认购A级份额"为由,据此主张其所认购的是200万元的A级份额,故应当分配基金剩余资产154.82万元,但申请人至今未收到被申请人分配的剩余财产。

根据《基金合同》约定的仲裁条款,申请人于2018年10月10日向深圳国际仲裁院申请仲裁,提出如下仲裁请求:

1. 裁决被申请人向申请人分配H一号私募基金剩余资产154.82万元(42227819.30÷54550877.18×200万元=154.82万元)。

2. 裁决被申请人向申请人赔偿投资损失45.18万元(200万元-154.82万元=45.18万元,具体损失数额以200万元扣除仲裁庭裁决被申请人向申请人分配的基金剩余资产为准)。

3. 裁决被申请人以200万元为本金,按中国人民银行同期贷款利率向申请人赔偿资金利息损失,自2016年7月6日起计算至被申请人付清之日止。

4. 裁决本案仲裁费由被申请人承担。

二、当事人主张

(一)申请人主张

1. 作为A级份额持有人,有权分配基金的剩余资产

(1)申请人与被申请人签署的《基金合同》约定,申请人向被申请人认购200万元A级份额的私募基金,并于2016年7月6日向基金募集账户转入

200万元认购款,被申请人向申请人出具了《基金交易确认单》,确认其认购成功。根据基金财产收益分配的约定,基金份额被分成A级份额和B级份额,当基金的资产份额年化收益率小于6%时,B级份额以其份额为限补足A级份额的本金及6%的基准年化收益。2018年7月23日,基金进入清算期,《基金清算报告》显示,A级份额为54550877.18份,基金资产净值为42227819.30元,故申请人作为A级份额持有人,有权分配基金剩余资产中的154.82万元。

(2)被申请人在《基金合同》中擅自勾选基金份额为B级。

被申请人伪造、篡改《基金合同》的内容,将申请人认购的基金份额擅自勾选为B级,恶意编造证据,违反了诚信原则。

(3)被申请人及其业务人员从未向申请人披露过申请人购买的基金是B级份额。

2017年10月24日,在基金进入清算期之前,申请人向被申请人员工询问产品的情况以及退出条件。根据《基金合同》和当时净值的涨跌状况,基金B级份额的分配额为0。正常情况下,被申请人应当立即向申请人披露净值情况以及申请人作为B级份额投资人的事实,但被申请人始终未向申请人作出上述披露。

2. 被申请人在基金设立及运作过程中违反了作为基金管理人的谨慎勤勉义务

基金募集行为严重违反《私募管理办法》和《基金募集办法》中对合格投资者确认、基金风险揭示、投资冷静期、回访确认等有关资金募集行为的强制性规定和相关的信息披露义务。

(二)被申请人主张

1. 申请人系基金B级份额持有人,无权要求分配基金剩余资产

(1)申请人签署的《基金合同》可证明其系B级份额持有人。申请人作为基金B级份额投资者与作为基金管理人的被申请人和作为基金托管人的Z证券公司三方签署了《基金合同》,申请人在《基金合同》中勾选认购基金的B级份额。

(2)申请人擅自在自己保存的那份《基金合同》中勾选认购A级份额。2018年7月23日,在基金首次进入清算后,申请人发现基金的B级份额已全部亏损,其作为B级份额持有人已无权分配基金剩余资产,遂将自己保存的

那份《基金合同》擅自勾选为认购 A 级份额,企图以此获取非法利益。

(3)第三方文件亦证明申请人系 B 级份额持有人。一方面,根据 Z 证券公司出具的《基金交易确认单》显示,A 级份额和 B 级份额对应不同的产品代码,分别为"J8836A"和"J8836B",申请人认购份额的产品代码为"J8836B",证明其系 B 级份额持有人;另一方面,2016 年 7 月 19 日,中基协备案的《H 一号私募基金投资者明细》清楚地记载申请人为基金 B 级份额持有人。

(4)申请人认购基金的渠道亦可证明其系 B 级份额持有人。首先,被申请人与 N 基金销售投资顾问有限公司(以下简称"N 公司")签署的《代销补充协议》约定,由 N 公司负责代销基金的全部 A 级份额,被申请人按照 A 级份额的总份数向 N 公司支付代销费。因此,案涉基金的 A 级份额全部由 N 公司进行代销,其中并不包括申请人认购的份额。其次,被申请人向基金托管人 Z 证券公司发送的《基金运营通知书》显示,B 级份额直销,A 级份额代销。申请人签署确认的《投资者告知书》进一步明确,在直销机构认购或申购的投资者须将认购资金从在中国境内开立的自有银行账户划款至募集账户(注:以托管人 Z 证券公司名义开立),而代销机构的销售账户为以 N 公司名义开立的 M 银行账户。基金托管人 Z 证券公司出具的《募集户流水清单》以及申请人提交的《银行转账汇款业务回单》显示,申请人将认购款 200 万元直接汇入以 Z 证券公司名义开立的基金 B 级份额直销募集账户。该支付路径与基金其他 8 名 B 级份额持有人完全一致,也符合《投资者告知书》中对于基金管理人直销份额支付路径的约定。最后,《基金合同》中约定,A 级份额和 B 级份额的初始比例不得超过 4∶1。案涉基金募集的资金总额为 6865 万元,包括 A 级份额认购净额 5455 万元和 B 级份额认购净额 1410 万元。按照上述份额金额计算,A 级、B 级份额初始比例未超过 4∶1(5455∶1410),但如果申请人为基金 A 级份额持有人,则基金 A 级、B 级份额初始比例将超过 4∶1 的限制。

(5)申请人从未否认其为基金 B 级份额持有人。无论是被申请人员工与申请人进行电话沟通时,还是申请人前往被申请人处了解基金情况的过程中,申请人自始至终未否认其为基金 B 级份额持有人。

2. 被申请人在基金设立及运作过程中已履行作为基金管理人的谨慎勤勉及信息披露义务

首先,被申请人在基金募集过程中已履行合格投资者确认、风险揭示等义务,申请人详细审阅并签署了被申请人提供的"基金风险揭示"以及《合格投资者承诺函》等文件。

其次,被申请人已向申请人履行了充分的信息披露义务,根据约定,被申请人应当披露整个基金的净值而非区分份额类型分别披露对应的净值;此外,在基金清算期之前管理人也不得向投资人确认基金的收益或亏损。

最后,"投资冷静期""回访确认"义务的履行与否,与本案中申请人遭受的投资损失没有任何法律上的因果关系,申请人据此向被申请人主张赔偿损失,无事实及法律依据。

三、仲裁庭意见

本案的争议焦点为当两份《基金合同》约定不一时,申请人认购的是 A 级份额还是 B 级份额的判断问题。

申请人与被申请人提供了两份《基金合同》,两份合同的主体内容相同,但合同第 59 页内容存在不同。申请人提交的《基金合同》第 59 页中,申请人认购份额勾选的是 A 级份额;被申请人提交的《基金合同》第 59 页中,申请人认购份额勾选的是 B 级份额。两份《基金合同》相互矛盾,均不能作为证明申请人基金购买情况的证据。仲裁庭认为,《基金合同》第 59 页是否填写或者是否由投资者本人填写,均不影响合同依法成立、生效,也不会改变投资者实际投资的是 A 级份额还是 B 级份额的事实。因此,综合基金成立、运作中形成的其他证据进行考量,仲裁庭认为申请人认购的是基金 B 级份额,主要理由如下:

(1)申请人通过直销渠道购买基金,符合 B 级份额的销售渠道特征。根据《基金合同》所附《投资者告知书》,基金通过直销、代销两种方式进行销售,其中通过直销认购的投资者将资金划款至募集账户。根据被申请人与 N 公司签署的《私募投资基金代理销售协议》《代销补充协议》,N 公司代销基金的 A 级份额。虽然《代销补充协议》并未明确约定所有 A 级份额均由 N 公司销售,但《代销补充协议》约定 N 公司收取的客户服务费是按照 A 级份额的总份额数收取的,仲裁庭有理由推定,在实际业务操作中,所有 A 级份额均由 N 公司销售。而且,《基金运营通知书》亦明确,A 级份额通过代销系统销售,B 级份额直销。申请人将认购资金转入 Z 证券公司基金运营外包服务募集专户,通过直销渠道认购基金,符合 B 级份额的销售渠道特征。

（2）托管人 Z 证券公司留存的档案均表明，申请人认购的是 B 级份额。申请人认购的是 A 级份额还是 B 级份额，Z 证券公司作为托管人均不存在利害关系。然而，Z 证券公司出具的《基金交易确认单》表明申请人为 B 级份额投资者。

（3）基金在中基协备案信息——《H 一号私募基金投资者明细》显示，申请人是产品的 B 级份额投资人。

（4）申请人在与被申请人的交涉过程中，均未表示过其认购的并非 B 级份额。进入仲裁前，申请人多次与被申请人员工进行沟通、交涉，被申请人员工多次表示申请人认购的是 B 级份额、B 级份额净值为 0，申请人均未提出异议，未向被申请人员工表示其认购的并非 B 级份额。

（5）申请人认购 B 级份额，基金的份额分类符合《基金合同》的约定。根据《基金合同》的约定，基金 A 级份额与 B 级份额的初始比例不得超过 4∶1。如申请人认购的是 B 级份额，A 级份额共计 54550877.18 份，B 级份额共计 14100000 份，A 级份额与 B 级份额的初始比例约为 3.9∶1，符合《基金合同》的约定；如果申请人认购的是 A 级份额，A 级份额共计 56550877.18 份，B 级份额共计 12100000 份，A 级份额与 B 级份额的初始比例约为 4.7∶1，不符合《基金合同》的约定。

综上所述，申请人购买的是基金 B 级份额，被申请人按照《基金合同》约定进行了管理运作，申请人损失是《基金合同》项下正常投资损失，被申请人无须为申请人损失承担责任。

四、裁决结果

1. 驳回申请人的全部仲裁请求。
2. 本案仲裁费由申请人承担。

五、评析

本案是有关私募投资基金合同内容的纠纷，涉及两份《基金合同》约定不一致时判断投资者购买何种基金份额类别的问题。本案中，投资者和基金管理人分别出示了两份勾选了不同基金份额类别的合同，当事人甚至提出辨别"真假合同"的问题。但实际上,由于投资者和基金管理人可以随时更改其各自所持有的《基金合同》内容,因此双方的合同均无法用以证明投资者购买的是 A 级份额还是 B 级份额。如果《基金合同》本身难以判断投资者的真意,则需要通过其他证据证明或解释投资者的意思表示。本部分将围绕这一争议焦点展开,在判断《基金合同》已经成立的前提下,结合交易中的各项事实证据及其相互印证关系,分析投资者购买基金份额类别的真实意思表示。

(一) 关于基金合同成立的认定

在法理上,所谓合同的解释,是对既已成立的合同确定何为其内容的一种方法。[①]既然需要对《基金合同》中存在矛盾的地方进行解释,则应当首先判断双方当事人签订的《基金合同》是否已经成立,以此为前提,才能进一步分析双方成立了什么内容的合同。

通常来说,合同的成立以当事人之间达成合意为要件,但《基金合同》并非一般意义上的普通合同,而是一种特殊的合同类型,其合同成立的要件亦应符合《基金法》的特殊规定。《基金法》第 60 条明确规定投资者交纳认购的基金份额款项时,基金合同成立。因此,本条规定直接确定了《基金合同》的实践性特征。[②]从法理上看,基金合同与存款合同类似,都具有投资属性,没有款项的交付就无法实现合同的投资目的,这一天然存在的实践性特征也被学界所默认。[③]申言之,即使投资者与基金管理人签订的基金认购合同存在一定的瑕疵或漏洞,但只要投资者最终交付了基金认购款项(此可视为"要约")并得到基金管理人的确认(此可视为"承诺"),《基金合同》即告成立。结合本案,虽然申请人与被申请人就两份合同中勾选了不同类别的基金份额产生分歧,表面上看双方当事人并未就基金份额的买卖达成合意,但

---

① 参见韩世远:《合同法总论》(第 4 版),法律出版社 2018 年版,第 865 页。
② 虽然《基金法》第 60 条规范的是公募基金合同的成立要件,但由下文法理分析部分可知,私募基金与公募基金所具备的实践性特征并无二致,实践中私募基金合同在交纳款项时成立也属商业惯例,因而可以将该条规定参照适用于私募基金。
③ 学界普遍认为基金合同的成立除意思表示一致外还需投资者交付相应款项。参见吴弘、徐振:《投资基金的法理基础辨析》,载《政治与法律》2009 年第 7 期;吕群蓉、王蕊:《我国证券投资基金法律关系解析》,载《重庆科技学院学报(社会科学版)》2010 年第 4 期;胡伟:《论证券投资基金中基金管理人与基金托管人之间的法律关系——以我国〈证券投资基金法〉为视角》,载《云南大学学报(法学版)》2009 年第 3 期。

申请人已经向被申请人交纳了基金认购款,因此,上述纠纷对《基金合同》的成立并无影响。

(二)关于投资者真实意思表示的判断

在确定《基金合同》既已成立的基础上,接下来的问题,便是成立了什么内容的《基金合同》,这就涉及合同解释问题。合同解释的目的,在于探求当事人的真意。由于本案投资者与基金管理人就最终购买的是 A 级份额还是 B 级份额各执一词,因而需要借助合同解释的方法,探究投资者的真实意思表示,以确定《基金合同》的内容。

理论上,合同解释的基本方法是在尽可能搜罗证据的基础上,对合同签订时包括当事人在内的所有缔约过程和周围情事等合同语境进行重构,并通过各项证据证明当事人的合同意思。[1]法律对如何重构合同语境、还原合同意思给出了一系列参考性的证据标准。根据《合同法》(本案适用的法律)第 125 条第 1 款的规定,当事人对合同条款的理解有争议的,应当按照合同所使用的词句、合同的有关条款、合同的目的、交易习惯以及诚实信用原则,确定该条款的真实意思。[2]首先,应从合同的目的出发,结合合同的相关条款,对当事人的意思表示进行解释。本案中,申请人辩称自己勾选和购买的是 A 级份额,但根据《基金合同》的约定,A 级份额与 B 级份额的初始比例不得超过 4∶1,如果认定申请人购买的是 A 级份额,则 A 级份额与 B 级份额的初始比例将达到 4.7∶1,而这将明显违背《基金合同》的目的,亦会导致合同的根本违约。由此可见,只有将申请人的意思表示解释为购买 B 级份额才符合《基金合同》的约定。

不过,从证据法的角度来说,"孤证不能定案",况且上述证据仅为间接证据,无法直接证明申请人购买 B 级份额的意思表示。因此,还须进一步从合同条款外的因素入手,对当事人双方的具体交易情境进行考察,利用各项

---

[1] 参见杨志利:《论合同解释上的主客观主义与理性人标准》,载《东方法学》2014 年第 5 期。

[2] 本案所应适用的《合同法》相关规定现已被《民法典》所吸收。《民法典》第 466 条规定,当事人对合同条款的理解有争议的,应当依据本法第 142 条第 1 款的规定,确定争议条款的含义。第 142 条第 1 款规定,有相对人的意思表示的解释,应当按照所使用的词句,结合相关条款、行为的性质和目的、习惯以及诚信原则,确定意思表示的含义。同时,可以看到,合同解释与意思表示解释在根本上是一致的。

行为证据并结合诚实信用原则,还原当事人订立合同时的意思表示。

交易情境由诸多因素构成,表意人在其中作出意思表示,相对人在其中理解意思表示。就本案而言,交易情境中可以用于解释意思表示的证据主要分为以下两个方面:

其一,双方当事人在合同订立过程中达成或签署的交易意向、合同草案及附件或者往来函件等交易材料。此类交易材料体现了双方当事人交易意思的沟通与磨合过程,包含了意思表示的发生史,其中某些材料甚至构成合同的一部分,即便不构成合同的一部分,也属于交易情境,相对人在理解意思表示时必须予以关注。[①]本案中,申请人在认购基金份额时与被申请人签署确认了《基金合同》所附的《投资者告知书》,该份附件明确载明不同类别的基金份额将通过直销和代销两种方式分别进行销售,销售渠道也有明显区别,前者直接对应基金托管人的募集账户,后者则须由投资者将资金划款至代销机构的账户。此外,结合《私募投资基金代理销售协议》《基金运营通知书》等文件可知,A级份额通过代销系统销售、B级份额则以直销方式销售。上述交易材料证据表明,申请人在基金认购阶段就已知晓通过直销渠道购买基金份额所带来的后果——成为B级份额的投资人。因此,即便申请人申辩自己在认购条款中勾选的是A级份额,其将认购款转入基金托管人账户的行为也足以证明其购买B级份额的意思表示。

其二,交易中与系争合同相关的其他证明性文件。为防止交易落空或确认交易结果,在交易合同之外,往往还会产生一些其他与交易相关具有证明性质的文件,而这些文件也可能构成交易情境,对当事人意思表示的解释具有参考价值。由于本案申请人是通过直销渠道购买的私募基金,因此申请人将款项划入的是基金托管人的账户。出于行业惯例,托管人向申请人出具了一份《基金交易确认单》,而该份文件中显示申请人为B级份额投资者。此外,托管人处所留存的各项档案均表明申请人购买的是B级份额。托管人作为第三方,与当事人双方不存在任何利害关系,其出具的文件对本案系争合同中的争议具有较大的证明作用。由此可见,作为一项补强证据,托管人出具的证明性文件能够进一步证实申请人购买B级份额的意思表示。

事物是普遍联系的,证据也是普遍联系的,只有形成了证据链条、能够相互印证的证据才具有完全的证明价值。据此,虽然上述或直接或间接的证据

---

① 参见杨代雄:《意思表示解释的原则》,载《法学》2020年第7期。

能够证明投资者的意思表示,但无法完全排除其他可能性而足够确信,仍须通过其他证据加以印证。结合本案,首先,私募基金并非仅受《基金合同》的约束,在当事人意思自治之外,还要接受中基协的自律监管。因此,中基协采取的与私募基金投资者保护相关的监管措施可以作为一项具有"证伪"意义的证据。本案中,涉案私募基金在成立之后,中基协即发布了《H一号私募基金投资者明细》的备案信息,其中显示申请人为基金的B级份额投资人,这并没有推翻前文所述各项证据对申请人意思表示的证明结论。其次,从本案申请人自身行为的角度出发,申请人在与被申请人的交涉过程中,均未表示过其认购的并非B级份额,在被申请人员工多次表示申请人认购的是B级份额、B级份额净值为0时,申请人亦未提出任何异议,这并不符合一个购买了A级份额的理性投资人的行为方式,反而印证了申请人最初购买B级份额的真意。如前所述,证明价值的体现在于证据链的形成,而形成证据链的基本标准在于证据之间能够相互支撑而非相互排斥。①从这个意义上说,中基协的备案信息与申请人自身的行为表征能够与前述各项证据相互印证、相互支撑,使申请人认购B级份额的意思表示具有高度盖然性,从而以更为完整的证据链条证明了投资者订立《基金合同》时的真实意思表示。

(本案例由北京大学法学院博士研究生袁也然编撰)

---

① 参见栗峥:《证据链与结构主义》,载《中国法学》2017年第2期。

(三)私募基金的投资者适当性义务

案例6 私募基金募集的投资者适当性义务及其法律责任

仲裁要点:《基金合同》中约定了基金管理人适当性义务的,其作为销售者如违反投资者适当性义务,应承担违约责任,赔偿投资者的损失。投资者未在投资者调查问卷的相应位置签字的,视为基金管理人对适当性义务的违反,且履行适当性义务的举证责任应由基金管理人承担。

一、案情概要

2018年1月5日,申请人A与被申请人B签署了《C私募股权投资基金2期2号基金合同》(以下简称《基金合同》)。合同约定基金存续期限为1年,合同期满前1个月,经私募基金投资者和私募基金管理人协商一致可签订书面的延期协议;业绩比较基准为11%/年,《基金合同》期限届满而未延期则合同终止。《基金合同》还约定私募基金管理人的义务包括"制作调查问卷,对投资者的风险识别能力和风险承担能力进行评估,向符合法律法规规定的合格投资者非公开募集资金"。在"风险收益特征"部分约定"本基金产品风险等级属于R5-高风险投资品种,适合风险识别、评估、承受能力为C5-高-激进型的合格投资者"。此外,被申请人作为基金管理人应当向申请人报告基金份额净值,并在2018年9月30日前编制半年度报告向投资者披露投资状况、投资表现、风险状况等信息;应当确定基金收益分配方案,及时向申请人分配收益;《基金合同》期限届满未延期的《基金合同》终止;败诉方承担仲裁费、律师费等全部仲裁支出。同日,申请人向《基金合同》约定的募集结算资金专用账户——E证券公司基金与金融产品直销专户转入1100000元。

《基金合同》到期后,被申请人未还款,因此 2019 年 3 月 12 日,申请人依据合同中的仲裁条款向深圳国际仲裁院提交书面申请,请求裁决:

1. 被申请人返还申请人理财投资款 1100000 元。
2. 被申请人向申请人支付投资款利息 141166.67 元(利息以 1100000 元为本金,按照年利率 11%,从 2018 年 1 月 5 日暂计算至 2019 年 3 月 6 日,其余利息计算至款项全部清偿之日止)。
3. 被申请人承担本案仲裁费、保全费、保全担保费、律师费等全部费用。

二、当事人主张

(一)申请人主张

申请人主张双方基于真实意思表示签订《基金合同》,合同合法有效。被申请人存在以下违约事项:一是未对申请人进行实质风险问卷调查的情况下即签订《基金合同》,违反了适当性义务;二是未在 2018 年 9 月 30 日前编制半年度报告向投资者披露投资状况、投资表现、风险状况等信息;三是未确定基金收益分配方案及时向申请人分配收益;四是《私募管理办法》第 21 条规定,《基金合同》约定私募基金不进行托管的,应当在《基金合同》中明确保障私募基金财产安全的制度措施和纠纷解决机制,本案基金并未设置基金托管人,被申请人既没有使用显著字体进行标注,也没有设置制度措施和纠纷解决机制,违反了相关基金法律法规。因此,申请人主张被申请人应当向申请人支付投资款及利息并承担违约责任。

关于支付利息的金额,申请人主张案涉基金宣传页面上写明的年化利率为 11%,且被申请人此前按照基金宣传页面写明的 11% 利率分配收益,因此最终也应该按照该比率承担支付利息的责任。

(二)被申请人主张

被申请人未到庭,且未提交任何证据材料、口头或书面答辩意见及其他意见。

三、仲裁庭意见

(一) 合同及相关条款的效力

就合同效力而言,仲裁庭认为,本案申请人与被申请人于2018年1月5日签署的《基金合同》是双方当事人自愿签订的,是双方当事人的真实意思表示,应属合法有效,并对本案双方当事人具有约束力。

就11%收益率条款的效力而言,仲裁庭认为该条款无效。根据《基金合同》的约定,该基金业绩比较基准为11%,管理人提取年化收益率大于11%部分的20%作为业绩报酬,收益分配金额扣减业绩报酬(如有)后的金额为投资者实际获得的收益分配金额;被申请人作为基金管理人在《收款确认书》中向申请人作出"按约定的预期投资收益率计算投资收益"的保收益承诺,与《基金合同》约定冲突,致该基金设置的风险承担与收益分享可能失衡。而且,《私募管理办法》第15条规定,"私募基金管理人、私募基金销售机构不得向投资者承诺投资本金不受损失或者承诺最低收益",该承诺与监管规定相悖。另外,该承诺的"预期投资收益率"所指是否即为《基金合同》中的"业绩比较基准"也不够明确。《民法总则》(本案适用的法律)第153条规定:"违反法律、行政法规的强制性规定的民事法律行为无效,但是该强制性规定不导致该民事法律行为无效的除外。违背公序良俗的民事法律行为无效。"保收益承诺与正常的股权投资基金行业惯例和规则相悖,忽略了股权投资高风险的特征,扭曲了股权投资的基本规律,有违私募基金行业公序良俗。综上,仲裁庭认为,被申请人《收款确认书》中的自实际收款日起按合同协议及补充协议等法律文件所约定的预期投资收益率计算申请人的投资收益的承诺无效。

(二) 被申请人违约责任

关于申请人主张的被申请人的违约行为,仲裁庭给予以下意见:

其一,关于基金无托管情形的特别标注及约定。仲裁庭认为,根据申请人的举证,仲裁庭对申请人提交的证据四——案涉基金的推介广告由于不是原件,其真实性尚不能采信,从而该基金推介材料是否以显著字体特别标注未进行托管事项,申请人出示的证据不足以证明,申请人相关意见仲裁庭不予采纳。

其二,关于被申请人未履行投资者适当性审查义务。仲裁庭认为,《私募管理办法》第16条第1款规定,"私募基金管理人自行销售私募基金的,应当采取问卷调查等方式,对投资者的风险识别能力和风险承担能力进行评估"。中基协发布的《基金募集办法》第6条规定,"募集机构应当……承担……投资者适当性审查、私募基金推介及合格投资者确认等相关责任"。仲裁庭认为,对基金管理人课以该等义务,是为弥补投资者与基金管理人在专业性及信息等方面客观上的不对等,防止基金管理人为自身利益将不适格的投资者不当地引入私募基金投资,罔顾投资者利益而从中牟利。《基金合同》第8条第2款第(三)项第3点约定,私募基金管理人的义务为"制作调查问卷,对投资者的风险识别能力和风险承担能力进行评估,向符合法律法规规定的合格投资者非公开募集资金";第11条第11款约定,"本基金产品风险等级属于R5-高风险投资品种,适合风险识别、评估、承受能力为C5-高-激进型的合格投资者"。

而申请人出示的与《基金合同》装订在一起有被申请人盖章的《私募投资基金投资者风险问卷调查》的"测评得分"处、"风险承受能力类型"处、"投资者签字"处均为空白。因此,结合被申请人未到庭且未举证证明其已尽到投资者适当性审查相关义务的情况,仲裁庭认为,被申请人未能充分履行对投资者的风险识别能力和风险承担能力进行评估、对投资者适当性进行审查的义务。

其三,信息披露义务。仲裁庭认为,《私募信息披露办法》第9条规定了信息披露义务人应当向投资者披露的信息;《基金合同》第17条第1款约定了私募基金管理人应当在每年9月30日之前,编制完成基金当年半年度报告,由私募基金管理人向基金份额持有人披露投资状况、投资变现、风险状况等信息,发生本合同约定的可能影响客户利益的重大事项时,私募基金管理人须按照法律法规及证监会的有关规定,向综合服务商及基金份额持有人进行书面报告。申请人主张被申请人未在2018年9月30日前编制半年度报告向投资者披露投资状况、投资表现、风险状况等信息,仲裁庭认为,信息披露义务的"作为"的举证责任应由被申请人承担,而被申请人未出庭也未提出任何证据,则推定其未按照约定编制半年报告与进行相关信息披露。

其四,被申请人的违约责任方面。仲裁庭认为,被申请人未能充分履行对申请人作为投资者的风险识别能力和风险承担能力进行评估、对投资者适当性进行审查的义务;未按监管规定及《基金合同》的约定履行信息披露义务,未按《基金合同》的约定履行《基金合同》终止后的清算义务并进行信息披露;已经以自己的行为表明不履行合同义务。因此,申请人有权要求被申请人承担相应责任。

关于被申请人应给付的金额,仲裁庭认为预期收益承诺无效,故对第2项仲裁请求中的按11%的年利率计算投资利息的请求不予支持。根据被申请人过错和违约情况,仲裁庭酌情判定自2018年1月5日起至基金项目运作一年届满日即2019年2月27日,以1100000元为基数,按照11%的70%计算被申请人应付赔偿金97230.96元;判定自2019年2月28日起至本裁决作出日止按照中国人民银行公布的同期人民币同类贷款基准利率(一至五年期限档次)标准计算被申请人应付赔偿金,则以1100000元为基数,从2019年2月28日起至本裁决作出日即2019年7月30日,共计153天,以中国人民银行公布的同期人民币同类贷款基准利率(一至五年期限档次)4.75%计算,则为1100000元×4.75%×(153天÷365天)=21902.05元;以上两项赔偿金扣除申请人视为被申请人已支付的47400元,为71733.01元;自本裁决作出日之次日即2019年7月31日起赔偿金按照中国人民银行公布的同期人民币同类贷款基准利率标准计算至赔偿金全部付清之日止。

四、仲裁结果

仲裁庭对本案作出裁决如下:

1. 被申请人返还申请人投资本金1100000元。
2. 被申请人向申请人支付截至本裁决作出之日即2019年7月30日的赔偿金71733.01元,并自2019年7月31日起,以1100000元为基数,按照中国人民银行公布的同期人民币同类贷款基准利率支付赔偿金至全部付清之日止。
3. 被申请人向申请人偿付律师费用支出。
4. 本案仲裁费全部由被申请人承担。
5. 驳回申请人的其他仲裁请求。

五、评析

(一) 投资者适当性义务的内容及功能

投资者适当性义务起源于英美金融市场,是指金融机构为客户提供购买特定金融产品的建议时应当保证该投资对该客户是适当的[①];在美国《证券法》体系下,适当性义务指证券经纪商一方承担的、只能推荐与特定客户需求相匹配的证券的义务[②]。国际清算银行(Bank for International Settlements, BIS)将其定义为:"金融中介机构所提供的金融产品或服务与客户的财务状况、投资目标、风险承受水平、财务需求、知识和经验之间的契合程度。"[③]

就主要内容而言,理论上一般认为投资者适当性义务包含了解客户、了解产品或服务、适当推介、信息披露和风险提示几个方面。在我国法律体系下,《资管新规》第6条第1款规定,金融机构发行和销售资产管理产品,应当坚持"了解产品"和"了解客户"的经营理念,加强投资者适当性管理,向投资者销售与其风险识别能力和风险承担能力相适应的资管产品。禁止欺诈或者误导投资者购买与其风险承担能力不匹配的资管产品。金融机构不得通过拆分资管产品的方式,向风险识别能力和风险承担能力低于产品风险等级的投资者销售资管产品。这一条款系我国法律体系下对金融机构适当性义务内容的具体规定,包括了解客户义务、了解产品义务、客户与产品匹配义务以及风险揭示义务,与理论学说基本相同。

就私募基金的投资者适当性而言,我国现有法律体系已有规定。《基金法》第98条规定,基金销售机构应当向投资人充分揭示投资风险,并根据投资人的风险承担能力销售不同风险等级的基金产品。《私募管理办法》第17条规定,私募基金管理人自行销售或者委托销售机构销售私募基金,应当自行或者委托第三方机构对私募基金进行风险评级,向风险识别能力和风险承

---

① 参见黄辉:《金融机构的投资者适当性义务:实证研究与完善建议》,载《法学评论》2021年第2期。

② See Louis Loss & Joel Seligman, Fundamentals of Securities Regulation, Aspen Publishers 5th ed., 2004, p. 9-C-3.

③ BIS, Customer Suitability in the Retail Sale of Financial Products and Services, April 2008, at 4, https://www.iosco.org/library/pubdocs/pdf/IOSCOPD268.pdf.

担能力相匹配的投资者推介私募基金。此外,《九民纪要》的规定则更加丰富,涉及适当性义务定义、责任主体、举证责任和赔偿计算等方面。《九民纪要》第72条规定了适当性义务的内容,包括了解客户、了解产品、将适当的产品(或者服务)销售(或者提供)给适合的金融消费者等义务。其余内容将在后文展开阐释。此外,还有《证券期货投资者适当性管理办法》较为系统地规定了适当性义务的内容、法律责任等事项;《基金募集机构投资者适当性管理实施指引(试行)》专门针对基金募集机构的适当性义务作出规定,要求基金募集机构选择销售基金产品或者服务,要对基金管理人进行审慎调查并作出评价,了解基金管理人的诚信状况、经营管理能力、投资管理能力、产品设计能力和内部控制情况,并可将调查结果作为是否销售该基金管理人产品或者服务、是否向投资者推介该基金管理人的重要依据。

就适当性义务的功能而言,适当性义务是金融市场投资者保护的重要组成部分。"买者自负"理念的逻辑基础是契约自由。然而,金融交易的复杂性使得金融机构与金融消费者处于不平等地位,在信息、资金和地位等方面存在严重的不对称,使得买者自负原则可能成为金融机构侵害消费者的工具。而由于有效资本市场假说、监管失灵等问题的存在,仅依靠强制信息披露制度、以金融监管打击欺诈发行、虚假陈述和操纵市场等违法违规行为制度仍然存在缺陷,不足以应对金融市场的问题,形成有效监管。因此,投资者适当性成为信息披露与传统监管机制的重要补充,成为与"买者自负"相伴存在的"卖者尽责"原则的重要组成部分。[1]在美国,有学者明确将适当性义务列为强制信息披露与传统监管机制之外的第三条投资者保护路径。[2]就法律规定而言,《九民纪要》第72条也明确了适当性义务的目的在于,确保金融消费者能够在充分了解相关金融产品、投资活动的性质及风险的基础上作出自主决定,并承受由此产生的收益和风险。在推介、销售高风险等级金融产品和提供高风险等级金融服务领域,适当性义务的履行是"卖者尽责"的主要内容,也是"买者自负"的前提和基础。

---

[1] 参见黄辉:《金融机构的投资者适当性义务:实证研究与完善建议》,载《法学评论》2021年第2期。

[2] See Ronald J. Colombo, "Merit Regulation via the Suitability Rules", Journal of International Business and Law Vol. 12, No. 1, 2013, pp. 54-55 (2013). 转引自黄辉:《金融机构的投资者适当性义务:实证研究与完善建议》,载《法学评论》2021年第2期。

(二)违反适当性义务的构成要件与法律责任

1. 适当性义务的法律性质与责任类型

根据《基金法》第145条第1款的规定,违反关于适当性义务的规定,给基金财产、基金份额持有人或者投资人造成损害的,应当依法承担赔偿责任,但并未明确该责任的性质以及适当性义务的法律性质。关于适当性义务的法律性质,有法定义务、先合同义务、合同义务三种观点,其分别对应侵权责任、缔约过失责任、违约责任三类法律责任。

第一类,作为法定义务的适当性义务。法律、行政法规规定的适当性义务应属法定义务。在我国法律体系下,《基金法》《证券法》中均明文规定投资者适当性义务,出现违反上述法律规定导致投资者损失的情况,属于销售机构违反法定义务的情形。在有明确法律条文规定的情形下,此时违反适当性义务的法律责任应为侵权责任,《侵权责任法》(已失效)第6条第1款规定了一般侵权,其可进一步解释为三种类型的侵权:第一,狭义侵权,要求系因过错侵害他人绝对权且致人损害;第二,违法侵权,即违反保护他人的法律致人损害;第三,背俗侵权,即故意违反善良风俗致人损害。[①]《民法典》第1165条第1款承继了《侵权责任法》第6条第1款的内容。私募基金销售者违反投资者适当性义务的情形,属于第二类违法侵权情形,应否承担责任,需要考虑以下因素:是否存在违反保护他人的法律的行为;该行为是否侵害了法律所保护的权利或者利益;是否发生损害;是否有因果关系;是否存在过错;是否存在违法性。[②]

第二类,作为先合同义务的适当性义务。尚未被法律、行政法规规定的适当性制度,包括在部门规章、规范性文件、自律规则中规定的适当性义务,其本质是诚实信用原则的具体化表现。《民法典》第500条规定了先合同义务与缔约过失责任,即:"当事人在订立合同过程中有下列情形之一,造成对方损失的,应当承担赔偿责任:……(三)有其他违背诚信原则的行为。"未在法律、行政法规中规定的适当性义务,即可能对应落入第(三)项。缔约过失责任区别于违约责任和侵权责任,只能产生于缔约过程之中;是对依诚实

---

① 参见葛云松:《纯粹经济损失的赔偿与一般侵权行为条款》,载《中外法学》2009年第5期;葛云松:《〈侵权责任法〉保护的民事权益》,载《中国法学》2010年第2期。

② 参见朱岩:《违反保护他人法律的过错责任》,载《法学研究》2011年第2期;王泽鉴:《侵权行为》,北京大学出版社2009年版,第283—294页。

信用原则所负的先合同义务的违反;是造成他人信赖利益损失所负的损害赔偿责任;是一种弥补性的民事责任,只赔偿直接损失。[1]

第三类,作为合同义务的适当性义务。合同义务即合同中约定的义务,其核心是给付义务,以合同成立为前提,且不以过错为责任构成要件。《民法典》第583条规定,当事人一方不履行合同义务或者履行合同义务不符合约定的,在履行义务或者采取补救措施后,对方还有其他损失的,应当赔偿损失。责任范围方面,合同责任赔偿的是履行利益而不是信赖利益的损失。

本案中,仲裁庭即将基金销售者适当性义务视作合同义务,并裁决被申请人承担违约责任。但是,将其定性为合同义务可能存在一定问题:一是基金合同多为格式合同,双方存在实质地位不平等,可能约定的适当性义务内容不明确或者不利于金融消费者利益;二是定性为合同义务会导致其具有相对性,进而在没有约定发行人的连带责任时,出现应依据《九民纪要》第74条的规定要求发行人承担连带责任的解释上的困境。

因此,一般认为,法律、行政法规规定的适当性义务是法定义务,法律、行政法规未明确规定的义务则为先合同义务。

2. 构成要件

其一,主体方面。我国《基金法》体系下适当性义务约束的主体是基金销售机构、募集机构、证券期货服务机构;基金管理人可以自行销售也可以委托他人销售基金,在自行销售时将其作为适当性义务的适格主体进行约束。《九民纪要》第74条第1款明确,适当性义务的责任主体是发行人与销售者,且二者承担连带责任。金融产品发行人、销售者未尽适当性义务,导致金融消费者在购买金融产品过程中遭受损失的,金融消费者既可以请求金融产品的发行人承担赔偿责任,也可以请求金融产品的销售者承担赔偿责任,还可以根据《民法总则》第167条(已失效,现行《民法典》第167条规定了相应内容)的规定,请求金融产品的发行人、销售者共同承担连带赔偿责任。发行人、销售者请求人民法院明确各自的责任份额的,人民法院可以在判决发行人、销售者对金融消费者承担连带赔偿责任的同时,明确发行人、销售者在实际承担了赔偿责任后,有权向责任方追偿其应当承担的赔偿份额。

其二,行为方面。如上述,我国语境下适当性义务包括了解客户、了解产

---

[1] 参见最高人民法院民事审判第二庭编著:《〈全国法院民商事审判工作会议纪要〉理解与适用》,人民法院出版社2019年版,第413页。

品或服务、适当推介、信息披露和风险提示几个方面,未履行上述义务视为对适当性义务的违反。具体而言,了解客户的义务要求金融机构在销售金融产品或提供金融服务时应当按照一定程序,要求投资者提供或主动收集投资者的相关信息,从而了解客户的身份、年龄、学历、财产与收入状况、投资资金占总收入的比重、金融专业知识水平、投资经验、风险偏好、投资目标等,并对投资者按照一定的标准进行分类。了解产品或服务的义务要求金融机构在向客户推荐、销售金融产品或提供金融服务之前,应当充分了解所推荐、提供的产品或服务,进而才能适当地向客户推荐。适当推介的义务要求金融机构根据投资者的差异化特征与需求,向其推介适合的产品或服务。风险提示义务则要求金融机构在销售或推介金融产品或服务时,充分说明其风险,以特定形式对风险内容进行提示说明。

其三,过错方面。"过错"是指对行为人主观心理状态的评价,可分为故意与过失,指行为人在内心之中应当注意而未注意,以至于在伦理上、道德上具有可苛责性。当违反法定的适当性义务时,责任的构成以存在主观过错为要件;当违反先合同义务承担缔约过失责任时,则不以存在主观过错为要件。在私募基金语境下,基金管理人相对于投资者具有优势地位,应对其加以更高程度的注意义务与行为标准,未达到相应法律法规规定的注意义务标准即推定为存在过错。

其四,因果关系方面。投资者需要证明其因信赖基金管理人的推介或其他行为而产生损失,投资者可以基于对金融机构的合理信赖而主张因果关系的成立。同时投资者的经验和成熟度、交易双方的关系和持续时间、是否有误导性陈述等多方面内容均可以作为因果关系的判断依据。

本案中,被申请人作为基金管理人,属于基金募集机构,同时也是基金销售机构,属于《基金法》体系下适当性义务的适格主体。行为方面,《私募管理办法》第16条第1款规定,私募基金管理人自行销售私募基金的,应当采取问卷调查等方式,对投资者的风险识别能力和风险承担能力进行评估。本案中,一方面,从申请人提交的证据来看,《私募投资基金投资者风险问卷调查》的"测评得分"处、"风险承受能力类型"处、"投资者签字"处均为空白,说明被申请人并未尽到审查义务;另一方面,证明尽到审查义务的举证责任由被申请人承担,而被申请人并未到庭且未举证,故从程序上看也应当承担不利后果,应视为对适当性义务中了解客户义务和适当推介义务的违反。就过错与损失的因果方面,在违法侵权语境下,本案被申请人未进行投资者适当性评估与适当推介,违反投资者保护的法律,推定存在过错,造成投资者损失,应依法承担责任。

3. 法律责任的内容与举证责任分配

具体责任内容方面,赔偿金额上,依据民法理论,如果违反的是未在法律、行政法规中规定的适当性义务,所承担的缔约过失责任应赔偿的是信赖利益,仅包含财产损失,包括财产的直接减少,也包括机会损失,前者被称为所受损害,后者被称为所失利益。①德国法学家耶林认为,"法律所保护的并非仅是一个业已存在的契约,正在发生中的契约关系亦应包括在内。否则,契约交易将暴露在外,不受保护。缔约一方当事人不免成为他方疏忽或不注意的牺牲品"②。合同不成立及无效类型中的缔约过失责任,受损害方可请求的是合同缔结前所处状态,故以信赖利益为赔偿范围。信赖利益又包括所受损害和所失利益,其中所受损害是指为签订合同合理支出的各类费用,所失利益指丧失与第三人另行订立合同的机会所产生的损失。信赖利益赔偿原则上不能超过订立合同时应当预见的因合同不成立、无效、被撤销所可能造成的损失,也不得超过合同有效或合同成立时相对人可期得到的利益。③

《九民纪要》颁布后,就违反适当性义务的损害赔偿规则进行明确,具有较强的可操作性。具体而言,《九民纪要》第77条第1款规定,卖方机构未尽适当性义务导致金融消费者损失的,应当赔偿金融消费者所受的实际损失。实际损失为损失的本金和利息,利息按照中国人民银行发布的同期同类存款基准利率计算。此外,计算赔偿金额时应把握以下方面的问题:一是卖方机构的赔偿责任原则上以金融消费者实际损失为限;二是在存在卖方机构的欺诈销售行为时,应课以惩罚性赔偿责任。④本案中,仲裁庭在计算总的赔偿金额时也综合了中国人民银行发布的同期同类存款基准利率,但由于案例发生于《九民纪要》发布前,系按照合理原则进行酌情裁判,而在《九民纪要》发布后,实践中的案例有了更为明确、可操作的指引。

---

① 参见韩世远:《合同法总论》(第3版),法律出版社2011年版,第134页。
② 最高人民法院民事审判第二庭编著:《〈全国法院民商事审判工作会议纪要〉理解与适用》,人民法院出版社2019年版,第413页。
③ 参见韩世远:《合同法总论》(第3版),法律出版社2011年版,第145页。
④ 参见最高人民法院民事审判第二庭编著:《〈全国法院民商事审判工作会议纪要〉理解与适用》,人民法院出版社2019年版,第429—430页。

举证责任分配方面。一般认为，对于适当性义务举证责任应分配给卖方机构。最高人民法院《关于当前商事审判工作中的若干具体问题》指出："在案件审理中，金融消费者对其主张的购买产品或接受服务的相关事实，应承担举证责任。卖方机构对其是否履行了了解客户、适合性原则、告知说明和文件交付等'适当性'义务等案件事实，应承担举证责任。"《九民纪要》第75条对于经营机构履行适当性义务的举证责任进一步细化，"卖方机构不能提供其已经建立了金融产品（或者服务）的风险评估及相应管理制度、对金融消费者的风险认知、风险偏好和风险承受能力进行了测试、向金融消费者告知产品（或者服务）的收益和主要风险因素等相关证据的，应当承担举证不能的法律后果"。司法实践中也有法院明确要求销售方承担举证不能的法律后果。[1] 本案中，理论上也应由被申请人承担举证责任，但是由于被申请人未出庭且未提交证据材料，申请人实际上完成了被申请人未履行适当性义务的举证，仲裁庭对此予以采信。

（本案例由北京大学法学院博士研究生杭雅伦编撰）

---

[1] 参见上海金融法院（2021）沪74民终1743号民事判决书。

案例7 私募基金管理人未进行回访确认的法律后果

仲裁要点：《基金募集办法》虽然规定投资者在基金募集机构回访确认前有权解除《基金合同》，但投资者在签署《基金合同》的同时又签署回访确认的，应视为其对所享有的投资者权利的漠视，尽管基金管理人随后未实际进行回访，投资者也不得据此主张解除《基金合同》。投资者在基金运作中接受基金管理人分配的收益，更表明其真实的投资意图。完成投资回访是基金募集机构的义务，对此负有监督义务的是募集监督机构，基金托管人对基金投资回访不负有审查监督义务。

一、案情概要

案涉X基金于2018年4月25日成立，并于2018年5月7日备案。2018年7月25日，自然人A(本案申请人)向X基金募集专户汇款300万元，并与基金管理人B公司(本案第一被申请人)、C银行(本案第二被申请人)签署《基金合同》，约定：X基金运作方式为契约型封闭式，预计存续期限为3年，自基金成立之日起6个月内为申购开放期；X基金主要投资于非上市公司D公司的股权。第一被申请人向申请人出具了《X基金投资人财务通知书》(以下简称《财务通知书》)，该文件载明：申请人出资额为300万元，预期收益率为11.5%，收益起算日为2018年7月26日，2018年8月至2019年8月，第一被申请人每月向申请人结算收益，2019年8月22日期限届满返还初始委托资产本金，本金及收益合计3371465.73元。

此外，第一被申请人、自然人E和自然人F(均为案外人)、D公司共同签订了《增资协议》和《〈增资协议〉之补充协议》，约定第一被申请人以现金方式向 D 公司增资 9499 万元,其中 8000 万元计入注册资本,1499 万元计入资本公积;在出现合同约定的情形时,第一被申请人有权要求自然人 E 和自然人 F 回购第一被申请人持有的 D 公司股权。

2018 年 7 月 2 日至 2018 年 8 月 16 日,第二被申请人根据第一被申请人指令,分批向 D 公司转账 9499 万元,用于股权投资;2018 年 9 月 4 日,第二被申请人根据第一被申请人指令,向 S 证券公司(X 基金的募集监督机构)付款 4 万元,用于监督服务费;2018 年 9 月 4 日,第一被申请人向第二被申请人付款 2 万元,用于托管费。

2019 年 1 月 2 日,D 公司完成工商变更登记,第一被申请人成为其股东(出资额:9499 万元、出资比例:75.998079%),D 公司认缴注册资本由 3000 万元变更为 12499 万元。

2018 年 8 月 24 日至 2019 年 4 月 25 日期间,申请人共收到九次结算收益,此后未再收到任何款项。

2019 年 6 月 12 日,申请人根据《基金合同》约定的仲裁条款向深圳国际仲裁院提起仲裁,请求:

1. 裁决解除案涉《基金合同》。
2. 裁决第一被申请人和第二被申请人连带返还申请人投资本金 300 万元。
3. 裁决第一被申请人和第二被申请人连带向申请人支付自 2019 年 4 月 26 日至前述投资本金付清之日止的收益(年收益率 11.5%),暂计 6 个月收益为 172500 元。
4. 裁决第一被申请人和第二被申请人连带承担本案律师费和仲裁费用。

二、当事人主张

本案争议焦点主要有两个方面:第一,第一被申请人是否有违规行为,申请人是否可解除案涉《基金合同》;第二,第二被申请人是否履行了《基金合同》义务,是否需向申请人承担违约责任。

(一)第一被申请人是否有违规行为

1. 申请人主张

申请人主张,第一被申请人存在违规行为,案涉《基金合同》应予解除。

具体违规行为如下：

第一，案涉基金已于 2018 年 5 月 7 日备案，按规定应当进入投资运作的封闭期。但在备案完毕之后，第一被申请人仍然开展非法的基金募集活动，向包括申请人在内的投资人募集资金。

第二，从申请人收到九次投资收益款银行交易记录看，转账人为案外人赵某，可见，在案涉基金备案后募集到的资金属于表外资金、体外循环资金，属于典型的非法募集。

第三，第一被申请人没有完成对投资者的私募基金投资回访。案涉所有文件全部是在 2018 年 7 月 25 日当天签署完毕的，第一被申请人没有在 7 月 26 日签署过投资回报确认，相关文件上的日期是由被申请人自行添加上去的。回访确认成功前，《基金合同》属于成立但未生效的合同，此时任何人不得动用该资金，这就必然导致合同无法实际履行。

第四，第一被申请人擅自在募集期内动用募集资金。根据《基金合同》约定，在基金募集期结束前，任何机构和个人不得动用募集资金。本案的基金备案时间为 2018 年 5 月 7 日，但是募集期募集的 300 万元，却在 2018 年 4 月 25 日由募集结算账户转入托管账户。所有的 9199 万元所募集资金在基金全部募集完毕之前，已经被划转出托管账户。

第五，案涉基金并没有按照合同约定投资。根据《基金合同》的约定，案涉基金主要投资于非上市公司 D 公司的股权。但是，根据申请人向深圳市市场监督管理局的调查，尽管第一被申请人是该公司的登记股东，但股东出资情况显示为认缴状态，即非实缴状态，违反了《增资协议》关于现金支付的约定。

第六，第一被申请人未提交任何证据，不履行合同约定和法律规定的必要信息披露义务。

2. 第一被申请人主张

第一被申请人主张，《基金合同》是申请人与两被申请人在平等自愿基础上签署的，未违反法律规定，该合同正在履行中，投资期限未届满，申请人无权要求解除合同和返还投资本金。并且，本案第一被申请人未对本投资进行保本保收益，《基金合同》仅约定了业绩比较基准及预期收益。即便本案合同解除，也不应由基金管理人承担还款责任。

针对申请人提出的几点违规行为，第一被申请人提出以下观点：

关于申请人的第一点主张，第一被申请人认为，《基金合同》约定了基金管理人可在 6 个月内临时开放募集资金。并且，根据行业惯例，大多数私募基金管理人为了节省资金闲置期限，都是采取先募集一小部分资金，然后在中基协完成备案之后再临时开放进行募集。因此，第一被申请人在 2018 年 7 月 25 日募集申请人的投资款并没有违反约定，也没有违反法律规定。

关于申请人的第三点主张，第一被申请人认为，其作为私募基金管理人已经尽到了回访确认的义务，而且回访确认并不是合同的生效前提，是非必要性的一个行为。

关于申请人的第四点主张，第一被申请人认为，在募集期结束之后，第一被申请人根据《基金合同》的约定将款项从募集账户转入托管账户，再由托管账户投向被投的企业，均符合合同约定，并不存在任何的违约、违规行为。

关于申请人的第六点主张，第一被申请人认为，根据《基金合同》第 18 条的约定，基金管理人可以在中基协指定的平台进行信息披露，申请人可以自行去查阅相关的披露内容。即使信息披露不到位，也仅仅存在较小的瑕疵，并不影响第一被申请人的主要义务。

3. 第二被申请人主张

第二被申请人主张，申请人要求解除案涉《基金合同》的请求不符合法律规定及合同约定的合同解除情形。理由有两方面：

第一，基金合同的解除、终止及清算程序属于各方当事人约定内容，同时基金份额持有人大会有权提前终止《基金合同》。案涉《基金合同》约定，本合同生效后，任何一方都不得单方解除，并就合同解除和终止的情形作了明确约定。目前《基金合同》解除或终止的情形并未成立，基金份额持有人大会亦未作出提前终止《基金合同》的决议。

第二，申请人在合同约定的 6 个月开放期内进行申购基金符合合同约定。申请人的购买行为本身代表对这种安排是没有异议的，签署合同的时候对相关条款也是明确的。法律也没有规定基金备案之后再开放申购属于严重的违法行为，或者说这种行为要认定合同无效或者有其他后果。并且，关于案涉基金是否为封闭式及申购的问题，即使认为有问题，也都属于小的瑕疵性问题，并没有违反法律法规的强制性规定，不会影响到合同的效力。

第二被申请人还主张，即便案涉《基金合同》解除，申请人也无权要求第二被申请人归还本金、支付收益。理由在于，根据私募基金的法律性质以及合同约定，合同解除或终止后，应进入清算程序，根据清算组的清算情况对基金剩余财产进行分配,而并非归还基金本金、收益,案涉基金的风险揭示书也明确了案涉基金不保本保收益。

(二)第二被申请人是否履行了《基金合同》义务

1. 申请人主张

申请人主张,第二被申请人未履行《基金合同》义务,应与第一被申请人承担连带赔偿责任。具体未履约行为包括以下三个方面:

第一,基金托管人在基金募集期并非处于消极履约状态,而是应当积极履约,对于基金管理人不合规的募集行为、备案前的投资运作,都应该进行监督、及时制止。但是,在案涉基金募集完毕后且完成备案的情况下,第二被申请人仍然与包括申请人在内的投资者签署《基金合同》。并且,第二被申请人明知回访确认没有成功,仍然同意第一被申请人将募集结算资金账户的资金划转至托管账户并允许其继续投资运作。

第二,第二被申请人协助第一被申请人在募集期内动用募集资金,未按照《基金合同》约定进行投资运作,没有履行自己监督的职责。

第三,第二被申请人仅提交少量不完整证据,不履行合同约定和法律规定的必要信息披露义务。

2. 第二被申请人主张

第二被申请人主张,根据相关规定、行业指引以及案涉《基金合同》的约定,第二被申请人仅承担过错责任,在第二被申请人无过错的情况下,申请人主张第二被申请人与第一被申请人承担连带赔偿责任于法无据。具体理由如下:

第一,中基协在基金管理人进行备案的时候对备案材料有基本的审核义务,会对基金备案时是否符合备案的合规条件进行认定。案涉基金在中基协完成备案之后,第二被申请人对中基协有一个基本的信赖,认为案涉基金在备案时是合规的。并且,备案义务主要是在基金管理人而非基金托管人,同时根据《基金合同》的约定以及相关的法律法规,第二被申请人不负有审查备案情况的义务。

第二,《基金合同》约定基金托管人仅承担对会计核算(估值)、划款指令进行形式审查等义务,未额外约定投资者的适当性管理等义务,是合法合规的。第一被申请人的划款指令中指定的收款方与其提供资料表面相符,符合合同约定,第二被申请人有义务遵照指令执行。第二被申请人已经对第一被申请人所提供材料是否与监管事项相符进行表面一致性审查,对第一被申请人的投资运作进行了审慎的监管。而当资金还在募集账户未划到托管账户之前,第二被申请人是不应该监控,也是不能监控的,对于划出去之后的行为第二被申请人也是不审查的。

第三,审查工商登记情况不是第二被申请人的职责,是否完成工商变更登记与资金是否实际使用到投资项目也没有必然关系,登记的认缴不代表没有进行实缴。

第四,第二被申请人对于是否回访既无约定也无法定的相关义务。资金由募集账户转入托管账户后,第二被申请人根据有效的指令进行划款操作没有任何问题。如果申请人认为需要对回访进行监管,监管的主体也不是第二被申请人,而应该是募集监督人S证券公司。如果说真的没有做回访,那么S证券公司也不会同意将资金划转到托管账户,第二被申请人对此有基本信赖。

第五,申请人要求第二被申请人主动进行全方位、各层次、无死角的监控,无合同依据,不符合制度设置和行业操作流程,亦不符合合同的权责对等原则。一方面,对于《基金合同》约定的权利,第二被申请人有权选择作为或不作为;另一方面,法律规定的基金托管人的作用是有限的,并且第二被申请人只收取2万元托管费,S证券公司作为监督机构,其收取的监督费是第二被申请人的一倍,第二被申请人不应该承担如此严格的责任。

第六,在托管期间,《基金合同》约定第二被申请人主要对第一被申请人提供的所需要披露信息进行复核确认,但第一被申请人并未向第二被申请人提供任何其编制的、需要向投资者披露的相关基金报告或基金净值等信息、要求第二被申请人进行复核或出具书面意见,为此,第二被申请人不存在违反《基金合同》约定的情况。

三、仲裁庭意见

(一)关于案涉《基金合同》的效力

仲裁庭认为,《基金合同》签订时,申请人、第一被申请人和第二被申请人均具备相应的民事行为能力,《基金合同》内容为当事人真实意思表示而且未违反法律、行政法规的强制性规定。因此,《基金合同》依法成立并生效。

(二) 关于第一被申请人是否存在违约行为

(1) 仲裁庭认为,第一被申请人没有违反《基金合同》的约定,申请人不得解除案涉《基金合同》,理由如下:

第一,第一被申请人在案涉基金备案完毕后继续基金募集,符合《基金合同》约定。根据《基金合同》的约定,案涉基金自成立之日起6个月内为申购开放期,投资者可在该开放期内进行申购。2018年4月25日,案涉基金成立。2018年7月25日,申请人向基金募集专户转入认购款并与两被申请人签署了《基金合同》。申请人认购基金时间在基金成立之日6个月内的申购开放期,第一被申请人接受申请人申购申请,符合《基金合同》约定。

第二,《基金合同》约定的内容是申请人真实意思表示,申请人不享有解除权。根据《基金募集办法》的规定和《基金合同》的约定,投资者有权在回访确认完成前解除合同。但是,如果确如申请人主张,申请人在7月25日即签署了所有文件且在所有文件中都没有签署日期,这是申请人对其作为投资者权利的漠视,仲裁庭可以据此认定申请人作为基金投资者放弃了在回访确认完成前解除合同的权利。而且,监管规定设置冷静期和回访确认的目的在于进一步确认投资者的身份和真实投资意愿等。本案中,申请人从签署合同至提起仲裁申请,从未向两被申请人主张解除合同,且接受了第一被申请人关联主体支付的与基金投资相关的款项。仲裁庭据此认定,申请人投资意愿真实,不享有合同解除权。

第三,案涉基金资金投资运作符合《基金合同》约定。虽然工商登记显示第一被申请人为认缴出资,但转账记录显示,第一被申请人已足额缴纳了股权投资款项。上述投资运作符合《基金合同》约定。

(2) 仲裁庭认为,第一被申请人违反了其在《财务通知书》中作出的承诺,应承担违约责任。第一被申请人在《财务通知书》中承诺将于2018年8月至2019年8月每月按照11.5%年化收益率结算收益,并于2019年8月22日返还本金。《民法总则》(本案适用的法律)第137条第1款规定:"以对话方式作出的意思表示,相对人知道其内容时生效。"自申请人收到《财务通知书》时,第一被申请人作出的承诺即生效,第一被申请人应该按照承诺履行相应义务。然而,自2019年4月26日起,第一被申请人既未向申请人支付收益也没有按照约定返还本金,违反了其在《财务通知书》中作出的承诺。

(三) 关于第二被申请人是否履行《基金合同》义务

仲裁庭认为,第二被申请人已履行《基金合同》约定的义务,无须向申请人承担违约责任,理由如下:

第一,申请人认购基金时间在基金成立之日6个月内的申购开放期,被申请人接受申请人申购申请,未违反《基金合同》约定。

第二,关于回访确认没有成功的情况下将资金划转至托管账户并允许其进行投资运作。首先,完成投资回访是募集机构而非托管人的义务,《基金合同》亦未约定托管人对该事项有审查监督义务。其次,认购款项由募集账户转入托管账户,是募集监督机构而非第二被申请人的主动行为。

第三,关于在募集期内动用募集资金且未按照《基金合同》约定进行投资运作,申请人认购资金由募集账户转入托管账户之日起,第二被申请人即有权保管基金财产。《基金合同》约定基金投资于D公司股权,第二被申请人按照《基金合同》约定并按照第一被申请人指令,将基金财产转给D公司,并未违反合同约定。

四、裁决结果

仲裁庭支持了申请人的部分仲裁请求,具体裁决如下:

1. 第一被申请人返还申请人投资款本金300万元。
2. 第一被申请人向申请人支付自2019年4月26日至前述投资本金付清之日止的收益(以年收益率11.5%的标准计算)。
3. 本案仲裁费用由第一被申请人承担。
4. 驳回申请人的其他仲裁请求。

五、评析

本案中,申请人主张两被申请人存在违规和违约行为,最终目的系为解除案涉《基金合同》,从而要求归还本金和利息。仲裁庭认为,本案第一被申请人和第二被申请人均未违反《基金合同》的约定,申请人不享有解除权,但第一被申请人违反了《财务通知书》中的承诺,应当承担违约责任,以此支持申请人的第 2 项、第 3 项仲裁请求。

关于两被申请人是否违反《基金合同》约定,仲裁庭已针对申请人有关 X 基金完成备案后依旧开放申购、X 基金未以现金方式向 D 公司投资等主张,阐明相关操作并未违反法律规定和案涉《基金合同》约定,值得关注的是有关未进行回访确认的法律后果。

(一) 关于未进行回访确认的行政后果

有关回访的程序性要求体现在 2016 年中基协发布的《基金募集办法》第 30 条、第 31 条和第 32 条。其中,第 30 条对投资运作投资者资金的起始点作出规定,确立募集机构的回访确认义务;第 31 条明确要求基金合同应当约定投资者在回访确认成功前有权解除基金合同,并规定未经回访确认成功,投资者交纳的认购基金款项不得由募集账户划转到基金财产账户或托管账户,私募基金管理人不得投资运作投资者交纳的认购基金的款项;第 32 条则是对投资者为专业投资机构的情形豁免该等义务。

对于未按规定进行回访的,《基金募集办法》第 36 条规定,中基协视情节轻重对私募基金管理人、募集机构采取暂停私募基金备案业务、不予办理私募基金备案业务等措施。

(二) 关于未进行回访确认的民事后果

本案中,《基金合同》亦约定,募集机构应当在投资冷静期满后进行投资回访,投资者在募集机构回访确认成功前有权解除《基金合同》。据此,申请人提出,回访确认成功前,《基金合同》属于成立但未生效的合同,此时任何人不得动用该资金,这就必然导致合同无法实际履行。仲裁庭则认为,虽然按照法律规定和合同约定,投资者有权在回访确认完成前解除合同,但是本案申请人默示该权利,且其投资意思真实,不享有解除权。

1. 未进行回访是否影响合同成立或生效

合同的成立、生效、履行以及解除是不同的概念,如无特别约定,回访与否并不影响合同的成立和生效。根据《合同法》(本案适用的法律)第 32 条的规定①,本案当事人签署《基金合同》后,合同即成立,就此,申请人并无异议。

---

① 相关规定参见《民法典》第 490 条第 1 款。

关于合同生效,《合同法》第 44 条和第 45 条规定①,一般情况下,合同自成立时生效;法律、行政法规规定应当办理批准、登记等手续生效的,依照其规定。附生效条件的合同,自条件成就时生效。本案中,有关投资者在募集机构回访确认成功前有权解除基金合同的约定只是赋予投资者解除权,并非约定合同的生效条件;有关回访确认成功前不得动用资金的要求,也属于合同履行环节的要求,不影响合同生效。因此,案涉《基金合同》应自成立时生效,并非申请人所主张的《基金合同》成立但未生效。

2. 未进行回访是否导致合同解除

关于合同的解除,有法定解除和约定解除两种。《合同法》第 94 条限定了五种法定解除情形:"(一)因不可抗力致使不能实现合同目的;(二)在履行期限届满之前,当事人一方明确表示或者以自己的行为表明不履行主要债务;(三)当事人一方迟延履行主要债务,经催告后在合理期限内仍未履行;(四)当事人一方迟延履行债务或者有其他违约行为致使不能实现合同目的;(五)法律规定的其他情形。"②本案显然不存在前述第(一)项至第(三)项情形,而《基金募集办法》位阶不满足第(五)项要求。因此,本案可能涉及的法定解除情形系未进行回访是否会导致合同目的不能实现。就约定解除方面,案涉《基金合同》约定,投资者在募集机构回访确认成功前有权解除《基金合同》。就此需要探讨的是,申请人的行为是否会使其丧失该解除权。

关于法定解除,回访程序的核心是核实投资者适当性和投资意愿,未经回访并不当然导致合同目的的不能实现。从《〈私募投资基金募集行为管理办法〉起草说明》可以看到,设置回访程序是为了进一步确认投资者的身份和真实投资意愿等,体现"了解你的客户"原则,遏制"飞单"给私募基金行业带来的负面影响。此外,回访和冷静期给予投资者对其投资行为进行再思考和再确认的机会,减少投资者因受基金销售人员或其他因素干扰而冲动投资的概率,从程序上保障投资决策的作出系投资者独立、理性思考的结果。本案中,申请人并未主张其在冷静期内改变投资案涉基金的意愿,甚至从签署合同至提起仲裁申请前,从未向两被申请人主张解除合同,且接受了第一被申请人关联主体支付的与基金投资相关的款项,可见其投资意愿真实,回访与否并不影响其投资于案涉基金的意愿。因此,未进行回访确认并不会使合同

---

① 相关规定分别参见《民法典》第 502 条、第 158 条。
② 相关规定参见《民法典》第 563 条。

目的不能实现,申请人不得据此主张法定解除权。

关于约定解除,《基金合同》确实赋予申请人在回访确认成功前享有解除权。关于解除权的丧失,根据《合同法》第95条①的规定,法律规定或者当事人约定解除权行使期限,期限届满当事人不行使的,该权利消灭。法律没有规定或者当事人没有约定解除权行使期限,经对方催告后在合理期限内不行使的,该权利消灭。但对于当事人没有约定解除权的行使期限且相对人没有催告的情形,解除权于何时消灭,《合同法》没有规定。《民法典》出台前,理论界和司法实践对此有不同观点,包括:一是解除权没有期限;二是类推适用2003年公布的最高人民法院《关于审理商品房买卖合同纠纷案件适用法律若干问题的解释》第15条的规定,解除权期限为解除权发生之日起1年内;三是根据解除权人的意思表示和行为以及具体案件中解除权人享有解除权的合理期限来认定其解除权是否消灭。②《民法典》第564条在原《合同法》第95条的基础上,明确"法律没有规定或者当事人没有约定解除权行使期限,自解除权人知道或者应当知道解除事由之日起一年内不行使,或者经对方催告后在合理期限内不行使的,该权利消灭"。可见,考虑到合同关系应得到尽快的确定和稳定,解除权应在一定时间内行使,而催告的目的在于促使解除权的行使,并非解除权丧失的条件。并且,解除权可以采取明示或默示的方式予以抛弃。③

就本案而言,《基金募集办法》和案涉《基金合同》均未明确回访确认成功前的解除权有期限,且因该案发生于《民法典》生效前,不能直接适用《民法典》第564条的规定。但值得注意的是,申请人于2018年7月25日签署了包括回访确认文件在内的所有文件,并且在所有文件中都没有签署日期,由此可见,申请人在订立案涉合同时,知悉回访程序的存在,如仲裁庭所言,申请人"漠视"了该程序。如此,在本案语境下,回访程序中解除权的存续期是否有期限,讨论的是在该等情况下,天平应该倾向违规者还是权利上的睡眠者。

如前所述,回访程序的设置,在投资者保护方面,给予投资者改变投资意愿的机会并确保投资者系合格投资者;在基金管理人利益方面,避免具体销

---

① 相关规定参见《民法典》第564条。
② 参见高丰美、丁广宇:《合同解除权行使"合理期限"之司法认定——基于36份裁判文书的分析》,载《法律适用》2019年第22期。
③ 参见王利明:《合同编解除制度的完善》,载《法学杂志》2018年第3期。

售人员"飞单"。本案中，申请人的投资意愿系真实的，也并没有改变，申请人亦没有主张其非合格投资者，因此第一被申请人的违规行为并没有给申请人带来实质损害。更重要的是，本案系私募基金投资纠纷，相较于公众投资者，私募基金的投资者应"具备相应的风险识别能力和风险承担能力"，更有能力进行自我保护，《基金募集办法》第32条豁免当投资者为专业机构时的回访义务，也是遵循这一逻辑。因此，在违规者的违规行为对投资者没有实际损害，而投资者"在权利上睡眠"后又主张权利的，不应享受时效方面的保护，避免合同长期处于不稳定状态。对私募投资基金而言，《基金合同》的标的系资金，投资者的收益亦来自资金的运作，而资金沉淀会产生成本，有鉴于此，私募投资基金对于合同稳定有更迫切的需求，以1年乃至更短期限作为"合理期限"具有合理性。

综上，本案中，第一被申请人未履行回访程序，不影响投资者的真实投资意愿，并不导致合同目的无法实现，申请人不享有法定解除权。同时，有关回访确认成功前的解除权应在合理期限内主张，申请人以其行为漠视该权利，又在基金运作过程中接受基金管理人分配的基金收益且在提起仲裁之前从未提出异议，表明其投资的真实意思，不应再享有《基金合同》约定的解除权。

(三) 基金托管人是否有审查回访情况的义务

本案申请人提出，基金托管人的监督作用应是积极的，但第二被申请人明知回访确认没有成功，仍然同意第一被申请人将募集账户的资金划转至托管账户并允许其继续投资运作，未履行监督职责。

在基金治理结构的地位上，基金托管人与基金管理人一样，属于受托人，因此，其职责确实不应是消极的，从证监会、银保监会发布的《证券投资基金托管业务管理办法》第15条要求基金托管从保护基金份额持有人角度，对基金合同等文件中的相关条款进行评估也可以看出这一点。然而，《基金法》等文件虽然规定了基金托管人应履行安全保管基金财产、监督基金管理人的投资运作等职责，但并没有明确规定基金托管人在监督过程中的权利、义务和责任，由此导致实践中出现基金托管人重保管、轻监督，对基金管理人的监督和基金资产的风险控制职责流于形式的情形。[①]

---

① 参见刘燊:《论投资基金托管人制度的完善》，载《政治与法律》2009年第7期。

但是，基金托管人负有监督职责，并不意味着基金托管人需要负担与其他主体一样程度的注意义务，甚至代替其他主体进行实质性审查。此外，《基金法》第36条和第37条明确规定的基金托管人职责其实指向的主要是基金托管人控制资金的期间，即便拓展到募集阶段，也应对各主体的监督职责进行划分。

就回访而言，《基金募集办法》第30条要求募集机构执行回访程序。在基金托管人兼任募集机构的情况下，基金托管人因其作为募集机构的身份而负有回访义务。但在基金托管人没有兼任募集机构的情况下，基金托管人并无回访义务。

就资金募集监督而言，《基金募集办法》第13条要求募集机构与监督机构签署账户监督协议，并要求监督机构对募集结算资金专用账户实施有效监督。所谓监督机构，可由中国证券登记结算有限责任公司、取得基金销售业务资格的商业银行、证券公司以及中基协规定的其他机构承担。可见，资金募集监督机构与基金托管人的职能不同，前者在资金募集阶段监督募集结算资金专用账户，后者在资金运作阶段监督托管账户。基金托管人可能兼任资金募集监督机构，但也可能由不同机构分别担任基金托管人和基金募集监督机构。在后一种情况下，基金托管人并非监督回访是否完成的主体。

退一步说，即便要求基金托管人对是否回访履行一般注意义务，本案中，申请人一次性签署了所有材料并在所有文件中都没有签署日期，作为基金托管机构的第二被申请人仅凭书面审查无法发现该情况。而就认购款项由募集账户转入托管账户而言，该阶段资金并不在基金托管人的控制下，监督主体是作为募集监督机构的S证券公司，第二被申请人对第一被申请人和S证券公司有基本信赖，并且，其通过书面审查也不能发现回访是否真实完成，在申请人无充分证据证明第二被申请人明知回访未发生的情况下，第二被申请人就回访是否真实发生不承担法律后果。

（本案例由北京大学法学院博士研究生郑舒倩编撰）

专题二
私募基金的投资与管理(上)

(一) 私募基金的财产独立性与主体资格

案例 8　契约型私募基金法律主体资格与管理人仲裁主体资格的认定

仲裁要点：契约型私募基金不具备独立的法律主体资格，由基金管理人代表私募基金参与仲裁活动具有法理依据，符合行业惯例；在《基金合同》有所授权的情况下，基金管理人应被视为适格的仲裁主体，由此产生的法律后果由契约型私募基金本身承担。

一、案情概要

2015年8月14日，申请人A银行、C契约型基金(以下简称"C基金"，基金管理人为被申请人B公司)分别与资管计划管理人E证券公司、托管人A银行签订了《资管合同》各一份，约定申请人作为优先级份额委托人出资12亿元，C基金作为劣后级份额委托人出资8亿元，成立D集合计划，认购新三板H挂牌公司的定向增发股票，集合计划的管理期限为18个月。

《资管合同》约定，优先级份额在集合计划到期时享有优先分配的权利，其预期收益率为10%/年，劣后级份额以其资产为限承担优先保障全部优先级份额本金及预期收益的责任。D集合计划扣除全部优先级份额本金及预期收益后，剩余财产用以偿付补足资金及劣后级份额本金，之后全部财产作为浮动收益，按照12%∶88%的比例分配给优先级份额及劣后级份额委托人。在D集合计划终止时，如果优先级份额委托人无法获得优先级份额对应的本金以及按照《资管合同》约定的预期收益率和计算期限计算的优先级份额的预期收益时，则补足义务人被申请人和实际补足义务人C基金的投资人应当按照管理人E证券公司的书面通知将补足资金划入集合计划资金账户。否则，劣后级份额委托人持有的全部劣后级份额调整为零,劣后级份额委托人不再享有 D 集合计划项下要求分配本金及收益的权利;D 集合计划项下原归属于劣后级份额委托人的全部权益/收益完全归属于优先级份额委托人。且劣后级份额及净值调整为零后,无论补足义务人此后是否履行补足义务,劣后级份额都保持为零而不会恢复。

2015 年 8 月,申请人与被申请人以及实际补足义务人 C 基金的投资人签订了《补偿合同》,约定动态或静态补足条件触发后,实际补足义务人应承担补足义务。

2017 年 2 月 27 日,D 集合计划到期终止时,因所投 H 公司的股票持续停牌,申请人未获得优先级份额对应的本金及约定的全部预期收益。2017 年 2 月 28 日,管理人 E 证券公司依约向补足义务人被申请人和实际补足义务人 C 基金的投资人发出《补足通知函》,要求其于 2017 年 3 月 1 日 17 点前履行补足义务,补足优先级份额本金及预期收益。但是,补足义务人和实际补足义务人均未按前述要求支付补足资金。

2018 年 3 月 27 日,D 集合计划所投 H 公司的股票复牌,但因股票价格持续走跌,市场成交量小,导致 D 集合计划持有的股票难以变现,清算未能按照约定执行。

按照《资管合同》《补偿合同》的约定,各补足义务人未依约履行补足义务,C 基金持有的全部劣后级份额应调整为零,且全部劣后级份额及净值为零后,D 集合计划项下的全部权益应归优先级份额委托人所有。据此,申请人依据《资管合同》约定的仲裁条款,于 2019 年 3 月 5 日向深圳国际仲裁院申请仲裁,提出如下仲裁请求:

1. 裁决确认被申请人作为管理人的 C 基金持有的 D 集合计划的全部劣后级份额及劣后级份额净值为零,C 基金不再享有该集合计划项下要求分配本金及收益的权利,原归属于 C 基金的全部权益或收益完全归属于作为优先级份额委托人的申请人。

2. 裁决将 C 基金持有的 D 集合计划的全部劣后级份额以零元价格转移登记到申请人名下。

二、当事人主张

(一)申请人主张

(1)被申请人作为管理人的 C 基金所持有的 D 集合计划的全部劣后级份额及净值为零。

第一,将劣后级份额调整为零有明确的合同依据。《资管合同》约定,在集合计划存续期间内出现合同约定的特定情形时,补足义务人应当按资管计划管理人的书面通知将补足资金划入集合计划资金账户,如果补足义务人未能按照《资管合同》约定及时、足额向集合计划资金账户支付补足资金,则劣后级份额委托人持有的全部劣后级份额调整为零。2017 年 2 月 28 日集合计划到期时,优先级份额委托人无法获得优先级份额对应的本金及按照合同约定的预期收益率和计算期限计算的优先级份额的预期收益,触发了补足义务人的补足义务。资管计划管理人 E 证券公司于 2017 年 2 月 28 日书面通知补足义务人及实际补足义务人履行补足义务,然而其均未履行。

第二,将劣后级份额的净值确认为零也有明确的合同依据。《资管合同》明确约定了集合计划净值的计算方法,约定若估值日集合计划的资产净值不能覆盖优先级份额按照约定的预期收益率应得的本金和收益之和,则劣后级份额净值为零。本案中,D 集合计划总资产价值仅约 2 亿元,远远低于优先级委托人的本金 12 亿元,故确认劣后级份额净值为零是完全符合约定的。

(2)将 C 基金持有的 D 集合计划的全部劣后级份额以零元价格过户到申请人名下。

第一,《资管合同》有关集合计划份额的转让、非交易过户的约定表明,司法执行等非交易过户属于合同约定份额转让的一种过户方式。

第二,劣后级份额的全部权益归属于优先级份额委托人,劣后级份额委托人不再享有任何收益和权益,故其继续持有份额名存实亡,被申请人将份额转移登记,属于附随义务。

(二)被申请人主张

(1)C 基金为契约型基金,并无法律主体资格,被申请人仅作为基金管理人代表 C 基金对外签署了《资管合同》《补偿合同》等法律文件,该等法律文件项下法律责任的承担主体应为 C 基金本身。

首先,被申请人对其所管理的 C 基金并无实际出资;其次,被申请人是代表 C 基金签署的《资管合同》,实际上是 C 基金自身以劣后级份额委托人的身份实缴出资 8 亿元,被申请人并未出资;最后,《补偿合同》也是由被申请人代表 C 基金签署,该合同项下的补足义务也应由 C 基金而非被申请人承担。因此,裁决书中应明确法律责任的承担主体为 C 基金本身,而非被申请人。

(2)若本案裁决支持申请人的仲裁请求,应在裁决书中明确 C 基金(由被申请人代表)不再承担《补偿合同》项下的补足责任。

C 基金作为补足义务人的前提是认购了 D 集合计划的劣后级份额。如果仲裁庭裁决最终支持了申请人的仲裁请求,则意味着 C 基金已退出 D 集合计划且不再是劣后级份额持有人,因此 C 基金无须再承担补偿责任。

三、仲裁庭意见

(一)关于本案合同的效力

本案申请人与被申请人于 2015 年 8 月 14 日分别签订的两份《资管合同》是双方当事人自愿协商签订的,是双方当事人的真实意思表示。虽然形式上是两份合同,但两份合同在内容上一致,实质上为一份合同,可以确定双方已就合同内容达成合意。同时,《资管合同》不违反中国法律和行政法规的强制性规定,应属合法有效,对本案双方当事人具有约束力。

(二)被申请人是否为适格的仲裁主体以及是否承担法律责任

被申请人系 C 基金的管理人,C 基金为契约型基金,不具备独立的法律主体资格,由作为管理人的被申请人代表该基金对外签订《资管合同》等交易文件,符合行业惯例,被申请人管理和运用基金财产的法律后果也应由 C 基金本身承担。

同时,根据被申请人与 C 基金投资者签订的《基金合同》之约定,被申请人有权以基金管理人的名义,代表基金份额持有人的利益行使诉讼权利或实施其他法律行为。这说明,C 基金的投资者对被申请人参加仲裁活动的行为已授权,被申请人属于本案的适格主体,但该授权行为所产生的法律后果则应由 C 基金的投资者承担。

(三) 劣后级份额及净值是否应当归零

根据《资管合同》的约定,若补足义务人没有履行补足义务的,劣后级份额归零,原归属于劣后级份额委托人的全部权益和收益完全归属于优先级份额委托人;若估值日 D 集合计划的资产净值不能覆盖优先级份额按照约定的预期收益率应得的本金和收益之和,则劣后级份额的净值为零。本案中,截至规定的期限,各补足义务人并未履行补足义务,劣后级份额委托人持有的份额应当调整为零。另外,D 集合计划终止后,其总资产的价值远低于优先级份额委托人的本金,劣后级份额的净值也应当调整为零。综上,劣后级份额及净值归零具有合同依据,归零的条件亦已成就。

(四) 劣后级份额是否应当以零元价格转移至申请人名下

《资管合同》"集合计划份额的非交易过户"部分约定了继承、捐赠、司法执行以及其他形式财产分割或转移引起的计划份额非交易过户,这说明《资管合同》对于非交易过户的情形并未作出限制或禁止的约定。另外,D 集合计划已于 2017 年 2 月 27 日终止,劣后级份额及净值调整为零,优先级份额委托人将享有全部权益,基于集合计划项下权益实质享有者的退出考量,劣后级份额也应转移登记至优先级份额持有人名下。

(五) 本案仲裁费用

关于本案的仲裁费用,虽然申请人并未在本案仲裁请求中主张,但根据《仲裁规则》第 64 条的规定,仲裁庭有权在裁决书中决定当事人应承担的仲裁费和其他费用。鉴于本案支持了申请人的仲裁请求,本案仲裁费应当由被申请人承担。但事实上被申请人系因 C 基金为契约型基金,不具备独立的法律主体资格,故而作为 C 基金管理人成为本案被申请人,被申请人管理和运用基金财产的法律后果最终应由 C 基金本身承担。

四、裁决结果

1. 被申请人作为管理人的 C 基金持有的 D 集合计划的全部劣后级份额及净值归零,C 基金不再享有该集合计划项下要求分配本金及收益的权利,原归属于 C 基金的全部权益或收益完全归属于作为优先级份额委托人的申请人。

2. C 基金持有的 D 集合计划的全部劣后级份额以零元价格转移登记到申请人名下。

3. 本案仲裁费由被申请人承担。

五、评析

本案是有关《资管合同》履行以及基金管理人是否属于仲裁适格主体的纠纷。本案在《资管合同》履行方面并无太多争议，核心争议点在于契约型私募基金管理人是否为仲裁的适格主体，本文的评析也将围绕这一焦点展开。管理人能否成为诉讼/仲裁的适格主体，关键在于契约型私募基金本身是否具备法律主体资格，若其属于完全独立的法律主体，则能够以自己的名义参加诉讼或仲裁，反之则一般由基金管理人代为履行。对此，本文将从实践和理论两个维度就上述问题展开讨论，同时对实务界希望赋予契约型私募基金法律主体资格的诉求予以回应并作延伸性分析。

（一）实践中契约型私募基金是否具备法律主体资格

主体资格意为主体享有权利、承担义务和责任的资格。在交易实践中，契约型私募基金往往无法成为独立的权利义务主体。首先，对于契约型私募证券投资基金而言，虽然其不能办理工商登记、无法取得营业执照，但根据《私募投资基金管理人登记和基金备案办法（试行）》第 14 条的规定，经备案的私募基金可以申请开立证券相关账户。同时，2014 年修订的《中国证券登记结算有限责任公司证券账户管理规则》及其配套的《特殊机构及产品证券账户业务指南》进一步打通了私募基金开立证券账户的渠道，契约型私募证券投资基金得以通过证券账户从事证券交易。不过，虽然契约型私募基金可以在交易所开立账户、登记权益，基金财产的安全得以保障，但私募基金证券账户的开立，需要以基金管理人的名义申请，在核心的主要身份证明一栏，也是提交基金管理人的营业执照注册号，而非私募基金的备案编码。①因此，契约型私募证券投资基

---

① 2014 年颁布实施的《特殊机构及产品证券账户业务指南》第 2.5.2（1）项与 2023 年修订的《特殊机构及产品证券账户业务指南》第 2.5.3（1）项在内容上是一致的，均规定了《证券账户开立申请表（产品）》中最核心的"主要身份证明文件号码"一项必须提交基金管理人的营业执照注册号（2015 年 10 月以后三证合一改革，逐步用统一社会信用代码替代）。

金并不享有主体资格,只能以"管理人+基金名称"的方式登记权益。其次,对于契约型私募股权投资基金而言,私募股权基金投资的标的基本都是一级市场,只能在市场登记部门登记,但目前大部分市场登记部门都不能完成股权登记,因为契约型私募基金不属于市场主体,没有相应的编号和地位,不具有市场登记要求的主体资格证明文件。①换言之,契约型私募基金无法作为未上市或未挂牌公司的股东在市场登记部门进行登记。实践中,一般只能以管理人作为名义股东进行登记,而契约型私募基金则以自身基金财产进行实际出资,实际上属于一种管理人代持的模式。

(二) 契约型私募基金管理人是否为诉讼/仲裁的适格主体

法理上,契约型私募基金的信托关系本质为基金管理人参与诉讼/仲裁活动提供了法律基础。我国《信托法》第2条规定,信托是指委托人基于对受托人的信任,将其财产权委托给受托人,由受托人按照委托人的意愿以自己的名义,为受益人的利益或者特定目的,进行管理和处分行为。从组织形式和运作方式上看,契约型私募基金采用信托组织形式,即私募基金管理人接受投资者委托,为投资者的利益、以管理人自身名义对投资者财产进行管理,契约型私募基金的当事人之间成立的是信托关系。具言之,基金管理人能够以自己的名义对外交易或投资,但应当将交易后果或投资收益归属于私募基金。既然管理人以自己的名义开展民商事活动,那么在发生纠纷时,同样能够以自身名义代为参加诉讼或仲裁,相应的法律后果同样由私募基金本身承担。

不过,虽然契约型私募基金管理人代表私募基金参与诉讼/仲裁活动具备法理基础,但《信托法》《基金法》等法律却并未规定管理人对此享有法定权利。况且,在管理人未履行信义义务等特定情形下,其代为参加诉讼/仲裁的行为也可能潜在地损害私募基金投资者的利益。因此,管理人代表私募基金参加诉讼/仲裁的权利更应获得《基金合同》的明确授权。如本案中,被申请人与C基金的投资者在签订的《基金合同》中作出约定:"(被申请人有权)以基金管理人的名义,代表基金份额持有人的利益行使诉讼权利或实施其他法律行为。"既然C基金的投资者对被申请人参加仲裁活动的行为已作

---

① 根据《市场主体登记文书规范》《市场主体登记提交材料规范》的规定,有限责任公司股东的登记必须提交主体资格证明文件。

明确授权,则被申请人作为适格的仲裁主体亦属应当。

契约型私募基金管理人以自身名义代表私募基金对外交易、投资或代为参与诉讼/仲裁活动是商业与司法实践中的惯常情形。首先,在行业内,出于契约型私募基金本身不具备法律主体地位的现实情况,由基金管理人代行相关民事权利已成共识。例如,中基协发布的《〈私募投资基金合同指引〉起草说明》《私募投资基金合同指引1号(契约型私募基金合同内容与格式指引)》等文件明确认可了管理人以自己的名义代为实施民事法律行为的合理性与适当性。①商业交易中,类似情况同样普遍,例如深圳市泛海统联精密制造股份有限公司在申请科创板上市过程中,其中一名合伙企业股东的有限合伙人浙商创投股份有限公司在其所持有的合伙财产份额中即注明了是代表韬略1号私募股权投资基金出资并持有的。②其次,司法实践对管理人以自身名义代表私募基金参加诉讼的行为予以认可。例如,在鑫元基金管理有限公司与永泰能源股份有限公司公司债券交易纠纷一案中,法院认可鑫元基金以原告(代表"鑫元基金－鑫合通7号资产管理计划")的方式参与到诉讼当中。③再如,在宁波鼎锋明道投资管理合伙企业(有限合伙)与陈麒麟与公司有关的纠纷一案中,原告鼎锋明道投资管理合伙企业以自己的名义代表其所管理的契约型私募基金提起诉讼,法院并没有反对其原告资格,被告也没有对此提出异议。④

(三)契约型私募基金是否应当具备法律主体资格

依前文所述,契约型私募基金管理人能够以自己的名义代表私募基金参与诉讼或仲裁活动,由此延伸出来的问题是:是否应当赋予契约型私募基金以法律主体资格?对此,理论界存在两种不同的看法:一种观点认为契约型私募基金具有法律主体地位,因其拥有独立的财产和承担财产责任的能

---

① 根据《〈私募投资基金合同指引〉起草说明》中关于私募投资基金登记备案的相关说明,契约型基金本身不具备法律实体地位,其与基金管理人的关系为信托关系,因此契约型基金无法采用自我管理,且需由基金管理人代其行使相关民事权利。同时,《私募投资基金合同指引1号(契约型私募基金合同内容与格式指引)》第20条规定,私募基金管理人有权以自己的名义,代表私募基金与其他第三方签署基金投资相关协议文件、行使诉讼权利或者实施其他法律行为。

② 参见《泛海统联:契约型私募基金的代持需要清理吗?》,载 https://baijiahao.baidu.com/s?id=1709064947055284810&wfr=spider&for=pc,访问日期:2022年7月15日。

③ 参见山西省高级人民法院(2018)晋民初508号民事判决书。

④ 参见北京市朝阳区人民法院(2018)京0105民初88729号民事判决书。

力,能够满足获得法律主体地位的核心条件①;而且契约型私募基金在实质上也具备以管理人为核心的意思机关,符合与法人类似的主体特征。②另一种观点则认为契约型私募基金只是一种契约,委托人与受托人为设立信托进行交易,本质上是双方合意基础上的契约关系,并不具备法律主体的地位。③实际上,从社会需求的角度出发,市场希望能够赋予契约型私募基金法律主体资格,以回应交易实践中所存在的两大诉求。

第一,最突出的一点在于对确权的需求。对于契约型私募基金、资管计划以及信托计划"三类股东"而言,因存在无法办理商事登记、对外开展业务需以管理人身份代持权益等情况,并不被上市监管部门完全认可,进而导致契约型私募基金投资未上市企业的情形较少。例如,契约型私募基金如果想要以股东身份投资拟上市企业,则将面临所投企业 IPO 股权穿透核查的问题,由此可能导致监管部门认为该公司因存在股份代持、关联方隐藏持股、规避限售或最终权益所有人人数超过公开募集标准 200 人上限等情况而拒绝其上市,进而打击了契约型私募基金投资非上市公司股权的积极性。更重要的一点是,管理人代持的模式会使得契约型私募基金面临权益无法对抗第三人的法律风险。当基金对外与第三人发生纠纷时,第三人在商事主体登记信息上只能查到管理人为权益人,无法看到基金内部的代持协议。因此,如果第三人向管理人主张权益,那么第三人可能会以不知晓代持情况为由进行主张,最后极有可能损害契约型基金的权益,例如管理人私下将代持份额出质或转让等,如此将使基金投资者蒙受巨大损失。

第二,是对明确责任的需求。在司法实践中,一定程度上存在责任承担错位的情况。例如,在财产保全方面,因契约型私募基金无法直接以自身名义参加诉讼,故保全裁定中往往无法直接查封、冻结契约型私募基金名下财产,只能查封、冻结基金管理人名下财产。同时,由于部分法院的"网络执行查控系统"只能查控案件当事人名下的财产,无法自由添加查控主体,故即使保全裁定列明可查封、冻结契约型私募基金名下财产,在实际办理过程中也存在着无法通过法院查询财产信息的困难。④

---

① 参见张婧:《中国契约基金主体定性及一般法定位》,载《云南社会科学》2020 年第 4 期。
② 参见谢永江:《论商事信托的法律主体地位》,载《江西社会科学》2007 年第 4 期。
③ 参见张婧:《中国契约基金主体定性及一般法定位》,载《云南社会科学》2020 年第 4 期。
④ 参见黄震:《我国契约型私募基金的主体资格悖论及其解决初探》,载 https://mp.weixin.qq.com/s/rlGSDL0-mitI1OdpJWkPkA,访问日期:2022 年 6 月 27 日。

诚然,一旦赋予契约型私募基金法律主体资格,实践与理论的龃龉则可迎刃而解。如前所述,由于契约型私募基金具有财产独立性的特征,同时也具备承担财产责任的能力,表现出类似法人的主体性,因而应当具备完全独立的主体地位。虽然我国《基金法》第5条也明确强调了基金财产的独立性和责任承担的独立性①,但是却不能教条式地按照"独立财产+独立责任=独立法律人格"的逻辑方式承认契约型私募基金具有类似法人的法律主体资格。事实上,在中国法的语境下,以契约方式设立的信托财产难以成为独立的法律主体,因为这既不符合民法上有关民事主体的基本规定,还将打破法律体系原有的稳定性,可能会使法律被迫普遍地承认合同财产具有法律主体地位,进而导致法律政策的随意性。从制度价值角度考量,相较于公司型私募基金而言,契约型私募基金最大的优势在于其不受法人制度的约束而具备高度的灵活性②,如设立手续简便、运作成本低以及退出方式灵活等。如果承认契约型私募基金的主体地位,则其与法人制度就逐渐趋同,这不仅会稀释成熟的法人制度所带来的制度价值,契约型私募基金也将失去自身本来的优势。此外,授予契约型私募基金类似法人的主体资格还会使基金的结构复杂化,基金自身仍然需要通过管理人行使积极权能,除了权限范围问题,调整基金、管理人和第三人之间关系的代理规则也会非常复杂。③ 因此,授予法人资格或许会让契约型私募基金在交易和诉讼程序上更为便利,但也不能突破契约型私募基金在投资人和管理人之间创造信义关系的信托本质,还是应当把承认契约型私募基金财产的独立性和承认其法人格的问题区别开来。因此,如本案仲裁庭所述,不应直接承认契约型私募基金的法律主体资格,由基金管理人代为行使诉讼权利或实施法律行为既是行业惯例,也有法理依据。

既然无法从法理上承认契约型私募基金具备完全独立的法律主体资格,那么应当如何回应交易实践中存在的确权和明责两大诉求呢?

第一,对于确权的需求来说,呼声最高的主要是契约型私募股权投资基金,由于股权基金在对外进行权益性投资后只能由基金管理人代持相关权

---

① 《基金法》第5条第1款规定,基金财产的债务由基金财产本身承担,基金份额持有人以其出资为限对基金财产的债务承担责任。
② 参见朱垭梁:《信托财产的权利归属——基于"团体人格理论"和民、商事信托分立视角的检视》,载《湖北社会科学》2017年第11期。
③ 参见赵廉慧:《信托法解释论》,中国法制出版社2015年版,第216页。

益,在商事登记上也只有管理人的信息,而基金本身无法"显名化"。按照《民法典》第65条、《公司法》第32条的规定,未经登记的股东不得对抗善意第三人。① 由此,契约型私募基金的投资者将面临巨大的法律风险,基金财产的交易安全、投资者的合法权益亦无法得到保障。不过,虽然在法律层面无法赋予契约型私募基金独立的法律主体地位,但可以通过优化商事登记的方式回应和解决市场中要求确认契约型私募基金权益归属的诉求。例如,当前深圳市正如火如荼地开展契约型私募基金投资企业商事登记试点工作,允许契约型私募基金管理人以"担任私募基金管理人的公司或合伙企业名称(备注:代表'契约型私募基金产品名称')"的形式登记为被投资公司股东或合伙企业合伙人。② 如此一来,契约型私募基金因缺乏登记而无法对抗善意第三人的法律风险即可消除;更为重要的是,这一举措还能促使基金管理人在基金合同或投资协议等内部文件中明确契约型私募基金的投资地位,尤其是明确投资收益及各项权益的最终归属对象为私募基金而非基金管理人。

第二,对于明确责任的需求而言,《基金法》第5条第1款已经明确规定基金财产的债务由基金财产本身承担,这在信托法理上被称作信托财产的独立性,即信托财产与归属于受托人的固有财产相区别,受托人管理运用、处分信托财产所产生的债务由信托财产而非受托人固有财产承担。对应到契约型私募基金,即使不具有主体资格,但只要是基金管理人在管理、运用基金财产的过程中负担的债务,均应由基金财产承担,这在明责方面,理论上并无障碍,也并不会因为诉讼或仲裁的适格主体是基金管理人而在实体上模糊管理人和私募基金本身的责任。不过,在司法程序上,对基金财产的强制执行可能会面临一定的困境,但这或许只是技术层面的问题,无须通过赋予契约型私募基金法律主体资格的方式解决。以上述财产保全存在责任承担错位的情况为例,法院在实施保全措施时,其本意并非为了查封、冻结基金管理人的固有财产,只是财产识别技术缺陷下的无奈之举。对此,一方面,法院在执行过程中可引入更多的技术性手段,以解决财产识别方面的不便;另

---

① 《民法典》第65条规定,法人的实际情况与登记的事项不一致的,不得对抗善意相对人。《公司法》第32条第3款规定,公司应当将股东的姓名或者名称向公司登记机关登记;登记事项发生变更的,应当办理变更登记。未经登记或者变更登记的,不得对抗第三人。

② 参见《深圳率先试点!契约型基金投资股权项目将"名正言顺",深创投和基石尝鲜》,载 https://baijiahao.baidu.com/s? id = 1729009499296225154&wfr = spider&for = pc,访问日期:2022年6月27日。

一方面,基金管理人亦应严格履行账户分别管理的义务,将基金财产与固有财产分别记账并明确标注,避免财产间的混同,也便于明确各自责任和相应财产的执行。

(本案例由北京大学法学院博士研究生袁也然编撰)

(二)私募基金的投资目标与资金的合规运用

案例9 基金净值止损线条款有效变更的认定

仲裁要点:基金净值止损线条款属于基金管理人、基金托管人与投资者意思自治的事项,故三方可在协商一致后变更。投资者主张已明确拒绝止损线条款变更的,对这一待证事实负有证明责任。若仲裁双方各自提供了证明内容相反的证据,仲裁庭可依优势证据理论认定事实。虽然止损线调整属于对《基金合同》内容的重大变更,基金管理人负有备案义务,但未按照规定向监管机构报送信息系违反管理性规定,该行为不影响止损线变更的法律效力。

一、案情概要

本案申请人为自然人A,第一被申请人B公司为基金管理人,第二被申请人C银行为基金托管人。2015年6月4日,申请人与两被申请人共同签署《Y基金合同》,将100万元投资于由第一被申请人管理、第二被申请人托管的Y基金。

根据《Y基金合同》的约定,Y基金为契约型开放基金,将基金份额净值为0.7元设置为止损线/平仓线,0.8元为预警线。当基金管理人计算的基金份额净值低于或者等于止损线0.7元时,管理人将进行强制平仓,在5个工作日内将持仓标的或者衍生品平仓变现。基金的止损由基金管理人负责执行,如基金管理人未按照《Y基金合同》的约定进行强制止损,由此对基金财产或者基金份额持有人造成的损失,由基金管理人承担全部责任,基金托管人不承担任何责任。

合同变更方面,《Y基金合同》约定基金管理人、基金托管人、基金份额持有人协商一致后,可以对合同内容进行变更。基金管理人、基金托管人首先就合同拟变更事项达成一致。基金管理人就本合同变更事项以约定的方式发布征求意见通知。基金管理人需在发布通知后 15 个工作日内以书面或电子方式向基金份额持有人发送合同变更征询意见函(或通知)。基金份额持有人应在征询意见函(或通知)指定的日期内按指定的形式回复意见。基金份额持有人不同意变更的,应在征询意见函(或通知)指定的日期内赎回本基金;基金份额持有人未在指定日期内回复意见或未在指定日期内赎回基金的,视为其同意合同变更。变更事项自征询意见函(或通知)指定的日期届满的次工作日开始生效,对合同各方均具有法律效力。对《Y 基金合同》进行重大的变更、补充,基金管理人应当在变更或补充发生之日起 5 个工作日内向中基协报告。

2015 年 7 月 2 日,第一被申请人向第二被申请人发出《关于 Y 基金合同变更的意见征询函》,就删除止损线条款征求第二被申请人的意见。第二被申请人复函称已收悉,经研究,对来函中所述合同条款变更内容不持异议。

2015 年 7 月 4 日,第一被申请人通过邮箱向案涉基金的 22 位份额持有人发出邮件征询取消平仓线一事。同日,第一被申请人的客户总监致电申请人表示如果申请人愿意取消平仓线,需要在邮件上回复,申请人在确认 Y 基金目前未进行融资融券操作后,同意取消平仓线,并表示会通过微信聊天告知第一被申请人的法定代表人。

2018 年 10 月 31 日,证监会广东监管局就申请人的来信回复称,第一被申请人未按规定及时向中基协报告取消该基金止损线等重大事项,已经依法依规对该公司采取行政监管措施。

2019 年 7 月 10 日,根据《Y 基金合同》中约定的仲裁条款,申请人向深圳国际仲裁院申请仲裁,提出如下仲裁请求:

1. 请求仲裁院裁决两被申请人赔偿损失 53 万元。
2. 本案仲裁费、律师费由两被申请人承担。

二、当事人主张

(一) 申请人主张

1.《Y 基金合同》中的净值止损线条款未完成有效变更

第一被申请人在管理基金过程中,未依照《Y 基金合同》的约定守住 0.7

元止损线,其多次试图说服申请人放开 0.7 元止损线的要求,遭到申请人的断然拒绝,同时申请人对该基金的前景非常不乐观,多次想赎回,但都被第一被申请人以各种理由变相拒绝。第一被申请人提交的申请人确认取消止损线的证据为短信、微信和电话通话记录,属于电文证据,客观性存在重大缺陷。

2. 两被申请人应当就违约取消止损线导致的投资损失承担连带责任

第一被申请人未按止损线进行平仓,仍继续操作,违反基金合同约定,给申请人造成损失,应当承担赔偿责任。第二被申请人作为基金托管人,在明知该基金已经突破 0.7 元的止损线、继续从事证券投资会严重违约的情况下,纵容第一被申请人继续从事证券投资,应承担连带责任。申请人不清楚跌破止损线的日期,其主张损失额为按照止损线为 0.7 元时其持有的基金份额的净值计算到基金份额净值为 0 之间的价值差异,即 70 万元(100 万元 × 0.7),该金额扣减第一被申请人给申请人的 17 万元转款后为 53 万元。

(二)第一被申请人主张

《Y 基金合同》中的净值止损线条款已完成有效变更,后续操作未违反合同约定,第一被申请人无须承担赔偿责任。第一被申请人提交的电话录音证据、申请人提交的微信聊天证据、申请人长达 4 年的交易行为以及《Y 基金合同》的约定,证明申请人同意对涉案基金合同的止损线条款进行变更。合同三方就删除《Y 基金合同》中关于止损线的约定条款达成了新的合意,《Y 基金合同》中关于基金净值止损线为 0.7 元的相关条款已经删除,对合同任一方均无约束力。

(三)第二被申请人主张

《Y 基金合同》规定由第一被申请人负责执行平仓,而且第一被申请人的操作并无不当。同时,《Y 基金合同》并未赋予基金托管人对基金管理人的二级市场投资策略、投资方法、投资安排进行干涉、管控的权利,第二被申请人亦无任何途径可以强行出售案涉基金所持有的股票,因此不应对基金管理人的二级市场投资策略及投资结果承担责任。故第二被申请人无须承担连带责任。

三、仲裁庭意见

（一）申请人是否作出"取消平仓线"的意思表示

第一被申请人称曾就取消平仓线征求过申请人的意见，并提交电话录音、微信聊天记录证明申请人同意取消平仓线。申请人则称其收到该问询但予以拒绝并要求赎回基金份额，提交微信聊天记录予以证明。对于双方就该事实提交的证据，仲裁庭认为，一方面，申请人提交的证据并未充分证明其拒绝取消平仓线并赎回基金的意思表示，聊天记录显示其对止损线问题提出异议的时间是事后一两年后，不足以证明其在取消平仓线操作过程中对于修改合同条款有反对意见。另一方面，第一被申请人提交的部分聊天记录与申请人提交的完全一致，其他聊天记录中申请人的头像和第一被申请人法定代表人的头像都能对应，且微信聊天记录的时间显示清晰明确，相较申请人提交的聊天记录，形式上更加完备。此外，第一被申请人提交的微信聊天记录和电话录音逻辑通顺、内容合理、语言协调，与申请人提交的聊天记录内容也有所衔接和呼应。

虽然申请人对于第一被申请人提交的电话录音、微信聊天记录不予确认，第一被申请人提交的电话录音、微信聊天记录确也无法独立作为认定事实的充分证据，但根据谁主张谁举证的原则，申请人首先应当对其主张予以证明，现申请人提交的证据不足以充分证明其主张的事实，而第一被申请人提交的证据之间以及与申请人提交的证据之间存在一定程度的相互印证，且申请人对此也并未举证予以反驳，因此结合本案情况看，第一被申请人提交的证据证明力较大，第一被申请人所要证明的事实具有高度盖然性。仲裁庭采信第一被申请人提交的电话录音和微信聊天记录，认定上述电话录音是申请人与第一被申请人客户总监之间的对话，微信聊天记录为申请人与第一被申请人法定代表人之间的聊天，上述两项证据证明申请人曾于2015年7月4日作出"同意取消平仓线"的意思表示。

从微信聊天记录和电话录音来看，申请人还在电话中详细询问其他投资人意见、基金的投资策略和融资状况，微信聊天记录中也表达出不愿意割肉、希望基金净值能够尽快起来的意愿，甚至申请人推荐股票给第一被申请人的法定代表人，希望能通过购买他推荐的股票尽快让基金解套的意思，可见申请人不仅曾明确表示过同意取消平仓线,在取消平仓线操作期间并未表达出对取消平仓线的异议,相反可以看出其对持有该基金的确认。因而申请人的关于同意取消平仓线内容以外的微信、电话内容均可佐证申请人曾同意取消平仓线的意思表达为真实。

再者,从双方提交的聊天记录的重合部分看,2018 年申请人还在向第一被申请人的法定代表人提出希望能尽力帮助其挽回损失,可见其至此时仍未有赎回基金的意思表示。根据《Y 基金合同》的约定,对于变更合同条款,基金份额持有人未在指定日期内回复意见或未在指定日期内赎回基金的,视为基金份额持有人同意合同变更。申请人未举证其在取消平仓线操作期间提出过异议,亦未申请赎回基金或者有赎回基金的意思表示,按照合同约定也应视为同意合同变更。

综上分析,仲裁庭认定,申请人系同意作为基金管理人的第一被申请人取消平仓线。

(二)《Y 基金合同》的止损线条款是否被有效删除

第一被申请人于 2015 年 7 月 2 日向第二被申请人发出《关于 Y 基金合同变更的意见征询函》,提出取消平仓线的征询,在获得第二被申请人回函同意后,又于 7 月 4 日至 6 日向案涉基金的所有投资人进行征询,其中不同意删除该条款的投资人按照合同约定进行了赎回操作,包括申请人在内的其他投资人对于删除平仓线条款予以同意。至此,案涉基金合同条款已经完成了变更程序,合同当事人就合同条款达成了新的合意,原合同中的平仓线条款被删除。

至于申请人称作为基金管理人的第一被申请人未按照规定向监管机构报送信息的问题,第一被申请人未按规定报送信息系违反监督管理的行政管理性规定,且第一被申请人的该项违规行为已经被监管机构采取行政监管措施,因此第一被申请人未及时报送信息的行为不影响合同变更的效力,该变更对合同各方均有法律效力。

综上所述,《Y 基金合同》中的止损线条款已经有效删除,两被申请人取消平仓线的操作,未违反合同约定,申请人的损失属于投资风险损失,其要求两被申请人承担损失的请求不能成立,仲裁庭不予支持。申请人应当承担本案产生的仲裁费、律师费。

四、裁决结果

驳回申请人的全部仲裁请求。

五、评析

本案是有关基金合同约定的止损线变更纠纷,评析内容围绕以下两方面展开。第一,本案的主要争议焦点,即止损线有效变更的要件及申请人的证明责任。笔者认为止损线属于基金合同三方当事人意思自治的内容,协商一致即可变更,基金管理人是否备案,并不影响合同效力。仲裁庭在依据优势证据理论认定申请人明确同意取消止损线是适当的。第二,结合本案案情和相关司法判例对止损线变更纠纷中的投资者损失认定和基金托管人责任进行拓展分析。

(一)止损线变更中的意思自治

止损线条款是指当基金份额净值低于合同约定的数值时,管理人必须在规定时间内进行平仓。作为一种投资者保护机制,其主要功能是避免投资损失进一步扩大,给投资者相对稳定的损失预期。然而,从投资策略的角度看,市场短期剧烈波动导致净值触及止损线后立即平仓,可能并不总是符合投资者的最佳利益。若基金管理人判断继续持仓不仅能避免损失,还可能给投资者带来更大的回报,往往会提议变更止损线。

从法理上看,管理人在基金财产的投资运作方面享有自由裁量权,包括为避免基金财产损失扩大而选择提议变更止损线。但是,此种裁量权的范围应当受到信义义务和合同约定的约束,即管理人应当从最大化投资者利益的角度审慎决策。[①]基金合同签订后,并不意味着相关条款维持不变。止损线

[①] 《基金法》第9条第1款规定:"基金管理人、基金托管人管理、运用基金财产,基金服务机构从事基金服务活动,应当恪尽职守,履行诚实信用、谨慎勤勉的义务。"许多学者认为,该条明确了基金管理人的信义义务。参见许德风:《道德与合同之间的信义义务——基于法教义学与社科法学的观察》,载《中国法律评论》2021年第5期;肖宇、许可:《私募股权基金管理人信义义务研究》,载《现代法学》2015年第6期。

条款并非法律的强制要求,而是投资者、基金管理人、基金托管人三方意定的结果,故合同三方也可以在协商一致后修改合同内容。但是,为避免管理人和托管人肆意变更止损线,充分保护投资者的意思自治,通常需要遵循变更程序。

结合案涉《Y基金合同》、相关行业自律规则和部门规章,变更止损线一般需要履行以下程序:第一,基金管理人、基金托管人首先就合同拟变更事项达成一致,确保调整的可行性。第二,基金管理人就合同变更事项向投资者征询意见,投资者在指定的日期内回复意见。若投资者不同意变更的,应当赋予投资者在指定日期内赎回基金的权利;若投资者未在指定日期内回复意见或未在指定日期内赎回基金的,则视为同意合同变更。第三,在基金净值止损线变更之后,管理人有义务及时向投资者进行信息披露。基金净值止损线决定了投资者损失的底线,调整止损线标准势必对投资者利益产生重大影响,尽管《基金法》并未明确将调整基金止损线规定为"重大事项",但考虑到基金净值触及止损线后管理人有义务进行平仓,属于重大事项,止损线标准的调整与管理人采取平仓行为密切相关,将调整止损线视为和"触及止损线"一样的"重大事项"而需征得投资者同意比较合理,更有助于保护投资者利益。基于此,参照《私募信息披露办法》第18条①的规定,基金管理人负有将变更止损线这一"重大事项"向投资者披露的义务;同时根据《私募管理办法》第25条第1款②的规定,管理人在私募基金发生重大事项之后,应当在10个工作日内向基金业协会报告。因此,基金管理人应当根据《私募投资基金管理人登记和基金备案办法(试行)》第23条③和《私募投资基金备案须知》第26条④的规定,在变更或补充发生之日起5个工作日内向基金业协会

---

① 《私募信息披露办法》第18条规定:"发生以下重大事项的,信息披露义务人应当按照基金合同的约定及时向投资者披露……(五)触及基金止损线或预警线的……"

② 《私募管理办法》第25条第1款规定:"私募基金管理人应当根据基金业协会的规定,及时填报并定期更新管理人及其从业人员的有关信息、所管理私募基金的投资运作情况和杠杆运用情况,保证所填报内容真实、准确、完整。发生重大事项的,应当在10个工作日内向基金业协会报告。"

③ 《私募投资基金管理人登记和基金备案办法(试行)》第23条规定:"私募基金运行期间,发生以下重大事项的,私募基金管理人应当在5个工作日内向基金业协会报告:(一)基金合同发生重大变化……"

④ 《私募投资基金备案须知》第26条规定:"私募投资基金发生以下重大事项的,管理人应当在5个工作日内向协会报送相关事项并向投资者披露……(二)基金合同发生重大变化的……"

报告。

值得说明的是,本案第一被申请人将申请人的沉默状态(即未赎回基金份额)视为同意合同变更的意思表示,申请人对此提出异议。根据《民法典》第140条的规定,行为人可以明示或者默示作出意思表示。沉默只有在有法律规定、当事人约定或者符合当事人之间的交易习惯时,才可以视为意思表示。如前所述,《Y基金合同》对此已作特别规定,故申请人未在指定期间赎回基金份额,可以视为其同意变更止损线。

(二)止损线变更纠纷中的证明责任

如前所述,止损线条款变更需要三方合意,因此申请人是否作出"取消止损线"的意思表示成为本案的争议焦点之一。对此,仲裁庭根据证据法原理,结合双方提交的证据,认定申请人未能完成证明责任是恰当且正确的。

本案中,申请人主张其明确拒绝放开止损线,为了证明这一待证事实,申请人提交了微信聊天记录。与此同时,第一被申请人为了否认待证事实,也提供了相应的电话录音、微信聊天记录和邮件,主张申请人明确同意取消止损线。由于双方各自提供了与证明内容相反的证据,产生了证据之证明力大小的问题,也就有了仲裁庭利用优势证据规则认定案件事实的可能。仲裁庭需要将双方提出的证据加以比较,确认哪方提出的事实存在的可能性更大,从而对可能性占优势的事实予以确认。① 本案申请人提交的聊天记录发生在《Y基金合同》变更之后1年,而第一被申请人提交的证据能够在一定程度上相互印证,故仲裁庭认定第一被申请人提交的证据证明力较大,第一被申请人所要证明的事实具有高度盖然性,即申请人曾作出同意取消平仓线的意思表示。

(三)止损线调整未报告是否影响变更效力

如上所述,调整基金净值止损线视为基金合同变化的"重大事项",管理人根据《私募管理办法》第25条第1款负有向投资者信息披露的义务,也需要根据中基协的相关规定及时进行报告。本案中,基金管理人因未履行备案义务而被证券监管部门采取行政监管措施。对此,仲裁庭认为未按照规定向监管机构报送信息系违反监管部门的行政管理性规定,该行为不影响合同变

---

① 参见张明芳:《从本案看优势证据规则的运用》,载《人民司法》2007年第5期。

更的效力。这一结论值得肯定。

根据《合同法》(本案适用的法律)第 52 条第(五)项①的规定,违反法律、行政法规的强制性规定无效。监管机构在处理基金管理人未履行备案义务时采取行政监管措施的依据主要是《私募管理办法》,其在法律规范层次属于行政部门规章,所设定的是管理性而非效力性内容,管理人未按这一规定备案基金重大变化事项,并未违反《合同法》的这一规定,不会影响基金合同变更的法律效力。换言之,三方当事人合意取消基金止损线的行为合法有效;同时,基金管理人向投资者征询变更止损线意见并赋予异议投资者赎回权后,实际上在一定程度上已完成对投资者的信息披露义务,并不会因此严重损害投资者的知情权及其合法权益。

(四) 止损线变更纠纷中的损失认定

若基金净值达到止损线后,基金管理人未能完成止损线条款的有效变更,且未执行平仓操作的,那么投资损失的认定将成为此类纠纷中的重要问题。《民法典》延续《合同法》的规定,对违约损失认定采取完全赔偿原则,即违约方需填补给守约方带来的所有损失。② 因此,投资者能够主张的损失数额应当以"(基金管理人强制平仓日基金份额净值-清盘日基金份额净值)×基金份额"计算。

根据《Y 基金合同》的约定,当基金管理人计算的基金份额净值低于或者等于止损线 0.7 元时(T 日),管理人将进行强制止损,在 5 个工作日内将持仓标的或衍生品平仓变现。可见,在"T+5"约定下,管理人在强制平仓日当天的基金份额的净值并不总是等于止损线,更有可能是在止损线附近浮动。因此,本案申请人尚不能直接以止损线数值(0.7 元)为基础计算投资损失。由于仲裁庭已认定申请人明确同意删除止损线条款,申请人应当对可能产生的市场风险、投资风险导致的损失等自行承担责任,故损失计算未成为本案的主要争议焦点。

司法实践对投资损失的认定或可提供参考。在深圳德福基金管理有限

---

① 该条为《民法典》第 153 条第 1 款沿用,规定:"违反法律、行政法规的强制性规定的民事法律行为无效。但是,该强制性规定不导致该民事法律行为无效的除外。"
② 参见姚明斌:《〈合同法〉第 113 条第 1 款(违约损害的赔偿范围)评注》,载《法学家》2020 年第 3 期。

公司、李宝英等委托理财合同纠纷案①中,案涉委托理财合同与《Y基金合同》类似,约定基金止损线为0.8元,并要求基金管理人在"T+5"日内履行强制平仓义务。之后案涉基金净值发生变化,于2019年3月4日跌破预警线至0.833元;后于2019年3月13日案涉基金净值跌破0.8元,跌至0.798元。之后,T+1日即3月14日对应的基金净值为0.811元;T+2日即3月15日对应的基金净值为0.817元;3月16日、17日为周末休市;T+3日即3月18日对应的基金净值为0.786元;T+4日即3月19日对应的基金净值为0.8元;T+5日即3月20日对应的基金净值为0.826元。

然而,基金管理人未在"T+5"日内进行平仓变现,致使损失扩大,法院认为基金管理人应当承担赔偿责任。在损失计算上,法院酌定以T+5日期间的基金净值平均值为约定平仓日基金净值,具体为(0.811+0.817+0.786+0.8+0.826)÷5=0.808元。由于基金合同约定应在T+5日内进行平仓变现操作,故基金管理人在T+5日期间的任何一日平仓均符合约定。因此,笔者认为,当基金管理人怠于执行平仓操作给投资者造成损失时,以平仓期内平均净值为基础计算投资损失有合理性,值得借鉴。

(五) 止损线变更纠纷中基金托管人的责任

投资者请求基金托管人承担民事赔偿责任的基础是《基金法》第145条。② 根据该条规定,托管人既可能因履行职责存在过错单独承担赔偿责任,也可能因与管理人的共同行为承担连带责任,即民法上的共同侵权责任。③

无论是主张托管人单独承担赔偿责任还是与管理人承担连带责任,都需要证明托管人存在过错,即未能妥善履行其法定或者约定的职责。基金托管

---

① 参见广东省深圳市中级人民法院(2021)粤03民终3484号民事判决书。
② 《基金法》第145条规定:"违反本法规定,给基金财产、基金份额持有人或者投资人造成损害的,依法承担赔偿责任。基金管理人、基金托管人在履行各自职责的过程中,违反本法规定或者基金合同约定,给基金财产或者基金份额持有人造成损害的,应当分别对各自的行为依法承担赔偿责任;因共同行为给基金财产或者基金份额持有人造成损害的,应当承担连带赔偿责任。"
③ 前者的典型情形是管理人及时发出投资指令,但托管人疏于办理资金划拨导致基金受损;后者的典型情形是管理人对基金进行估值时发生错误,托管人在复核中没有发现错误。参见洪艳蓉:《论基金托管人的治理功能与独立责任》,载《中国法学》2019年第6期。

人的功能是补充基金管理人的信用和制衡管理人滥权①,因此其法定/约定义务主要体现在监督投资指令和复核两个层面:第一,当托管人发现基金管理人的投资指令违反法律、行政法规和其他有关规定,或者违反基金合同约定的,应当拒绝执行,立即通知管理人,并及时向国务院证券监督管理机构报告;第二,当托管人发现管理人依据交易程序已经生效的投资指令违反法律、行政法规和其他有关规定,或者违反基金合同约定的,应当立即通知基金管理人,并及时向国务院证券监督管理机构报告。② 本案中,由于止损线条款已经有效变更,管理人属于依约进行投资,故托管人和管理人不存在共同行为,申请人要求托管人承担连带责任于法无据。

在司法实践中,即便基金管理人怠于执行平仓操作给投资者造成损失,但托管人若能举证其已充分向管理人进行通知提示和报告义务,则可以免除责任。例如,赵荣华与上海缠红资产管理有限公司等金融委托理财合同纠纷案③中,法院认定在基金产品存续期间,托管人已举证其按照协议约定的预警线、止损线向管理人作出提示。而且基金合同已明确约定,托管人对于管理人是否妥当执行风险控制措施不承担监督职责,管理人未按照合同约定执行预警止损操作给委托人造成损失的,由管理人承担相应责任,托管人无须承担连带责任。

(本案例由北京大学法学院博士研究生蔡卓瞳编撰)

---

① 参见洪艳蓉:《论基金托管人的治理功能与独立责任》,载《中国法学》2019 年第 6 期。
② 参见《基金法》第 37 条。
③ 参见上海金融法院(2019)沪 74 民终 663 号民事判决书。

案例 10 私募基金管理人未依约投资的认定与法律责任

仲裁要点：私募股权基金的投资目标是股权投资的实现，其认定标准为取得目标公司的股权。如果目标公司的工商登记股东名册中没有包含基金或其管理人，管理人也无法以其他方式证明基金已取得目标公司股权，应认为基金管理人未依约定完成对目标公司的股权投资，其应就此向投资者承担违约责任。

一、案情概要

2016年3月2日，自然人A（本案申请人）作为投资者，与作为基金管理人的B公司（本案被申请人）签订《股权投资基金合同》（以下简称《基金合同》），约定A出资100万元投资于B公司管理的私募股权基金，最终投向C孵化器项目。《基金合同》还约定，基金存续期限为1年，自收到第一笔投资资金起算，基金退出机制为：投资人投资本合同项下基金，基金所投资标的企业在两轮融资或者上市后，投资人可请求赎回退出投资、退出同时分配收益，但在基金存续期限届满前不得要求退回出资。同时，《基金合同》约定，基金管理人应当确保投资人的投资标的如期实现，否则需要在2016年3月20日之前将投资款退回至投资人账户，逾期需要按照不低于20%的利息支付滞纳金给投资人，且还款期限不得超过2016年4月30日。

申请人于2016年3月2日向被申请人某账户汇入投资款100万元；同日，被申请人通过同一账户向C公司支付100万元，并备注为"C股权投资款"。

2016年4月17日，被申请人向申请人提供了《股权转让协议书》复印件一份，协议双方为C公司和被申请人，主要内容为C公司以100万元的价格向被申请人出让 C 公司 0.5%的股权,签署日期为 2016 年 3 月 15 日。

2017 年 2 月 21 日,申请人通过微信方式向被申请人法定代表人自然人 D 发出名为《赎回投资申请原始股基金投资协议》的文件,要求退出对基金的投资;2017 年 3 月 1 日,申请人通过微信方式再次向 D 提出基金存续期届满,申请人要求退出对基金投资的请求。被申请人一直未为申请人办理基金赎回。

2017 年 5 月 25 日,申请人依据《基金合同》中约定的仲裁条款向深圳国际仲裁院提起仲裁,请求:

1. 裁决被申请人偿还申请人股权基金投资款 100 万元,并自申请人向被申请人支付投资款之日起至被申请人偿还股权基金投资款为止,以中国人民银行同期贷款利率支付利息。

2. 裁决被申请人支付仲裁所需的一切费用。

二、当事人主张

(一)申请人主张

(1)被申请人一直未进行股权投资活动,违反了《基金合同》的约定。

(2)《基金合同》约定的 1 年基金存续期届满,投资人可以要求退回出资。

(二)被申请人主张

(1)被申请人在收到申请人的股权投资款以后,当天即已依据《基金合同》的约定,将该笔款项投向了约定的目标公司——C 公司。

(2)《基金合同》虽然约定投资标的基金的存续期间为 1 年,但不等同于 1 年期满被申请人必然主动退回申请人的出资。《基金合同》针对申请人退回出资明确约定有"退出机制",即第 9 条第 1 款约定"投资人投资本合同项下基金,基金所投资标的企业在两轮融资或者上市后,投资人可请求赎回退出投资,退出同时分配收益",所以,申请人要想退出并赎回出资,应遵守合同意思自治原则,按照该条约定办理。

(3)由于基金份额赎回涉及赎回 T 日的确定、赎回当日基金份额净值的确定、赎回费用的计算等问题,所以基金赎回必须由投资人自符合退出赎回条件之日起以书面形式向基金管理公司提出赎回申请并依法律规定或合同约定办理赎回手续。本案中,被申请人从未收到申请人关于赎回基金投资的书面申请。

三、仲裁庭意见

仲裁庭认为,被申请人未完成其在《基金合同》中的股权投资义务,申请人有权要求退出投资。

(一)关于被申请人股权投资义务的履行

(1)根据《基金合同》第2条的约定,申请人认购基金100万元的出资份额,并且申请人已于2016年3月2日履行了实缴出资义务。

(2)截至本案裁决作出之日,被申请人仍未能在中基协登记为合格的私募基金管理人,也未能将案涉基金在中基协进行合法有效的基金备案,被申请人没有履行完作为基金管理人所应尽的义务。

(3)根据《基金合同》第11条第2款的约定,被申请人应确保申请人"投资标的如期实现"。在庭审过程中,申请人与被申请人双方均认可"投资标的如期实现"系指基金对C公司的股权投资的实现。申请人向被申请人支付100万元基金投资款后,被申请人向C公司汇付了100万元(并备注"C股权投资款")。但是,被申请人向申请人提供的投资协议是由被申请人与C公司签署的《股权转让协议书》,协议主要内容为C公司以100万元的价格向被申请人转让C公司0.5%的股权。该协议存在明显的逻辑错误:本次股权投资方式为股权转让而非对C公司增资,交易标的为C公司0.5%的股权,交易双方应为被申请人(作为名义上的受让方)与C公司的现有股东(作为转让方),由该股东向被申请人转让其持有的C公司0.5%的股权,由被申请人向该股东而非C公司支付100万元股权转让款。

同时,截至《基金合同》约定的基金存续期满之日,工商登记的C公司的股东名册中也没有显示基金或被申请人的名称。

综上所述,仲裁庭认为,被申请人有义务按照《基金合同》的约定完成对C公司的股权投资,股权投资的完成应以实际获得C公司的股权为准。但截至基金存续期限届满之日,被申请人的股权投资义务并没有实际履行完成,被申请人已经违反了《基金合同》第11条第2款的约定,构成违约;被申请人提出的"只要将申请人的投资款依约投向了目标公司,即符合'投资人投资标的如期实现'的约定"的主张,仲裁庭不予支持。

(二)关于申请人的退出条件是否已经满足

仲裁庭认为,申请人要求退出对基金的投资的条件已经满足,申请人有权要求退出投资,理由如下:

(1)《基金合同》第2条第5款明确约定"本基金存续期间为1年,自收到第一笔投资资金起算"。因此,该条约定的1年期应为基金的整个存续期限,而不是被申请人主张的"封闭期",被申请人收到第一笔投资资金的时间为2016年3月2日,该基金的存续期限应为2016年3月2日至2017年3月1日。截至申请人提出仲裁请求之日,该基金的存续期已届满。

(2)被申请人在基金存续期届满时仍未能按照《基金合同》的约定完成对C公司的股权投资,已构成违约,申请人有权要求按照《基金合同》第11条第2款的约定退出投资。被申请人主张的《基金合同》第9条第1款的约定不适用。

(3)申请人已通过微信方式于2017年2月21日、2017年3月1日向被申请人法定代表人D提出退出申请并发送了申请赎回其投资份额的文件,被申请人提出的其从未收到申请人退出赎回请求的理由不成立。

四、裁决结果

1. 被申请人向申请人偿还基金投资款100万元。
2. 被申请人向申请人支付自申请人向被申请人支付投资款之日(2016年3月2日)起至被申请人偿还基金投资款100万元之日止按照中国人民银行同期贷款利率计算的利息。
3. 被申请人向申请人支付因本案产生的公证费。
4. 本案仲裁费由被申请人承担。

五、评析

本案中,被申请人在两个主要方面未能尽到勤勉尽责义务:一方面,被申请人未按照《基金法》第90条的规定在中基协登记,也未备案其发行的私募基金;另一方面,被申请人未能完成股权投资,取得约定的目标公司的股权。

(一)关于私募基金管理人未尽登记备案义务的问题

私募基金管理人是私募基金监管的切入点及要害所在,而管理人准入机制是整个监管体系的前置门槛与成败关键。[1] 2012年修订的《基金法》对私募基金管理人提出了向中基协履行登记手续,报送基本情况的要求[2];第95条还规定了私募基金产品的备案要求[3]。《基金法》同时明确,以"基金"等字样进行证券投资活动必须以登记为前提。[4] 据此,《私募管理办法》对私募基金管理人登记和基金备案作了更为详细的规定[5],中基协也相应发布了《私募投资基金管理人登记和基金备案办法(试行)》。有观点认为,私募基金的登记备案要求更多的是一种行政确认行为,而非行政许可[6];亦即,登记备案作为行业自律管理举措的特征更为突出,而非行业准入。[7]

与本案事实更为密切的,是私募基金管理人未登记备案即从事私募基金活动的法律后果。现行《基金法》第133条规定,未经登记,使用"基金"或者"基金管理"字样或者近似名称进行证券投资活动的,没收违法所得,并处罚款;对直接负责的主管人员和其他直接责任人员给予警告并处罚款。第134条规定,私募基金募集完毕,基金管理人未备案的,处罚款。对直接负责的主管人员和其他直接责任人员给予警告,并处罚款。两相比较,管理人未备案即从事私募基金活动的法律责任要重于私募基金未备案即对外投资的法律责任,因为前者的处罚规定中额外包括没收违法所得,同时对管理人所处的罚款也较重。

尽管《基金法》专门规定了私募基金及管理人的备案登记要求,以及未满足相应要求的行政责任,但并未提供民事救济的相关规定。私募基金管理人未能履行自身的登记义务以及其所管理产品的备案义务,对基金投资者是

---

① 参见赵玉:《私募股权投资基金管理人准入机制研究》,载《法律科学》2013年第4期。
② 2012年修订的《基金法》第90条,现行《基金法》第89条。
③ 现行《基金法》第94条。
④ 现行《基金法》第90条。
⑤ 《私募管理办法》第7条、第8条。
⑥ 参见张艳:《私募投资基金行业自律监管规则研究》,载《证券市场导报》2017年第5期。
⑦ 参见《私募基金登记备案常见问答汇总》第21问及答复,中基协并未明确表示私募基金未登记备案会影响相关投资运作。

否造成损害、如何救济,只能寻求更为一般的民事法律的规定。

具体而言,首先是管理人未尽登记义务时基金合同的效力问题。《民法典》第 153 条第 1 款规定:"违反法律、行政法规的强制性规定的民事法律行为无效。但是,该强制性规定不导致该民事法律行为无效的除外。"① 其中,"强制性规定"不仅应当是能够被民事法律行为或合同行为违反的建立在法律和行政法规上的强制性规定,而且还应属于效力性的强制性规定。② 不会导致民事法律行为无效的强制性规定,则主要包括要求当事人必须采用特定行为模式的强制性规定和禁止当事人为某种特定行为模式的管理性强制性规定。③ 许可当事人实施某类合同行为、为当事人设置市场准入资格的规定属于后者,违反这类规定订立的合同通常并不当然无效。④ 因此,如果基金管理人未取得市场准入资格,即未履行《基金法》规定的备案义务,并不当然导致其与基金投资者签订的基金合同无效。司法实践也采取了这一态度,即私募基金管理人未申请登记、未将募集的基金进行备案,虽违反法定义务,应承担相应的法律责任,但并不会导致基金合同无效,因为基金合同的效力还需与投资者适当性等要求结合判断。⑤

其次是管理人未就私募基金向中基协备案时基金合同的效力问题。一方面,从《基金法》的规制体系中可以看出,管理人违反备案义务的严重程度要轻于其未尽基金登记义务,既因为前者的处罚规定更为严格,也因为《基金法》第 90 条又专门规定了未经登记不得以"基金"等字样或者近似名称进行证券投资活动。另一方面,管理人的私募基金备案义务是一类要求当事人采用特定行为模式的强制性规定,违反这类规定并不当然导致合同无效。⑥ 当然,如果在未履行登记备案义务之外,还存在非法吸收公众存款甚至非法占有集资款等情形,则可能另外构成非法吸收公众存款罪或集资诈骗罪。

---

① 在本案发生时,具有法律效力的是《合同法》第 52 条和《民法通则》第 58 条,前者规定"违反法律、行政法规的强制性规定"的合同无效,后者规定"违反法律或者社会公共利益的"民事行为无效。
② 参见王轶:《〈民法典〉合同编理解与适用的重点问题》,载《法律适用》2020 年第 19 期。
③ 参见王轶:《〈民法典〉合同编理解与适用的重点问题》,载《法律适用》2020 年第 19 期。
④ 参见王轶:《〈民法典〉合同编理解与适用的重点问题》,载《法律适用》2020 年第 19 期。
⑤ 例如,参见朱某某诉深圳晟达资产管理有限公司、深圳市中晟达陆号投资合伙企业(有限合伙)委托理财纠纷案,广东省深圳市福田区人民法院(2019)粤 0304 民初 26746 号民事判决书。
⑥ 参见王轶:《〈民法典〉合同编理解与适用的重点问题》,载《法律适用》2020 年第 19 期。

同时,《基金法》第 90 条并不意味着,未履行备案登记义务的私募基金或管理人在投资时与目标公司签订的投资合同无效。根据中国证监会发布的《发行监管问答——关于与发行监管工作相关的私募投资基金备案问题的解答》(2023 年 2 月被《监管规则适用指引——发行类第 4 号》取代而失效,后续也有类似的核查备案要求)和全国中小企业股份转让系统发布的《关于加强参与全国股转系统业务的私募投资基金备案管理的监管问答函》的要求,对于投资于未上市公司股权的私募投资基金,或成为上市公司私募发行对象的私募投资基金,中介机构需对该私募基金是否按规定履行备案程序进行核查并发表意见。因此,在进行私募股权投资或成为上市公司私募发行对象时,私募投资基金必须按规定备案,否则可能无法顺利完成投资退出,而私募基金投资于其他领域时,则暂无相应要求。

在基金合同不因管理人未尽登记或备案义务而无效的前提下,如果管理人未尽该等义务导致投资者利益受损的,投资者有权向管理人追偿。一个典型的利益受损情形即是私募基金投资于未上市公司股权的情况。如果管理人未尽登记备案义务,导致其无法投资于未上市公司股权,基金投资者的利益将会受到损失。而在此情形下,由于投资未上市公司股权很可能是该私募基金的主要目的,管理人的违约行为将导致基金合同的目的不能实现,此时投资者可以行使法定解除权,要求管理人返还投资款并赔偿资金占用产生的利息损失。① 在司法实践中,也有将管理人未按规定办理私募基金产品备案认定为管理人根本违约的情况。② 如果管理人未尽登记备案义务并没有导致私募基金无法按约定投资,亦即基金合同的目的并未落空但仍给基金的投资资产造成了一定的损失,管理人对此也应承担责任。

(二)关于管理人是否尽到依约投资义务的问题

私募基金管理人负有按照《基金合同》的约定运用基金资产进行投资的义务,这既是合同双方有约必守的要求,也是基金投资者以事先签订的《基金合同》的方式参与治理的体现。对于管理人是否负有这一义务,本案双方并无争议,而是围绕管理人是否已经尽到该义务产生纠纷。本案中,根据《基金

---

① 参见《民法典》第 563 条。
② 例如,参见励琛(上海)投资管理有限公司与沈惠仙证券投资基金交易纠纷案,上海金融法院(2019)沪 74 民终 123 号民事判决书。

合同》的约定,管理人的投资义务为完成向 C 公司的股权投资。以下从认定标准和举证责任两个方面分析管理人是否尽到这一义务。

1. 管理人完成股权投资的认定标准

本案中,申请人与被申请人双方围绕被申请人是否已经尽到约定的股权投资义务发生了争议。被申请人主张,其已经将申请人的投资款投向了约定的目标公司,并有被申请人与 C 公司签署的《股权转让协议书》作为其已经依约投资的证明。申请人则认为,该协议名为"股权转让",协议双方却是被申请人与 C 公司,而非被申请人与 C 公司的股东,亦即名为"转让"实为"增发";同时,截至《基金合同》约定的基金存续期满之日,工商登记的 C 公司股东名册中也没有显示基金或被申请人的名称,这意味着被申请人或案涉基金均未能实际获得 C 公司的股权。仲裁庭最终认可申请人关于管理人未尽到该义务的主张。

股权投资义务的完成应以实际取得目标公司的股权为准。通过股权投资,私募股权基金取得了目标公司的股权,成为目标公司的股东。因此,私募股权基金的股权投资义务在投资方面实质等同于目标公司股东的出资义务。只有在私募基金作为目标公司股东适当履行出资义务并取得股权后,管理人才可以被认定为履行了对投资者的股权投资义务。

关于有限责任公司股权转让何时生效的问题,理论界和实务界曾存在一定的争议,存在股权转让合同生效说、通知公司股权转让事实说、股东名册变更说和公司登记机关登记变更说四种主要观点。《九民纪要》统一明确以股东名册变更作为股权移转的标志,从而兼顾转让股东、受让股东的利益,并保护债权人和不特定相对人。①

2. 证明标准和证明责任的分配

如前所述,出资人实际取得股权的认定标准应为其姓名或名称记载于目标公司的股东名册。出资人的姓名或名称记载于股东名册,可以作为认定其取得股权的充分条件。② 同时,根据《公司法》第 32 条的规定,股东名册记载应当属于设权登记,即事项登记产生创设权利或法律关系的效力③,因此也

---

① 参见最高人民法院民事审判第二庭编著:《〈全国法院民商事审判工作会议纪要〉理解与适用》,人民法院出版社 2019 年版,第 133—134 页。
② 参见《九民纪要》第 8 条。
③ 参见最高人民法院民事审判第二庭编著:《〈全国法院民商事审判工作会议纪要〉理解与适用》,人民法院出版社 2019 年版,第 135 页。

可以认为股东名册的记载和变更是投资人取得股权的必要条件。如果公司管理不规范、不存在规范股东名册的,公司章程或会议纪要等能够证明公司认可受让人为新股东的公司文件也可以产生相应的效力。①

实践中,由于契约型私募基金的法律主体资格并不明确,实践中广泛存在由私募基金管理人或其法定代表人代持股权的情形。由于这一代持行为是契约型私募基金立法不够完善时的无奈之举,在管理人或其法定代表人、其他代持人不存在侵害私募基金利益的情形时,这一代持应当视为满足了私募基金投资于目标公司股权的目的。

《公司法》第32条第3款同时规定:"公司应当将股东的姓名或者名称向公司登记机关登记;登记事项发生变更的,应当办理变更登记。未经登记或者变更登记的,不得对抗第三人。"与本条第2款对股东名册的规定不同,向公司登记机关登记股东姓名和名称并非股东取得股权的条件,而是以股东名册为基础向社会不特定多数人公示,从而起到对抗善意相对人的作用。

《九民纪要》明确要求资产管理产品的受托人承担举证证明其已经履行了勤勉尽责义务的责任。② 这一要求应当同样适用于私募基金管理人和投资者就管理人是否履行勤勉尽责义务发生纠纷的情形。因此,本案中,在被申请人未能举证证明案涉基金已经取得了C公司的股权(即C公司的股东名册上已记载该基金或其管理人)的情况下,仲裁庭以登记机关的登记事项为依据,认定案涉基金并未取得C公司的股权,裁决被申请人承担举证不能的不利后果,并无不当之处。

(三) 申请人可获得的救济

1. 申请人可以依约退出

本案中,投资者和管理人签订的《基金合同》约定基金的存续期限为1年,但同时在第9条第1款约定仅在基金所投资标的企业进行两轮融资或者上市后,投资人方可请求赎回退出投资,同时分配收益,除此之外,投资人在基金存续期限届满前不得要求退回出资。在这一约定下,1年存续期满,投资者是否可以赎回退出,双方对此有不同的理解。

---

① 参见最高人民法院民事审判第二庭编著:《〈全国法院民商事审判工作会议纪要〉理解与适用》,人民法院出版社2019年版,第135页。

② 参见《九民纪要》第94条。

《基金法》第92条规定,私募基金的基金合同中应当约定基金份额的认购、赎回或者转让的程序和方式。中基协的自律规则明确要求私募投资基金应当约定明确的存续期,且私募股权投资基金的存续期不得少于5年。① 这与中基协倡导长期投资的自律监管理念相一致。案涉基金应当属于契约型私募股权投资基金,但由于其并未在中基协备案,因此其存续期约定过短的问题未被质疑。

如前所述,管理人未尽登记义务和基金备案义务本身并不会导致基金合同无效,因此案涉《基金合同》中约定的1年存续期尽管与现行基金备案要求相冲突,但也并非无效。此时,这一存续期限的约定与退出条件的约定如何互动?《合同法》第125条第1款规定,当事人对合同条款的理解有争议的,应当按照合同所使用的词句、合同的有关条款、合同的目的、交易习惯以及诚实信用原则,确定该条款的真实意思。《民法典》第142条第1款规定,有相对人的意思表示的解释,应当按照所使用的词句,结合相关条款、行为的性质和目的、习惯以及诚信原则,确定意思表示的含义。② 有学者据此提出,在解释合同时,应适用文义解释、体系解释和参照习惯与惯例等三项原则。③ 因此,在解释案涉《基金合同》关于投资退出和投资者赎回的约定时,应以明确约定的文义为基础,兼顾私募股权投资的整体目的以及业内的习惯与惯例。

案涉《基金合同》中明确约定案涉基金的存续期为1年。私募基金的存续期是私募基金从募集完成到清算之间的期间,这一理解既符合文义,也符合业内习惯与惯例,以及中基协的自律监管要求。从申请人以存续期届满为由申请赎回其投资份额来看,这一理解至少也与一方当事人的理解相一致。管理人并未对存续期的含义提出其他主张,仅主张存续期届满不应自动退回投资,而应在《基金合同》约定的投资者退出条件成就时退出。

私募股权投资基金主要投资于未上市公司股权。私募基金在取得目标公司的股权后,通过目标公司的后续融资、被收购或公开发行股份等活动出让其所持有的目标公司股权,并从中获利。除此之外,股权出资难以通过目标公司减资回购的方式退出。因此,退出环节是私募股权投资的重要一

---

① 参见《私募投资基金备案须知》第17条。
② 《民法典》第466条第1款规定,当事人对合同条款的理解有争议的,应当依据本法第142条第1款的规定,确定争议条款的含义。
③ 参见崔建远:《合同解释的三原则》,载《国家检察官学院学报》2019年第3期。

环,而案涉《基金合同》对投资退出的约定符合私募股权投资的目的和习惯,并无不当之处,也是行业实践中常见的约定方式。

综合私募股权投资的目的、行为和习惯,当基金合同中同时约定了一个较短的存续期和一个较为严格的退出方式时,存续期的约定应当适当让步于退出方式的约定,因为有限的退出方式既符合私募股权投资活动的基本特征,也与投资活动的目的相一致。考虑到私募股权投资高风险、低流动性的特征,不宜在约定的存续期届满时,在客观条件难以退出的情况下,过分保障投资者赎回退出的权利。

尽管如此,案涉基金及其管理人均未取得 C 公司的股权。此时,约定的退出条件中的"基金所投资标的企业"并不存在,更没有进行后续融资或上市的可能,因此退出没有困难。在这一情形下,对退出方式的约定并不能起到调和双方意思自治与行业实践的客观需要的作用。仲裁庭认定申请人在存续期届满时有权申请退出,是正当合理的。同时,由于案涉基金并未完成股权投资,在赎回退出时份额净值的计算也并不困难。

值得注意的是,如果本案申请人请求依约退出,则其关于利息的请求并不正当。申请人请求被申请人计付利息的期间约定了 1 年存续期与存续期届满之日起至被申请人偿还投资款之日止两段期间。申请人请求到期赎回投资,则其可赎回的数额应当为存续期届满时申请人持有基金份额的净值。由于本案中仲裁庭认定管理人并未履行股权投资义务,因此案涉基金并未对外投资,其在存续期届满时的份额净值应与募集完成时相同(存续期内可能产生一定的存款利息,作为自然增值部分按比例计入基金的份额净值当中)。只有存续期届满而被申请人迟延履行赎回义务时,被申请人才应以贷款利率额外支付迟延期间的利息,作为不当占用申请人资金的补偿。因此,在选择认可《基金合同》的效力并请求履行合同项下条款的前提下,申请人对利息的请求并不全部具有正当性。

2. 申请人的违约救济

本案中,申请人既主张依照合同约定在存续期届满时赎回投资,也主张管理人未投资构成违约。更合理的主张应当是基于管理人未尽投资义务、构成根本违约而要求解除合同并承担违约责任。由于被申请人严重违反了案涉《基金合同》的约定,未完成股权投资,致使《基金合同》的根本目的落空,申请人有权依据《民法典》第 563 条、第 565 条之规定,以通知的方式行使法定解除权,并依据第 566 条第 2 款的规定,继续要求管理人承担违约责任。

有观点认为,在此情形下,应以履行利益为标准对守约方进行赔偿。[①] 但就私募股权投资这类高风险、高收益的投资活动而言,履行利益的计算较为困难。

案涉《基金合同》约定了违约责任条款,即投资目的如不能如期实现,管理人需要在约定日期前将投资款退回至投资人账户,逾期以不低于20%的利息向投资人支付滞纳金。

"滞纳金"并非民事法律用语。司法实践中,大多将双方当事人的这一约定解释为违约金或逾期付款利息。[②] 对双方约定违约金的上限,存在两种可能的调整情形。原《合同法》第114条、现行《民法典》第585条规定,当事人可以请求人民法院或者仲裁机构根据实际造成的损失予以调整;原最高人民法院《关于适用〈中华人民共和国合同法〉若干问题的解释(二)》第29条第2款进一步释明,当事人约定的违约金超过造成损失的30%,一般可以认定为合同法规定的"过分高于造成的损失";最高人民法院《关于审理民间借贷案件适用法律若干问题的规定》第29条则规定,逾期利息、违约金或其他费用总计超过合同成立时1年期贷款市场报价利率4倍的部分,人民法院不予支持。

案涉《基金合同》约定,逾期返还投资款时适用20%的利率。如申请人援引这一约定请求被申请人承担逾期利息,被申请人有权请求仲裁庭适当予以调整。但申请人在仲裁请求中并未援引这一约定救济条款,而是要求管理人偿还100万元投资款,并以中国人民银行同期贷款利率计算利息,自申请人向被申请人支付投资款之日起至清偿之日止。这一要求既低于约定的违约责任,也在法律允许的范围内。仲裁庭认定申请人以较低的标准请求被申请人承担违约责任是申请人行使权利的体现,并予以支持,并无不当之处。

(本案例由北京大学法学院博士研究生武鸿儒编撰)

---

① 参见王洲:《论合同法定解除之损害赔偿的计算》,载《法律适用》2021年第10期。
② 例如,参见广州胜康医院、黄丕创合同、无因管理、不当得利纠纷案,广东省广州市中级人民法院(2018)粤01民终7398号民事判决书。

案例11 私募基金管理人因客观原因未能及时平仓不构成违约

仲裁要点： 基金管理人应按照《基金合同》约定自该基金连续两个交易日低于止损线后T+3日（T日为基金最初跌破止损线的当日）起开始平仓，并将基金资产全部变现。基金管理人虽然遭遇了基金重仓股票的一字跌停、流动性枯竭等无法成交的证券市场特殊情况，但依然在之后股票能够成交时于T+2日完成了平仓操作，其采取的止损措施符合《基金合同》的约定，履行了应尽的义务，不构成违约。

一、案情概要

2015年6月，自然人A（本案申请人）作为投资者、第一被申请人B投资公司作为基金管理人、第二被申请人C证券公司作为基金托管人签订了《基金合同》，认购X私募基金。签订《基金合同》前，第一被申请人为已在中基协进行登记的私募基金管理人，第二被申请人为取得证监会核准具有证券投资基金托管资格的基金托管人。

为有效防控投资风险，《基金合同》约定了预警线和止损线。预警线：本基金单位净值0.85元，若经管理人估算的基金资产参考单位净值连续两个工作日低于预警线，管理人应对本基金所持有的期货净多头或净空头进行减仓操作。止损线：本基金单位净值0.8元，若经管理人估算的基金资产参考单位净值连续两个工作日低于止损线，管理人应从T+3日开始对本基金进行平仓，直至基金资产全部变为现金资产，该基金自动终止。如果因为停牌、涨跌停的限制不能进行平仓/赎回操作的，则顺应延期平仓/赎回。此外，《基金合同》还约定托管人对管理人的投资行为行使监督权。托管人根据本合同的约定,对本基金的投资范围及投资比例进行监督,托管人发现管理人的投资运作违反法律、行政法规和其他有关规定或者合同约定的,有权拒绝执行,通知管理人,并报告证监会;管理人应在3个工作日内予以答复,未予以答复的,托管人有权报告证监会,托管人应对通知事项进行复查,督促管理人改正。

2015年7月15日,申请人依约定将其认购X私募基金份额的金额2323000元汇入第一被申请人指定的账户。该基金于2015年7月在中基协进行了备案,取得了私募投资基金备案证明,《基金合同》合法有效。

2016年1月14日,该基金净值跌破0.8元平仓线,截至2016年1月18日,该基金将所持Y股份全额卖出完成平仓,此时基金的单位净值为0.553元。平仓后,申请人选择赎回,并已收回剩余款项。申请人未说明、证明其仲裁请求主张的赔偿金额的计算依据和过程,亦未说明其收回的剩余款项金额。

2017年9月4日,申请人依据《基金合同》约定的仲裁条款向深圳国际仲裁院申请仲裁,提出如下仲裁请求:
1. 裁决两被申请人共同赔偿申请人基金损失人民币1115040元。
2. 裁决本案的立案、仲裁费用由两被申请人承担。

2017年12月1日,申请人在庭审中表明,其仲裁请求中所主张的共同承担为"要求第一被申请人、第二被申请人承担连带责任"。

二、当事人主张

(一)在基金触及预警线、止损线时,管理人是否履行了《基金合同》约定的义务

申请人认为,作为管理人的第一被申请人既没有在X私募基金单位净值低于0.85元时及时进行减仓操作以减少损失,也没有在基金单位净值低于0.8元时立即按照约定进行清仓操作,直接导致基金单位净值不断亏损缩小。管理人未按照合同明确约定的操作准则进行操作,属于明显的违约行为,应当承担相应的违约责任。

第一被申请人主张,其在T+1日当天就进行了止损操作,只是由于基金所持Y股份当天为"一字跌停板",股票全天无成交,并不是申请人所主张的第一被申请人没有采取任何平仓措施,其作为管理人已严格按合同的约定履行了平仓、清仓等勤勉尽责的管理职责,没有任何违反合同的情形,因此申请人所主张的第一被申请人违约没有事实根据,不能成立。

(二)关于投资比例

申请人认为,管理人在基金运作过程中经常单票重仓,尤其是在2015年11月、12月以后,集中持有Y股份一只股票,没有分散投资,不符合合同约定以及证券法律法规的规定。

第一被申请人认为,《基金合同》仅约定不能投资一只股票超过该上市公司总股本的4.99%、流通股本的10%,其基金管理行为没有违反规定。

(三)关于基金托管人的赔偿责任

申请人认为,作为托管人的第二被申请人对管理人明显的未按合同约定进行减仓平仓的行为视而不见,未进行任何监督和报告义务,是造成投资人重大损失的另一主要因素。第二被申请人应与管理人就投资者的损失承担连带责任。

第二被申请人认为,其在基金止损操作方面并无法律规定及合同约定的监督义务,在管理人并未违反《基金合同》或有关法律法规规定的行为的情况下更无相关报告义务,因此,其不应当对申请人的损失承担赔偿责任。具体而言:

(1)《基金法》《证券投资基金托管业务管理办法》等法律法规并未规定托管人有止损操作方面的监督义务,基金托管人的投资监督义务具体内容应当由《基金合同》进行约定,本案《基金合同》并未约定托管人的投资监督义务包括止损操作方面的监督。虽然《基金合同》规定了托管人在管理人违反本合同约定或有关法律法规规定时,对基金财产及其他当事人的利益造成重大损失的情形,有权报告证监会并采取必要措施。但是本案中的管理人并未有违反本合同约定或有关法律法规规定的行为,且托管人是否报告证监会是其权利并非义务,是否报告证监会与本案第一被申请人是否造成损失也无因果关系。

(2)作为托管人的第二被申请人向第一被申请人发出八份业务提示函,友情通知该基金触及了预警线及止损线,应按约定调整或采取相关措施,属于已在能力范围内为投资者的利益就投资监督尽到了最大努力,但不应认为这种努力反映了其对预警止损相关事宜负有监督的义务。

(3)事实上,本基金在运作期间遭遇了"熔断"机制,在此过程中,该基金的重仓股票 Y 股份连续跌停,以至于基金无法在一天内集中卖出。直至 2016 年 1 月 18 日,该基金才将 Y 股份全额卖出,最终将止损点定格在 0.553 元。

三、仲裁庭意见

(一)在基金触及预警线、止损线时,管理人是否履行了《基金合同》约定的义务

该基金于 2016 年 1 月 14 日、1 月 15 日净值跌破 0.8 元,1 月 16 和 1 月 17 日为周末非交易日,按照《基金合同》的约定应当自该基金连续两个交易日低于止损线后 T+3 日(即 1 月 19 日)起开始平仓,并将基金资产全部变现,进而终止基金。根据第一被申请人提供的《股票操作记录》及《对账单》等证据,2016 年 1 月 15 日,该基金自 9 时 17 分 51 秒起大量申报卖出 Y 股份,委托卖出数量多达 420 余万股,并且开盘前、9 时 18 分 41 秒起全部以跌停价委托卖出。但该基金重仓持有的唯一股票 Y 股份当日跌停,遭遇流动性枯竭,导致该基金全天 Y 股份成交金额为零。即第一被申请人自 2016 年 1 月 15 日起便已开始执行平仓操作,确属遭遇特殊行情出现无法成交的情况,且已在能够成交时于 1 月 18 日完成了平仓操作。因此,第一被申请人在该基金于 2016 年 1 月 14 日首次触及平仓线时,在 3 个交易日内(1 月 18 日前)完成了平仓,其采取的止损措施符合《基金合同》的约定,履行了合同约定的义务。

(二)关于投资比例限制

申请人认为,管理人在基金运作过程中集中持有 Y 股份(该股票于 2016 年 1 月 15 日跌停)一只股票,没有分散投资,不符合合同约定以及证券法律法规的约定。《基金合同》中约定:"投资比例限制:投资于一家上市公司所发行的股票,不得超过该上市公司总股本的 4.99%,并不得超过该上市公司流通股本的 10%。其中,不得导致以受托人名义持有上市公司单一股票占该上市公司总股本 4.99%(含)以上,最新一笔导致本计划持股超过该股总股本 4.99%的交易指令无效。以上投资比例的限制由管理人负责监控,托管人

不承担比例控制的责任。"

上市证券的市场价格受多种因素影响,存在明显的波动性,股票投资面临市场风险、信用风险等一系列风险,基金资产在管理和运作过程中也相应地面临风险。在2015年年底2016年年初这一股市异常波动期间,上市证券的市场价格、股票资产的流动性及股票型证券投资基金的净值更是存在显著的波动特点,证券投资风险特征突出。对此,《基金合同》附有专门的《认购风险申明书》并经投资者签署确认,《基金合同》还专门就基金的财产在管理和运作过程中可能面临的风险进行了专门揭示。第一被申请人并未违反投资一只股票超过上市公司总股本4.99%、流通股本10%的要求,仲裁庭未发现该基金在管理和运作过程中存在不符合上述《基金合同》约定的情形。

(三) 关于基金托管人的赔偿责任

申请人认为,托管人对管理人明显的未按合同约定进行减仓平仓的行为视而不见,未履行任何监督和报告义务。而根据查明的事实,第一被申请人在该基金于2016年1月14日首次触及平仓线时,在3个交易日内(1月18日前)完成了平仓,其采取的止损措施符合《基金合同》的约定,已履行了上述《基金合同》约定的义务。

此外,第二被申请人已在其自身计算的基金单位净值触及预警线、止损线时,于2015年8月26日至2016年1月28日期间,共向第一被申请人发出八份业务提示函,通知第一被申请人该基金触及了预警线及止损线,提示按约定采取相关措施。其中,第二被申请人已明确指出"截至1月14日,贵司管理的'X'单位净值为0.708元,低于0.8元。产品单位净值已低于止损线,根据合同约定管理人应从T+3日开始对本基金进行平仓,直至基金资产全部变现为现金资产,该基金自行终止,请贵司及时按照合同约定采取相关措施,并于三个工作日内回复我司",有关提示内容与第一被申请人的平仓止损操作措施一致。因此,在该基金运作过程中,第二被申请人不存在违反法律法规强制性要求以及不符合《基金合同》约定的情形。

四、裁决结果

1. 驳回申请人的全部仲裁请求。
2. 本案仲裁费由申请人承担。

五、评析

本案是有关《基金合同》约定的止损义务履行方面的纠纷。面对投资者提出的管理人不当履行止损义务并造成投资者损失进而应承担违约责任的主张,仲裁庭并未被"(极端)投资者保护"的口号牵引,而是尊重事实,充分考虑到市场风险,并严格以合同约定和相关法律规定为准绳,认定管理人不构成违约,托管人没有违反托管义务,二者无须对投资者损失承担连带责任。本案的争议点主要有两方面:一是基金管理人是否及时恰当地履行了止损义务,以及如果管理人怠于或不当履行止损义务,投资者的违约救济或赔偿金额应如何计算;二是基金托管人在止损方面承担多大程度的义务,其是否应与怠于或不当履行止损义务的管理人承担连带责任。本部分的评析围绕这两方面展开,即在介绍有关预警线和止损线市场实践的基础上,结合相关行政处罚和司法判例分析管理人在基金止损方面的义务与责任,并对基金托管人的功能定位及其在止损方面的职责展开延伸探讨。

(一)有关预警线与止损线的市场实践

预警线和止损线是基金合同中常见的风险控制条款,初衷是希望在极端市场条件下尽可能保护投资者的本金免受更大损失。典型的预警线和止损线的条款例如:"本基金的预警线为基金份额净值 0.9 元,止损线为基金份额净值 0.8 元。本基金存续期间任何一个工作日(T 日)收盘后,基金份额净值高于止损线且不高于预警线的,管理人应于 T 日后的 2 个工作日内按照合同约定向全体基金投资人发出预警提示,且本基金在预警线以下只能减仓,不得建仓。在本基金存续期内任何一个工作日(T 日)收市后,基金份额净值不高于止损线的,管理人应于 T 日收盘后按照合同约定通知全体基金投资人,同时自 T+1 日起管理人应对本基金进行平仓操作,并于 T+1 日起 3 个工作日内(即 T+4 日前)完成全部变现,无论其后基金份额净值是否回到止损线以上。基金持有的流通受限的证券和资管产品,如休市、停盘、暂停交易的证券锁定期资管产品等,自限制条件解除日起(含当日)5 个工作日内完成全部变现。变现后本基金终止,并进入清算。管理人在执行变现或强制平仓操作时,有权采取包括但不限于以市场跌停价方式卖出投资标的方式进行变现。"①

从上述典型的预警线和止损线条款可知,管理人的止损义务履行期限或平仓完成期限的计量单位为工作日或交易日,一旦基金单位净值触及预警线,管理人通常需要在一定时间内通知投资人,并在随后的若干交易日及时进行减仓操作,在基金单位净值重返预警线以上之前不得加仓、建仓;如果基金单位净值触及止损线,管理人除及时通知投资人外,还应在之后的交易日进行连续的、不可逆的清仓变现操作,随后基金进入清算程序并返还投资人剩余的投资款项。但需要注意的是,实践中,基金平仓变现并不总是一帆风顺,基金管理人很可能因停牌、市场流动性等特殊原因(即上述条款所称"限制条件")而无法迅速完成平仓或者只能以远低于预期的价格进行变现。因此,基金合同中通常会对此种情况作出期限顺延的约定,例如本案中的《基金合同》约定,如果因为停牌、涨跌停的限制不能进行平仓/赎回操作的,则顺应延期平仓/赎回。

毫无疑问,私募基金设置的预警线和止损线能够在一定程度上发挥安全垫的作用。预警止损机制通过要求基金管理人在特定条件下进行仓位管理而保护投资者的本金安全。同时,预警线和止损线的设置也有利于使意向投资者获得更明确的预期,提高其对风险等级较高的私募产品的接受度,进而有助于提高投资者对权益类资产的增配速度。然而,预警止损机制对于投资者而言,有可能并非保证其利益最大化或损失最小化的最佳安排。预警止损机制下的清仓本身也是"追涨杀跌"的一种表现,在基金所持股票不断下跌、投资者大量抛售的情况下,基金管理人很可能无法以理想的价格进行仓位调整进而使基金单位净值恢复至止损线及以上。而在震荡行情过后,基金所持股票的价值有可能触底反弹,如果基金管理人已根据预警止损机制完成了该股票的清仓,则会错失后续的回弹收益,基金份额持有人亦丧失了更优的变现价格。作为双刃剑的预警止损机制不仅可能给投资者造成不利,也可能在大盘持续下行的情况下被频繁触发而增加管理人的运营成本。

因此,近年来,一些历史业绩较好的私募机构新设产品已逐步取消设置预警线和止损线,或与投资者协商调低了预警线和止损线。一般而言,基金在短期回撤较大时一般是加仓良机,应该给基金经理更大的操作空间,而且

---

① 相关条款内容主要结合裁判文书和实务合同拟订。

私募投资的"事前风控"比"事后风控"更为重要,选择好的股票和投资组合,才是资产配置成功的关键,预警线和止损线的作用较为有限。① 对于目前依然保留预警线和止损线的私募基金而言,存在两种选择:一是调低或取消预警线和止损线,从而使基金管理人在应对市场风险方面享有更充分的裁量权;二是如未调低或取消预警线和止损线,则基金管理人应在止损线被触发时按照合同的约定,履行通知投资者、及时平仓等义务。实践中,有关基金止损的纠纷大多源于这两类情形,两类情形所对应的争议点分别为预警止损机制条款的变更或删除是否有效、基金管理人是否充分恰当地履行了止损义务。

合同的变更需要当事人之间的合意。预警线和止损线的调整通常都属于重大事项,需要私募基金管理人获得基金份额持有人的同意后方能修改,为此应严格履行有关法律规定的及基金合同约定的义务和必要程序。② 未经投资者同意,《基金合同》中有关预警线和止损线的条款不能被认定为进行了有效变更。部分基金管理人在既未有效变更止损条款,又未履行

---

① 权益市场的波动是常态化现象,部分出现回撤的顶流基金还出现了资金的净申购状态,随着投资人越来越成熟、越来越关注长期业绩,投资者对短期波动的容忍度在不断提高,持有人的平均持有时长也在拉长。因此,通过主动与投资者积极沟通,坚定投资者信心,引导持有人长期投资,越来越成为被广泛接受的投资理念和共识。参见李树超:《私募跌破预警线,导致股市下跌? 真相来了,最新评估:整体情况可控!》,载 https://mp.weixin.qq.com/s/-0kUsYGB7Z5e2COPAfoixw,访问日期:2022 年 6 月 4 日。

② 相关义务和必要程序比如召开基金份额持有人大会表决,或者以书面决议代替开会表决。若投资者不同意变更,应当允许其行使基金份额赎回权。在与基金份额持有人形成合意后,基金管理人还需根据《私募信息披露办法》《私募投资基金备案须知》等相关规定,在发生变更后 5 个工作日内,通过资产管理业务综合报送平台向中基协报送相关变更事项。在资产管理业务综合报送平台提交相关变更事项时,应当同时提交基金合同(关于修改预警线、止损线)的补充协议、相关决议文件(如基金份额持有人大会的决议文件),以及信息变更承诺函等。在履行信息披露义务时,应及时在私募基金信息披露备份平台内完成相关的信息披露备份,发布"重大事项临时报告"等。

及时清仓止损义务的情况下,可能援引不可抗力或情事变更要求强制变更合同①,以豁免其未履行清仓止损义务的责任。然而,股票市场下跌难以被认定为不可抗力或"情事"。情事变更包含四个要件:第一,当事人不可预见;第二,情事变更不可归责于当事人双方;第三,情事变更致使继续履行合同显失公平;第四,情事变更不同于商业风险。当个案中的不可抗力构成"情事",则亦可以适用情事变更原则。股票下跌符合商事交易规律的变化,并非不可预见,而且作为合同成立基础的客观情况的变化没有达到异常的程度,没有造成交易对价关系较为严重的失衡②,因此不宜将股票下跌认定为"情事"。③ 如果未调整或取消预警止损机制,则基金管理人必须恪守合同约定,在义务被触发时进行止损清仓操作,本案的争议便是围绕基金管理人止损义务的履行展开。

(二) 管理人在基金止损方面的义务履行

在以合同为中心的简明路径下,管理人是否恰当履行止损义务是易于判断且存在明确答案的。因为合同所约定的相关义务无外乎及时通知投资者、不得加仓或建仓、在一定期限内完成平仓、若遇上停牌或涨跌停等情况则期限顺延等内容,而不用掺杂管理人的止损操作是否有助于实现投资者利益最大化的考量。本案中的基金管理人虽然遭遇了基金重仓股票的一字跌停、流

---

① 就合同变更而言,在发生不可抗力导致合同"不能履行"的情形,当事人是否有权请求变更合同内容?相对方是否有再交涉的义务?实务中,因不可抗力导致合同期间内租赁、承包等继续性合同的债权人无法利用标的物,即构成部分履行不能的情形,有认可债权人要求顺延合同期间之主张的判例。但这一效果在《民法典》第590条中并不能找到依据。《经济合同法》(已失效)第26条第1款第(二)项曾将不可抗力作为允许变更合同的事由。但自《合同法》颁布以来,基于不可抗力的变更权在实定法上再也找不到依据。在现行法上,再交涉和变更属于情事变更制度的法律效果(《民法典》第533条)。已经失效的最高人民法院《关于适用〈中华人民共和国合同法〉若干问题的解释(二)》第26条将情事变更限定在"客观情况发生了当事人在订立合同时无法预见的、非不可抗力造成的不属于商业风险的重大变化"。但《民法典》不刻意将不可抗力排除出情事变更中的"情事",因此,不可抗力同时构成情事变更中之"情事"的情形,也完全可能会应当事人的请求而发生合同变更的效果。参见解亘:《〈民法典〉第590条(合同因不可抗力而免责)评注》,载《法学家》2022年第2期。

② 参见崔建远:《情事变更原则探微》,载《当代法学》2021年第3期。

③ 即使疫情及疫情防控措施符合情事变更中"无法预见"之标准,但是疫情或疫情防控措施与股票市场下跌之间的原因力较弱,二者的关系存在较高的不确定性,不宜认为疫情及疫情防控措施导致大盘下行,进而证券市场的下跌构成"情事"。

动性枯竭等无法成交的特殊情况,但依然在能够成交时于T+2日完成了平仓操作,其采取的止损措施符合《基金合同》的约定(即自该基金连续两个交易日低于止损线后T+3日起开始平仓,并将基金资产全部变现,T日为基金最初跌破止损线的当日),履行了《基金合同》约定的义务。由此来看,本案实质上并不存在令人纠结的争议点。申请人之所以认为管理人违约并对其提出索赔主张,很大程度上是因为其对止损义务履行期限的理解偏差。在申请人看来,管理人应在"立即"或在"第一时间"完成清仓,而没有考虑到《基金合同》将止损义务的履行限定于工作日或交易日。而且即使管理人在基金单位净值触及止损线后一直遭遇一字跌停、无法成交的情况,管理人也不构成违约。因为就像绝大多数设置了预警止损机制的管理人一样,本案中的管理人亦在事前充分考虑到了流动性受限等特殊情况并约定了履行期限的顺延,所以自然而然,管理人不会单纯地因为一字跌停、无法成交而构成履行迟延等违约情形。

与本案中基金管理人形成鲜明对比的是,亿鑫投资旗下的多只基金产品触及止损线,管理人不仅不平仓还继续买进股票[1];更有甚者,润沣新方程式二号私募投资基金的管理人深圳市润沣投资管理有限公司不仅在基金单位净值跌破止损线后长期未履行平仓义务,而且人去楼空、下落不明[2]。

合同路径虽然清晰明了,不过仍需注意避免以结果标准替代行为标准的误区。即不应以止损线为锚衡量管理人的义务履行情况,不应以止损操作后的基金单位净值是否不低于止损线作为管理人是否及时充分地履行了平仓止损义务的判断标准。盖因止损线机制只是基金管理人的一种风险控制措施,当股票下跌导致基金单位净值降低到一定比例时,管理人应当采用减仓或强制平仓等方式来控制风险,而基金的实际亏损会受到证券市场的影响,并不一定能被确保控制在基金合同所设想的理想范围内(即止损线内)。尤其在股票一字跌停无法卖出的情况下,损失根本无法被管理人游刃有余地掌控。因此,即使基金管理人进行了止损操作后,基金单位净值仍低于止损线,也不能据此得出管理人未充分恰当履行止损义务的结论。进而,如果管理人没有履行止损义务,同样不能简单粗暴地以"目前的基金单位净值与止

---

[1] 参见中国证券监督管理委员会江苏监管局〔2021〕10号行政处罚决定书(亿鑫投资)。
[2] 参见蓝明与深圳市润沣投资管理有限公司、华泰证券股份有限公司合同纠纷案,广东省深圳市龙岗区人民法院(2019)粤0307民初13461号民事判决书。

损线之差×投资者所持有的基金份额"的方式计算出投资者的损失,而应充分考虑到证券市场本身风险,采用科学合理的算法。损失计算无疑属于更为精细的问题,在此不作进一步讨论。

(三)托管人在基金止损方面对管理人的通知义务

实践中,投资者在起诉基金管理人未充分恰当履行止损义务的案件中,通常也会拉托管人来"垫背"。即使基金合同中言明"基金托管人对于基金单位净值低于本基金的预警线和止损线时,管理人是否严格按照基金合同启动预警机制和止损机制进行变现等操作不承担任何责任",托管人在大多数情况下还是会成为共同被告或被申请人。投资者所提出的托管人的违约行为多与本案主张类似,即托管人对管理人明显的未按合同约定进行减仓平仓的违约行为视而不见,在基金净值跌破止损线后,未履行任何监督义务和上报证监会的义务,导致投资者遭受财产损失,进而主张托管人应与管理人就投资者的损失承担连带责任。[1]

然而,投资者的类似主张无论是在本案中,还是在司法判例中,均未得到支持。例如,法院认为,"华泰证券股份有限公司在基金份额净值跌破止损线后对管理人进行了提示,在发现管理人失联后又及时向相关部门报告,已经履行了合同约定的监督义务。原告的损失是深圳市润沣投资管理有限公司未按合同约定及时止损造成的,华泰证券股份有限公司无需对原告的损失承担赔偿责任"[2];在止损方面,"托管人的监督义务系'拒绝执行''通知'义务,而非主动进行止损操作的义务,且基金合同亦未约定托管人有督促管理人进行止损操作或托管人可以主动止损操作的义务。且托管人在知晓基金净值跌破止损线时亦履行了相应的通知行为,故本院认为,程训民要求托管人承担责任的主张没有法律及事实依据,本院不予支持"[3]。

本案仲裁庭的意见与上述法院的观点均具备充足的理据。因为托管人虽然在基金治理中发挥着信用补充和权力制衡的作用,但是其与基金管理人

---

[1] 参见程训民与中信建投证券股份有限公司委托理财合同纠纷案,北京市东城区人民法院(2021)京0101民初15068号民事判决书。

[2] 陈观称与深圳市润沣投资管理有限公司、华泰证券股份有限公司合同纠纷案,广东省深圳市龙岗区人民法院(2019)粤0307民初13462号民事判决书。

[3] 程训民与中信建投证券股份有限公司委托理财合同纠纷案,北京市东城区人民法院(2021)京0101民初15068号民事判决书。

并不构成"共同受托人",托管人的保管监督功能与基金管理人的投资管理功能是相对独立的。① 而且,本案中的《基金合同》明确约定,当基金份额的净值低于止损线时,应当进行信息披露以及相关止损变现操作的主体为基金管理人而不是基金托管人。托管人没有对案涉基金份额触及止损线时进行提示与止损操作的法定义务以及合同义务。因此,托管人不可能发生与管理人因共同行为造成投资者损失进而需就此承担连带责任的情况。② 虽然本案以及上述司法案例中的《基金合同》均未明确约定托管人在基金单位净值触及止损线时有义务向管理人发出通知,但是笔者认为,考虑到预警线和止损线是《基金合同》中有关风险防控的重要条款,同时从《基金法》对托管人的职能设定来看③,在合同中约定,承担监督制衡、信用补充角色的托管人需在知晓基金单位净值跌破止损线时通知管理人进行止损操作,并不苛刻。而且,当管理人从事了违法行为或违约行为(比如在基金单位净值跌破止损线时"跑路",或发出建仓、继续加仓等违反合同约定的投资指令)时,托管人应通知管理人并向证监会报告,自不待言。④

(本案例由北京大学法学院博士研究生杨骐玮编撰)

---

① 参见洪艳蓉:《论基金托管人的治理功能与独立责任》,载《中国法学》2019 年第 6 期。
② 《基金法》第 145 条第 2 款规定,基金管理人、基金托管人在履行各自职责的过程中,违反本法规定或者基金合同约定,给基金财产或者基金份额持有人造成损害的,应当分别对各自的行为依法承担赔偿责任;因共同行为给基金财产或者基金份额持有人造成损害的,应当承担连带赔偿责任。
③ 参见《基金法》第 36 条。
④ 《基金法》第 37 条规定,基金托管人发现基金管理人的投资指令违反法律、行政法规和其他有关规定,或者违反基金合同约定的,应当拒绝执行,立即通知基金管理人,并及时向国务院证券监督管理机构报告。基金托管人发现基金管理人依据交易程序已经生效的投资指令违反法律、行政法规和其他有关规定,或者违反基金合同约定的,应当立即通知基金管理人,并及时向国务院证券监督管理机构报告。

案例 12　基金投向不符合约定，投资者有权引用法定事由解除合同

仲裁要点：基金管理人将特定基金募集的款项在实际由其控制的相关基金产品、合伙企业间密集互投，多层嵌套与资金运作的混乱致使该特定基金在对外投资上无法形成完整的法律权益链，未能成为非上市目标公司的工商登记股东。这一对外投资确权的失败导致《基金合同》根本目的或投资目标的落空，管理人的行为因此构成根本违约，投资者有权引用法定事由解除《基金合同》。

一、案情概要

X 基金于 2017 年 6 月 19 日成立，2017 年 7 月 17 日完成备案登记。2017 年 7 月 17 日，申请人与作为基金管理人的第一被申请人、作为基金托管人的第二被申请人签订《基金合同》，当日，申请人向基金募集账户汇款 110 万元作为 X 基金的认购款。《基金合同》第 11 条"基金的投资"第 2 款"投资范围"约定："本基金拟通过投资下一层有限合伙 LP 份额的方式投资于非上市公司的股权（主要投资方向为上年度净利润不低于 500 万元，生态种植、新农业、新能源等具有一定资产的行业及具有较高成长性的处于扩张期阶段的企业）。"

2017 年 8 月 31 日，第一被申请人向第二被申请人发送划款指令；2017 年 9 月 4 日，第二被申请人根据划款指令从 X 基金中划款 1910 万元至 Z 投资管理企业。2017 年 10 月 31 日，第一被申请人再次向第二被申请人发送划款指令；2017 年 11 月 1 日，第二被申请人根据划款指令从 X 基金中划款 200 万元至 Z 投资管理企业。与此同时，第一被申请人向第二被申请人提供了 Z

投资管理企业的《合伙协议》作为上述划款指令的附件。第二被申请人在对上述两笔划款指令及《合伙协议》审核后进行了划款。

2017年9月4日、2017年11月1日，Z投资管理企业先后向Y投资公司划款1910万元和200万元。2017年9月5日、2017年11月2日，Y投资公司先后向K投资管理合伙企业的募集专户划款1910万元和200万元。

2017年9月6日、2017年10月16日、2017年11月2日，K投资管理合伙企业先后向被投资企业H花卉公司划款47884530元、2820000元和1880000元。

根据企业工商登记公示信息：Z投资管理企业成立于2016年2月24日，合伙人有两位（第一被申请人的关联母公司是其中之一），存续期间未发生合伙人变更登记的情况。Y投资公司成立于2016年11月8日，注册资本1000万元，存续期间未发生变更股东的情况，也未发生注册资本金额的变化。K投资管理合伙企业成立于2016年12月29日，成立时注册资本100万元，两名投资人（第一被申请人是其中之一）分别出资50万元，第一被申请人为其执行事务合伙人。2017年9月18日，K投资管理合伙企业新增数名投资人，其中，Y投资公司出资1910万元，成为其投资人（合伙人）。本案被投资企业H花卉公司成立于2007年9月17日，股东为H（香港）投资有限公司，企业存续期间未发生股东变更的情况。

申请人主张H花卉公司因经营不善已处于停业状态，公司无员工上班，董事长及主要管理人员已经失联，且公司涉及大量诉讼，不具备上市条件。第一被申请人未按照合同约定对募集的资金进行投资和管理，导致《基金合同》已无法继续履行，合同目的无法实现。鉴于此，申请人要求解除合同，由第一被申请人向其全额返还投资款并赔偿损失。同时鉴于第二被申请人未按合同约定履行监督义务，申请人要求第二被申请人对第一被申请人的返还投资款及赔偿损失承担连带责任。

2019年1月17日，申请人依据《基金合同》约定的仲裁条款向深圳国际仲裁院申请仲裁，提出如下仲裁请求：

1. 裁决解除《基金合同》；
2. 裁决第一被申请人返还申请人投资款110万元，第二被申请人承担连带返还责任；
3. 裁决第一被申请人和第二被申请人连带赔偿申请人的损失（以110万元为基数按照银行同期贷款利率计算，暂计至2019年1月15日，共计

26415.28元);

4. 裁决仲裁、保全等费用由第一被申请人和第二被申请人承担。

二、当事人主张

(一) 申请人主张

申请人与两被申请人签订《基金合同》的目的是股权投资,第一被申请人未履行股权投资义务,致使股权投资的合同目的无法实现,构成根本违约,申请人享有法定解除权。具体理由如下:

1.《基金合同》的目的是股权投资,第一被申请人挪用基金财产,未履行合同主要义务——股权投资

(1) 第一被申请人违反《基金合同》约定,擅自更改基金财产股权投资的约定用途,将基金财产汇入Z投资管理企业,Z投资管理企业随后又汇至Y投资公司。截至目前,第一被申请人非但未获取K投资管理合伙企业的LP份额,更是将用于购买该部分份额的基金财产挪用给Y投资公司,使Y投资公司以自己的名义持有该部分份额并享有该份额收益,第一被申请人的上述行为违反合同约定的投资方式。

(2) K投资管理合伙企业未实际向H花卉公司出资认购股权。申请人与两被申请人约定以K投资管理合伙企业投资H花卉公司的形式,获取H花卉公司的股权。但K投资管理合伙企业并未实际向H花卉公司出资认购股权。理由如下:首先,K投资管理合伙企业与H花卉公司之间的投资协议尚未生效,根据《外资企业法》(已失效) 第10条之规定,该投资协议应当报审查批准机关批准,并向工商行政管理机关办理变更登记手续,第一被申请人并未提供该投资协议通过审批的相关证据。其次,该投资协议签署对象为H花卉公司而非H花卉公司股东,第一被申请人也未提供H花卉公司股东同意增资扩股的股东决议,该投资协议的签署违反《公司法》第43条和公司章程的相关规定。最后,第一被申请人提供的股权出资转账凭证与双方投资协议约定有多处不符,不符合合同约定和商业交易习惯,考虑到H花卉公司与Y投资公司等公司之间存在的借款合同关系,不能排除该部分转让资金性质为借款的合理怀疑。综上,申请人认为K投资管理合伙企业并未实际向H花卉公司出资认购股权。

2. 第一被申请人的根本违约行为致使合同目的无法实现

《基金合同》的目的为投资股权,取得被投资企业的股份进而获取收益是实现该合同目的的应有之义。但因第一被申请人挪用资金、未实际履行股权投资义务的违约行为,K 投资管理合伙企业既未取得 H 花卉公司的出资证明,也未取得 H 花卉公司的更改股东名册,更未有股权变更工商登记证明,这说明 K 投资管理合伙企业至今仍未取得 H 花卉公司的股份。而且 K 投资管理合伙企业与 H 花卉公司之间的投资协议效力问题重重,不具有履行的可能性,K 投资管理合伙企业根本无法获取 H 花卉公司的股权。另外,H 花卉公司已不再正常经营,其股权也被质押、冻结。综上,《基金合同》的目的已然无法实现。

(二) 第一被申请人的主要答辩意见

(1) 第一被申请人已按《基金合同》的约定履行了通过将募集资金投资于下一层有限合伙财产份额的方式投资于非上市公司的主要合同义务,不存在申请人所述的未按合同约定对募集资金进行投资的情形。第一被申请人提供如下证据:第一,第一被申请人受让了 Y 投资公司持有的 K 投资管理合伙企业的 2110 万元的财产份额;第二,K 投资管理合伙企业以增资入股的方式认缴 H 花卉公司的股权;第三,X 基金所募集的 2110 万元已全部投资到 H 花卉公司。

(2) 在《基金合同》履行期间,第一被申请人作为基金管理人多次前往 H 花卉公司开展投资跟踪工作,且第一被申请人提供给申请人的有关 X 基金的报告也是来源于 H 花卉公司。因此,第一被申请人作为基金管理人已恰当履行了对募集基金的管理义务。

(3) 前期,因 H 花卉公司未按《投资协议书》的约定将公司股权变更登记至 K 投资管理合伙企业名下,第一被申请人一直在与 H 花卉公司进行协商,才导致申请人无法通过公开信息查询到 K 投资管理合伙企业的投资信息。申请人在网上查询的 H 花卉公司部分涉诉记录,无法证实 H 花卉公司的真实营运情况。另外,第一被申请人作为 X 基金及 K 投资管理合伙企业的管理人,基于对基金投资价值的衡量,有权根据《投资协议书》的约定对 H 花卉公司主张权利,届时基于该次投资收回的权益也归属于投资人所有,故申请人无权要求退还投资款。

综上,第一被申请人作为 X 基金的管理人,已按《基金合同》的约定,将募集资金投资于 H 花卉公司。《基金合同》已得到有效履行,申请人的投资目的也已实现。因此,申请人请求解除《基金合同》,要求第一被申请人返还投资款、赔偿损失、承担仲裁费的请求没有法律和事实依据。

(三)第二被申请人的主要答辩意见

(1)第二被申请人在对第一被申请人提交的划款指令及《合伙协议》进行审核后进行了划款,已尽到审慎托管职责,不存在未按《基金合同》的约定履行监督义务的行为。划款指令载明的内容与《基金合同》的要求相符,第一被申请人的印鉴和授权人签章也与预留印鉴和签章一致,交易合同约定的合伙企业投资范围也符合《基金合同》的约定。

(2)第一被申请人和第二被申请人虽然均为《基金合同》中的受托人,但二者的职责不同,应承担的法律责任也不同。中国银行业协会《商业银行资产托管业务指引》已明确规定托管银行对基金管理人的行为不承担连带责任。《基金合同》对第一被申请人和第二被申请人的职责进行了分别约定,基金管理人负责基金投资、管理等具体操作事务,而第二被申请人负责按照基金管理人的指令进行划款,并不对划款指令进行实质性审查,也不参与基金产品设计、投资决策等任何事项。因此,申请人主张第二被申请人对第一被申请人的行为造成的后果承担连带责任没有法律依据和合同依据。

(3)根据第一被申请人提供的证据材料,申请人投资的资金已实际投资于 H 花卉公司。

(4)由于申请人的投资资金已实际投资于 H 花卉公司,H 花卉公司并未进入破产或清算手续,因此申请人的投资损失并不确定,即使 H 花卉公司确实存在经营不善的情况,也属于投资风险,根据《基金合同》的约定,基金托管人无须对基金管理人的任何投资行为及其投资回报承担责任。

综上所述,第二被申请人不存在违反《基金合同》的行为,申请人要求第二被申请人承担连带责任于法无据。

三、仲裁庭意见

(一)案涉基金产品的对外投资是否符合《基金合同》的约定

根据《基金合同》第 11 条"基金的投资"第 2 款"投资范围"的约定:"本基

金拟通过投资下一层有限合伙 LP 份额的方式投资于非上市公司的股权(主要投资方向为上年度净利润不低于 500 万元,生态种植、新农业、新能源等具有一定资产的行业及具有较高成长性的处于扩张期阶段的企业)"。

第一被申请人向第二被申请人发送了两笔划款指令,分别将 1910 万元和 200 万元拨给 Z 投资管理企业。第一被申请人在发送划款指令时提供了 Z 投资管理企业的《合伙协议》。根据《合伙协议》第 7 条的约定:该合伙企业,直接或间接投资于非上市公司的股权(主要投向为上年度净利润不低于 500 万元,生态种植、新农业、新能源等具有一定资产的行业及具有较高成长性的处于扩张期阶段的企业)。然而,Z 投资管理企业并未投资于任何"非上市公司股权",同时第一被申请人自本案开庭审理时仍未成为 Z 投资管理企业的合伙人(因 X 基金为契约式基金,无法律主体资格,其对外投资需要由管理人代持股权或合伙份额)。此后,Z 投资管理企业向 Y 投资公司先后划款 1910 万元、200 万元;Y 投资公司明显不属于《合伙协议》第 7 条所指"非上市公司",也不属于《基金合同》第 11 条所指"非上市公司"。至本案开庭审理时,第一被申请人对 K 投资管理合伙企业的投资金额仍为 50 万元。通过《H 花卉项目阅读报告 2017 年 7 月》可以看出,"H 花卉公司"即《基金合同》所指向的"非上市公司"。然而,至本案开庭审理时,Z 投资管理企业抑或 K 投资管理合伙企业均未成为 H 花卉公司的工商登记股东。

针对上述情况,第一被申请人辩称:X 基金向 Z 投资管理企业支付的两笔款项,实际是受让 Y 投资公司所持有的 K 投资管理合伙企业的合伙份额的对价,接受 Y 投资公司的指示将转让款支付给 Z 投资管理企业。针对这一答辩意见,仲裁庭认为存在如下问题:

(1)Y 投资公司于 2017 年 9 月 18 日才变更登记为 K 投资管理合伙企业的合伙人,该日晚于托管人向 Z 投资管理企业支付转让款的 2017 年 9 月 4 日,即在 X 基金向 Z 投资管理企业支付相关款项时,Y 投资公司并未完成对 K 投资管理合伙企业入伙的工商变更登记。此处,Y 投资公司转让其并未持有的合伙企业份额,涉嫌无权处分。

(2)第一被申请人在向第二被申请人提交划款指令时,提供了 Z 投资管理企业的《合伙协议》。第二被申请人是基于对《合伙协议》的审核才进行了划付。上述基金运作流程和第一被申请人的行为与指令可以说明,相关划款是 X 基金对 Z 投资管理企业的入伙投资的划款,而非第一被申请人辩称的份额受让款。

(3)至本案开庭审理,第一被申请人对 K 投资管理合伙企业的投资额仍为 50 万元。

(4)从各基金产品对外支付款项的银行流水来看,第一被申请人存在明显的多层嵌套、资金运作混乱的情况。从资金流向来看,第一被申请人为 X 基金的管理人;第一被申请人的法定代表人为 Z 投资管理企业的合伙人;第一被申请人同时为 K 投资管理合伙企业的执行事务合伙人。X 基金的对外投资款项,在实际由第一被申请人控制的相关基金产品、合伙企业间密集互投,存在明显嵌套。

(5)第一被申请人辩称,因 H 花卉公司未按《投资协议书》的约定将公司股权变更登记至 K 投资管理合伙企业而导致无法通过公开信息查询到相关投资信息。对此,仲裁庭认为,第一被申请人对 K 投资管理合伙企业的投资款为 50 万元,与 X 基金对外投资金额不符,无法说明第一被申请人代 X 基金持有了 K 投资管理合伙企业的份额。同时,《合同法》第 121 条规定:"当事人一方因第三人的原因造成违约的,应当向对方承担违约责任。当事人一方和第三人之间的纠纷,依照法律规定或者按照约定解决。"第一被申请人与 H 花卉公司的相关法律关系或基于该法律关系所产生的纠纷与本案无关,该事宜不影响第一被申请人对本案申请人应承担的义务或违约责任。

综上,仲裁庭认为,因 Z 投资管理企业并未对任何非上市公司进行股权投资、第一被申请人对 K 投资管理合伙企业的投资金额与 X 基金对外投资金额并不吻合、K 投资管理合伙企业并未成为目标"非上市公司"的工商登记股东,所以 X 基金对外投资不符合《基金合同》的约定。

(二)第一被申请人是否存在违约行为

如前所述,X 基金未完成对外投资的确权。第一被申请人亦未能合理说明资金的流水走向。第一被申请人在履行基金管理人义务,安排基金运营过程中,违反了《基金合同》第 10 条第 2 款的约定,存在严重违约。

(三)第二被申请人作为基金托管人的履职情况

第二被申请人对基金的对外投资划款的性质,根据划款指令及《合伙协议》进行了认定。同时,第二被申请人对划款指令及《合伙协议》的内容进行了审核,审查了《合伙协议》关于合伙企业投资的约定与《基金合同》第 11 条"基金的投资"相关约定的一致性。仲裁庭认为,第二被申请人在基金对外投资时已妥善履行了投资监督义务。

(四)申请人是否有权要求解除基金合同

《合同法》第94条"合同的法定解除"规定:"有下列情形之一的,当事人可以解除合同:……(四)当事人一方迟延履行债务或者有其他违约行为致使不能实现合同目的……"

第一被申请人在基金投资运作过程中存在严重的违约行为,根本没有按照合同约定进行对外投资。在私募基金产品的运作中,投资运作是产品运作的核心,是成立基金产品的根本目的。同时,投资者购买基金产品亦是基于对基金管理人运营、管理基金产品进行对外投资的能力与承诺存在信赖而进行的个人风险投资行为。《基金合同》之投资范围的约定为通过投资下一层有限合伙 LP 份额而取得目标非上市公司的股权。这一投资目的是案涉《基金合同》存续的根本目的。但因第一被申请人的违约行为,致使无论是 X 基金抑或 K 投资管理合伙企业,均未取得目标"非上市公司"的出资证明,也未获得目标"非上市公司"更改后的股东名册,更未完成股权变更工商登记。与此同时,因目标非上市公司在经营上出现一些问题,其股权存在对外质押、冻结的情况,在目前的条件下,对目标企业的股权投资基本已无完成的可能,《基金合同》的合同目的已落空。

综上,《基金合同》的合同目的因第一被申请人的违约行为已无法实现,申请人有权行使法定解除权解除合同。

(五)关于申请人的仲裁请求

(1)关于申请人请求裁决解除《基金合同》的请求。仲裁庭根据《合同法》第94条之规定,对该请求予以支持。

(2)关于申请人请求裁决第一被申请人返还110万元投资款的请求。仲裁庭认为,因《基金合同》已解除,合同解除的效力和效果是溯及既往地消灭。根据《合同法》第97条"合同解除后,尚未履行的,终止履行;已经履行的,根据履行情况和合同性质,当事人可以要求恢复原状、采取其他补救措施,并有权要求赔偿损失"的规定,第一被申请人需返还申请人因履行《基金合同》约定的投资款付款义务而支付的相关款项。仲裁庭对该请求予以支持。

关于申请人要求第二被申请人对此承担连带责任的仲裁请求。由于第二被申请人已履行其作为托管人的相关职责,该请求没有法律和合同依据,仲裁庭不予支持。

(3)关于两被申请人连带赔偿申请人损失的请求。仲裁庭认为,申请人并未明确该损失的产生原因与计算依据,且在《基金合同》已解除以及被申请人需返还投资本金的情况下,就该部分利息损失如何计算申请人并未予以明确。因此,该请求的法律和合同依据不足,仲裁庭不予支持。

(4)关于仲裁、保全等费用由两被申请人承担的请求。仲裁庭对该请求予以部分支持,即由第一被申请人承担本案仲裁费用,第二被申请人不承担仲裁费用。鉴于申请人未向仲裁庭明确保全费等相关费用,仲裁庭对此不予支持。

四、裁决结果

1. 各方当事人签订的《基金合同》自本裁决作出之日解除。
2. 第一被申请人向申请人返还基金投资款项人民币110万元。
3. 本案仲裁费由第一被申请人承担。
4. 驳回申请人的其他仲裁请求。

五、评析

本案中,X基金未能持有目标非上市公司的股权,基金管理人亦无法合理说明资金的流水走向,因此,仲裁庭认定《基金合同》的目的已然落空,根据《合同法》第94条(即"合同的法定解除")的规定支持了投资者解除合同的请求。在有关合同解除的争议中,需重点关注两方面问题。第一,当事人是否满足约定或法定的合同解除条件,具体到本案的情形,即基金管理人的违约行为是否致使合同目的无法实现,投资者是否享有合同的法定解除权。第二,合同解除的法律后果是什么,特别是享有法定解除权的当事人的履行利益能否得到满足,具体到投资基金的语境下,便需要判断合同解除后,违约方仅需返还投资本金还是同时需要偿付利息损失(比如以银行同期贷款利率为基准计算)。本部分的评析将主要围绕这两方面展开。

(一) 对于"不能实现合同目的"的认定

在《民法典》实施前,《合同法》第 94 条一直是法定解除权的重要基础规范,虽然其中各项的划分不甚明晰,但"合同目的不能实现"乃各项公因式已成共识。① 那么,"合同目的不能实现"的内涵为何?这一问题无法仅从"目的"这一概念出发便求得正解,关键在于判定何种样态和程度的违约会致使合同目的不能实现。对此,历史解释法能够提供有意义的参考,原《涉外经济合同法》第 29 条第(一)项明确了判断法定解除权发生的标准是"严重影响订立合同所期望的经济利益",《合同法》第 94 条作为其承继,亦可作类似理解,即"合同目的不能实现"约等于"严重影响守约方订立合同所期望的利益"或"债权人的给付利益无法实现"。②

在资产管理特别是私募股权投资基金的语境下,投资者所期望的利益便是尽可能获得更多的投资收益,而这有赖于管理人合法、合约、合理的投资运作。管理人需要根据《基金合同》中有关投资范围与投资途径的约定或在其权限范围内选择适当的投资目标,并谨慎勤勉地进行投后跟踪、监督与管理。假如管理人的投资运作失当,严重影响投资者的给付利益,则管理人有可能构成根本违约,投资者可诉诸法定解除权这一救济途径。本案中,《基金合同》对投资目标与投资途径的约定较为粗糙笼统,即通过投资下一层有限合伙 LP 份额的方式投资于非上市公司的股权。《基金合同》对投资运作具体目标与方式的留白,一方面赋予了管理人灵活行事的权宜空间;但另一方面也加剧了投资对象与投资收益的不确定性,提高了投资者与管理人的后续协商成本及监督成本,管理人所选择的目标企业是否恰当、投资方式与途径是否符合合同约定等问题很有可能成为未来争议解决的焦点。结合本案的相关证据来看,投资者与管理人均承认 H 花卉公司系 X 基金的投资目标,纷争缘起于管理人多层嵌套的投资方式未能使管理人③成为 H 花卉公司的工商

---

① 参见刘凯湘:《民法典合同解除制度评析与完善建议》,载《清华法学》2020 年第 3 期;谢鸿飞:《〈民法典〉法定解除权的配置机理与统一基础》,载《浙江工商大学学报》2022 年第 6 期。

② 参见赵文杰:《论法定解除权的内外体系——以〈民法典〉第 563 条第 1 款中"合同目的不能实现"为切入点》,载《华东政法大学学报》2020 年第 3 期;赵文杰:《〈合同法〉第 94 条(法定解除)评注》,载《法学家》2019 年第 4 期。

③ 之所以是管理人而非基金,原因在于契约型基金尚无独立主体资格,在工商登记时仅能由管理人作为其代表,宣示基金所享有的权益。

登记股东而代表 X 基金享有权益。在《基金合同》未对投资方式作具体约定的情况下，管理人多层嵌套或间接的投资方式并不必然构成违约。然而，如若间接投资长链条中的某一环节断裂，则基金无法实现对目标企业的确权。本案中，仅有 Y 投资公司对宣称投资于 H 花卉公司的 K 投资管理合伙企业享有明确的法律权益，而 X 基金与 Y 投资公司、K 投资管理合伙企业与 H 花卉公司之间的权益关系却模糊不清，造成 X 基金的投资者无法从 H 花卉公司获取收益，即给付利益落空，并且此种利益落空与管理人滥用投资自由裁量权、未完成确权的违约行为直接相关。因此，投资者享有《合同法》第 94 条（《民法典》第 563 条）规定的法定解除权。

（二）合同解除的法律效果

因违约行为致使不能实现合同目的而行使法定解除权的后果与因不可抗力而行使法定解除的后果并不相同，后者通常都是免责的解除，前者在解除的同时还涉及其他救济方式，特别是有可能涉及损害赔偿。[①] 本案中，管理人的行为构成根本违约，投资者解除合同的请求得到了仲裁庭的支持，但是投资者有关损害赔偿、履行利益的请求未得到仲裁庭的支持。

仲裁庭未就损害赔偿的问题展开论述，仅以投资者未明确损失的产生原因与计算依据为由驳回请求，似乎难以令人信服。不过，考虑到本案中投资者并未就损害赔偿的请求提出充分的依据与说理，以及在《民法典》颁布实施前存在着合同法定解除与违约责任能否并存的争议，仲裁庭驳回损害赔偿请求系较为谨慎的做法。具体而言，在当时的背景下，对于合同法定解除后的损害赔偿有以下两种观点：一种观点认为，法定解除后合同关系溯及既往地归于消灭，当事人之间的利益状况应恢复到合同订立之前，也即赔偿信赖利益，而违约责任或履行利益的承担只能以存在有效的合同为前提[②]，既然当事人选择了合同解除，就说明当事人不愿意继续履行合同，因此，守约方也就不应得到合同履行后才能获得的履行利益。另一种观点认为，合同解除与

[①] 参见崔建远：《完善合同解除制度的立法建议》，载《武汉大学学报（哲学社会科学版）》2018 年第 2 期；刘凯湘：《民法典合同解除制度评析与完善建议》，载《清华法学》2020 年第 3 期。

[②] 参见王洲：《论合同法定解除之损害赔偿的计算》，载《法律适用》2021 年第 10 期；朱虎：《解除权的行使和行使效果》，载《比较法研究》2020 年第 5 期。在最高人民法院（2009）民二终字第 37 号民事判决书中，法院认为，一方当事人因另一方当事人违约而提出解除合同，合同解除后的预期可得利益损失不属于赔偿之范围。

违约损害赔偿是并行不悖的违约救济措施,合同解除后,仍可请求违约损害赔偿,也即赔偿履行利益。①《合同法》并未在两种观点中作出明确选择,尽管在第 97 条规定了当事人有权要求"赔偿损失",但未指明此种损失是信赖利益还是履行利益,没有为合同解除与违约责任或履行利益能否并存问题提供清晰的答案。故而,仲裁庭在此背景下驳回投资者对履行利益的请求于法不悖。

但需要注意的是,不同于《合同法》的规定,《民法典》旗帜鲜明地支持了后一种观点,即合同解除与违约责任并不互斥,合同因违约解除的,解除权人可请求违约方承担违约责任,违约造成对方损失的,损失赔偿额应当包括合同履行后可以获得的利益。② 事实上,《民法典》所采纳的观点更为合理,且目前已成为通说。③ 原因在于:第一,信赖利益不包括守约方的期待利益,仅赔偿信赖利益无法保障守约方的合法权益,难以符合公平正义原则的要求。第二,合同解除中的损失赔偿请求权是因合同解除前的违约行为而发生的,并非因合同解除才产生,而且基于违约行为的可归责性,合同效力因解除发生的变动不应该对违约责任的承担产生影响。合同解除与损害赔偿都是违约的救济措施,但两者目的和功能不同,可以同时采用。④

(本案例由北京大学法学院博士研究生杨骐玮编撰)

---

① 参见朱虎:《解除权的行使和行使效果》,载《比较法研究》2020 年第 5 期;宋晓明、张勇健、王闯:《〈关于审理买卖合同纠纷案件适用法律问题的解释〉的理解与适用》,载《人民司法》2012 年第 15 期。
② 具体参见《民法典》第 566 条、第 584 条。
③ 参见朱晓喆:《〈民法典〉合同法定解除权规则的体系重构》,载《财经法学》2020 年第 5 期。
④ 参见王洲:《论合同法定解除之损害赔偿的计算》,载《法律适用》2021 年第 10 期;朱虎:《解除权的行使和行使效果》,载《比较法研究》2020 年第 5 期。

(三)私募基金的信息披露

案例 13　私募基金信息披露义务人及其披露内容与方式的确定(一)

仲裁要点：私募基金应当按照《基金合同》的约定确定信息披露义务人及其信息披露的内容与方式,通常基金管理人被约定为主要的信息披露义务人,如《基金合同》未约定基金托管人的信息披露义务,则不应苛责其予以承担。当私募基金采用间接投资方式,《基金合同》约定基金管理人应当穿透披露投资标的的财务资料,且管理人披露相关信息不存在障碍时,投资者有权获得相应的财务信息,以保障其知情权。在披露方式上,基金管理人仅向私募基金信息披露备份平台或投资委员会提供信息,原则上不应视为完全履行了信息披露义务。

一、案情概要

本案申请人为自然人 A,第一被申请人为 B 公司(基金管理人),第二被申请人为 C 银行(基金托管人)。

2018 年 1 月 11 日,D 私募投资基金(以下简称"D 基金")成立,该基金为封闭式股权类契约型基金,基金存续期间为 12 个月,募集总资产不超过 2 亿元,分别由两被申请人担任基金管理人和基金托管人。

2018 年 3 月 22 日,申请人认购 D 基金 730 万元,与两被申请人共同签订了《基金合同》。《基金合同》第 11 条"基金的投资"约定,D 基金募集的资金将全部投资用于购买 E 公司的股权,并进而投资于 F 公司的大厦更新项目(投资方式为股权投资,E 公司成为 F 公司的股东)。第 18 条"信息披露与报告"约定,基金信息披露义务人应对投资者披露包括基金的投资情况、基金的资产负债情况、基金的投资收益分配情况等在内的基金信息内容;基金运行期间,基金管理人应当在每季度结束之日起10个工作日内向投资者披露基金净值、主要财务指标以及投资组合情况等信息,在每年结束之日起4个月内向投资者披露期末基金净值和基金份额总额、基金的财务情况等信息;基金管理人应当按照规定通过基金业协会指定的私募基金信息披露备份平台报送信息;基金管理人可以采取信件、传真、电子邮件、官方网站或第三方服务机构登录查询等公开披露的方式向投资者进行信息披露,投资者也可以登录基金业协会指定的私募基金信息披露备份平台进行信息查询等。

证据显示,D基金总共募集资金约1.9亿元。第一被申请人于2018年3月2日收购E公司价值4500万元的股权,占股75%,之后再无投资或增资。在D基金存续期届满至申请人申请仲裁之时,第一被申请人未向申请人分配基金投资收益。

申请人主张各被申请人存在严重违法情形,其中包括两被申请人负有法定及合同约定的信息披露义务,但第一被申请人长期对申请人隐瞒真实的基金运营及资金使用等信息,已构成严重违约,对此第二被申请人未能切实有效地履行监管职责。因此,申请人依据《基金合同》中约定的仲裁条款向深圳国际仲裁院提起仲裁申请,请求裁决:

1. 两被申请人履行信息披露义务,向申请人披露包括D基金、E公司、F公司在内的运营状况、财务资料和经营资料。
2. 两被申请人承担本案的仲裁费用。

二、当事人主张

(一) 申请人主张

根据《基金合同》的约定,D基金的投资标的为E公司的股权,E公司进而投资F公司的大厦更新项目。为了确保D基金所募集的资金用于《基金合同》所约定的范围,申请人需要确认第一被申请人已经如约将D基金募集的资金从C银行的托管账户支付到E公司账户,并且该资金又从E公司的账户投资到F公司的项目中。从目前两被申请人提供的证据来看,只能证明D基金募集的资金已经转账到了E公司的账户,而无法证明所募集的资金已经投向了本案真正的投资标的——F公司的大厦更新项目。

截至2019年7月15日(仲裁提起之日),第一被申请人从未向申请人披露过 D 基金真实的运营情况,以及资金使用状况等信息;第一被申请人还存在虚假宣传行为,声称 F 公司的项目已纳入政府的城市更新项目计划,但该项目既未纳入政府年度规划,也无立项工作,推介材料中记载的项目工作从未开始;案涉基金存续期届满后无法正常兑付,所募集的巨额资金不知所踪。两被申请人均无法证明 D 基金募集的巨额资金全部用于《基金合同》所约定的投资范围。

申请人作为 D 基金的基金份额持有人,享有对案涉私募基金经营情况及财务情况的知情权。为确保资金用于约定的目的,申请人希望知悉以下信息:第一被申请人应当向申请人提交自 2018 年 1 月 11 日至裁决生效之日的 D 基金的季度、年度基金运营报告,D 基金的财务资料和经营资料,E 公司与 F 公司项目的财务资料、经营资料。

第二被申请人应当向申请人提交自 2018 年 1 月 11 日至裁决生效之日的 D 基金在 C 银行开立的托管账户的银行流水、划款指令等信息。庭审时,申请人主张第二被申请人披露 D 基金投资于 E 公司后,进而投资于 F 公司的相关信息。

申请人要求披露的各项信息均有法律规定或合同约定的支持。

关于 D 基金的相关资料,首先是 D 基金的运营报告,《基金法》第 95 条规定,基金管理人、基金托管人应当按照基金合同的约定,向基金份额持有人提供基金信息。《基金合同》中也有相应的约定。其次是 D 基金的财务资料和经营资料,《基金法》第 46 条第 2 款明确规定,私募基金的份额持有人有权查阅基金的财务会计账簿等财务资料。《私募管理办法》第 24 条等也有类似的规定。

关于 E 公司和 F 公司项目的财务资料、经营资料,《基金合同》中第 11 条"基金的投资"明确 D 基金的投资范围为通过 E 公司投资于 F 公司项目。此外,第二被申请人提交的证据《入股协议》证明第一被申请人并非 E 公司的真实股东,E 公司的真实股东是案涉基金,而契约型基金并非法律主体,因此包含申请人在内的 D 基金的投资人是 E 公司的真实股东,因而申请人有权查阅 E 公司以及 E 公司所投资的 F 公司项目的财务资料、经营资料。

(二) 被申请人主张

1. 第一被申请人主张

关于 D 基金相关的信息。D 基金产品已经备案,基金管理人在中基协网站上传了需要披露的相关信息。因此,基金管理人已经履行了相应的基金信息披露义务。

此外,根据《基金合同》的约定,D基金份额持有人大会应当设立日常机构,该日常机构负责基金份额持有人与基金管理人、托管人日常的接洽工作。但目前D基金的份额持有人大会并未设立日常机构,而是由所有投资者组成投资委员会,投资委员会负责与基金管理人商议资金清兑方案。此前,基金管理人与投资委员会已召开多次会议,基金管理人在会议中向投资委员会披露了该项目的运营情况,已经履行了信息披露义务。申请人曾参加投资委员会,但后期因个人原因申请退出。因申请人自身的原因未能参加投资委员会,从而未能知晓D基金信息的责任不能归责于第一被申请人。

关于E公司的财务资料、经营资料。E公司的股东会决议、财务账簿等信息属于该公司的内部资料,只有股东可以查阅。申请人并非E公司的股东,无权获取该资料。

2. 第二被申请人主张

申请人要求第二被申请人履行信息披露义务,向申请人提交案涉基金的托管账户的银行流水、划款指令等全部信息,但第二被申请人身为案涉基金的托管人,并非直接向申请人承担披露义务的主体。根据《基金合同》第18条的约定以及《私募信息披露办法》第10条的规定,基金托管人的信息披露义务是对基金管理人文件中的数据进行复核,托管人并无直接向基金份额持有人披露托管账户的银行流水、划款指令的义务。

申请人未能提供任何有效的事实证据,证明第二被申请人未切实有效地履行监管职责。在目前的法律监管框架下,依据《基金法》《私募管理办法》等法律法规及相关规定,托管人的职责主要包括开设基金财产的资金账户、保管基金财产、及时办理资金清算交割、监督基金管理人的投资运作。本案中,案涉基金成立后,托管人依据《基金合同》的约定,依据基金管理人的资金划拨指令,将基金财产从托管账户划拨至投资目标E公司,再由管理人对基金进行投资运作管理,该行为没有违法违规之处。《基金合同》第8条第3款第(一)项约定,基金托管人的义务是:"安全保管基金财产。对于已经划转出托管账户的基金资产,以及处于托管银行实际控制之外的基金资产不承担保管责任。"对于基金托管人而言,已经划转出的资金属于托管人实际控制之外,超出托管人能力范围的行为不能苛求托管人担责。

三、仲裁庭意见

(一)《基金合同》的效力

《基金合同》为签约各方当事人自愿协商签订,是各方当事人真实的意思表示,且合同内容不违反法律和行政法规的强制性规定,《基金合同》合法有效,对申请人及两被申请人具有法律约束力。

(二) 第一被申请人是否负有信息披露义务

第一被申请人是否有义务向申请人披露 D 基金投资的相关信息,尤其是 D 基金投资 E 公司,进而投资 F 公司的相关信息,是本案的争议焦点。

根据《基金法》《私募管理办法》《私募信息披露办法》等规范性文件的规定,以及《基金合同》的约定,申请人作为基金份额持有人,依法享有监督基金管理人履行投资管理义务的权利,享有充分的基金投资情况的知情权。相应的,第一被申请人负有基金投资的信息披露义务,该等义务是第一被申请人在基金合同关系中的核心义务。

第一被申请人应当及时、主动、真实、准确、完整地向申请人披露有关基金投资的全部信息。无论第一被申请人是否已经以一定方式披露了基金的投资信息,但凡申请人要求披露基金投资信息,特别是在基金投资期限届满、承诺的投资收益及本金未按期兑付的情形下,申请人关心基金投资的真实情况,要求基金管理人披露基金投资信息,第一被申请人均应披露基金投资及其他相关的信息。第一被申请人抗辩其作为基金管理人已将基金相关信息报备于基金业协会、投资份额持有人可以上网查询到基金投资信息、基金投资的相关信息已经在基金份额持有人组成的投资委员会中作了披露,履行了基金投资信息的披露义务。但由于第一被申请人没有进一步提供何时、以何种方式、披露何种内容的基金投资运作信息的具体证据,无法证实其已经实际依法、依约履行了真实、准确、完整披露基金投资信息的义务,仲裁庭对第一被申请人关于已经履行基金投资信息披露义务的抗辩不予采信。

基金管理人在基金的投资、管理过程中,必须保证基金财产的独立性、完整性和基金投资的真实性。《基金合同》明确约定了基金的投资标的为 E 公司的股权,并进而投资于 F 公司的项目,因此,第一被申请人应当穿透披露基金投资于 E 公司,并且进而投资于 F 公司相应项目的信息。

进一步而言,D 基金投资于 E 公司、F 公司的项目,而被投资的 E 公司、F 公司项目的财务信息、经营信息直接关系到基金投资的真实性、基金投资净值及基金管理人诚实信用、勤勉尽责的程度。因此,E 公司、F 公司相关的财务信息、经营信息,均在第一被申请人应该穿透披露的基金投资信息范围之列。

基于第一被申请人作为 D 基金的管理人,直接控股 E 公司并进而控股 F 公司,且第一被申请人、E 公司、F 公司均由 G 某担任法定代表人,因此,第一被申请人穿透披露基金投资 E 公司、E 公司投资 F 公司,以及 F 公司项目的相关信息不存在法律障碍。

综上,仲裁庭认为第一被申请人应当穿透披露 D 基金投资所涉及的 E 公司、F 公司的相关财务信息和经营信息。

(三) 要求第二被申请人披露信息的请求能否支持

申请人要求第二被申请人履行信息披露义务,提交自 2018 年 1 月 11 日至裁决生效之日的 D 基金在 C 银行开立的托管账户的银行流水、划款指令等信息。因在仲裁过程中,第二被申请人已经向申请人提交并披露了相关信息,已经满足了申请人的请求,仲裁庭对申请人的该项请求不予支持。

在庭审过程中,申请人要求第二被申请人披露投资基金进而投资于 F 公司项目的相关信息。第二被申请人抗辩称,从基金托管专用账户转出后的基金资产,已经在托管人的实际控制之外,不能苛求第二被申请人承担信息披露义务。仲裁庭认为,申请人在庭审时提出的该项要求已实际超出了仲裁请求的内容,不属于本次仲裁的范围。如申请人认为第二被申请人在履行托管人义务时存在违规行为,应另寻法律途径解决。因此,仲裁庭对该请求也不予支持。

四、裁决结果

1. 第一被申请人应当履行信息披露义务,向申请人提交自 2018 年 1 月 11 日至裁决生效之日的以下资料:①D 基金的季度、年度运营报告,财务资料,经营资料;②E 公司的财务资料、经营资料;③F 公司大厦更新项目的财务资料、经营资料。

2. 本案的仲裁费用由第一被申请人承担。
3. 驳回申请人的其他仲裁请求。

五、评析

本案是因私募基金信息披露问题产生的纠纷。在基金投资于公司股权，进而采用通过股权投资项目公司的方式间接投资于某项目时，基金份额持有人知情权的保障与落实，是投资者权益保护的重要内容之一。具体而言，为充分保障知情权，需要披露何种信息？披露过程中是否存在履行障碍？通过何种方式披露方能认为义务完全履行？基金管理人与托管人的信息披露义务是否存在区别？以上都是本案中值得讨论的问题。因此，下文将对基金信息披露义务人以及相应的信息披露内容展开讨论。

（一）私募基金信息披露义务人的确定

本案中，申请人（投资者）同时要求基金管理人与托管人履行信息披露义务。

关于基金管理人和托管人的信息披露义务，《基金法》《私募管理办法》以及《私募信息披露办法》等规范性文件均有相应的规定。

《基金法》第92条规定，私募基金中基金信息提供的内容、方式，是私募基金合同必须包含的内容；第95条规定，基金管理人、基金托管人应当按照基金合同的约定，向基金份额持有人提供基金信息。

《私募管理办法》在《基金法》的基础上进一步明确了基金管理人、基金托管人应当披露的信息，其中第24条规定："私募基金管理人、私募基金托管人应当按照合同约定，如实向投资者披露基金投资、资产负债、投资收益分配、基金承担的费用和业绩报酬、可能存在的利益冲突情况以及可能影响投资者合法权益的其他重大信息……"中基协发布的《私募投资基金合同指引1号（契约型私募基金合同内容与格式指引）》第47条吸收了这一内容，明确规定："订明私募基金管理人、私募基金托管人应当按照《私募投资基金信息披露管理办法》的规定及基金合同约定如实向投资者披露以下事项：（一）基金投资情况；（二）资产负债情况；（三）投资收益分配；（四）基金承担的费用和业绩报酬（如有）；（五）可能存在的利益冲突、关联交易以及可能影响投资者合法权益的其他重大信息；（六）法律法规及基金合同约定的其他事项。"

中基协发布的《私募信息披露办法》第 2 条第 1 款规定：信息披露义务人，指私募基金管理人、私募基金托管人，以及法律、行政法规、中国证券监督管理委员会和中国证券投资基金业协会规定的具有信息披露义务的法人和其他组织。

综上所述，获得基金信息是投资者依法受保护的权利，基金管理人和基金托管人应根据《基金合同》的约定向投资者履行信息披露义务，保障投资者知情权的实现；法律并未明确规定二者之间的分工及如何履职，而是交由当事人意思自治，这些方面的内容留给《基金合同》具体约定。

本案中，投资者要求基金管理人披露 D 基金的季度、年度运营报告，D 基金、E 公司和 F 公司项目的财务资料、经营资料，要求基金托管人披露基金在 C 银行开立的托管账户的银行流水、划款指令。

这些资料和信息属于投资者了解基金投资运作所必需的信息资料，在基金管理人、托管人的应披露范围之内，其依据可以在《基金法》《私募管理办法》《私募信息披露办法》等相关规定和《基金合同》约定中得到支持。本案仲裁庭对这两项请求予以支持。《基金合同》第 18 条约定的主要是基金管理人的信息披露义务，由于 E 公司和 F 公司项目是 D 基金的投资标的，其财务状况和经营状况与投资者的利益关系重大，且是《基金合同》中约定披露的信息，管理人因此应当向投资者披露。相较而言，基金托管人并无穿透披露 E 公司、F 公司财务状况的义务，同时依据《基金合同》的约定，托管人只负责托管 D 基金的基金财产，依据基金管理人的指令将资金划拨至投资目标 E 公司。当资金从托管账户转出后，该资金已属于托管人的实际控制之外，其后的财务等信息披露，超出了托管人的职责与能力范围，托管人将无法进行追踪与披露。

此外，值得注意的是，《私募信息披露办法》第 10 条特别提及了基金托管人的复核确认义务："私募基金进行托管的，私募基金托管人应当按照相关法律法规、中国证监会以及中国基金业协会的规定和基金合同的约定，对私募基金管理人编制的基金资产净值、基金份额净值、基金份额申购赎回价格、基金定期报告和定期更新的招募说明书等向投资者披露的基金相关信息进行复核确认。"同时《基金合同》第 18 条主要约定了基金管理人的信息披露义务，并未要求基金托管人同时履行相应的信息披露义务，因此本案基金托管人抗辩称自身的信息披露义务是对基金管理人文件中的数据进行复核，主要是复核义务。当然，如果《基金合同》同时约定了基金托管人也是信息披露义务人,那么需要结合《基金合同》的具体约定进行判断,才能真正明晰二者的职责及其履职边界。为避免职责不清或发生推诿,《私募信息披露办法》在第2条第2款特别规定,同一私募基金存在多个信息披露义务人时,应在相关协议中约定信息披露相关事项和责任义务。本案《基金合同》在第18条主要约定的是基金管理人的信息披露义务而未同样要求基金托管人,基金托管人披露托管账户的银行流水、划款指令等信息,主要是基于其充当托管人,执行基金管理人投资指令,办理划款事项等的缘故,而非作为《基金合同》约定的信息披露义务人履行基金信息披露义务。

(二)信息披露义务的内容、方式和途径

1.信息披露义务的内容

关于私募基金领域信息披露的内容,应当按照以下方式确定:首先,前已述及,《基金法》第92条规定,基金信息披露的内容是私募基金合同必须包含的内容。《基金合同》中已经明确约定的,信息披露义务人必须披露。其次,投资者要求披露《基金合同》约定以外的其他信息的,若符合相关法规的要求,属于对投资者的合法权益有重大影响的信息,信息披露义务人予以必要的披露,有助于更好地保障投资者的知情权。

本案中,由于基金间接投资于特定项目,因此除D基金的运营报告和财务资料外,投资者要求基金管理人穿透披露E公司、F公司项目的财务信息和经营信息,其认为只有切实了解基金投资标的的财务状况,方能了解基金的收益状况。基金管理人向投资者披露D基金的年报等信息属于当然义务,本案特殊之处在于穿透披露E公司、F公司的财务信息。

首先,根据证据显示,《基金合同》第18条约定了管理人须披露基金的投资情况、投资标的的财务情况等内容。因此,从合同关系上看,管理人向投资者穿透披露财务信息属于合同义务,应当履行。其次,知情权的保障是投资者权益保护的重要内容,在基金间接投资的场景中更是如此。在投资者要求穿透披露的资料中,包含资产负债表、财务会计报告、产权证书等较为机密、重要的公司内部文件。投资者获取这些资料的目的,在于了解基金财产是否被挪用,是否如数投向了E公司,并进而投入了F公司的大厦更新项目。同时,由于E公司和F公司项目的资产负债情况、利润状况与基金的收益状况直接相关,只有穿透披露至最底层投资标的的财务信息、经营信息,才能确保基金投资的真实性,了解这些信息也有助于了解基金的经营状况,判断管理人是否履职尽责,充分保障投资者的知情权。

因此,仲裁庭最终支持了投资者的请求,要求第一被申请人将 E 公司、F 公司相关的财务信息、经营信息穿透披露给投资者。仲裁庭认为,由于第一被申请人、E 公司和 F 公司均由 G 某担任法定代表人,因此穿透披露不存在法律障碍,即穿透披露 E 公司、F 公司的财务资料、经营资料给投资者,有必要性,也有可行性。

但此时会遇到一个疑问,在《公司法》上,查阅公司的财务会计报告、会计账簿等内部资料,是公司股东专有的权利,在公司法上统称为查账权,是公司股东最重要的知情权之一。股东查阅权的存在是为了满足股东对公司信息的需求,如公司披露的信息违反了完整、真实与及时的法定要求,或者尽管披露符合要求,但由于法定的披露义务较低不足以满足股东的信息需求,股东就有主张查阅权的必要性和正当性。① 但正如有学者所观察的,股东查阅权在立法和司法适用上始终要平衡公司和股东之间的利益。② 站在股东的立场,股东要尽可能便利地获得信息来缓解信息不对称,从而维护自身的利益;站在公司的立场,需要对查阅权进行限制,以防止那些与公司利益背道而驰的强制进入行为。③ 至少在形式上,申请人并非 E 公司与 F 公司的股东,申请人的此项请求会否与股东专有的权利相冲突?本案中,管理人也曾提出过抗辩,以并非公司股东为由,拒绝了申请人查阅财务资料的请求。但在仲裁意见中,仲裁庭回避了对该问题的讨论,径直支持了申请人的请求。

笔者认为,管理人提出的非公司股东不享有查账权的抗辩并不成立。将 E 公司、F 公司项目的财务资料、经营资料提供给基金份额持有人,是投资者与基金管理人之间的合同约定,提供资料系合同义务,与公司法上股东与公司之间的关系无涉。第一被申请人除身为基金管理人之外,还是 E 公司的控股股东(持股 75%),第一被申请人可基于其控股股东的身份获得 E 公司的内部财务资料。此外,第一被申请人所控股的 E 公司是 F 公司的控股股东(持股 60%),即第一被申请人间接控股 F 公司,第一被申请人可利用 E 公司为 F 公司股东的身份,获取 F 公司的相关资料。最终,第一被申请人是通过履行合同义务的方式,将自身通过股东身份获取的资料提供给投资者。投资

---

① 参见李建伟:《股东知情权研究:理论体系与裁判经验》,法律出版社 2018 年版,第 48 页。
② 参见吴高臣:《股东查阅权研究》,载《当代法学》2007 年第 1 期。
③ 参见张明远:《股东账簿记录查阅权比较研究》,载沈四宝主编:《国际商法论丛》(第 4 卷),法律出版社 2002 年版。

者获得财务资料的过程,并不涉及投资者是否享有股东资格和查账权行使的问题,与股东专有权利不发生冲突。

综上所述,在本案情形下,基金管理人将公司的财务资料、经营资料提供给投资者,不存在履行障碍;管理人穿透披露信息至基金投资的最底层项目,方能实现投资者的知情权。

2. 信息披露义务的方式和途径

按照基金合同约定的方式和途径提供信息,也是完全履行信息披露义务的重要方面。关于披露方式,本案中主要涉及两个问题:第一,管理人已经向中基协指定的私募基金信息披露备份平台报送信息,在投资者可以通过该平台进行查询的情况下,可否认为管理人已经依约履行了信息披露义务;第二,本案管理人曾提出,其已经向投资委员会披露了相关信息,申请人因自身原因退出而未获得信息,那么向投资委员会披露是否属于合法的信息披露方式?

首先,关于向备份平台报送信息。《私募信息披露办法》第5条第1款规定,私募基金管理人应当向中基协指定的私募基金信息披露备份平台报送信息;第6条规定,投资者可以通过中基协指定的私募基金信息披露备份平台进行信息查询。该系统于2016年10月10日上线,私募基金投资者可以登录该系统,查看所投资的私募基金的信息披露报告。

《基金法》第92条第1款规定,私募基金合同中应当约定基金信息提供的内容和方式,此为合同中必须约定的事项。因此,信息披露应当首先采用合同约定的方式。

管理人如仅通过私募基金信息披露备份平台履行信息披露义务,应当特别谨慎。只有在基金合同明确约定管理人通过备份平台披露信息,并且根据通知和送达条款的约定,可以判断该披露方式构成"送达"或"视为送达"的情况下①,才可以仅通过备份平台进行信息披露。

本案中,第一被申请人并未举证说明《基金合同》中关于信息披露义务的方式,只是提及自身已经向中基协指定的私募基金信息披露备份平台报送信息,因此,可认为通过备份平台披露信息并非《基金合同》约定的唯一披露

---

① 在具体案件中,"送达"的方式与何种情形构成"视为送达",均需事先在《基金合同》中约定。在合同没有明确约定的情况下,基金管理人主张其行为已经"视为送达",亦不能得到支持。

方式。在此种情况下,不能认为第一被申请人已经通过《基金合同》约定的方式履行了信息披露义务。

其次,关于向投资委员会披露。《基金合同》是投资者个人分别与基金管理人、托管人签署,合同中约定的是直接向投资者披露信息。因此,管理人、托管人应当直接向投资者或投资者的代理人提供信息。那么此时需要考虑投资委员会与投资者之间的关系,即投资委员会是否为投资者合法的代理人?第一,从本案的证据来看,投资者并未授权投资委员会代理其处理与基金相关的事宜,二者之间不存在委托代理关系。第二,从投资委员会的法律地位来看,我国目前相关法律中并没有明确规定投资委员会的定义和权利义务,投资委员会一般由基金自主设立。① 根据基金管理人的说明,本案中的投资委员会只是一个辅助投资者与管理人、托管人接洽的日常机构,并不是投资者的代表。② 因此,管理人仅向投资委员会提供信息,而没有将信息送达投资者本人,并不能认为其完全履行了信息披露义务。

(本案例由北京大学法学院博士研究生王艺璇编撰)

---

① 参见《私募基金投委会构成及模式分析》,载 https://mp.weixin.qq.com/s/Kp4Bpo7wFO-oFpBsdG5kPw,访问日期:2022 年 7 月 15 日。

② 实践中,还存在其他类型的投资委员会,如投资决策委员会。投资决策委员会一般为私募基金投资的最高决策机构,是非常设的议事机构,在遵守法律、行政法规、部门规章的前提下,拥有对管理基金的各项投资事务的最高决策权,但需要投资者协商一致设立。而私募基金内设的投资委员会,仅对特定基金的投资、管理、退出等事项进行审议。从本案情形来看,本案中的投资委员会并不享有基金内部各项事务的最高决策权,仅为一般的协调议事机构。

案例14 私募基金信息披露义务人及其披露内容与方式的确定(二)

仲裁要点:私募基金信息披露包括主动披露和被动披露,前者即义务人根据法律规定或基金合同的约定主动向投资者进行披露,后者即应投资者请求进行披露。主动披露主要包括披露基金的投资情况、资产负债情况、投资收益分配情况,以及基金合同中约定的披露内容。一般而言,其披露方式主要取决于基金合同的约定,只要双方合意认可,该披露方式即为有效,同时应当由信息披露义务人证明自身已全面履行信息披露义务。对于被动披露,在没有明确规定或约定的情况下,投资者认为相关材料确有必要披露的,应该根据"谁主张,谁举证"原则,由投资者证明披露相关材料的必要性。基金托管人依法办理与基金托管业务活动有关的信息披露事项,如果《基金合同》明确约定其与基金管理人的信息披露分工,则需按约定履行信息披露职责并因此承担相应的责任。

一、案情概要

本案申请人为自然人 A,第一被申请人为基金管理人 B 资产管理有限公司,第二被申请人为基金托管人 C 证券公司。2015 年,申请人与第一被申请人和第二被申请人签订了《基金合同》,购买了 D 基金,并于 2015 年 6 月 18 日向《基金合同》约定的账户汇款 300 万元。根据中基协的公示信息,D 基金成立于 2015 年 6 月 18 日,备案时间为 2015 年 6 月 23 日。

《基金合同》约定,在信息披露方面,管理人应按法律、法规之规定及《基金合同》的约定进行信息披露,并保证所披露信息的真实性、准确性和完整性。

此外,《基金合同》对信息披露的形式、内容、时间均有明确约定。本基金的信息披露可选择下列任何一种方式进行,并自披露之日起5个工作日届满之日视为送达投资人:①寄送投资人;②包括但不限于在托管人、管理人、中基协网站等公布;③在管理人营业场所存放备查。管理人应自基金成立之日起,于每个会计年度截止日后3个月内向投资人出具基金年度管理报告,每个估值核对日后的3个工作日内向投资人披露基金单位净值,且该等披露信息均应经托管人复核确认。

自D基金于2015年6月18日成立开始,申请人曾多次要求得到正式的披露信息(包括正式书面发函),两被申请人均置之不理。对于第一被申请人,申请人称无法通过《基金合同》上记载的地址或工商注册地址与之联系。

对于第二被申请人,2017年9月22日,申请人向其发出《律师函》,要求第二被申请人于收到函件后的5日内提供、披露D基金及F基金相关的信息和资料,包括但不限于基金托管业务活动的记录、账册、报表,对基金财务会计报告、中期和年度报告出具的意见,复核、审查后的基金资产净值、监督投资运作情况的文件记录,以及其他依法应予披露的信息和资料。中国邮政速递物流的查询页面显示该份《律师函》于2017年10月23日签收。2017年11月16日,申请人再次向第二被申请人发出《律师函》,要求第二被申请人披露的内容与上一封《律师函》一致。中国邮政速递物流的查询页面显示该份《律师函》于2017年11月20日签收。

在上述情况下,2018年2月22日,申请人根据《基金合同》中约定的仲裁条款向深圳国际仲裁院提交书面仲裁申请,提出如下仲裁请求:

1. 裁决两被申请人立即提供D基金自2015年6月18日成立至今的财务会计报告、会计账簿(含总账、明细账、日记账、其他辅助性账簿)、会计凭证(含记账凭证、原始凭证及作为原始凭证附件入账备查资料)、业务合同,以及基金托管资金专用账户、证券账户、证券交易资金账户自开立以来至今的交易流水供申请人查阅、复制。

2. 裁决两被申请人立即向申请人提供自D基金成立至今的每年度管理报告、月度基金单位净值材料。

3. 裁决仲裁费用由两被申请人承担。

二、当事人主张

(一)关于第二被申请人是否为信息披露义务人

1. 申请人主张

申请人认为,其系 D 基金的投资人,享有法律法规及相关规范性文件赋予的以及《基金合同》约定的对 D 基金信息的知情权,第一被申请人、第二被申请人分别作为基金管理人和基金托管人系法定的基金信息披露义务人,负有向申请人如实披露基金信息的义务。第二被申请人作为托管人,对于与托管业务有关的信息有独立的披露义务。

2. 被申请人主张

第二被申请人认为,D 基金的信息披露义务人为第一被申请人,第二被申请人作为托管人并非本基金的信息披露义务人,且基金的投资运作主要由管理人进行。投资人应当向信息披露义务人即管理人了解基金的投资情况并要求其披露相关资料,托管人没有直接向投资人披露基金相关资料的义务。

托管人在信息披露方面仅负有对披露的信息进行复核确认的职责,第二被申请人已按照合同约定完成了基金份额净值和投资报告的各项复核工作,履行了托管人在信息披露方面的职责。

(二)关于被申请人应披露的内容

1. 关于财务资料等

(1)申请人主张

申请人要求披露财务会计报告、会计账簿(含总账、明细账、日记账、其他辅助性账簿)、会计凭证(含记账凭证、原始凭证及作为原始凭证附件入账备查资料)、业务合同,以及基金托管资金专用账户、证券账户、证券交易资金账户自开立以来至今的交易流水。申请人认为,《基金法》第 46 条第 2 款已明确赋予其查阅"基金的财务会计账簿等财务资料"的权利。虽然法律没有明确界定何谓"财务资料",但根据《会计法》第 13 条、第 23 条的规定,会计账簿与会计凭证、财务会计报告、其他会计资料同属会计资料,故应当将会计账簿、会计凭证、财务会计报告理解为前述的"财务资料"。《私募信息披露办法》第17条要求信息披露义务人每年向投资者披露基金的财务、投资运作、投资收益分配和损失承担情况,以及基金管理人取得的管理费和业绩报酬等情况。至于会计凭证,根据《会计法》的规定,其是制作会计账簿的基础和依据,而相关业务合同又是编制记账凭证的依据,是作为原始凭证附件入账备查的资料。不查阅会计凭证和业务合同,无法准确了解基金真实的运作状况。此外,只有通过对相关账户交易流水的查阅,才能保障投资人行使《基金合同》约定的"了解基金资金的管理、运用、处分及收支"的权利。因此,申请人主张财务会计报告、会计账簿、会计凭证、业务合同,以及基金托管资金专用账户、证券账户、证券交易资金账户自开立以来至今的交易流水属于被申请人应披露的内容。

(2)被申请人主张

第一被申请人认为,申请人的第1项仲裁请求中的业务合同、原始凭证不在申请人有权查阅的范围之列。第一被申请人与员工的合同、第一被申请人员工的出差发票等,申请人也无权查看。

第二被申请人认为,D基金的信息披露义务人为第一被申请人,其作为托管人没有义务向申请人披露其仲裁请求中所列的材料,在信息披露方面,第二被申请人已按照职责范围对披露的基金相关信息进行复核确认。

2. 关于基金年度管理报告及月度基金单位净值材料

(1)申请人主张

申请人认为,根据《基金合同》的约定,管理人应自基金成立之日起,于每个会计年度截止日后3个月内向投资人出具基金年度管理报告,每个估值核对日后3个工作日内向投资人披露基金单位净值,且该等披露信息均应经托管人复核确认。因此基金年度管理报告及月度基金单位净值材料属于应当披露的内容。

(2)被申请人主张

第一被申请人对于基金年度管理报告及月度基金单位净值材料作为披露内容没有异议。

第二被申请人认为,D基金的信息披露义务人为第一被申请人,在信息披露方面,第二被申请人已按照职责范围对披露的基金相关信息进行复核确认。

(三) 关于被申请人披露的方式

1. 关于财务资料等的披露方式

（1）申请人主张

申请人认为，其有权查阅、复制财务资料，包括财务会计报告、会计账簿、会计凭证、业务合同，以及基金托管资金专用账户、证券账户、证券交易资金账户自开立以来至今的交易流水。

（2）被申请人主张

第一被申请人认为，申请人无权查询 D 基金的财务会计报告、会计凭证、业务合同，以及相关账户的交易流水。

第二被申请人认为，其不是该基金的信息披露义务人。

2. 关于基金年度管理报告及月度基金单位净值材料的披露方式

（1）申请人主张

申请人认为，两被申请人应立即向其提供自 D 基金成立至今的每年度管理报告、月度基金单位净值材料。第一被申请人声称其已经向申请人披露基金信息，但未能提供证据证明已经按法律规定及合同约定向申请人送达了披露信息。申请人在仲裁发生前没有收到过第一被申请人提供的披露信息，第一被申请人的网站也无法查阅到基金信息。第一被申请人辩称其营业场所已备存文件，但事实是无论根据《基金合同》中记载的地址还是工商注册地址，根本无法联系上第一被申请人。至于第二被申请人，其已在庭审中明确，没有向本案基金投资人进行过信息披露，也从来没有在其网站或任何信息披露平台披露过本案基金信息。另外，根据《仲裁规则》的当事人对自己的主张承担举证责任的规定，两被申请人反驳申请人的仲裁请求，主张已履行信息披露义务，应当对主张的积极事实提供证据证明，否则即应承担相应的不利后果。

（2）被申请人主张

第一被申请人认为，其已按规定完成信息披露义务。根据《基金合同》的约定，管理人选择以下任意一种方式进行披露即完成信息披露义务：①寄送投资人；②在托管人、管理人、中基协网站等公布；③在管理人营业场所存放备查。第一被申请人提供证据证明其已经将年报、季报、月报发送到《基金合同》预留的申请人的邮箱地址。第一被申请人已在网上作出充分披露，并且在营业场所备放了资料，但是申请人没有到营业场所查阅。申请人没有或没有证据证明其来营业场所查阅并遭到拒绝,申请人无权对第一被申请人提起诉讼或仲裁。

第二被申请人认为,D基金的信息披露义务人为第一被申请人,在信息披露方面,第二被申请人已按照职责范围对披露的基金相关信息进行了复核确认。

三、仲裁庭意见

(一)关于第二被申请人是否为案涉基金的信息披露义务人

仲裁庭认为,D基金的财务会计报告、会计账簿及会计凭证的信息披露义务人为第一被申请人,不包括第二被申请人。第二被申请人作为D基金的托管人,其信息披露的职责主要限于办理与基金托管业务活动相关的事项,如披露基金托管协议、就基金定期报告的财务报告出具意见、就基金年度报告和半年度报告出具托管人报告等。申请人并未证明D基金的财务会计报告、会计账簿及会计凭证在前述基金托管人应当披露的信息范围之内,因此仲裁庭仅支持申请人要求第一被申请人作出相关披露的请求。

(二)关于被申请人应披露的内容

1. 关于财务资料等

仲裁庭认为,D基金的财务会计报告、会计账簿(包括总账、明细账、日记账和其他辅助性账簿)及会计凭证(包括原始凭证和记账凭证)属于申请人有权申请披露的内容。对于申请人主张的业务合同和交易流水,仲裁庭不予支持。

关于会计账簿,就第一被申请人管理、第二被申请人托管的D基金,申请人已经按《基金合同》的约定支付申购金额300万元,成为非公开募集基金的基金份额持有人。因此,申请人有权就涉及其自身利益的情况,查阅基金的会计账簿。关于财务会计报告,作为契约型私募投资基金的基金管理人,第一被申请人有义务就D基金编制财务会计报告。财务会计报告性质上属于财务资料,是基于会计账簿编制整理出来的。既然非公开募集基金的基金份额持有人有权查阅涉及基金原始信息的会计账簿,以此为编制基础,具有说明部分更利于非财务专业人士查阅的财务会计报告当然也应包括在内。关于会计凭证,其作为会计账簿的直接依据,性质上属于财务资料,将"会计账簿等财务资料"理解为包括会计凭证符合立法原意。赋予非公开募集基金的基金份额持有人查阅会计凭证的权利,有利于其了解基金的真实运作状况,符合加强对投资者保护的立法目的,以及强化私募市场事中、事后监管的原则。关于业务合同,由于申请人未能证明其申请查阅的"作为原始凭证附件入账备查资料"的性质属于《基金法》第 46 条规定的"财务资料",仲裁庭对该请求不予支持。关于交易流水,申请人提出本项请求的依据是《基金合同》的约定,即投资人有权了解基金资金的管理、运用、处分及收支情况,并有权要求管理人作出说明。同时还约定了投资人行使上述权利以不影响管理人正常管理和运作基金财产为限。也就是说,申请人行使该条约定的知情权是有前提的,而申请人未证明该前提能够满足,因此仲裁庭不支持申请人关于查询相关基金账户交易流水的请求。

2. 关于基金年度管理报告及月度基金单位净值材料

仲裁庭对《基金合同》中约定的基金年度管理报告及月度基金单位净值材料作为应该披露的内容无异议。

(三)关于被申请人披露的方式

1. 关于财务资料等的披露方式

仲裁庭认为,申请人仅有权查阅而无权复制 D 基金的财务会计报告、会计账簿(包括总账、明细账、日记账和其他辅助性账簿)及会计凭证(包括原始凭证和记账凭证)。

关于披露的方式,根据《基金法》第 46 条的规定,申请人仅有权"查阅"基金的财务会计账簿等财务资料。鉴于申请人未提出其有权"复制"相关资料的依据,仲裁庭对此不予支持。关于查阅的时间,《基金法》赋予非公开募集基金的基金份额持有人知情权的目的和价值在于保障投资人的权利,但这一权利的行使也应在权利平衡的机制下进行,即不能对基金管理人正常管理和运作基金财产造成过重的负担。因此,仲裁庭酌定申请人自查阅之日起不得超过 10 个工作日;关于查阅的地点,结合本案的送达情况及庭审中第一被申请人确认的地址,第一被申请人应在 ×× 地址将 D 基金自 2015 年 6 月 18 日成立至仲裁请求提出日即 2018 年 2 月 22 日涉及申请人利益范围内的财务会计报告、会计账簿及会计凭证提供给申请人查阅。

2. 关于基金年度管理报告及月度基金单位净值材料的披露方式

仲裁庭认为,申请人要求第一被申请人和第二被申请人向其提供D基金成立至今的基金年度管理报告及月度基金单位净值材料的理由不成立,仲裁庭不予支持。

私募基金的信息披露方式取决于基金合同的约定。本案《基金合同》约定了三种披露方式,只要满足其中一种即可认为信息披露已完成:①寄送投资人;②在托管人、管理人、中基协网站等公布;③在管理人营业场所存放备查。其中第①种、第②种是第一被申请人采取积极行为向特定申请人或投资者提供信息,第③种属于以存放备查方式披露,不需要实施向特定申请人或其他投资者提供信息的积极行为,需要申请人主动查询。

关于寄送投资人,虽然第一被申请人提供了部分电子邮件的截图,但是仲裁庭无法认定第一被申请人已按照约定向申请人预留的邮箱披露基金年度管理报告及月度基金单位净值材料的主张。首先,第一被申请人仅向仲裁庭提供邮件正文截图及部分复印件,并未提供所有发出的邮件及附件,不能证明实际发送的附件内容就是邮件正文显示的附件名称,也不能证明其已经将所有应披露材料向申请人提供的邮箱地址进行了发送。其次,第一被申请人所提供的邮件正文截图仅涉及D基金部分季度及月度报告,不能证明其已按照《基金合同》的约定发送每一期报告。故根据且仅根据第一被申请人提供的现有材料,仲裁庭认为,第一被申请人在本案中不能充分证明其已经通过邮件履行了全部的披露义务。仲裁庭本可进一步对邮件事项进行查明再作出判断,但由于本案存在下文所述情形已足以对所涉请求作出判断,仲裁庭认为没有必要继续查明邮件实际发出及送达情况。

关于相关网站公布,申请人表示无法通过登录相关网站取得D基金信息。对此,第一被申请人也未提供任何证据证明基金年度管理报告及月度基金单位净值材料可通过登录相关网站获取。

关于营业场所备查,申请人并未提供证据证明第一被申请人未将相关文件放置于其营业场所备查,也未提供证据表明其曾经试图去第一被申请人的营业场所查询但被拒绝。此外,申请人在《〈关于本案仲裁庭调查函〉的答复函》中写明,"因其他诉讼案件发生得知第一被申请人此前确定的联系地址未能送达,故未能向其发出正式的书面函件要求披露相关信息",可见申请人未曾向第一被申请人发出任何要求披露信息的书面函件,也未有证据证明其曾亲自或委托他人到第一被申请人营业场所进行查询。既然申请人并未证明第一被申请人违反了《基金合同》约定的信息披露义务,申请人也就无权要求通过裁决的方式命令第一被申请人和第二被申请人向其提供 D 基金自成立至今的每年度管理报告及月度基金单位净值材料。申请人如未收到邮件发送的材料或在网站上查询到,可依照合同约定到第一被申请人营业场所进行查询。仅在合同约定的各种方式均无法获取相关信息的前提下,申请人才有权要求仲裁庭作出相应裁决。

四、裁决结果

1. 第一被申请人在本裁决生效后 15 日内将 D 基金自 2015 年 6 月 18 日至 2018 年 2 月 22 日的涉及申请人自身利益情况的财务会计报告、会计账簿(包括总账、明细账、日记账、其他辅助性账簿)及会计凭证(包括原始凭证和记账凭证)置备于 ×× 地址以供申请人查阅,申请人查阅的时间不得超过 10 个工作日。

2. 本案仲裁费用由申请人和第一被申请人各半承担。

3. 驳回申请人的其他仲裁请求。

五、评析

与公募基金相比,私募基金投资者为具备一定条件的特定对象,具有较强的风险识别能力和自我保护能力,因此,各国法律一般对私募基金信息披露的监管相对较为宽松。但是,披露义务的降低不等于允许不披露任何信息,在国家对私募监管相对较弱的情况下,通过建立完善、适宜的私募基金信息披露制度为投资者提供保护,意义更加重大。[1] 投资者只有掌握了必要的信息,才能根据自己的判断作出投资决策。因此设计好信息披露制度,可以通过保护投资者的知情权,达到保障投资安全的目的。[2] 实践中,在信息披露义务人、应当披露的内容和如何进行披露方面存在争议,本案的争议焦点即围绕以上三方面展开。评析部分将结合法律规定和司法案例,对私募基金信息披露中的常见问题进行进一步的探讨和明确。

---

[1] 参见梁清华:《论我国私募信息披露制度的完善》,载《中国法学》2014 年第 5 期。
[2] 参见梁清华:《论我国私募信息披露制度的完善》,载《中国法学》2014 年第 5 期。

(一)信息披露主体的认定

信息披露义务人,一般指私募基金管理人、私募基金托管人,以及法律、行政法规、证监会和中基协规定的具有信息披露义务的法人和其他组织。《基金法》第95条规定,基金管理人、基金托管人应当按照基金合同的约定,向基金份额持有人提供基金信息。同样的规定可见于《私募信息披露办法》第2条第1款,即信息披露义务人指私募基金管理人、私募基金托管人,以及法律、行政法规、证监会和中基协规定的具有信息披露义务的法人和其他组织。同一私募基金存在多个信息披露义务人时,应在相关协议中约定信息披露相关事项和责任义务。信息披露义务人委托第三方机构代为披露信息的,不得免除信息披露义务人法定应承担的信息披露义务。《私募管理办法》第24条规定,私募基金管理人、私募基金托管人应当按照合同约定,如实向投资者披露基金投资、资产负债、投资收益分配、基金承担的费用和业绩报酬、可能存在的利益冲突情况以及可能影响投资者合法权益的其他重大信息,不得隐瞒或者提供虚假信息。信息披露规则由中基协另行制定。由此可见,信息披露义务可以由包括基金管理人和基金托管人在内的多个主体承担,在具体案件中需要按照基金合同约定的职责分工向投资人承担不同的披露义务。

就基金管理人和托管人应承担的信息披露义务而言,二者职责不尽相同。对于管理人的披露内容,《基金法》没有特别规定,只可见于信息披露的一般规定之中,包括对基金投资、资产负债、投资收益分配、基金承担的费用和业绩报酬、可能存在的利益冲突情况以及可能影响投资者合法权益的其他重大信息的披露。[1]托管人具有相对于管理人的独立性[2],其信息披露的职责主要限于办理与基金托管业务活动有关的信息披露事项。[3]《私募信息披露办法》第10条进一步规定,托管人应当按照相关法律法规等规定和合同的约定,对私募基金管理人编制的基金资产净值、基金份额净值、基金份额申购赎回价格、基金定期报告和定期更新的招募说明书等向投资者披露的基金相关信息进行复核确认。《证券投资基金托管业务管理办法》第20条也规定,基

---

[1] 参见《私募管理办法》第24条。
[2] 参见洪艳蓉:《论基金托管人的治理功能与独立责任》,载《中国法学》2019年第6期。
[3] 《基金法》第36条规定:"基金托管人应当履行下列职责:……(六)办理与基金托管业务活动有关的信息披露事项……"

金托管人应当按照法律法规的规定以及基金合同的约定办理与基金托管业务有关的信息披露事项,包括但不限于:披露基金托管协议,对基金定期报告等信息披露文件中有关基金财务报告等信息及时进行复核审查并出具意见,在基金年度报告和中期报告中出具托管人报告,就基金托管部门负责人变动等重大事项发布临时公告。

结合本案案情,《基金合同》中约定,管理人应按法律、法规之规定及本基金合同约定进行信息披露,并保证所披露信息的真实性、准确性和完整性;托管人应复核基金份额净值,复核管理人编制的基金财产的投资报告,并出具书面意见。由此可见,本案中,《基金合同》约定信息披露义务人为管理人。第二被申请人作为基金托管人,按照《基金合同》的约定,其义务在于对基金份额净值和管理人编制的基金财产的投资报告进行复核确认。本案中,第二被申请人已按照合同约定完成了基金份额净值和投资报告的各项复核工作,履行了托管人的职责。申请人并未证明基金的财务会计报告、会计账簿及会计凭证在前述基金托管人应当披露的信息范围之内,仲裁庭不支持托管人承担前述内容的披露义务是合理的。

(二)信息披露内容的认定

信息披露包括主动披露和被动披露两个方面。主动披露即义务人根据法律规定或基金合同的约定应当主动向投资者披露的信息,被动披露是应申请人请求而披露的信息。

对于主动披露而言,根据《私募信息披露办法》第9条的规定,信息披露义务人应当向投资者披露的信息包括:基金合同;招募说明书等宣传推介文件;基金销售协议中的主要权利义务条款(如有);基金的投资情况;基金的资产负债情况;基金的投资收益分配情况;基金承担的费用和业绩报酬安排;可能存在的利益冲突;涉及私募基金管理业务、基金财产、基金托管业务的重大诉讼、仲裁;证监会以及中基协规定的影响投资者合法权益的其他重大信息。司法实践中,管理人若要避免因违反信息披露义务而承担赔偿责任,应当证明自身已经全面履行约定和法定的信息披露义务,包括披露范围、披露方式等。例如,在孙立聪与中融国际信托有限公司营业信托纠纷案[①]中,北

---

① 参见孙立聪与中融国际信托有限公司营业信托纠纷案,北京市第二中级人民法院(2020)京02民终7486号民事判决书。

京市第二中级人民法院认为,管理人以季度定期管理报告等形式进行信息披露,并通过将信息披露文件放置于其经营场所等方式实际履行了信息披露义务,对信息披露来源进行了说明并提供了相应证据。对于被动披露而言,没有明确规定或约定,但申请人认为相关材料确有必要披露的,应当遵循"谁主张,谁举证"的基本原则,即申请人应当证明对相关材料进行披露的必要性。

就本案而言,年度管理报告及月度基金单位净值材料属于在《基金合同》中明确约定的义务人应当主动披露的内容,申请人和被申请人对此均无异议。"财务资料"等属于依投资者申请的义务人被动披露的内容,对于这些材料是否属于可披露内容,是本案的争议焦点之一。

本案中,申请人主张根据《基金法》第46条第2款的规定,"非公开募集基金的基金份额持有人对涉及自身利益的情况,有权查阅基金的财务会计账簿等财务资料",但现行规定对于信息披露要求中的"财务资料"并没有明确具体范围,因此需要对申请人的主张逐一探讨。申请人请求裁决两被申请人立即提供D基金自2015年6月18日成立至今的财务会计报告、会计账簿(含总账、明细账、日记账、其他辅助性账簿)、会计凭证(含记账凭证、原始凭证及作为原始凭证附件入账备查资料)、业务合同,以及基金托管资金专用账户、证券账户、证券交易资金账户自开立以来至今的交易流水。

首先,申请人提出的上述信息披露要求中,"会计账簿"明确属于《基金法》第46条中所述的"财务资料",申请人作为非公开募集基金的基金份额持有人,应当有权进行查阅。

其次,由于"财务会计报告"是基于会计账簿编制整理出来的,与会计账簿相比更为简便易懂,有助于投资者了解基金的财务状况,作为信息披露内容完全适当。

最后,"会计凭证"作为会计账簿的直接依据,性质上属于财务资料,符合《会计法》[①]的相关规定。但是,应当注意的是,申请人要求披露的会计凭

---

① 《会计法》第13条第1款规定:"会计凭证、会计帐簿、财务会计报告和其他会计资料,必须符合国家统一的会计制度的规定。"第15条第1款规定:"会计帐簿登记,必须以经过审核的会计凭证为依据,并符合有关法律、行政法规和国家统一的会计制度的规定。会计帐簿包括总帐、明细帐、日记帐和其他辅助性帐簿。"第17条规定:"各单位应当定期将会计帐簿记录与实物、款项及有关资料相互核对,保证会计帐簿记录与实物及款项的实有数额相符、会计帐簿记录与会计凭证的有关内容相符、会计帐簿之间相对应的记录相符、会计帐簿记录与会计报表的有关内容相符。"

证包括记账凭证、原始凭证和作为原始凭证附件入账备查资料三项,鉴于《会计法》第 14 条第 1 款对于会计凭证的明确规定①,仲裁庭对此项披露内容进行了相应的限定,即仅限于原始凭证和记账凭证,将作为原始凭证附件入账备查资料排除在外。因此,关于前述三项信息披露内容,仲裁庭支持申请人的查阅请求是适当的。

申请人要求披露的关于"业务合同"和"交易流水"的请求则没有得到仲裁庭的支持。

第一,关于"业务合同"的信息披露请求,申请人认为会计凭证是制作会计账簿的基础和依据,相关业务合同等有关资料是编制记账凭证的依据,作为原始凭证附件入账备查资料。但是,鉴于申请人未能提供证据证明"作为原始凭证附件入账备查资料"的性质属于《基金法》第 46 条规定的"财务资料",仲裁庭否定了申请人的此项查阅请求。这一观点与上述关于"会计凭证"的裁决理由具有一致性。

第二,关于"交易流水"的查阅请求,根据《基金合同》的约定,投资人有权了解基金资金的管理、运用、处分及收支情况,并有权要求管理人作出说明,但是,投资人行使知情权的前提是不能影响管理人对于基金财产的正常管理和运作。仲裁庭认为投资人未能证明满足查询交易流水的前提条件,因此没有支持申请人的该项请求。

但是,这是否会对管理人的正常管理和运作造成影响,笔者认为应该根据具体情况,并结合当事双方的举证进行综合判断,将证明责任完全归申请人一方是值得商榷的,由被申请人(即管理人)证明这一披露请求会对其正常管理和运作造成影响可能更具有可操作性。申请人作为投资者只有掌握了必要的信息,才能根据自己的判断作出明智的投资决策。为促进投资,保障投资者的知情权并维护其对资本市场的信心,通常信息披露制度会更倾向于保障处于信息劣势的投资者一方,适当向其倾斜,在私募领域也有这一特点。本案中,在被申请人没有抗辩称此项查询要求会对其正常管理和运作造成影响的情况下,仅就证明责任否认申请人的请求恐有待斟酌。

(三)信息披露方式的认定

信息披露的方式根据所披露内容的不同有所区分。对于根据法律规定

---

① 《会计法》第 14 条第 1 款规定:"会计凭证包括原始凭证和记帐凭证。"

或合同约定应主动披露的内容而言,根据《私募信息披露办法》第3条的规定,信息披露义务人应当按照中基协的规定以及基金合同、公司章程或者合伙协议约定向投资者进行信息披露。一般而言,披露方式取决于基金合同的约定,只要双方合意认可,该披露方式即有效可行。而对于被动披露的内容,应根据披露的具体内容予以判断。

本案中,对于合同中约定义务人应主动披露的基金年度管理报告及月度基金单位净值材料,《基金合同》已经对管理人的信息披露形式作了明确规定,即分为三种:第一种寄送投资人;第二种包括但不限于在托管人、管理人、中基协网站等公布;第三种在管理人营业场所存放备查。上述三种披露方式,管理人只需完成其中任意一种,即可满足信息披露要求。其中前两种是第一被申请人采取积极行为向特定申请人或投资者提供信息,第三种以存放备查方式披露,不需要实施向特定申请人或其他投资者提供信息的积极行为,申请人需要主动查询。具体而言,申请人如未收到邮件发送的材料或在网站上查询到,可依照合同约定到第一被申请人营业场所进行查询。仅在合同约定的各种方式均无法获取相关信息的前提下,申请人的相应请求才可能得到仲裁庭的支持。鉴于申请人未曾向第一被申请人发出任何要求披露信息的书面函件,也未有证据证明其曾亲自或委托他人到第一被申请人营业场所进行查询,因此在未穷尽披露查询方式的情况下,仲裁庭否认其请求具有合理性。

对于本案中申请人请求查询的"财务资料"等被动披露内容,鉴于《基金法》第46条仅规定申请人有权"查阅"基金的财务会计账簿等财务资料,且申请人未提出其有权"复制"相关资料的依据,因此本案中的信息披露应当仅限于以"查阅"的方式进行。

需要注意的是,私募基金相关规定中没有明确投资者申请披露的方式或程序。就此而言,可以参照《公司法》第33条关于股东知情权的规定,即股东有权查阅、复制公司章程、股东会会议记录、董事会会议决议、监事会会议决议和财务会计报告。股东可以要求查阅公司会计账簿。股东要求查阅公司会计账簿的,应当向公司提出书面请求,说明目的。公司有合理根据认为股东查阅会计账簿有不正当目的,可能损害公司合法利益的,可以拒绝提供查阅,并应当自提出书面请求之日起15日内书面答复股东并说明理由。公司拒绝提供查阅的,股东可以请求人民法院要求公司提供查阅。参照该规定,在私募基金领域,投资者申请查阅财务资料等,应当向信息披露义务人提出书面请求,说明目的。义务人有合理根据认为投资者查阅某些资料有不正当目的,可能损害义务人、基金或基金其他投资者合法利益的,可以拒绝提供查阅,并应当自提出书面请求之日起 15 日内书面答复投资者并说明理由。

(本案例由北京大学法学院博士研究生范正阳编撰)

案例 15　私募基金净值的确认及其披露义务的履行

仲裁要点： 信息披露义务人不得以披露基金累计收益率代替对基金净值的披露。信息披露义务人为基金管理人而非基金托管人时，基金管理人的信息披露虽有瑕疵，但事实上基金净值和赎回价格计算无误的，不产生基金净值计算错误相关责任；投资者通过其他途径获取准确信息并以此进行决策的，因信息披露瑕疵与投资者损失之间无因果关系，基金管理人不就此承担赔偿责任。在此情况下，基金托管人仅负有复核义务，不承担信息披露瑕疵相关责任，因复核无误，亦不承担基金净值计算错误有关责任。

一、案情概要

自然人 A（本案申请人）与基金管理人 B 公司（本案第一被申请人）、基金托管人 C 公司（本案第二被申请人）分别于 2017 年 7 月 14 日、2017 年 11 月 8 日签署了两份案涉《基金合同》，并分别于 2017 年 7 月 17 日申购案涉基金 100 万元（净值为 1.7145 元，份额为 58260.43 份），2017 年 11 月 15 日申购案涉基金 50 万元（净值为 1.7364 元，份额为 871212.51 份）。

就基金财产的估值和信息披露，《基金合同》约定，基金日常估值由基金管理人进行，基金管理人完成估值后，由基金托管人进行复核。基金管理人每月将经基金托管人复核的上月最后一个交易日的基金份额净值以各方认可的形式提交基金份额持有人。基金管理人有权采用以下一种或多种方式向基金份额持有人提供报告或进行相关通知：①传真、电子邮件或短信；②邮寄服务；③基金管理人网站。

2018 年 5 月 15 日，申请人赎回基金份额 138500 份，赎回净值为 1.3846

元,金额为189849.43元;2018年6月15日,申请人赎回基金份额732712.51份,赎回净值为1.2758元,金额为925446.68元。第一被申请人在其官方网站"产品中心"页面披露有案涉基金的累计收益率,并在产品公告中注明:关于本公司公布的产品净值和累计净值的说明,由于净值是通过第三方托管机构核算,本公司无法及时获取,所以本公司公布的净值是以本公司在未扣除管理费、托管费等费用情况下计算的数值,与第三方托管机构的数值是有出入的,如果您需要知道当前的实际净值,还请联系本公司的员工进行获取。2018年7月累计收益率为1.581。托管人在投资者服务平台公布有案涉基金的单位净值,申请人知悉该网站并登录查看,知悉2018年5月11日案涉基金净值为1.3719元。申请人曾将该网站信息截图发给第一被申请人,并向第一被申请人核实2018年5月11日的基金净值是否为1.3719元,以及其自己计算出如净值为1.3719元,则赎回金额为119万元。赎回之后,申请人认为该等赎回净值远低于当时第一被申请人官网公布的净值,其因基金份额净值计算错误受到损失,两被申请人应予以赔偿(以基金开放日后网站公布的最高净值数据,即以2018年5月21日的净值1.7308元及2018年1月17日的净值1.9466元为基准,赔偿二者之间的差值)。

2018年7月25日,申请人根据《基金合同》约定的仲裁条款向深圳国际仲裁院提起仲裁,请求裁决:

1. 被申请人向申请人赔偿518466.1元。
2. 本案仲裁费用由被申请人承担。

二、当事人主张

(一) 申请人主张

申请人主张,第一被申请人在官方网站披露的案涉基金净值远高于申请人赎回时的净值,违反如实披露资金信息、正确计算基金净值的义务,存在恶意引导投资者作出错误投资,非法融资的情形;第二被申请人作为监督人,没有履行核实基金净值并及时向投资者披露的义务。两被申请人应承担《基金法》第70条项下的赔偿责任。

(二) 第一被申请人主张

第一被申请人认为：

首先，申请人要求第一被申请人赔偿其损失的法律依据错误，也缺乏合同约定依据。申请人所依据的《基金法》第70条属于该法第六章"公开募集基金的基金份额的交易、申购与赎回"，其法律适用和约束对象为公开募集基金。基金净值属于《基金法》第十章"非公开募集基金"中提到的基金信息，该章第95条规定："基金管理人、基金托管人应当按照基金合同的约定，向基金份额持有人提供基金信息。"根据该法的精神，对于私募基金信息披露相关违约责任，法律授权份额持有人与基金管理人依照意思自治原则进行处理，而案涉《基金合同》未涉及有关违约责任方面的约定。

其次，申请人在购买第一被申请人的基金产品之前多次购买私募基金产品，其应明知私募基金产品的高风险性质。申请人的损失主要是由证券投资市场受各种因素影响而引起的波动下滑所致，应自行承担亏损。

再次，第一被申请人官网披露的是案涉基金的累计收益率而非单位净值，官方网站已经注明了累计收益率与单位净值的区别，也明确说明：关于本公司公布的产品"净值"和"累计净值"是通过第三方托管机构核算，本公司无法及时获取，所以本公司公布的净值是以本公司在未扣除管理费等费用情况下计算的数值，与第三方托管机构的数值是有出入的，实际净值以托管方公布的为准。另外，第一被申请人的净值数据仅面向自身产品份额持有人披露，未公开宣传或使用引诱手段。因此，不存在第一被申请人虚报基金净值，恶意引导投资者作出错误决策的情况。

最后，申请人的损失与第一被申请人披露基金净值无直接因果关系。一方面，无论是累计收益率还是单位净值，均属于基金份额净值，第一被申请人在官方网站披露累计收益率即已按照案涉《基金合同》的约定履行信息披露义务；另一方面，第一被申请人已通过邮寄、APP等方式向申请人披露单位净值，第二被申请人网站也披露了案涉基金的单位净值，申请人知晓该网站并定期登录查看，因此，第一被申请人披露的基金净值不是申请人进行投资决策的唯一信息来源，申请人可通过多元化的信息渠道获取基金净值信息，并作出投资决策。

此外，第一被申请人还认为，申请人要求赔偿的计算公式缺乏法律依据。投资私募基金产品时，赚钱的原理与亏钱的原理是一样的，赚钱时数额以最后净值减购入净值差额乘以份数计算;同样,亏钱时损失也应以最后净值减购入净值差额乘以份数计算(实际亏损 38.48 万元)。因此,申请人的算法违背了行业规范。

(三)第二被申请人主张

第二被申请人认为,根据案涉《基金合同》有关报告义务的约定,案涉《基金合同》约定的信息披露义务人为第一被申请人,而非第二被申请人。第二被申请人已按照合同约定对基金份额净值及基金报告进行复核,并与第一被申请人核对,申请人赎回申请所对应开放日的基金净值与第二被申请人复核后的基金净值一致,而申请人所述的第一被申请人官网公布的基金净值并非第二被申请人复核后的单位净值,案涉基金的基金估值并不存在误差和错误情形。因此,第二被申请人不存在任何违约行为。

此外,对于赔偿的计算方式,第二被申请人也提出,根据案涉《基金合同》关于基金的申购和赎回的约定,基金份额持有人赎回基金时,按照赎回申请所对应开放日的基金份额净值计算赎回金额,申请人要求按照 2018 年 1 月 17 日、2018 年 5 月 21 日的基金份额净值计算赎回金额无任何合同依据。

三、仲裁庭意见

仲裁庭就案涉基金的备案,案涉《基金合同》的签署及有关基金财产估值、报告义务等约定,申请人的申购与赎回事实,第一被申请人在其官方网站上有关案涉基金累计收益率的披露和说明,第二被申请人在投资者服务平台上有关案涉基金净值的披露及申请人知悉该网站并登录查看的事实进行了认定。在此基础上,仲裁庭针对本案争议焦点归纳分析认定如下:

(一)关于第一被申请人是否存在虚报基金净值、恶意引导投资者作出错误决策的问题

对于申请人提出的第一被申请人存在虚报基金净值、恶意引导投资者作出错误决策的主张,仲裁庭不予支持。具体理由如下:

首先,第一被申请人在其官方网站上披露的是累计收益率,累计收益率为未扣除相关费用所计算出的数值,而单位净值则已扣除相关费用,累计收益率比单位净值高符合常理,并不能据此推断第一被申请人存在虚报基金净

值、恶意引导投资者作出错误决策的行为。

其次,第一被申请人已在其官方网站对"累计收益率为未扣除管理费、托管费等费用情况下计算的数值,与第三方托管机构的数据有出入"进行了注明,申请人作为适格的投资人理应尽到合理的注意义务,并知晓累计收益率与单位净值的差别。

最后,申请人未提供证据证明第一被申请人公布的累计收益率数据存在虚报的情况。

(二) 关于第一被申请人是否存在未按约定披露基金净值并由此导致申请人损失的问题

仲裁庭认为,第一被申请人未按照案涉《基金合同》的约定向申请人披露经第二被申请人复核后的基金份额净值,但申请人损失与第一被申请人未按约定履行披露义务无因果关系,第一被申请人不应承担申请人的投资损失。详言之:

关于第一被申请人是否按约定披露基金净值。首先,根据案涉《基金合同》关于报告义务的约定,第一被申请人应每月将经第二被申请人复核的基金份额净值提交给申请人,第一被申请人可通过传真、电子邮件、短信、邮寄或第一被申请人网站进行相关通知。但是,从申请人及第一被申请人提供的证据来看,第一被申请人仅在其官网公布了累计收益率,而未披露基金份额净值,第一被申请人关于"无论是累计收益率还是单位净值,均属于基金份额净值"的说法缺乏依据。虽然第一被申请人主张其前期已通过邮寄、APP等方式履行报告义务,但其未提供直接证据进行证明。其次,尽管第二被申请人在其网站上披露了经其复核后的单位净值,但第二被申请人网站并非案涉《基金合同》约定的披露方式,且第二被申请人披露相关信息并不能代替第一被申请人履行案涉《基金合同》约定的披露义务。因此,仲裁庭认为,第一被申请人未能证明其已按照案涉《基金合同》约定向申请人披露经第二被申请人复核后的基金份额净值。

关于第一被申请人未按约定披露基金份额净值与申请人损失的因果关系问题。首先,第一被申请人在其官方网站对累计收益率和单位净值进行了说明,申请人理应知晓第一被申请人官方网站公布的累计收益率与单位净值不一致。其次,第二被申请人在投资者服务平台向申请人提供了案涉基金的单位净值,第一被申请人提供了申请人相关登录日志,以及申请人曾将该网站信息截图发给第一被申请人,并向第一被申请人核实 2018 年 5 月 11 日的基金净值是否为 1.3719 元,以及其自己计算出如净值为 1.3719 元,则赎回金额为 119 万元,以上证据均显示申请人知悉该网站且定期登录获取案涉基金的单位净值相关信息,以及知悉案涉基金赎回价格是按照单位净值计算。有鉴于此,第一被申请人未在其官方网站公布单位净值,并不影响申请人对赎回时点的判断。此外,申请人提供了第三方基金网站截图,用以证明第一被申请人官网公布的基金净值存在数据作假情形。但仲裁庭认为,该网站并非案涉《基金合同》约定的信息披露途径,与本案无关联性。

(三)关于第二被申请人是否存在未履行复核基金份额净值及信息披露义务的问题

关于第二被申请人是否按约定履行了基金份额净值的复核义务,仲裁庭认为,第一被申请人已在其官方网站注明所公布的累计收益率未经第二被申请人复核,且根据案涉《基金合同》约定,第二被申请人仅对基金份额净值有复核义务,对累计收益率没有复核义务。此外,申请人对第二被申请人公布的单位净值数据并未提出异议,且未提出证据证明第二被申请人未对基金份额净值履行复核义务。因此,申请人提出第二被申请人未履行复核基金份额净值义务无事实依据。

关于第二被申请人是否履行信息披露义务,根据案涉《基金合同》约定,信息披露义务由第一被申请人履行,且第二被申请人已在其网站公布了案涉基金的单位净值,因此,申请人主张第二被申请人未履行信息披露义务无合同依据。

四、裁决结果

仲裁庭驳回申请人的全部仲裁请求,具体裁决如下:
1. 驳回申请人的仲裁请求。
2. 本案仲裁费由申请人承担。

五、评析

本案系有关信息披露问题纠纷,概言之,本案申请人主张两被申请人信息披露存在瑕疵,应就其损失承担赔偿责任。

(一)关于基金净值的内涵

本案中,基金管理人官网披露的是案涉基金的累计收益率,基金托管人披露的是基金单位净值,申请人赎回金额系按照基金单位净值计算而得。第一被申请人认为"无论是累计收益率还是单位净值,均属于基金份额净值",实则不然,基金份额净值、基金份额累计净值、基金累计收益率是不同的概念。

首先,基金份额净值描绘的是基金在某一时点的表现,基金份额净值=(计算日基金总资产-该时点基金总负债)÷计算日基金份额总数;而累计净值和累计收益率描绘的是基金自成立以来的历史表现,其中,基金累计净值=基金份额净值+基金累计每份派息金额。

其次,基金累计净值和累计收益率虽然描绘的都是基金自成立以来的历史表现,但前者体现的是基金价值情况,后者考虑的是基金产生的收益。如本案中第一被申请人官网公示的累计收益率并未扣除管理费、基金托管费等费用,而关于净值的计算,证监会2003年发布的《证券投资基金信息披露编报规则第2号〈基金净值表现的编制与披露〉》第4条规定,在编制和披露基金资产净值时,应当遵循的原则包括"计算期基金净收益应当在基金本期收入的基础上扣除本期基金管理费、基金托管费等基金运作过程中发生的各项费用"。

不论相关规定还是案涉《基金合同》,要求披露的均系净值而非收益率。《私募信息披露办法》第16条、第17条规定,在私募基金运行期间,信息披露义务人向投资者披露基金净值。案涉《基金合同》要求由第一被申请人披露基金份额净值。第一被申请人官网披露的是案涉基金的累计收益率,第二被申请人披露的是基金单位净值。因此,本案中,第一被申请人有关"无论是累计收益率还是单位净值,均属于基金份额净值"的观点,既混淆了基金历史价值与特定时点价值,也混淆了净值与收益率。

(二)关于基金净值的披露及其复核义务

《基金法》第19条将计算并公告基金资产净值确定为公募基金的基金管理人的职责之一,但该法并未明确私募基金的基金管理人具有该项法定职责。对于基金托管人,该法第36条第(八)项明确了基金托管人承担"复核、审查基金管理人计算的基金资产净值和基金份额申购、赎回价格"的职责。

关于信息披露，《基金法》第95条要求基金管理人、基金托管人应当按照基金合同的约定，向基金份额持有人提供基金信息。《私募管理办法》第24条亦如是规定，并授权中基协制定信息披露规则。《私募信息披露办法》亦未明确要求基金管理人为基金净值的信息披露义务人，但该办法第5条将基金管理人作为向中基协指定的私募基金信息披露备份平台报送信息的义务人，并规定私募基金管理人过往业绩以及私募基金运行情况将以私募基金管理人向私募基金信息披露备份平台报送的数据为准。对于基金托管人，《私募信息披露办法》第10条规定，私募基金进行托管的，基金托管人应当对私募基金管理人编制的基金资产净值、基金份额净值、基金份额申购赎回价格、基金定期报告和定期更新的招募说明书等向投资者披露的基金相关信息进行复核确认。

由此可见，第一，私募基金的基金管理人是基金净值和基金份额赎回价格的信息来源，但不当然是基金净值的信息披露义务人；第二，私募基金的基金托管人对于基金净值和基金份额赎回价格具有法定的复核义务；第三，尽管基金管理人不一定是基金净值的信息披露义务人，但其负有向中基协指定的私募基金信息披露备份平台报送信息的义务，对于信息披露义务人披露的信息与基金管理人报送的信息不一致的，以基金管理人报送的信息为准。

就本案而言，案涉《基金合同》约定作为基金管理人的第一被申请人系基金净值的信息披露义务人，基金托管人对基金估值负有复核义务，但复核结果只需提交基金管理人，由基金管理人向投资者进行披露。结合案涉《基金合同》约定及相关规定，第一被申请人负有向申请人披露基金净值等信息并向私募基金信息披露备份平台报送该等信息的义务，第二被申请人则仅就基金净值等信息负有复核义务。

(三) 关于第一被申请人的责任

关于基金份额净值计算错误造成投资者损失时的责任承担，《基金法》第70条规定，公募基金投资者有权要求基金管理人、基金托管人予以赔偿。

本案中，申请人与第一被申请人就本案法律依据和合同依据产生争论。申请人援引的法律依据为《基金法》第70条，第一被申请人指出该条归属于"公开募集基金的基金份额的交易、申购与赎回"一章，不适用于私募基金投资；而案涉《基金合同》并未就信息披露的违约责任进行约定，因此申请人的主张没有法律和合同依据,言之有理。此外,值得注意的是,《基金法》第70条追究的是基金份额净值计算错误时的责任,该责任的成立与信息披露义务人是否按照要求披露信息无关,更重要的是,根据案涉《基金合同》的约定,基金份额持有人赎回基金时,按照赎回申请所对应开放日的基金份额净值计算赎回金额,而本案基金托管人在计算申请人赎回金额时并不存在错误,申请人应获得的金额与其收到的金额一致,即基金份额净值计算并不存在错误。因此,《基金法》第70条不适用于本案。

尽管如此,本案中,第一被申请人负有信息披露义务,其违反信息披露义务有可能产生违约损害赔偿责任。在第一被申请人的责任证成上,仲裁庭的分析分为两步,一是分析第一被申请人是否按约定披露基金份额净值,二是分析第一被申请人未按约定披露基金份额净值与申请人损失的因果关系,该分析路径遵循的便是违约责任的论证逻辑。

根据《合同法》(本案适用法律)第107条、第111条、第112条和第113条①的规定,成立违约责任需要满足三个基本条件:①合同义务有效存在;②债务人不履行合同义务或者履行合同义务不符合规定;③不存在法定或者约定的免责事由,如不可抗力。② 而违约责任的主要形式为继续履行、采取补救措施和赔偿损失,不同的责任形式有不同的特殊构成要件,其中,违约赔偿损失责任的构成要件包括:①有违约行为,即当事人一方不履行合同义务或者履行合同义务不符合规定;②违约行为造成了对方的损失,如果违约行为未给对方造成损失,则不能用赔偿损失的方式追究违约方的民事责任;③违约行为与对方的损失之间有因果关系,即对方的损失是违约行为所导致的;④无免责事由。③ 可见,成立违约责任不等同于承担违约赔偿损失责任。

关于第一被申请人是否成立违约责任。首先,案涉《基金合同》约定第一被申请人负有披露经复核后的案涉基金净值的义务。其次,第一被申请人履行该义务存在瑕疵,具体表现为案涉《基金合同》约定,第一被申请人应每月将经第二被申请人复核的上月最后一个交易日的基金份额净值以各方认可的形式提交申请人,但第一被申请人并未以约定的形式向投资者披露第二被申请人复核的上月最后一个交易日的基金份额净值,亦未通过其他方式

---

① 参见《民法典》第577条、第582条、第583条和第584条。
② 参见王利明主编:《民法(下册)》(第9版),中国人民大学出版社2022年版,第185—187页。
③ 参见王利明主编:《民法(下册)》(第9版),中国人民大学出版社2022年版,第196页。

向申请人提供该等信息。最后,不存在法定或者约定的免责事由。因此,第一被申请人履行信息披露义务存在瑕疵,符合违约责任的一般构成要件。

关于第一被申请人是否承担违约赔偿损失责任。首先,第一被申请人有违约行为。其次,投资损失为申请人作出赎回决策时,按照第一被申请人所披露净值计算而得出的赎回价格与实际赎回价格之间的差额。最后,第二被申请人在投资者服务平台向申请人提供了案涉基金的单位净值,第一被申请人提供了申请人相关登录日志,以及申请人曾将该网站信息截图发给第一被申请人,并向第一被申请人核实当日净值,以及申请人曾自己计算出相应基金净值下的赎回金额,证明申请人在赎回前知悉案涉基金的赎回价格是按照单位净值计算的,也知悉案涉基金的单位净值,第一被申请人的违约行为并未影响申请人进行投资决策。因此,申请人即便遭受投资损失,该等损失与第一被申请人的违约行为之间亦无因果关系。

(四)关于第二被申请人的责任

如前所述,本案并不存在基金份额净值计算错误,作为基金托管人的第二被申请人不承担该责任。

信息披露违约责任方面。本案中,信息披露义务人为基金管理人,不论在法律规定还是合同约定方面,作为基金托管人的第二被申请人仅就基金净值和赎回价格等信息承担复核义务。因此,第二被申请人亦不承担与信息披露有关的违约责任。

(本案例由北京大学法学院博士研究生郑舒倩编撰)

(四)私募基金与刚性兑付

案例16 基金份额转让协议相对于基金合同的独立性与效力认定

仲裁要点：以基金份额为转让标的的《基金份额转让协议》纠纷中，《基金份额转让协议》在法律效力上与《基金合同》存在相对独立性，不需要就《基金合同》法律效力进行额外审查，应各自独立判断，《基金份额转让协议》效力不受《基金合同》的影响。同时，《基金合同》无效可能带来基金份额自始不存在的法律后果，进而导致《基金份额转让协议》自始履行不能。

一、案情概要

本案申请人为自然人A，第一被申请人为基金份额受让方B公司，其同时也是基金管理人E公司的大股东，第二被申请人为第一被申请人的连带责任保证人自然人C（第一被申请人、第二被申请人以下合称"被申请人"）。

2019年3月6日，申请人与E公司签订《基金合同》，购买E公司管理的H基金份额，并同日完成转款1000000元。《基金合同》仅有申请人的签字。《基金合同》第7条第(十)项约定，基金份额持有人可以以协议转让的方式向其他合格投资者转让基金份额；第11条约定，基金的投资范围为案外人D公司的股权。

2019年4月26日，申请人与第一被申请人签订《基金份额转让协议》（以下简称《转让协议》），约定由第一被申请人购买申请人所持该基金全部份额。《转让协议》约定，第一被申请人应于2019年5月16日以前付清全部转让价款1009401元，如违约则需按照万分之五/日向申请人支付违约金。第二被申请人在《转让协议》上签字表明自愿为第一被申请人的履约提供连带责任担保。

2019年5月21日,由于被申请人未支付《转让协议》项下的转让价款,申请人根据《转让协议》约定的仲裁条款向深圳国际仲裁院提起仲裁,并提出如下仲裁请求:

1. 裁决被申请人支付转让价款1009401元。
2. 裁决被申请人向申请人支付违约金,违约金按每日万分之五的标准计算,计算期间自2019年5月16日起,至支付价款为止。
3. 裁决被申请人向申请人支付本案律师费。
4. 裁决被申请人支付本案仲裁费用,包括但不限于仲裁费、保全费等。
5. 以上请求均同时向两被申请人作出,被申请人之间应承担连带责任。

二、当事人主张

(一) 申请人主张

申请人主张《转让协议》合法有效,第一被申请人未按照合同约定履行给付义务,并触发违约金条款,应按照合同约定支付转让价款、支付违约金及其他相关费用。第二被申请人依《转让协议》应承担连带责任。

(二) 被申请人主张

1.《转让协议》的效力

被申请人认为《转让协议》是其受胁迫而签订,并非真实意思表示,以及《转让协议》的内容显失公平,属于可撤销合同。具体理由如下:

其一,被申请人主张《转让协议》系申请人以胁迫手段使其在违背真实意思的情况下签订,应予撤销。具体而言:第一被申请人称,2019年4月24—26日,申请人到E公司、D公司现场哄闹、不断打电话、语言攻击,被申请人考虑到当时的不良影响,违背真实意思签订了《转让协议》;第二被申请人称,虽然其作为担保人在《转让协议》上签名,但该行为是受到申请人胁迫的后果,并非第二被申请人真实意思表示。

其二,被申请人主张其在《转让协议》项下受让的基金份额不具有经济价值,《转让协议》违反公平原则、诚实信用原则,显失公平,应予撤销。其主张,作为基金投资对象的D公司的原实际经营管理人利用职务之便,将公司财产全部侵占,因此申请人所持有的基金份额不具有任何经济价值。《转让协议》签订时基金管理人 E 公司已停业,人去楼空,未来不可能再产生任何收益,也没有通过民事方式还款的可能。因此,申请人与被申请人双方所签订的《转让协议》已经没有任何价值。在申请人采取非正常手段的情况下,签订了显然不具有履行可能性的合同,显失公平,也违反了《合同法》规定的最基本的缔约原则。该协议签订之后,第一被申请人作为基金份额的受让人显然无法依据《转让协议》向基金管理公司主张相关权利,并且得到任何回款,合同目的无法实现。因此,该协议以及申请人的仲裁请求不应得到支持。

其三,被申请人主张第一被申请人作为持有 E 基金管理公司 70%股权的大股东,由其受让案涉基金份额不符合中基协的监管规则,且第二被申请人对《基金合同》进行担保,属于存在基金保本保收益的情况。

基于上述理由,第一被申请人当庭提出反请求,请求撤销《转让协议》。由于申请人提出第一被申请人没有在合理的期限内提出反请求,其当庭提出的反请求不应受理;如仲裁庭受理反请求,申请人需要答辩期和质证期。后经第一被申请人确认,不再要求在本案中提出反请求,但保留今后另案提出仲裁请求的权利。

2.《基金合同》的效力

被申请人主张《基金合同》中存在保本保收益的条款,此类刚性兑付条款违反相关法律法规应属于无效条款。即使申请人向被申请人转让份额的行为成立,其也应该按照基金合同相关管理的约定视投资项目本身的一个运营情况获取相关的收益、承担相关的风险或者亏损,而非定额的转让。被申请人受让份额之后,也应该按照上述约定获取收益、承担亏损。本案中,原合同中的该条款同样属于被撤销之列,不应该被履行。因此,基金份额产品本身的瑕疵在转让给受让人的时候,可能存在基金公司对申请人本人的抗辩,也可能用于对抗受让人,受让人受让份额之后也没有办法按照保本保收益的约定向基金管理人主张。

3. 申请人存在违约

被申请人认为,申请人有违约行为,被申请人有权因申请人的违约行为而不支付转让价款。被申请人主张的申请人违约行为包括:

一是申请人转让的基金份额产品不合法。申请人提交的证据《个人无限连带责任担保协议》(以下简称《担保协议》),其中记载第二被申请人向基金份额持有人提供无限连带责任担保,约定"在收到索款通知后 7 日内无条件将固定分红款项和本金包括到期日后所产生的每日3%的滞纳金支付给甲方",系对基金持有人作出的保本保收益承诺条款,违反相关法律法规,申请人转让的基金份额不合法。

二是基金份额不具有经济价值,致使合同目的不能实现。被申请人认为,由于D公司实际经营管理人的侵占行为,基金份额已不具备经济价值,被申请人的合同目的无法实现。

三是申请人未履行转让基金份额的配合义务。申请人应履行将基金份额转让情况书面告知普通合伙人、其他有限合伙人、基金管理人以及托管银行,取得普通合伙人同意,其他有限合伙人放弃优先购买权,配合完成合伙企业工商变更登记,向第一被申请人进行风险揭示并进行风险调查问卷,配合第一被申请人完成合格投资者确认流程,配合第一被申请人完成新加入有限合伙人入伙程序等义务。

三、仲裁庭意见

（一）关于《转让协议》的效力

仲裁庭从程序角度认为被申请人未明确提出撤销合同的请求,故合同效力不受影响。具体而言,胁迫和显失公平均是法定的撤销合同的事由,不是合同无效的事由。就程序而言,被申请人如以胁迫和显失公平为由对抗合同的约束力,应明确提出反请求要求撤销合同,而不能仅以胁迫和显失公平作为答辩事由。第一被申请人在试图提出反请求后又明确表示不在本案中提出反请求,实质是仅以胁迫和显失公平作为答辩事由。在此情况下,《转让协议》的约束力并未受到动摇。

仲裁庭认定,《转让协议》由申请人与第一被申请人签署,其条款未违反法律、行政法规的强制性规定,《转让协议》对申请人与第一被申请人有约束力,双方应各自履行约定的义务。

（二）关于申请人是否存在违约的问题

被申请人主张申请人存在违约,进而主张同时履行抗辩。仲裁庭不认可申请人存在违约行为。理由如下:

关于被申请人认为申请人转让的基金份额不合法的主张,仲裁庭不予认可。一是被申请人认为《基金合同》存在保本保收益条款而违法所依据的证据是申请人提交的《担保协议》，而此前在质证时，被申请人曾表示对该证据不予认可。二是本案审理的并非《基金合同》纠纷，仲裁庭无法超过《转让协议》范围去审查《基金合同》是否存在保本保收益条款，也无法审查《基金合同》是否因此违反法律法规的规定。

关于被申请人认为基金份额不具有经济价值，导致合同目的无法实现的主张，仲裁庭不予认可。根据《转让协议》第6条的约定，在签署协议前，被申请人已详细阅读基金的相关文件及其他相关资料，已对基金可能存在的风险及持有基金份额后的所有权利、义务有了充分全面的了解。仲裁庭认为，即便假设确实存在被申请人所主张的D公司实际经营管理人的侵占行为，并进一步假设该行为使基金份额丧失经济价值，该风险也应属于"基金可能存在的风险"。被申请人受让基金份额的同时，相应的风险已转移给被申请人，被申请人不能以该风险为由认为申请人违约。

关于申请人的配合义务。被申请人所称的这些配合义务在《转让协议》中完全没有体现，仲裁庭无法认定申请人有被申请人主张的这些配合义务；即便假设申请人有这些配合义务，《转让协议》也没有将这些义务作为被申请人支付转让价款的前提条件。

(三) 关于申请人的仲裁请求

关于支付转让款的请求。《转让协议》第8条明确约定了转让价款及付款时间，且双方并未另行约定其他付款条件，据此，被申请人依约应于2019年5月16日之前付清转让价款1009401元。申请人要求第一被申请人支付转让价款1009401元，有合同依据，仲裁庭予以支持。

关于支付违约金的请求。第一被申请人未依约履行支付转让价款的义务，应承担违约责任。《转让协议》第12条约定了万分之五/日的违约金标准，该标准没有不合理地加重第一被申请人的违约责任，申请人要求按每日万分之五的标准计算违约金，仲裁庭予以支持。《转让协议》约定的付款时间为2019年5月16日之前，第一被申请人未依约付款，于2019年5月16日进入违约状态。申请人要求自2019年5月16日起计算违约金，仲裁庭予以支持。

关于律师费、保全费。对于当事人为进行仲裁而发生的合理费用，仲裁庭根据当事人的申请及案件情况决定该等费用的承担。申请人为本案聘请了律师,律师费属于为进行仲裁而产生的合理费用;申请人为本案而进行了财产保全,因此产生保全费,该费用属于为进行仲裁而产生的合理费用。上述费用由第一被申请人补偿申请人。

关于第二被申请人的连带责任。第二被申请人称其担保是受到申请人胁迫的结果,提供担保并非其真实意思表示。但是,第二被申请人并未提出反请求要求撤销其提供担保的行为。仲裁庭因此认定,第二被申请人仍应受其担保承诺的约束。第二被申请人为第一被申请人提供连带责任担保,申请人要求第二被申请人与第一被申请人承担连带责任,仲裁庭予以支持。

四、仲裁结果

仲裁庭对本案作出裁决如下:
1. 第一被申请人向申请人支付转让价款人民币1009401元。
2. 第一被申请人向申请人支付迟延支付上述转让价款的违约金,违约金以每日万分之五计算,自2019年5月16日起,计至实际清偿止。
3. 第一被申请人补偿申请人律师费、保全费。
4. 第二被申请人为第一被申请人的上述债务承担连带责任。
5. 本案仲裁费由两被申请人承担。

五、评析

本案是基金份额转让协议纠纷,涉及《基金合同》《转让协议》两个合同以及多方主体,也存在较复杂的事实认定问题。本部分去繁就简,主要就本案中较具代表性的法律问题进行探讨。本部分主要探讨以下问题:一是《基金合同》自身是否成立生效;二是《基金合同》的效力对后续基金份额《转让协议》在效力上和履行上的影响。

(一)《转让协议》相对于《基金合同》的效力独立性问题

1.《基金合同》的成立生效

本案发生于《民法典》生效前,仍应适用《民法总则》《合同法》相关规则,下文主要针对本案进行阐述。①

本案中,《基金合同》中只有申请人的签字,而基金管理公司并未签章,可能存在合同未成立的问题。合同的订立是一个动态概念,合同的成立是一个静态概念。合同的订立,是指两个或两个以上的当事人为意思表示、达成合意最终成立合同的过程。合同的成立,是指经由上述订立过程而形成合同的结果。② 合同成立的一般构成要件包括:一是主体方面,合同当事人具有相应的民事权利能力和民事行为能力,本案中,《基金合同》的双方是基金管理人和申请人,均符合原《民法总则》下对于民事权利能力和民事行为能力的要求。二是合同当事人需就合同主要条款达成合意,即就互相作出的意思表示达成一致。《合同法》以表示主义为原则,仅在合同因欺诈、胁迫等原因而成立时采取意思主义,故合意原则上指双方当事人表示内容的一致,对合同条款在客观上的意思表示一致。③ 三是部分类型的合同可能有特殊成立条件,例如要式合同、要物合同,仅当满足相关条件时合同方成立。④ 根据《合同法》第32条的规定,当事人采用合同书形式订立合同的,自双方当事人签字或者盖章时合同成立;《合同法》第37条规定,采用合同书形式订立合同,在签字或者盖章之前,当事人一方已经履行主要义务,对方接受的,该合同成立。本案中,《基金合同》系采用合同书形式订立的书面合同,当事人虽然只有一方签字,但是,申请人已经履行《基金合同》项下的主要义务即支付基金份额价款,且合同相对方基金管理公司已接受其价款,故根据《合同法》第37条(《民法典》第490条第1款)的规定,本案的《基金合同》依法成立,不存在未成立的问题。

此外,本案中,被申请人还主张《基金合同》中存在保本保收益条款,应属无效条款。原《民法总则》第143条明确将"不违反法律、行政法规的强制性规定"作为民事法律行为生效要件之一;第153条第1款将"违反法律、行政法规的强制性规定"的民事法律行为认定为无效。《合同法》第52条第(五)项将"违反法律、行政法规的强制性规定"作为合同无效事由之一。同时,并非所有违反强制性规范的民事法律行为都无效。我国法律体系下区分

---

① 但就实质内容而言,《民法典》颁布前后,合同的成立和因违法背俗而无效的相关条款内容未发生本质变化,所以此处的法律援引并不会对结论产生实质性影响。
② 参见韩世远:《合同法总论》(第4版),法律出版社2018年版,第101页。
③ 参见崔建远:《合同法》,北京大学出版社2012年版,第61页。
④ 参见韩世远:《合同法总论》(第4版),法律出版社2018年版,第101—105页。

强制性规定与任意性规定,强制性规定进一步采用二分法,划分为管理性强制性规定与效力性强制性规定。根据《合同法解释(二)》第14条、《合同纠纷指导意见》第15条和第16条的规定,只有违反的是"效力性强制性规定"才会带来合同或相关条款无效的法律后果,违反管理性强制性规定的,人民法院根据具体情形判断合同效力。

就本文讨论的私募基金保本保收益条款,其可能违反的是证监会2014年发布的《私募管理办法》第15条"私募基金管理人、私募基金销售机构不得向投资者承诺投资本金不受损失或者承诺最低收益"的规定。从法律位阶看,2019年《九民纪要》第31条明确了违反规章的合同效力,即"违反规章一般情况下不影响合同效力,但该规章的内容涉及金融安全、市场秩序、国家宏观政策等公序良俗的,应当认定合同无效",为违反规章导致合同无效留下一定空间。由于私募基金监管规则普遍存在法律位阶较低的问题,绝大多数规则以部门规章形式存在,在判断相关规则对合同效力的影响时,应结合其立法目的与保护法益综合考量,认为《私募管理办法》第15条属于效力性强制性规定。

但是,本案中被申请人虽主张《基金合同》存在保本保收益条款,但并未就《基金合同》本身的条款进行举证,而是主张申请人提交的《担保协议》中约定第二被申请人承担无限连带责任担保,构成保本保收益条款而无效。首先,并非所有主体的保本保收益都构成法律法规所禁止的基金保本保收益。本案中《担保协议》的保证人是第二被申请人,并非基金管理人,不符合《私募管理办法》第15条规定的主体要件,因此并不构成对效力性强制性规则的违反。其次,本案的《担保协议》实际是第三方对基金提供的担保,是正常的增信措施,不会带来基金管理人保本保收益可能带来的风险集中、利益冲突以及金融市场安全与稳定等公共利益问题,而是当事人基于意思自治的真实意思表示,《担保协议》不会因为违反强制性规定而无效。

2.《转让协议》效力的独立性

如上所述,本案《基金合同》并不存在未成立或无效的问题。但是本案的核心是《转让协议》纠纷,事实上,即使《基金合同》存在未成立或无效的问题,也不会影响《转让协议》的效力。

《基金合同》未成立或无效的法律后果是其项下基金份额的自始不存在。本案中的基金是契约型基金。国际证监会组织(IOSCO)通过考察发现,世界上主要国家(地区)的集合投资计划,根据治理结构不同有公司型和契约型两种模式①,前者采用设立股份公司的方式募集资本,通过公司治理机制协调资金所有人和管理人的关系;后者采用信托(契约)方式募集资金,利用信托财产的独立性和信义义务建立资金所有人和管理人的关系。② 在契约型基金语境下,其并不像公司型基金那样另外设有独立的法人组织,因此其存续与否并不完全取决于合同效力,同时也取决于《公司法》下的相关规则及公司的存续状态。对于契约型基金,由于《基金合同》的无效将带来自始无效的法律后果,因此《基金合同》创设的基金投资法律关系以及项下的基金份额也将自始不存在。

一方面,《基金合同》项下的基金份额是《转让协议》的交易标的物,但是交易标的物不存在并不会带来合同无效的法律后果。合同的生效,指的是成立了的合同依当事人合意的内容发生效力,即法律行为或合同依意思表示追求发生法律上的效果。③《民法典》第143条规定了民事法律行为生效的要件:"(一)行为人具有相应的民事行为能力;(二)意思表示真实;(三)不违反法律、行政法规的强制性规定,不违背公序良俗。"由于合同无效将带来自始无效的严重法律后果,是对当事人交易行为在法律上最根本的否定,因此其判断必须严格符合法律所规定的要件。本案中,《转让协议》双方并不存在行为人无民事行为能力、意思表示不真实或违法背俗的情形,同时上述合同无效的要件中并不涉及合同项下交易的标的物是否存在的问题,即使合同双方约定了不存在的标的物,也不会带来合同效力问题,而是将带来合同履行的问题。

同时,需要区分合同标的物不存在和合同标的物违法两种情形。在合同标的物违法,例如《转让协议》的标的物属于法律禁止流通的物品等情形时,其可能因为违反法律、行政法规的强制性规定,而构成《民法典》第153条第1款因违法而无效的情形。涉及基金保本保收益问题上,假如《转让协议》中明确约定了其项下转让的基金份额将由基金管理人进行保本保收益,则可能因违反法律、行政法规的强制性规定而无效。但需要注意的是,此处的无效是《转让协议》自身的约定违反效力性强制性规定,而并非《基金合同》的

---

① See The Technical Committee of the IOSCO, "Examination of Governance for Collective Investment Schemes", Final Report, Part I, at 5 (June 2006). 转引自洪艳蓉:《论基金托管人的治理功能与独立责任》,载《中国法学》2019年第6期。
② 参见洪艳蓉:《论基金托管人的治理功能与独立责任》,载《中国法学》2019年第6期。
③ 参见韩世远:《合同法总论》(第4版),法律出版社2018年版,第193—194页。

效力问题影响《转让协议》的效力,两个合同的效力依然是独立的。如上所述,根据本案的既有证据,并不存在该问题,因此《转让协议》不会因违反效力性强制性规定而产生效力问题。

另一方面,可能导致两个合同之间效力相互影响的一种情况是,两个合同属于主从合同。例如在保证的语境下,保证合同具有从属性,保证债务相对于主债务的从属性体现于成立、移转、内容、消灭等各个方面,当主合同无效时从合同也将无效。但是从本案两个合同的关系看,《基金合同》与《转让协议》并不存在主从合同关系,是彼此独立的两个合同,根据合同相对性原理,其仅对各自的合同相对方产生约束力,并不会对彼此的效力产生影响。

(二)《转让协议》履行的问题

《基金合同》效力问题可能导致《转让协议》履行不能。同时,《基金合同》的无效导致基金份额的不存在,虽然并不会带来《转让协议》的效力问题,但是会带来合同履行层面的履行不能问题。虽然本案并不存在《基金合同》的效力问题,但是本文将扩展考虑此种情形下《转让协议》履行的相关法律问题。

履行不能,是指作为债权之客体的给付不可能的状态。① 根据发生事由的出现时间,履行不能分为自始不能(又称原始不能)和嗣后不能;根据履行不能是仅限于当事人还是针对所有人,可以分为主观不能和客观不能,债务人之外的人有能力履行的则属于主观不能;根据履行不能是否可归责于债务人,可以分为过错(有责)的履行不能和非过错(无责)的履行不能;根据导致合同履行不能的原因可分为事实不能与法律不能,前者又称为自然不能,是自然法则上的不能,后者是基于法律规定的履行不能,或者说是指因法律的理由而导致的履行不能。②

就我国法律体系下的法律规定而言,《合同法》第 110 条(《民法典》第 580 条第 1 款)规定:当事人一方不履行非金钱债务或者履行非金钱债务不符合约定的,对方可以要求履行,但有下列情形之一的除外:①法律上或者事实上不能履行;②债务的标的不适于强制履行或者履行费用过高;③债权人

---

① 参见韩世远:《合同法总论》(第 4 版),法律出版社 2018 年版,第 522 页。
② 参见韩世远:《合同法总论》(第 4 版),法律出版社 2018 年版,第 522—524 页;石佳友:《履行不能与合同终止——以〈民法典〉第 580 条第 2 款为中心》,载《现代法学》2021 年第 4 期。

在合理期限内未要求履行。《民法典》第580条第2款进一步规定,有上述情形之一,致使不能实现合同目的的,人民法院或者仲裁机构可以根据当事人的请求终止合同权利义务关系,但是不影响违约责任的承担。该款是《民法典》在《合同法》基础上新增的规定,旨在解决"合同僵局"问题。

按照《转让协议》的约定,申请人负有向第一被申请人交付基金份额的先履行义务,之后第一被申请人才支付转让价款。在《基金合同》无效导致基金份额不存在的情形下,属于申请人一方的履行不能,其情形可归入上述履行不能分类中的自始不能、客观不能以及事实不能。本案中第一被申请人是基金管理人的大股东,即使有证据表明其在《基金合同》订立过程中存在过错,滥用对基金管理人的控制权而导致《基金合同》无效,但基于《基金合同》与《转让协议》两份合同的相对独立性,申请人可能也无法回避其交付基金份额的履行不能责任;在这种情况下,其实对申请人而言,更有利的救济渠道是申请人直接向基金管理人主张基于《基金合同》的合同无效法律责任而获得赔偿,而非依据《转让协议》向第一被申请人要求支付转让基金份额价款。

此外,需要说明的是,本案中被申请人还主张由于基金份额不具有实际经济价值,因此合同无法履行。但是基金投资关系遵循"卖者尽责,买者自负"的底层逻辑,在基金投资关系下,基金份额不具有经济价值或者产生亏损并不能构成合同履行不能的理由。并且根据当事人双方签订的《转让协议》第6条的约定,在签署协议前,被申请人已详细阅读基金的相关文件及其他相关资料,已对基金可能存在的风险及持有基金份额后的所有权利、义务有了充分全面的了解,故不能以此为理由主张合同履行不能。

(本案例由北京大学法学院博士研究生杭雅伦编撰)

案例 17　私募基金管理人关联方回购的法律效力

仲裁要点： 管理人关联方回购是独立的第三方回购，不属于《私募管理办法》等法律法规中禁止刚性兑付的适格主体，其回购协议不会因为违反法律法规的强制性规定而无效。基金合理延期后如仍未按约定支付本金及收益，触发《回购协议》，第三方应当按约定履行回购义务。

一、案情概要

2017 年 8 月 29 日，自然人 A（本案申请人）与案外人 C 资产管理有限公司（基金管理人）及 E 银行（基金托管人）共同签订《基金合同》，约定申请人认购 1000000 元的案涉基金份额。案涉基金的存续期限为 1 年，管理人有权视基金运作情况将该基金延长 6 个月；收益分配按半年付息；基金的业绩比较基准为 9.5%/年。同日，申请人通过其名下银行账户分五次共计向《基金合同》指定收款账户支付了 1000000 元。

同日，申请人与作为管理人关联方的 B 资产管理有限公司（本案被申请人）签订《回购协议》，约定：在满足特定条件之日起 10 个工作日内，申请人有权要求被申请人依约回购，并约定迟延支付的违约金。这些条件包括：(1)自申请人投资款支付到基金托管账户之日（含）起，且基金到期满（基金存续期限延长的，以延长终止期满日起算，下同）15 个工作日内，基金未按《基金合同》的约定向申请人分配本金及收益；(2)自申请人投资款支付到基金托管账户之日起，且基金到期满 15 个工作日内，申请人持有的全部基金份额未转让给第三方并办理完变更登记手续的，申请人仍合法持有基金份额；(3)自申请人投资款支付到基金托管账户之日起，且基金到期满 15 个工作日内，申请人已履行《基金合同》约定的全部义务，并未有任何触犯法律法规的行为发生。如被申请人未按本协议约定时间足额向申请人支付回购价款的,每逾期一天,还应按应付而未付金额的万分之五按日向申请人支付迟付款违约金。

2018年8月21日,管理人向各投资者发出公告,告知案涉基金存续期限延长6个月,在延长期内全体投资者业绩比较基准将整体上浮1%/年。2019年3月1日,管理人再次向各投资者发出公告,告知案涉基金在存续期满18个月的10个工作日内仍无法兑付,需要再延长6个月。

2019年8月5日,申请人向被申请人公证送达了《回购申请》,要求被申请人在收到申请书后5个工作日内执行《回购协议》,与申请人签订《基金份额转让协议》并尽快按回购价格予以兑付。

2019年9月9日,申请人依据《回购协议》约定的仲裁条款向深圳国际仲裁院提起仲裁,请求:

1. 裁决被申请人按《回购协议》回购申请人持有的基金份额,支付申请人回购价款1105000元;承担迟延履行期间的违约金90000元(从2019年3月1日起暂计算至2019年8月28日,实际主张至付清回购价款之日止,以1000000元为基数,按照每日万分之五的标准计算)。

2. 裁决被申请人支付申请人律师费。

3. 裁决本案仲裁费、保全费由被申请人承担。

二、当事人主张

(一) 申请人主张

被申请人在案涉基金到期后未依约支付本息,到期日延长6个月后仍未支付,触发《基金合同》项下的回购条款。据此,申请人向被申请人主张支付本息并承担违约责任,支付违约金。

关于《回购协议》的效力,申请人主张《回购协议》合法有效,不存在违反法律无效的情形。理由如下:

其一,《私募管理办法》和《基金募集办法》等是部门规章,不是法律、行政法规,系管理性规范,不是效力性强制性规范,本案不能适用。同时,这些办法的效力仅限于私募基金管理人、私募基金销售机构,并未限定第三方。而本案被申请人并未在中基协备案,不具备私募基金管理人资格,主体不适格,显然不能适用这些办法。

其二,C资产管理有限公司是私募基金管理人,不是信托公司,也不是金融机构;被申请人显然也不是信托公司,故本案不能适用《信托法》以及《九民纪要》中的规定。本案的标的不是证券,也不能适用《证券法》。

其三,《基金合同》与《回购协议》在协议主体、协议内容、违约责任及争议解决方式上均不同,二者虽有关联但相互独立。本案中的协议虽名为《回购协议》,但其实并非回购性质,卖出基金的主体和买回基金的主体并非同一人。申请人是依据《基金合同》从管理人处认购的基金,《回购协议》约定有义务购买申请人基金的是被申请人,主体不同,不能认定为回购,申请人和被申请人只是约定了在一定条件下购买本基金,双方当事人因该购买事宜产生纠纷。

其四,《回购协议》不是保证合同。《回购协议》中未出现"保证责任""担保责任""连带责任"等字眼。合同内容约定的回购义务和保证条款也大相径庭,类似于投资机构和目标公司签订的对赌条款或股权回购协议,目前的司法实践均认定这些条款是有效的。即使《回购协议》是保证合同,也不会因为《公司法》第16条而无效。《公司法》第16条规定的是公司为公司股东或者实际控制人提供担保的,必须经股东会或者股东大会决议。而本案申请人不是被申请人的股东或者实际控制人,因此无须经被申请人股东会对《回购协议》约定的回购义务进行表决并通过,并不与《公司法》第16条冲突。同时,《公司法》第16条只是对公司内部行为的约束和行为限制规范,立法原意是保证交易安全,约束董事和高级管理人员,性质为管理性强制性规范,不影响对外担保的合同效力,担保合同有效。退一步说,即使《回购协议》因《公司法》的规定而无效,根据《担保法司法解释》第7条的规定,被申请人仍然要承担赔偿责任。

(二)被申请人主张

被申请人主张《回购协议》的约定违反法律、行政法规、司法解释及其他强制性规定,对案涉基金保本保收益的约定无效,理由如下:

其一,《回购协议》系作为《基金合同》外部第三人的被申请人对基金投资人作出的保证其本金及收益的安排,构成案涉《基金合同》的保底条款,相关条款无效。首先,关于保本保收益的约定违反了《私募管理办法》关于"私募基金管理人、私募基金销售机构不得向投资者承诺投资本金不受损失或者承诺最低收益"和《基金募集办法》关于"募集机构及其从业人员推介私募基金时,禁止……以任何方式承诺投资者资金不受损失,或者以任何方式承诺投资者最低收益,包括宣传'预期收益'、'预计收益'、'预测投资业绩'等相关内容"的相关规定。其次,被申请人不具备进行回购安排的条件。《证券法》及《证券公司客户资产管理业务试行办法》均规定,证券公司不得对客户证券买卖的收益或者赔偿证券买卖的损失作出承诺。如果证券公司与客户签订的委托理财协议中的保底条款无效,那么无论是从资金、信息、技术、人才方面均不具备优势的被申请人对外承诺的保底条款,无疑更可能引发风险,亦应属于无效条款。最后,保底条款实际上免除了投资人应承担的投资风险,致使当事人民事权利义务失衡,有悖于委托代理法律制度的基本原理,违背了委托理财法律关系和私募基金"利益共享、风险共担"的基本原则,亦违反了金融市场的基本规律和交易原则。

其二,《回购协议》的性质为保证合同,因未经被申请人股东会决议,违反《公司法》第16条的规定而无效。《九民纪要》第91条规定:"信托合同之外的当事人提供第三方差额补足、代为履行到期回购义务、流动性支持等类似承诺文件作为增信措施,其内容符合法律关于保证的规定的,人民法院应当认定当事人之间成立保证合同关系……"从《回购协议》保本保收益的约定来看,该协议符合《担保法》关于保证的规定,申请人与被申请人之间成立保证合同关系。

《公司法》第16条第1款规定:"公司向其他企业投资或者为他人提供担保,依照公司章程的规定,由董事会或者股东会、股东大会决议;公司章程对投资或者担保的总额及单项投资或者担保的数额有限额规定的,不得超过规定的限额。"案涉《回购协议》的签订日期为2017年8月29日,当时被申请人的股东为自然人H、D公司和F公司。申请人并未提供证据证明其在签订《回购协议》时已对被申请人是否就提供担保一事形成股东会决议、决议的表决程序是否符合《公司法》及被申请人公司章程的规定、签字人员是否符合公司章程的规定等事项进行审查,申请人不构成《九民纪要》第17条、第18条规定的"善意"债权人。因此,《回购协议》违反了《公司法》第16条的强制性规定,根据《合同法》第52条第(五)项的规定,属于无效的担保合同。

其三,案涉基金到期日为2020年3月1日,尚未期限届满(指相对提起仲裁之时)。因此,即便《回购协议》有效,双方约定的回购条件并未达成。

总之,被申请人主张《回购协议》以及申请人与案外人签订的《基金合同》所约定的投资保本保收益条款违反了《信托法》《证券法》及其他相关法律、行政法规、司法解释的强制性规定,且《回购协议》未经被申请人股东会决议,违反了《公司法》第16条的规定,故《回购协议》无效。

三、仲裁庭意见

仲裁庭认为,本案争议焦点有二:一是《回购协议》的法律效力;二是《回购协议》约定的回购条件是否成就。

(一)《回购协议》的法律效力

其一,《回购协议》的法律效力具有独立性。《回购协议》是在管理人与申请人签订《基金合同》的基础上订立的,实际为担保性质的从合同,故《基金合同》与《回购协议》构成主合同与从合同关系。《担保法司法解释》第7条和第8条规定,主合同有效而担保合同可能无效,主合同无效则必然导致担保合同无效。由此可见,担保合同在法律效力上相对主合同有一定的独立性。在本案中,《基金合同》是申请人与案外人签订的,只能作为本案证据使用,其法律效力不属于仲裁庭确认范围,并且被申请人未提供《基金合同》被法院或仲裁机构认定为无效的证据,因此本案仲裁庭可以单独确认《回购协议》的法律效力。

其二,回购主体方面。被申请人作为《回购协议》一方当事人,既不是私募基金管理人、私募基金销售机构,也不是金融机构、信托公司、证券公司,故本案不适用《信托法》《证券法》及其他有关金融机构的法律法规,这些法律法规有关投资保本保收益的合同约定无效的强制性规定不适用《回购协议》。

其三,要求《回购协议》取得股东会担保决议不合理。《回购协议》约定的是管理人管理并发行的案涉基金产品没有按照《基金合同》约定的期限向申请人分配本金和收益时,由被申请人以约定的价格受让申请人的基金份额。由此可见,《回购协议》是一种附条件的基金产品转让或债权转让的交易,也是保证《基金合同》项下基金产品交易安全的一种方式,虽然具有担保的性质,但并不是完整法律意义上的担保合同。特别是在表现形式上,《回购协议》并未采用担保合同名称,而《基金合同》项下的基金是向社会不特定人发行的标准化交易产品,《回购协议》也是格式化的、与《基金合同》相配套的合同文件,在此情形下设定基金产品购买人必须取得"回购人"股东会担保决议的义务,显然是不适当的。因此,被申请人以《回购协议》是担保合同,但其没有经过公司股东会作出担保决议为由,否定《回购协议》效力的抗辩理由不能成立。

基于上述分析,仲裁庭认为,本案申请人与被申请人于2017年8月29日签订的《回购协议》是双方当事人的真实意思表示,没有违反中国法律和行政法规的强制性规定,依照《合同法》的相关规定,应属合法有效,并对本案双方当事人具有约束力。

(二)《回购协议》约定的回购条件是否成就

申请人认为,申请人已出资认购了案涉基金,至今仍合法持有认购的基金份额,没有任何触犯法律法规的行为,而案涉基金到期后没有按照《基金合同》的约定向申请人分配本金及收益,故被申请人应当履行回购义务。被申请人则认为,依据管理人发出的第二次延期6个月的公告,案涉基金到期日为2020年3月1日,尚未期限届满,双方约定的回购条件并未达成。从双方当事人各自观点看,回购条件是否成就的争议焦点集中在《基金合同》所约定的案涉基金是否到期。

仲裁庭认为,《基金合同》约定:"本基金预计存续期届满时基金财产未全部变现完毕,管理人有权视基金运作情况将本基金延长6个月,具体以管理人公告为准。"《回购协议》第2条中亦对基金到期作出注解:"基金存续期限延长的,以延长终止期满日起算。"2018年8月21日,管理人发出第一次延期6个月的公告,将案涉基金的存续期限延迟至2019年3月1日。故依照上述合同约定,案涉基金的存续期限应当确认至2019年3月1日止。鉴于管理人在此期限内没有依照《基金合同》的约定兑付申请人的本金和收益,即触发了《回购协议》约定的回购条件,被申请人应当履行回购义务。

至于管理人发出第二次延期6个月的公告,由于《基金合同》没有约定延期6个月后基金管理人还可再次延期,《回购协议》亦无此特别约定,并且管理人若可无限制地延期对于基金购买者也是不公平的,故被申请人以基金存续期限未届满作为回购条件未成就的抗辩理由不能成立。

综上,仲裁庭认为,申请人要求被申请人履行回购义务的主要仲裁请求以及其他附属的仲裁请求应当予以支持。

四、裁决结果

仲裁庭支持了申请人的请求,对本案作出如下裁决:

1. 被申请人按《回购协议》回购申请人持有的基金份额,支付申请人回购价款人民币1052500元;承担迟延履行回购义务期间的违约金(以本金人民币1000000元为基数,按照每日万分之五的标准,从2019年4月5日起计至付清前述回购款之日止)。
2. 被申请人支付申请人律师费。
3. 申请人支付的本案保全费和保全担保费,由被申请人承担。
4. 本案仲裁费由被申请人承担。

五、评析

(一)私募基金保本保收益的法律效力

本案中,当事人主张《回购协议》根据《合同法》(本案适用的法律)第52条第(五)项"违反法律、行政法规的强制性规定"而无效,核心是违反私募基金监管法律法规中关于保本保收益禁止的强制性规定。在此分析明确哪些情况的私募基金保本保收益会被视为无效。

1. 私募基金禁止保本保收益的规则是否构成效力性强制性规定

承继《合同法》第52条第(五)项内容的《民法典》第153条第1款规定,违反法律、行政法规的强制性规定的民事法律行为无效,并补充规定"但是,该强制性规定不导致该民事法律行为无效的除外"。可见,并非所有违反强制性规范的法律行为都无效。我国将法律规范区分为强制性规定与任意性规定,前者再进一步划分为管理性强制性规定与效力性强制性规定。根据《合同法解释(二)》第14条及《合同纠纷指导意见》第15条、第16条的规定,只有违反效力性强制性规定才会导致合同或相关条款无效的法律后果,如果违反的是管理性强制性规定,并不必然导致这一结果,人民法院将根

据具体情形对合同效力进行判断。① 效力性强制性规定的构成需要满足以下条件:

其一,法律位阶方面,需要是法律、行政法规规定的强制性规定,以及部分情况下部门规章的规定。《九民纪要》第 31 条明确了违反规章的合同效力,即"违反规章一般情况下不影响合同效力,但该规章的内容涉及金融安全、市场秩序、国家宏观政策等公序良俗的,应当认定合同无效",为违反规章可能导致合同无效留下一定的空间。

其二,规范对象方面,规范合同行为的强制性规定属于效力性强制性规定。关于效力性强制性规定与管理性强制性规定的区分标准,《合同纠纷指导意见》第 16 条规定,"如果强制性规定规制的是当事人的'市场准入'资格而非某种类型的合同行为,或者规制的是某种合同的履行行为而非某类合同行为,人民法院对于此类合同效力的认定,应当慎重把握……"。可见,是否直接规范合同行为而非限制准入资格或履行行为等具有管理性的事项,是判断强制性规定类型的重要参考。此外,《九民纪要》第 30 条第 2 款进一步明确列举应当认定为效力性强制性规定的几种情况:强制性规定涉及金融安全、市场秩序、国家宏观政策等公序良俗的;交易标的禁止买卖的;违反特许经营规定的;交易方式严重违法的;交易场所违法的。可见,合同中关于交易标的、交易主体、交易方式、交易场所等能够对交易行为性质带来严重、恶劣或本质性影响的交易核心事项,更宜解释为落入效力性强制性规定范畴。

就本案涉及的私募基金保本保收益而言,法律禁止基金保本保收益,也即刚性兑付的原理在于:一是基金保本保收益会导致投资风险配置发生变化,打破基金投资关系"卖者尽责,买者自负"的底层逻辑,导致风险过度集中于资产管理一方,引发利益冲突、风险集中与累积。二是会进一步对市场竞争的有序进行与金融市场的健康稳定发展造成不利影响,进而危害公共利益。这种影响在风险负担者是金融机构等特殊主体时尤其突出,可能引发金融安全、市场失序等问题。三是保本保收益不利于基金投资者内部的利益公平分配。基金是一个独立于基金管理人的资金池,在亏损的情况下不可能对

---

① 本案适用的《合同法》及其相关司法解释文件现已失效,但其对管理性强制性规定与效力性强制性规定的区分思路仍值得借鉴,可用于解释《民法典》合同编相关条文,《民法典》在第 153 条第 1 款的后半句也予以了借鉴,规定"但是,该强制性规定不导致该民事法律行为无效的除外"。

所有投资者进行保本保收益支付,而如果用基金资产对部分投资者保本保收益,则必然损害其他投资者的利益,也有害于落实投资者"买者自负"。

从法律条文看,基金保本保收益可能违反《私募管理办法》第 15 条"私募基金管理人、私募基金销售机构不得向投资者承诺投资本金不受损失或者承诺最低收益"、《私募若干规定》第 6 条"私募基金管理人、私募基金销售机构及其从业人员在私募基金募集过程中不得直接或者间接存在下列行为:……(三)……直接或者间接向投资者承诺保本保收益,包括投资本金不受损失、固定比例损失或者承诺最低收益等情形……"、《资管新规》第 2 条第 2 款"金融机构开展资产管理业务时不得承诺保本保收益"及《私募投资基金备案须知》第 1 条第(十三)项"管理人及其实际控制人、股东、关联方以及募集机构不得向投资者承诺最低收益、承诺本金不受损失,或限定损失金额和比例"等法律法规和行业规则的规定。

违反《私募管理办法》第 15 条的规定一般会被视为违反法律、行政法规的强制性规定。一方面,如上述,保本保收益行为可能对金融市场稳定、市场秩序与公共利益造成不利影响,因此虽然其违反的强制性规定属于部门规章层级,但应根据《九民纪要》第 30 条的规定将《私募管理办法》第 15 条定性为效力性强制性规定;另一方面,我国私募基金监管规则体系存在法律位阶较低的普遍性问题,绝大多数规则以部门规章及更低位阶规则的形式存在,在判断相关规则对合同效力的影响时,应结合其立法现状、目的及保护法益综合考量,认为其具有《民法典》第 153 条第 1 款规定的"强制性规定"性质更契合制度本意。

2. 何种保本保收益构成对私募基金保本保收益禁止规则的违反

并非所有的保本保收益行为都构成法律所禁止的保本保收益。私募基金刚性兑付在实践中广泛存在,在时间节点上既有在基金募集时承诺保底收益的,也有在基金到期后承诺返还本息的。在主体上除基金管理人自身作出承诺外,还有管理人的法定代表人、股东及其关联公司,以及项目公司等第三方作出的承诺。承诺方式除在基金合同中直接约定保底条款外,还有签订基金份额预约受让协议、回购协议、还款协议、和解协议、收益权转让协议以及出具保证函、承诺函、差额补足函、债务加入函等。[①] 结合上述私募基金保

[①] 参见上海金融法院综合审判一庭课题组:《涉契约型私募基金案件法律适用疑难问题研究——以 115 篇类案数据分析报告为基础》,载《上海法学研究》2021 年第 8 卷。

本保收益禁止的法律法规条文及法理可知,法律法规所禁止的保本保收益有以下特征:

其一,保本保收益的主体是法律法规规定的特定主体。不同法律法规所规范的主体不同,意味着不同主体对投资者进行保本保收益承诺将带来不同的法律后果。法律法规禁止保本保收益的主体包括基金投资顾问机构及其从业人员、私募基金管理人、私募基金销售机构及其从业人员,以及《资管新规》下的"金融机构"——银行、信托、证券、基金、期货、保险资产管理机构、金融资产投资公司等。在主体要件不符合要求的情况下,不会带来违反法律强制性规定致使合同无效的法律后果。

其二,从行为的时间维度上看,所规范的承诺保本保收益的阶段是募集阶段。2014年的《私募管理办法》和2018年的《资管新规》中一般性地禁止相关人员承诺保本保收益,未明确该行为在何阶段发生。而2019年的《九民纪要》和2020年的《私募若干规定》则区分了不同时间维度的保本保收益承诺效力。① 具体而言,相关规定禁止在募集过程中的保本保收益,而当第三方差额补足、代为履行到期回购义务、流动性支持等类似承诺文件作为增信措施时,则根据其具体内容判断法律关系与法律行为效力。一方面,基于新法优于旧法、上位法优于下位法的原则,应认为构成违反法律法规强制性规定的保本保收益承诺应是发生在募集阶段的承诺;另一方面,从法理上看,发生在募集阶段的保本保收益与事后风险处置等阶段的保本保收益存在本质区别。在前者情形下,该承诺将直接影响当事人的真实意思,并直接带来法律关系的变化,使私募基金背离作为资管产品"受人之托、代人理财"的基本定位,造成二者之间的法律关系变相为借贷等其他法律关系,与基金本质上的投资关系相背离,导致风险分配的变化并可能进一步对金融市场的安全稳定造成不利影响。而在后者的情形下,第三方的回购或差额补足则是基于个案约定的风险处置措施,其目的在于提供增信或其他商业视角下的增值服务,以促进交易达成或在风险发生时按照意思自治与诚实信用原则进行事后的利益分配与风险处置,此时其法律关系并未发生变化,也不会对公共利益造成不利影响,不应属于法律法规强制禁止并使行为无效的情形。

---

① 参见《九民纪要》第92条、《私募若干规定》第6条。

(二)私募基金第三方回购的合同效力问题

1. 一般的第三方回购

从法律规定看,私募基金监管体系下对刚性兑付的主体有一定要求,并非所有主体进行的固定收益偿付都落入其所禁止的刚性兑付范围。当第三方进行回购时,一般情况下并不构成法律法规禁止的刚性兑付,不会影响合同效力。

如上述,法律法规禁止基金管理人刚性兑付旨在确保基金投资关系"卖者尽责,买者自负"的底层逻辑,避免风险过度集中于资产管理一方,引发利益冲突、风险集中与累积,进一步对市场竞争的有序进行与金融市场的健康稳定发展和公共利益造成不利影响。而在第三方回购的情形下,其法律性质是一种增信措施,目的在于提供增信或其他商业视角下的增值服务,以促进交易达成或在风险发生时按照意思自治与诚实信用原则进行事后的利益分配与风险处置,此时其法律关系并未发生变化,也不会对公共利益造成不利影响,不应属于法律法规强制禁止并使行为无效的情形。当第三方是以自身信用承诺刚性兑付,其与管理人等法律法规禁止刚性兑付的主体不存在财产与人格混同时,其承诺并不会带来上述危及金融市场稳定发展的问题,其以自身财产承担责任是当事人基于意思自治的真实表示,并不会带来外部性问题。而直接将法律行为视为无效是对其最根本的否定,将带来自始无效的重大法律后果,因此在第三方回购情形下应尊重当事人意思自治,慎重判断其法律行为的有效性。

就第三方回购的法律性质而言,其理论大致可分为保证、债务加入和独立合同关系三种观点。就目前最新的具体判断标准而言,《九民纪要》第91条规定,信托合同之外的当事人提供第三方差额补足等类似承诺文件作为增信措施,其内容符合法律关于保证的规定的,人民法院应当认定当事人之间成立保证合同关系;其内容不符合法律关于保证的规定的,依据承诺文件的具体内容确定相应的权利义务关系。《担保制度解释》第36条进一步明确,第三人向债权人提供差额补足、流动性支持等类似承诺文件作为增信措施,具有提供担保的意思表示的则认定为保证;具有加入债务或者与债务人共同承担债务等意思表示的则认定为债务加入;有这两种意思表示但难以确定是保证还是债务加入的则认定为保证;两种意思表示都没有的,则不能认定为保证或要求承担连带责任。也即增信性质的文件并非一概属于保证,具体仍需根据保证法律关系的构成要件进行具体判断。

就区分保证和债务加入的判断标准而言,保证最本质的法律特征是其从属性,当第三人愿意承担的债务内容明显不具有从属性时,如不存在所谓主债务、主债务人的情况下,法院也可依法认定构成独立的合同关系。具体判断依据方面:一是坚持文义优先,尊重合同文本与当事人意思自治,例如是否明确使用"保证""债务加入"等措辞。二是没有明确的表述时,要判断第三方债务与原债务是否具有同一性。保证债务相对于主债务的这种从属性体现于成立、移转、内容、消灭等各个方面。① 而债务加入仅于产生上具有从属性,自加入债务之时起,债务加入人负担的债务即与原债务各自独立发展,因而债务加入具有相当程度的独立性。② 三是关注当事人义务履行顺位。保证分为一般保证与连带保证,一般保证具有补充性,只有在主债务人不能履行债务之时,保证人方需履行债务或者承担责任;而债务加入并不具有补充性,债权人可以直接要求原债务人或债务加入人履行债务。在实践中,如果相关增信文件将第三人履行债务的前提界定为债务人届期"不能""无法""无财产"履行债务,此时存在明显的履行顺位则不能认定为债务加入。③

本案协议中的约定是,当满足基金到期未如约分配本金收益、申请人仍然合法持有全部基金份额、申请人已履行合同项下全部义务条件时,申请人有权要求被申请人回购。被申请人以《九民纪要》第 91 条为依据主张《回购协议》是保证合同,认为从保本保收益约定来看协议符合《担保法》关于保证的规定。申请人则主张《回购协议》不是保证合同,因为其中未出现"保证责任""担保责任""连带责任"等字眼,约定内容更接近投资者与目标公司签订的股权回购协议。仲裁庭则认为《回购协议》是一种附条件的基金产品转让或债权转让,是保证《基金合同》项下基金产品交易安全的一种方式,虽然具有担保的性质,但并不是完整法律意义上的担保合同,另因为基金的标准化

---

① 参见高圣平:《担保法论》,法律出版社 2009 年版,第 86 页,转引自最高人民法院民事审判第二庭编著:《〈全国法院民商事审判工作会议纪要〉理解与适用》,人民法院出版社 2019 年版,第 480—481 页。
② 参见黄立:《民法债编总论》,中国政法大学出版社 2002 年版,第 626 页,转引自最高人民法院民事审判第二庭编著:《〈全国法院民商事审判工作会议纪要〉理解与适用》,人民法院出版社 2019 年版,第 480—481 页。
③ 参见最高人民法院民事审判第二庭编著:《〈全国法院民商事审判工作会议纪要〉理解与适用》,人民法院出版社 2019 年版,第 480—481 页。

使得要求回购方股东同意每笔基金回购不合理,因此否认其保证合同性质。该判断较为模糊,一方面,基金份额是否标准化、是否应由股东会决议回购事项应是认定为担保合同后的结果,而不能将股东会决议回购不合理作为否认回购协议担保性质的原因,存在因果逻辑上的颠倒;另一方面,由于案发时《担保制度解释》尚未出台,实践缺乏可操作的判断标准,由于本案协议中并未直接使用"担保""保证""债务加入"等文本表述,没有担保或债务加入任一种的意思表示,应属于《担保制度解释》第36条第4款的情况,其后果是"债权人请求第三人承担保证责任或者连带责任的,人民法院不予支持,但是不影响其依据承诺文件请求第三人履行约定的义务或者承担相应的民事责任",即当事人有权直接按照《回购协议》要求对方承担回购义务,将该协议作为独立的合同,不认定为保证合同。

2. 基金管理人关联方回购

当回购义务人是基金管理人关联方时,则情况更为复杂,理论与实践中也尚存争议,不能简单地将其视为第三方回购而肯定其法律行为的效力。从法律规则上看,中基协发布的《私募投资基金备案须知》明确禁止"管理人及其实际控制人、股东、关联方以及募集机构""向投资者承诺最低收益、承诺本金不受损失,或限定损失金额和比例",但是其位阶属于行业规定,不能直接带来回购合同无效的法律后果。除此之外的法律法规中并没有就管理人关联方回购的问题直接进行规定,因此在判断关联方回购法律行为效力时还需要具体分析能否参照适用《私募管理办法》《私募若干规定》等对管理人的相关规定。

从司法实践看,对基金管理人的密切关联利益主体如股东、投资经理、实际控制人、关联公司等关联方作出刚性兑付承诺的效力问题,存在不同观点,绝大多数案例中此类合同被认为有效,但也存在认定无效的情形。例如有判决明确指出,基金管理人的股东是以其个人名义与投资者签订补充协议,并非履行职务行为,是双方真实的意思表示,并不违反法律的强制性规定,应当认定有效;亦有判决认定,承诺主体并非管理人,但与管理人实际上是利益共同体,且从约定来看双方在签订协议时已知悉承诺人为管理人实际控制人的事实,因此,补充协议系为规避法律、行政法规的监管而作出的约定,有损社会公共利益,应认定为无效合同。①如上述,禁止管理人刚性兑付的原理在于避免不当的风险配置,避免不正当竞争,保证金融市场的健康、安全与稳定发展。当管理人关联方在财产或人格上与管理人存在混同时,此时关联方承担责任本质上与管理人承担责任并无差别,则应该参照适用针对管理人的相关法律法规认定回购合同的效力。反之,则不应轻易否定基金管理人关联方提供回购的法律效力。

总之,个案中需要具体区分管理人回购、第三方回购、管理人关联方回购。对于管理人(以及其他法律法规中明确禁止刚性兑付的主体)的回购,并非一概无效,需要进一步根据其承诺回购的时间与目的进行判断,在维护金融市场的安全稳定与当事人意思自治双重目标之间进行平衡。具体而言,应区分基金募集阶段的影响当事人法律关系与真实意思的回购约定与基金退出阶段的作为风险处置措施的回购约定,仅在前者的情况下可能因违反法律强制性规定而认定为无效。对于独立第三方回购,属于当事人事前增信措施或事后风险处置措施,并不会带来金融市场稳定与不正当竞争的问题,一般应尊重当事人意思自治认为其有效。对于管理人关联方回购,则需要注意关联方是否与管理人构成利益共同体。

(本案例由北京大学法学院博士研究生杭雅伦编撰)

---

① 参见上海金融法院综合审判一庭课题组:《涉契约型私募基金案件法律适用疑难问题研究——以115篇类案数据分析报告为基础》,载《上海法学研究》2021年第8卷。

专题三
私募基金的投资与管理(下)

(一)私募基金更换基金管理人

案例 18　私募基金管理人失联后基金合同终止和清算与否的认定

仲裁要点：基金管理人失联并被中基协注销登记后，依法已丧失从事私募基金管理业务的必要资质，构成《基金合同》约定的"被依法取消私募投资基金管理人相关资质"后合同终止的情形。在基金管理人缺位的背景下，基金清算实际无法执行，此时应当参照适用《基金法》第83条的规定，由基金托管人依法通过召集基金份额持有人大会的方式，决定更换基金管理人。在新的基金管理人产生并办理相应登记手续后，再按照《基金合同》的约定，由新的基金管理人、基金托管人等组成基金清算小组，进行基金清算。

一、案情概要

本案申请人为自然人A，第一被申请人B公司为基金管理人，第二被申请人C银行为基金托管人。2015年6月26日，D基金成立并于2015年7月2日在中基协备案，类型为私募证券投资基金，运作方式为开放式基金，基金预计存续期为20年。

2015年7月7日，申请人、第一被申请人、第二被申请人签署了《基金合同》，其中约定：基金管理人被依法取消私募投资基金管理人相关资质，未能依法律法规的规定及本合同的约定选任新的基金管理人的，《基金合同》终止；自《基金合同》终止之日起10个工作日内成立清算小组，清算小组成员由基金管理人、基金托管人等相关人员组成，清算小组可以聘用必要的工作人员。

2015年9月9日，申请人向第一被申请人支付合计1000万元购买了D基金。2017年2月4日，申请人赎回部分D基金份额，经确认，截至庭审前,其仍持有 D 基金份额 7852375 份。

2017 年 11 月,申请人发现无法与第一被申请人及其相关负责人取得联系,后申请人通过公开媒体得知,第一被申请人已搬离办公场所,去向未知。

2017 年 11 月 30 日,中基协公布了《拟公示第十七批失联私募机构名单》,其中包括第一被申请人,后因第一被申请人未能按照中基协的要求在 3 个月内主动联系中基协并提供有效证明材料,中基协于 2018 年 4 月 11 日注销了其私募基金管理人登记。现第一被申请人仍处于失联状态。

2018 年 8 月 8 日,申请人委托律师向第二被申请人发出律师函,要求其在收到律师函之日起 15 个工作日内组织召开基金份额持有人大会,商讨更换基金管理人、终止《基金合同》、进行基金清算、分配基金剩余财产等相关事宜。截至仲裁庭开庭审理之日,第二被申请人未组织召开基金份额持有人大会。

由于第一被申请人已失联,且 D 基金无法选举新的基金管理人,《基金合同》已终止,D 基金亦已满足清算条件。据此,申请人依据《基金合同》约定的仲裁条款,于 2018 年 8 月 16 日向深圳国际仲裁院申请仲裁,提出如下仲裁请求:

1. 裁决确认申请人与两被申请人 2015 年 7 月 7 日签订的《基金合同》于 2018 年 4 月 11 日终止。
2. 裁决按照《基金合同》的约定成立基金清算小组,对 D 基金进行清算。
3. 裁决确认申请人与第二被申请人为清算小组成员。
4. 裁决按照 D 基金清算结果向申请人分配基金剩余财产。
5. 裁决本案仲裁费用由两被申请人承担。

二、当事人主张

(一)申请人主张

1. 申请人与两被申请人签署的《基金合同》已经终止。

申请人与两被申请人签署的《基金合同》第 22 条第 2 款第(二)项约定:《基金合同》终止的情形包括下列事项:基金管理人被依法取消私募投资基金管理人相关资质,未能依法律法规的规定及本合同的约定选任新的基金管理人的。由于第一被申请人一直处于失联状态,且中基协注销了其私募基金管理人登记,可以认定基金管理人已被依法取消私募投资基金管理人的资质,同时亦未选任新的基金管理人,符合《基金合同》对合同终止情形的约定。

2. 按照《基金合同》的约定成立基金清算小组,对案涉基金进行清算,确认申请人与第二被申请人为清算小组成员,并按照清算结果向申请人分配基金剩余财产。

申请人与两被申请人签署的《基金合同》第23条第1款第(一)、(二)项约定:自《基金合同》终止之日起10个工作日内成立清算小组。清算小组成员由基金管理人、基金托管人等相关人员组成,清算小组可以聘用必要的工作人员。由于《基金合同》已经终止,D基金亦已满足清算条件,因此应当根据合同约定成立基金清算小组,同时确认申请人与第二被申请人为清算小组成员,并按照清算结果向申请人分配基金剩余财产。

(二)第二被申请人主张

1. 申请人请求确认《基金合同》终止没有法律依据和合同根据。

第二被申请人提出的主要法律依据有:

(1)《私募管理办法》第5条第1款规定,证监会及其派出机构依照《基金法》、本办法和证监会的其他有关规定,对私募基金业务活动实施监督管理;第7条第1款规定,各类私募基金管理人应当根据中基协的规定,向中基协申请登记。

(2)《私募投资基金管理人登记和基金备案办法(试行)》第5条规定,私募基金管理人应当向中基协履行基金管理人登记手续并申请成为中基协会员。第9条规定,私募基金管理人提供的登记申请材料完备的,中基协应当自收齐登记材料之日起20个工作日内,以通过网站公示私募基金管理人基本情况的方式,为私募基金管理人办结登记手续;网站公示的私募基金管理人基本情况包括私募基金管理人的名称、成立时间、登记时间、住所、联系方式、主要负责人等基本信息以及基本诚信信息;公示信息不构成对私募基金管理人投资管理能力、持续合规情况的认可,不作为基金资产安全的保证。

第二被申请人依据上述法律规定提出如下主张:

证监会及其派出机构才是私募投资基金管理人及私募基金的主管部门,中基协系自律性组织,其办理私募基金管理人登记及私募基金备案,系对私募基金业务活动进行自律管理,并非授予私募基金管理人资格。中基协公示第一被申请人失联及注销其登记,并不等同于第一被申请人丧失私募基金管理人资质。因此,申请人要求按《基金合同》第22条的约定终止合同,没有法律依据和合同依据。

2. 申请人请求按照《基金合同》的约定成立基金清算小组,对案涉基金进行清算,并请求确认申请人与第二被申请人为清算小组成员,没有法律依据和合同依据。

如前所述,《基金合同》终止条件并未成就,因此根据《基金合同》第23条第1款的约定成立基金清算小组的条件亦未成就。

即使在《基金合同》未终止的情况下,仲裁机构裁定可对案涉基金资产进行清算,根据《基金合同》的约定,也应由第一被申请人和第二被申请人等组成清算小组成员。由于申请人作为基金份额持有人、第二被申请人作为基金托管人均与该基金存在利害关系,因此,在基金管理人失联的情况下,即使成立基金清算小组,也应参照《基金法》第81条关于公开募集基金的规定①,增加仲裁机构指定的律师事务所或会计师事务所作为清算小组的牵头人或组成人员,以避免损害该基金可能存在的其他债权人的权益。

三、仲裁庭意见

(一)关于本案的法律适用

案涉基金为私募证券投资基金,应当适用《基金法》的一般性规定及针对非公开募集基金的相关规定,以及《私募管理办法》《私募投资基金管理人登记和基金备案办法(试行)》等针对私募投资基金的专门规范性文件的规定。因针对私募投资基金的专门规范性文件均系以《基金法》立法精神和相关规定为根本依据,在其无明确规定的情况下,仲裁庭得依据《基金法》之立法原则酌情参照适用关于公募基金的相关规定。

(二)关于《基金合同》终止问题

根据《基金合同》第22条的约定,基金管理人被依法取消私募投资基金

---

① 《基金法》第81条规定,基金合同终止时,基金管理人应当组织清算组对基金财产进行清算;清算组由基金管理人、基金托管人以及相关的中介服务机构组成。

管理人相关资质,未能依法律法规的规定及本合同的约定选任新的基金管理人的,基金合同终止。因此,申请人与第二被申请人争议的焦点在于第一被申请人是否已被依法取消私募投资基金管理人相关资质。对此,仲裁庭持肯定态度,理由如下:

《基金法》第 89 条规定,担任非公开募集基金的基金管理人,应当按照规定向基金行业协会履行登记手续,报送基本情况;第 90 条规定,未经登记,任何单位或者个人不得使用"基金"或者"基金管理"字样或者近似名称进行证券投资活动。

由此可见,在中基协完成登记手续且登记持续有效,是私募基金管理人从事业务活动必备的法定先决条件。本案中,申请人已举证证明第一被申请人被中基协列入失联名单予以公告,且后续被中基协注销私募基金管理人登记,依法已失去从事私募基金管理业务的必备条件,已构成《基金合同》约定的"被依法取消私募投资基金管理人相关资质"。同时,在第一被申请人被注销登记后,案涉基金事实上亦未能依法律法规的规定及《基金合同》的约定选择新的基金管理人。因此,根据《基金法》的相关规定及《基金合同》的约定,上述事实已构成《基金合同》约定的终止情形,《基金合同》应予终止。

(三)关于案涉基金的清算问题

首先,如前所述,《基金合同》已触发终止条件,应予终止。

其次,在本案《基金合同》终止时,第一被申请人作为基金管理人,应当参照《基金法》第 81 条的规定并根据《基金合同》第 23 条之约定,组织清算小组并进行清算。但是,第一被申请人并未履行该约定义务,已构成违约。申请人作为基金份额持有人,有权要求第一被申请人继续履行该义务,并要求第一被申请人承担违约责任。

再次,关于清算组的组成,应当严格按照《基金合同》第 23 条之约定,"由基金管理人、基金托管人等相关人员组成",且"清算小组可以聘用必要的工作人员"。其中,关于"相关人员"或"必要的工作人员"范围的界定,仲裁庭认为应当参照《基金法》第 81 条之规定,主要为"相关的中介服务机构",即律师事务所、会计师事务所等。对于申请人提出的其作为基金份额持有人参与清算组的要求,于法无据,仲裁庭不予支持。

最后,在基金管理人缺位的背景下,案涉基金清算实际无法执行,根据《基金法》第 36 条、第 46 条、第 47 条以及第 83 条的规定,第二被申请人作为基金托管人应当在基金管理人未召集基金份额持有人大会的情况下召集基金份额持有人大会,大会有权决定更换基金管理人。在基金管理人、基金托管人都不召集的情况下,基金份额持有人有权按照规定召集。

虽然《基金法》第83条的规定仅适用于公募基金,但私募基金相关法律法规对基金份额持有人大会的召集程序和要求并未作出明确规定,仲裁庭认为《基金法》第83条的规定可以参照适用于私募基金。因此,在基金管理人长期失联的背景下,为切实维护基金份额持有人的利益,第二被申请人作为基金托管人应当依法通过召集基金份额持有人大会的方式,并由大会决定更换基金管理人。第二被申请人不召集基金份额持有人大会的,申请人作为基金份额持有人有权依法与其他基金份额持有人一并自行召集基金份额持有人大会,决定更换基金管理人。在新的基金管理人产生并办理相应的登记手续后,即可按照《基金合同》之约定,由新的基金管理人、第二被申请人及必要的工作人员组成基金清算小组,对基金财产进行清算,并分配清算后的剩余基金财产。

四、裁决结果

1. 确认申请人与第一被申请人和第二被申请人于2015年7月7日签订的《基金合同》于2018年4月11日终止。

2. 第二被申请人应在本裁决作出之日起10个工作日内召集基金份额持有人大会。第二被申请人在规定期限内不召集的,申请人有权在该期限到期后自行召集基金份额持有人大会,依法选任新的基金管理人。在新的基金管理人依法选任后10个工作日内,新的基金管理人和第二被申请人依照上述《基金合同》的约定组成基金清算小组,对案涉基金进行清算。

3. 申请人根据上述清算小组作出的D基金清算结果获得相应的基金剩余财产。

4. 本案仲裁费由第一被申请人、第二被申请人共同承担。

5. 驳回申请人的其他仲裁请求。

五、评析

本案是有关私募基金管理人失联后如何认定基金合同终止以及基金财

产如何进行清算的纠纷。争议主要有两个:一是《基金合同》是否已依约终止;二是管理人失联后如何更换管理人、基金财产应当如何清算。本文评析将围绕这两个争议展开,首先探讨《基金合同》是否触发终止条件,即注销管理人登记是否属于取消管理人资质的问题,随后在明确管理人负有组织基金清算义务的前提下,分析更换管理人应当遵循的正当程序,并对基金清算小组的人员构成作延伸性讨论。

(一) 关于中基协注销管理人登记是否属于取消管理人资质的问题

注销登记是否属于取消资质的核心在于登记是否属于授予资质,对此,可从私募基金管理人登记制度的法条内容、法律定性以及功能定位等层面予以探讨。

《基金法》第89条规定,担任非公开募集基金的基金管理人,应当按照规定向基金行业协会履行登记手续,报送基本情况;第90条规定,未经登记,任何单位或者个人不得使用"基金"或者"基金管理"字样或者近似名称进行证券投资活动。按照文义解释原则,上述规定明确了私募基金管理人在履行登记义务后的业务范围,即私募投资基金管理业务。为避免误解,中基协在对登记问题的解释性规定中进一步明确了私募基金管理人只有在完成登记之后才可从事私募投资基金管理业务活动。[1]

法理上,要求私募基金管理人登记属于法律对法人行为能力的限制,即登记是管理人获得行为能力的前提条件。法人的能力分为权利能力与行为能力,任何依法成立的法人均有权利能力,公司形式的私募基金管理人亦不例外,其在工商机关登记之时便获得权利能力,即享有权利、承担义务的能力。而法人的行为能力则关乎法人行为的效力,决定了法人经营行为的合法与否以及业务活动的范围和边界。[2] 一般来说,法人自成立伊始就同时具备权利能力和行为能力,但在特殊情况下,法律可以对法人的行为能力和经营范围予以限制[3],如《基金法》规定私募基金管理人只有在履行登记义务之后才能从事私募基金管理业务,虽然法律并未否认私募基金管理人作为法人的主体资格和法律地位,但却通过登记制度强制性地限制了管理人自始从事基

---

[1] 中基协《关于私募基金登记备案有关问题的说明》第1条规定,私募基金管理机构应当到基金业协会登记备案,否则,不得从事私募投资基金管理业务活动。
[2] 参见朱庆育:《民法总论》(第2版),北京大学出版社2016年版,第470—471页。
[3] 参见方流芳:《关于公司行为能力的几个法律问题》,载《比较法研究》1994年第Z1期。

金管理业务的行为能力,换言之,管理人的行为能力在完成登记之后才能得到法律的认可。

不过,在本案中,第二被申请人主张中基协对私募基金管理人办理登记的行为只是对私募基金业务活动进行的自律管理,而非授予私募基金管理人资格。虽然中基协在性质上确实属于自律组织,但实际上,相较于国外由市场自发形成的自律组织而言,我国的自律组织奉行的是法定原则,其法律地位、职责权限等均由法律明文规定,在这一点上,自律组织与法定的监管机构有类似之处。申言之,中基协的自律管理,是法律调整和约束下的自律管理,其自律管理权来源于法律的规定和授予。① 从这个意义上说,中基协对私募基金管理人办理登记的行为具有法定性,其法律效果亦由《基金法》第90条明确规定,即便承认中基协办理登记的行为在性质上属于自律管理的范畴,也不能否认登记制度在《基金法》层面上所产生的法律效果。换句话说,自律管理只是达致上述法律效果的手段,目的是发挥行业协会的优势,不对私募基金管理人设定严格的市场准入。② 因此,中基协通过行使自律管理权对私募基金管理人办理登记属于私募基金管理人取得私募基金管理业务资质的前提和先决条件,而中基协注销登记的行为则相当于否认和取消私募基金管理人从事私募基金管理业务的权利和资格。

从基金立法史的角度来看,私募基金管理人登记制度发挥了市场准入监管的功能。在《基金法》2012年修订之前,实践中,一些机构和个人未经主管部门的批准,擅自从事委托理财业务,还有一些私募基金管理人为自然人、投资咨询公司、投资顾问公司等非金融机构。由于当时的《基金法》并未对私募基金作出规定,上述业务的合法性一直处于不确定状态。为了规范这种行为,2012年修订《基金法》时明确要求任何单位或者个人以"基金"或"基金管理"字样或者近似名称进行私募证券投资基金活动的,必须事先到基金业协会进行登记,否则属于非法经营。将私募基金纳入监管的根本目的在于,明确私募基金业务合法与非法的边界,筛出市场中明显缺乏管理能力的管理人,保证适格的管理人进入市场,降低私募投资基金运行中的非商业风

---

① 参见卢文道:《证券交易所及其自律管理行为性质的法理分析》,载《证券法苑》2011年第2期。
② 参见李飞主编:《中华人民共和国证券投资基金法释义》,法律出版社2013年版,第192页。

险,同时也减少运行中的监管成本。① 由此可见,对私募基金管理人进行登记实则发挥了市场准入的监管功能,侧面印证了私募基金管理人办理登记意味着管理人取得从事私募基金管理业务的资质,而注销管理人的登记则相当于对管理人从事相关业务的否定和相关资质的取消。

而在实际案例中,撤销私募基金管理人登记的法律效果也等同于取消私募基金管理人从事私募基金管理业务的资质。2014 年,中基协首次对私募基金管理人作出处罚,由于深圳吾思基金管理有限公司存在未按规定如实填报登记信息等违规行为,中基协据此对深圳吾思基金管理有限公司作出了撤销管理人登记、对其实际控制人和法定代表人进行公开谴责并加入黑名单的纪律处分。② 撤销管理人登记后,深圳吾思基金管理有限公司被注销登记,之后无法成立新的基金产品,即不能再从事私募投资基金业务。

(二) 关于管理人因失联被注销登记后如何进行基金清算的问题

根据本案《基金合同》的约定,基金管理人被取消资质且未选任新管理人时,《基金合同》终止,并应当成立基金清算小组对基金进行清算。如前所述,本案基金管理人被取消资质的问题已无疑义,基金自当进入清算程序。

此时,是否应当由私募基金管理人组织清算小组清算私募基金?答案是肯定的。《基金法》第 81 条第 1 款规定,基金合同终止时,基金管理人应当组织清算组对基金财产进行清算。虽然该规定规范的是公募基金管理人的清算义务,但公募基金与私募基金更多的是在基金募集、投资运作、信息披露等监管规范方面存在差异,而二者在基础法律关系上却是相似的,私募基金管理人始终居于基金合同的主导和核心地位,对私募基金负有直接的管理义务。因此,可以参照《基金法》第 81 条第 1 款的规定,认定私募基金管理人在基金合同终止时,应当履行组织清算组清算基金财产的义务。

申言之,即使出现管理人失联并被注销登记的情况,其清算义务亦不会当然消灭或被免除。按照中基协《关于进一步加强私募基金行业自律管理的决定》的规定,管理人被注销登记后,虽然不能成立新产品或进行既有产品展期的备案工作,但仍应依据原有《基金合同》的约定,承担相应的勤勉义

---

① 参见赵玉:《私募股权投资基金管理人准入机制研究》,载《法律科学》2013 年第 4 期。
② 参见肖宇、李润:《我国私募股权基金备案登记制度评析》,载《金融法苑》2015 年第 1 期。

务,并对存量产品进行到期清算等工作。① 因此,即使管理人失联,但当事人原有的权利义务关系也不受注销登记的影响,管理人仍应履行基金清算等义务,如未履行该义务,则构成违约并应承担违约责任。②

不过,由于私募基金只能由私募基金管理人组织清算组进行清算,因此在管理人失联、基金清算实际无法执行的现实背景下,为使基金清算小组能够及时成立、基金清算工作能够顺利开展,此时应当召开基金份额持有人大会,在大会决定更换私募基金管理人之后③,由新的私募基金管理人组织清算小组对私募基金财产进行清算。此处的核心问题在于,应当由谁召集基金份额持有人大会? 根据《基金法》第83条的规定,基金份额持有人大会由基金管理人召集,基金管理人未按规定召集或者不能召集的,由基金托管人召集。表面上看,《基金法》第83条仅适用于公募基金,但为了弥补私募基金份额持有人大会召集程序的缺漏,也为了维护基金份额持有人的利益,将第83条的规定参照适用于私募基金并不违背法理上的正当性。实践中,当私募基金管理人失联时,往往也会由私募基金托管人召集基金份额持有人大会并选举新的基金管理人。以首例私募基金更换管理人事件为例,担任基金管理人的中隆华夏(北京)投资基金管理有限公司因失联而被注销,导致投资者购买的"尧舜禹基金"无法兑付,随后投资者提请基金托管人召开基金份额持有人大会,并表决通过了包括更换基金管理人为恒泽荣耀、终止基金合同,由原基金托管人与新的基金管理人组织成立清算小组进行基金终止、清算事宜等决议。④ 可见,由私募基金托管人召集基金份额持有人大会不仅具备实践基础,也是商业实践中的常见做法。而在基金份额持有人大会选出新的私募基金管理人之后,则应由新的基金管理人组织清算组对原有私募基金进行清算并向投资者分配基金剩余财产。

---

① 中基协《关于进一步加强私募基金行业自律管理的决定》第3条规定,私募基金管理人登记被注销后,有关机构不得募集设立私募基金,已备案的私募基金应当按照法律法规的规定和合同的约定妥善处置,维护好投资者的合法权益。虽然此项规定于2018年才实施,并不适用于本案,但其中内容所蕴含的法理具有一定的参考价值。

② 参见燕艳:《我国私募基金管理人市场准入"放"与"管"的再思考》,载《金融理论与实践》2021年第5期。

③ 根据《基金法》第47条的规定,基金份额持有人大会由全体基金份额持有人组成,有权决定更换基金管理人。

④ 参见《国内首例! 原管理人失联后 私募基金变更管理人获法院认可》,载 https://baijiahao.baidu.com/s? id=1666130927748041543&wfr=spider&for=pc,访问日期:2022年6月13日。

(三) 关于清算小组是否可以包括基金份额持有人的问题

本案《基金合同》在清算小组的组成人员方面约定，清算小组由基金管理人、基金托管人等相关人员组成，清算小组可以聘用必要的工作人员。对于本案申请人提出其作为基金份额持有人参与清算小组的要求，实则不具有合法性。

首先，基金份额持有人与私募基金财产具有重大的利害关系。虽然基金管理人和基金托管人与基金财产也有利害关系，也存在道德风险，但法律明确规定了管理人和托管人在管理、运用基金财产时应当履行诚实信用、谨慎勤勉等信义义务，同时通过限制关联交易、强制信息披露等诸多规范防范利益冲突，这也能够证明管理人和托管人作为清算小组当然成员的合法性。相反，法律并未对基金份额持有人规定所谓的信义义务，也没有相应的利益冲突的防范机制（事实上，基金份额持有人作为法律保护的对象不可能也不必受到法律的规制），因此，如果允许基金份额持有人参与清算小组，其很有可能会为了一己之私而损害其他基金份额持有人的利益，从而导致基金财产清算与分配过程的不公平。

其次，从合同解释的角度出发，《基金合同》中"相关人员"或"必要的工作人员"的语义射程无法涵盖基金份额持有人这一主体。第一，"相关人员"应当是指与管理人和托管人在职责上相当的人员，基金份额持有人显然不具有与上述主体相当的职责，实际上，在私募基金的法律关系中，也少有其他与管理人或托管人职责相当的主体。第二，成为"必要的工作人员"的前提是被清算小组所聘用，而基金份额持有人作为基金财产的受益主体，不可能被清算小组所聘用。总之，基金份额持有人参与清算小组的要求没有合同上的依据。

最后，实践中，私募基金的清算小组往往由管理人、托管人以及律师事务所、会计师事务所等中介服务机构组成。结合合同约定，中介服务机构能够以其自身的专业能力为基金财产的识别、清算和分配提供专业的服务，完全符合"必要的工作人员"所涵盖的语义范围。如前文所述，成熟的公募基金规则可以更好地规范私募基金当事人之间的权责，因此，仲裁庭参照《基金法》第81条的规定，将"相关人员"或"必要的工作人员"的范围限定为"相关的中介服务机构"的做法并无不妥。

（本案例由北京大学法学院博士研究生袁也然编撰）

(二) 私募基金的管理人职责

案例 19 私募基金管理人履行信义义务与否的认定

仲裁要点: 私募股权基金的投资活动具有高风险、高收益的特征,并且事前判断和规避投资风险较为困难。因此,评估基金管理人在投资过程中是否履行了谨慎勤勉义务,应更关注管理人是否建立了风控机制,是否采取多种方法收集资料和分析以作出投资决策,以及是否寻求了专业人员的意见等形式要件,从而与私募基金"过程导向型"的投资行为特征和高风险、高收益的投资项目特征相适配。

一、案情概要

本案申请人自然人 A 为私募基金投资者,被申请人 B 是私募基金管理人。2016 年 11 月 18 日,双方签订《基金合同》,约定申请人向被申请人管理的 C 私募股权基金投资 2000000 元,申请人在募集机构回访确认成功前有权解除《基金合同》,但需在中基协要求正式实施回访制度后。双方之后又签订了《基金补充协议》,进一步约定 C 基金将通过 P 合伙企业专项投资目标公司。申请人于 2016 年 11 月 25 日出资 2000000 元,被申请人于 2016 年 12 月 5 日向申请人出具《出资证明》,确认收到申请人的出资款。

此后,申请人收到被申请人提供、2016 年 11 月由被申请人通过 P 合伙企业与目标公司及其控股股东自然人 D 签订的《目标公司增资协议》(以下简称《增资协议》)和《〈目标公司增资协议〉之补充协议》(以下简称《增资补充协议》)。在《增资协议》中,各方约定由 P 合伙企业向目标公司支付投资款 2000000 元以认购目标公司 6.9% 的股份,目标公司承诺在将 P 合伙企业认购的股权变更登记至该合伙企业名下之前,目标公司全部股东认缴的出资额共计 60000000 元已全部实缴。同时,目标公司及其控股股东 D 承诺:非经 P

合伙企业一致书面同意,目标公司不得将增资款用于向现有股东、董事、高级管理人员、核心人员及上述各方的关联方偿还债务或向其提供借款,且目标公司将聘用具有中国证券期货从业资格的会计师事务所出具财务报告。此外,《增资补充协议》约定了对赌条款,即如果在之后约定的时间内,目标公司未能实现所约定的利润,或未能实现所约定的并购,或未能成功上市或被上市公司收购,P合伙企业有权要求D以投资款总额和约定的年利率受让P合伙企业持有的目标公司股权。

在P合伙企业于2016年11月投资目标公司后,隶属于被申请人的该项目负责人,同时也是P合伙企业的高级管理人员自然人H于2017年8月22日向目标公司投资2000000元,认购目标公司3.1%的股份。在P合伙企业投资于目标公司期间,目标公司并未实现预期盈利。同时,目标公司的年度财务审计报告显示,目标公司注册资本并未全部实缴,目标公司还在报告期间向D偿还借款21505000元。此外,出具该报告的会计师事务所并不具备中国证券期货从业资格。

申请人认为,前述行为说明被申请人作为基金管理人疏于尽责,未能履行对目标公司的尽职调查义务,且在投资期间未能从申请人利益出发行使合伙人权利、保障申请人作为投资者的利益,存在与案外人联合侵吞投资者投资资产的情形,因此构成根本违约。同时,被申请人未履行法定的回访确认和信息披露义务。因此,申请人于2019年4月29日依据《基金合同》中的仲裁条款向深圳国际仲裁院申请仲裁,提出如下仲裁请求:

1. 裁决确认《基金合同》及《基金补充协议》已于2019年4月24日解除。
2. 裁决被申请人立即向申请人返还投资款2000000元。
3. 裁决被申请人立即向申请人赔偿损失240000元。
4. 裁决被申请人承担本案一切仲裁费用以及申请人因办理本案而支出的律师费、保全费、差旅费、公证费等费用。

二、当事人主张

(一)关于被申请人的投资前尽职调查义务

1. 申请人主张

申请人主张,被申请人提供的《目标公司分析报告》《目标公司高管访谈

201610》在形式上缺少盖章、签字,并在2012—2015年目标公司净利润仅为一千多万元的情况下,预测2017年和2018年目标公司将实现超过100000000元的净利润,违背了基本的商业价值判断。

2. 被申请人主张

被申请人主张,被申请人在投资前对目标公司进行过充分调查。

(二)关于被申请人投资期间的信义义务

1. 申请人主张

(1)H作为被申请人及P合伙企业的从业人员,利用职务之便为本人谋取利益,没有审慎、公平地对待其管理的基金及基金所投资项目,违反了《基金合同》的约定和相关监管规定。被申请人对H的重大违约、违规行为视而不见,没有向申请人披露,没有进一步调查,更没有向负责人及被投资对象追责。

(2)目标公司及其控股股东并未实缴全部出资,其与P合伙企业签订《增资协议》时明显构成欺诈。对此,被申请人既未向申请人及时报告,也未积极进行调查,更未追究相关方的违约责任。

(3)被申请人放任并隐瞒目标公司向D归还借款、聘用不具备中国证券期货从业资格的会计师事务所进行审计的违约行为,严重侵害了申请人的合法权益。

(4)被申请人未及时通过P合伙企业积极行使回购权利为申请人止损。目标公司最早在2017年1月31日已触发股东回购股权的条件,但被申请人未及时向基金投资者披露,也未通过P合伙企业及时行使回购权益,严重损害了申请人的合法权益。

(5)被申请人从未积极行使其在P合伙企业中享有的合伙人权利,导致申请人的合法权益严重受损。《P合伙企业合伙协议》第11条第7款约定,经持有90%及以上有限合伙权益之有限合伙人通过,投资期可以提前终止。被申请人为P合伙企业的有限合伙人,持有P合伙企业99%的有限合伙权益,却至今未在P合伙企业的投资对象严重违约并存在欺诈、投资项目负责人以职务便利牟取私利、投资项目运营状况极差的情况下提前终止投资期限。被申请人也从未及时基于《P合伙企业合伙协议》,要求P合伙企业的执行事务合伙人采取任何法律救济措施来维护投资人的合法权益。

2. 被申请人主张

(1) H 投资目标公司系其个人行为,未经被申请人确认,《基金合同》及《基金补充协议》未有任何禁止跟投的条款约定,故申请人主张的 H 的个人投资行为与被申请人及本案无任何关联。被申请人与 P 合伙企业、目标公司为相互独立的主体,被申请人作为 P 合伙企业的有限合伙人,不参与执行合伙事务。被申请人也不参与目标公司的日常经营,不存在隐瞒或放任目标公司行为的情形。

(2) 目标公司已完成对三家公司的股权收购,是否触发回购条件存在不确定性,也无法得出何时行使回购权利有利的结论,故不存在申请人所称的、被申请人未及时通过 P 合伙企业积极行使回购权利为申请人止损的违约情形。且被申请人已向申请人充分披露与目标公司沟通情况、申请回购、仲裁受理及开庭等事宜,申请人对此明知并积极参与。

(3) 申请人混淆被申请人与 P 合伙企业各自的权利义务,将 P 合伙企业的独立主体义务视为被申请人的义务。P 合伙企业就《增资协议》及其补充协议所享有的各项权利,仅表明 P 合伙企业有权据此要求目标公司为对等义务行为,并不构成被申请人在《基金合同》项下对申请人所负的义务。P 合伙企业是否行使权利,不能作为评价被申请人是否违反《基金合同》义务及应否对申请人承担责任的事实基础。

(三) 关于被申请人是否履行了回访确认和信息披露义务

1. 申请人主张

(1)《基金合同》第 24 条约定,投资者在募集机构回访确认成功前有权解除基金合同。被申请人至今未对申请人以任何方式进行过回访确认。

(2) 自 2016 年 11 月 25 日至今,被申请人从未向申请人披露季度报告、年度报告,也未及时向申请人披露可能影响投资者合法权益的重大事项。

2. 被申请人主张

(1) 根据双方在《基金合同》第 24 条第 4 款中达成的合意,只有在中基协要求正式实施回访制度后,投资者才有权在募集机构回访确认成功前解除基金合同。由于中基协尚未正式实施回访制度,申请人所主张的解除合同条件尚未成就。

(2) 被申请人已依法依约通过邮件、微信等多种方式向申请人履行了合理的信息披露义务。

三、仲裁庭意见

(一) 关于被申请人投资前尽职调查义务的履行

被申请人提交了《目标公司尽调报告》《目标公司高管访谈201610》《估值分析比较》《行业数据》《财务比率比较》《目标公司公司简介及发展规划》《股份公司章程》等文件，以及包括目标公司财务报表、审计报告、专利统计、组织架构、内销合同统计、外销合同情况、营收预测等多份附件。这些文件显示被申请人对目标公司所作的尽职调查涵盖了目标公司的商业、财务、生产、销售等方面。《目标公司分析报告》也对目标公司的基本情况、行业分析、主营业务、投资要点、盈利预测等事项作了分析。

仲裁庭认为，从形式上看，被申请人已经对目标公司作了比较全面的尽职调查。对于调查内容的商业实质，仲裁庭无法判断。因此，仲裁庭无法认定被申请人没有对基金的投资目标进行真实、有效的详细调查，也无法认定被申请人有重大违约、违规行为，或从事损害基金财产和投资人利益的行为。

(二) 关于被申请人在投资期间的信义义务

1. H 参与投资

仲裁庭认为，H 作为被申请人的项目负责人以低于 P 合伙企业的价格投资目标公司，有可能存在潜在利益冲突、利益输送情形。

2. 目标公司未遵守《增资协议》

证据表明目标公司确实存在违反《增资协议》约定的情形，例如会计师事务所不具有证券期货从业资格、目标公司股东未实缴全部出资等。但这些事项属于 P 合伙企业和目标公司之间的权利义务关系。由于 P 合伙企业和目标公司都不是本案当事人，仲裁庭无法实质审理该等事项，也无法判断 P 合伙企业是否合理行使其在投资合同项下的权利。

3. 被申请人未启动回购

根据工商登记查询记录，最迟在 2017 年 4 月 12 日，目标公司已经完成对三家公司的全部收购。仲裁庭认为，申请人以此为由提出被申请人怠于履行义务，损害投资人利益的理由不能成立。

4. 是否根本性违约

我国《合同法》第 94 条[①]第(四)项规定了合同守约方的法定解除权。守约方行使法定解除权的前提是有违约行为,而且违约行为导致合同目的落空。本案中,《基金合同》约定的投资目标是直接或间接参与投资非上市公司股权,《基金补充协议》进一步将这一目标特定为通过 P 合伙企业专项投资目标公司。根据已经查明的事实,被申请人已经履行该项主要义务。

在上述仲裁庭认定的事项中,仲裁庭根据当事人双方提交的证据,认可被申请人可能存在部分违约行为。但是,这些行为不足以导致申请人投资 C 基金的目的落空。被申请人通过 P 合伙企业投资目标公司后,其主要投资义务已经完成,目标公司是否能够实现预期的盈利和公开发行股票并上市,主要取决于公司本身的实际经营情况,也取决于许多外部因素。即使上述违约行为最终被认定,仲裁庭也不能认为被申请人根本违约,更不能认定该等违约行为是导致 P 合伙企业投资目标公司没有取得预期投资业绩的因素。

5. 申请人的损失

目前,C 基金尚处于存续期。同时 P 合伙企业已经另案向 D 和另外一人提起仲裁申请,请求二人回购 P 合伙企业持有的全部目标公司股权,支付投资本金和每年 12% 的利息以及承担逾期违约金,理由是目标公司没有在 2018 年 12 月 31 日前实现公开发行股票并上市或者被已上市公司兼并收购。该案在等待仲裁委员会裁决。

以目前状态看,P 合伙企业仍然持有目标公司股权,该股权的价值尚无法确定,而且 P 合伙企业请求回购的仲裁尚在审理过程中,其是否胜诉、胜诉后是否可以顺利执行尚不得而知。C 基金作为 P 合伙企业的唯一有限合伙人,持有 P 合伙企业超过 99% 的有限合伙权益,C 基金可以回收的资金数额也无法确定,因此 C 基金以及申请人是否遭受投资损失及损失金额仍然无法确定。

(三) 关于被申请人的基金募集回访确认和信息披露义务

关于被申请人的基金募集回访确认义务,仲裁庭认为,根据《基金合同》的约定,回访确认前的解除权建立在中基协要求正式实施回访制度的基础上。该制度源于中基协发布的《基金募集办法》第 30 条、第 31 条。中基协在《关于发布〈私募投资基金募集行为管理办法〉的通知》中同时规定,回访制

---

① 该条文已随《合同法》失效,《民法典》第 563 条的规定与之基本相同。

度正式实施时间在评估相关实施效果后另行通知。迄今为止,中基协并未正式实施回访制度。因此,《基金合同》约定的情形并没有出现,仲裁庭认可被申请人的主张。

关于被申请人的信息披露义务,被申请人提供书面证据并当庭演示,其自 2017 年第一季度开始每季度通过托管银行投资人服务平台向申请人进行信息披露,且申请人的用户状态为已经激活,可以自行登录查看信息披露情况。此外,被申请人已经通过电子邮件告知申请人登录托管银行投资人服务平台查看基金产品净值、份额、年报的方式和密码,同时在邮件的附件中附上了 2017 年度、2018 年上半年的基金运营报告。因此,仲裁庭认为,被申请人没有违反信息披露义务。

综上所述,申请人以被申请人没有按照《基金合同》约定进行回访确认为由,要求解除合同,该项请求不成立;申请人以被申请人严重违反合同,导致申请人无法实现合同目的为由,要求解除合同,该项请求不成立;C 基金尚在经营期限内,且 P 合伙企业已经另案请求目标公司股东回购其持有的目标公司股权,因此,申请人该项投资是否遭受损失、损失是否由被申请人的违约行为引起,尚无法认定。申请人要求被申请人返还投资款 2000000 元,赔偿损失 240000 元的仲裁请求不成立。

四、裁决结果

1. 驳回申请人的全部仲裁请求。
2. 本仲裁费用由申请人自行承担。

五、评析

本案中,作为私募基金投资者的申请人提出多项主张,认为被申请人作为基金管理人未能尽到法律法规明确要求的回访确认和信息披露义务及一般性的谨慎勤勉义务,并据此请求解除私募基金投资合同,要求基金管理人返还投资款项并赔偿损失。

《基金法》第 9 条第 1 款规定:"基金管理人、基金托管人管理、运用基金财产,基金服务机构从事基金服务活动,应当恪尽职守,履行诚实信用、谨慎勤勉的义务。"有学者认为,该款中"恪尽职守""诚实信用""谨慎勤勉"等表达的内涵就是信义义务。① 更有学者认为,《基金法》中的这一规定是"信义义务在我国金融法中的首次引入"②。

信义义务内涵丰富,且随着信义关系的不同,其内容也有所差异。③ 学者认为,产生信义义务的信义关系具备四项特征:第一,受信人提供的是专业性较强的服务;第二,为了有效地完成服务,受信人被授予财产和权力;第三,这种委托对委托人造成的风险在于受信人可能会滥用受托财产或权力,或并不提供预期的服务;第四,委托人或市场难以保护委托人免受这一风险,而受信人建立信任关系的成本可能高于信义关系的收益。④ 出于这些因素,法律以信义义务的方式介入当事人之间的关系,以减少交易成本,维护社会利益。

可以看出,信义关系蕴含着受信人固有的自由裁量权,这一自由裁量权在妥善行使的前提下会为委托人带来相当的利益,但也带来了受信人滥用裁量权损害委托人利益的风险。有观点认为,信义关系中最核心的要素就是一方对另一方事务处理自由裁量权的授予。⑤

私募基金管理人和投资者之间的关系符合信义关系的特征,监管法也对管理人提出了"诚实信用、谨慎勤勉"的信义义务要求。⑥ 有学者更进一步指出,即使是私募股权基金的成熟投资者也需要信义义务的保护。⑦ 同时,由于私募股权基金市场机制和组织形态的特殊性,应当在忠实义务方面对管理人提出刚性要求,防止管理人侵害投资者利益;而由于投资活动的风险性,在注意义务方面则应采用弹性的评价标准,以免损害管理人的积极性。⑧

---

① 参见许德风:《道德与合同之间的信义义务——基于法教义学与社科法学的观察》,载《中国法律评论》2021年第5期。
② 邢会强:《金融机构的信义义务与适合性原则》,载《人大法律评论》编辑委员会组编:《人大法律评论》(总第22辑),法律出版社2017年版,第38—54页。
③ 参见许德风:《道德与合同之间的信义义务——基于法教义学与社科法学的观察》,载《中国法律评论》2021年第5期。
④ 参见〔美〕塔玛·弗兰科:《信义法原理》,肖宇译,法律出版社2021年版,第12页。
⑤ 参见许德风:《道德与合同之间的信义义务——基于法教义学与社科法学的观察》,载《中国法律评论》2021年第5期。
⑥ 除《基金法》第9条第1款之外,《私募管理办法》第4条第1款也规定,私募基金管理人和从事私募基金托管业务的机构管理、运用私募基金财产,从事私募基金销售业务的机构及其他私募服务机构从事私募基金服务活动,应当恪尽职守,履行诚实信用、谨慎勤勉的义务。
⑦ 参见肖宇、许可:《私募股权基金管理人信义义务研究》,载《现代法学》2015年第6期。
⑧ 参见肖宇、许可:《私募股权基金管理人信义义务研究》,载《现代法学》2015年第6期。

在私募股权基金"募投管退"四个阶段,管理人信义义务的内涵并不完全相同。其中,在投资阶段,管理人的忠实义务体现为公平交易义务,核心在于"禁止利益冲突"和"禁止获益",要求管理人不得与交易对手有利益关联;而其注意义务体现为审慎投资义务,但应适用低于公募基金等其他机构投资者的弹性标准,以保护管理人从事风险投资的积极性,只有在构成重大过失时才要求管理人承担责任,相应的需建立投资程序的刚性标准,从程序方面约束管理人的自由裁量权。[1]

在管理阶段,管理人的忠实义务体现为亲自管理义务,而不委托第三人代为履行。投资者和管理人之间信义关系的基础是投资者对管理人个人化的信任,因此管理人不得擅自将其管理义务委托给第三人履行,但实践中聘请外部管理公司的情况也极为常见。在这种情形下,如果在程序上管理公司的选择与任免得到了全体投资人的同意,管理人对外部管理公司的行为原则上不负责任。[2] 这一阶段,管理人的注意义务则体现为信息披露义务,既包括监管制度规定的强制性披露义务(违反该义务将承担行政责任),也包括当事人之间约定的披露义务(违反该义务将承担信义责任)。[3]

信义义务是事后评价标准,而非事先的具体行为规范。[4] 其评价的对象是义务人自由裁量权行使是否妥当。因此,基金管理人信义义务的认定标准具有相当重要性。这一标准对管理人是否尽到信义义务作出评价,并衡量管理人违反信义义务的程度,从而保护投资者利益。当管理人严重违反其信义义务时,可能导致投资者的投资目的无法实现,从而构成管理人根本违约,也为投资者提供了依法解除投资协议的权利。《民法典》第 563 条和原《合同法》第 94 条规定了合同的法定解除权。司法实践中,较为常见的私募基金投资者行使法定解除权的情形包括管理人未按照基金合同约定的投资范围投资基金财产、管理人未按基金合同的约定分配利润、管理人停止营业、管理人未及时履行赎回义务等。[5]

---

[1] 参见肖宇、许可:《私募股权基金管理人信义义务研究》,载《现代法学》2015 年第 6 期。
[2] 参见肖宇、许可:《私募股权基金管理人信义义务研究》,载《现代法学》2015 年第 6 期。
[3] 参见肖宇、许可:《私募股权基金管理人信义义务研究》,载《现代法学》2015 年第 6 期。
[4] 参见许德风:《道德与合同之间的信义义务——基于法教义学与社科法学的观察》,载《中国法律评论》2021 年第 5 期。
[5] 参见《从实务角度谈契约型私募基金的解除及其法律后果》,载 http://www.junhe.com/law-reviews/1624,访问日期:2022 年 6 月 18 日。

回访确认义务是募集阶段的管理人义务,由《基金募集办法》第30条、第31条所创设。为了保障私募基金投资者冷静地作出投资决定,《基金募集办法》在第29条规定基金合同需约定不少于24小时的投资冷静期,又在第30条、第31条规定了募资的回访确认制度。金融消费者冷静期制度在域外得到了广泛应用,这与金融产品的性质有关,并以金融经营者的信息披露义务、说明义务和投资者教育为前置要件。①

《基金募集办法》规定的冷静期为不低于24小时,短于一般的冷静期制度。如果回访确认制度正式实施,该制度要求基金合同约定投资者在回访确认成功前有权解除基金合同,这实际上意味着回访确认成功时,投资者才丧失其任意的解除权。另外,回访确认制度为管理人设置了额外的先合同义务,未能尽到回访确认义务的管理人可能被认定为存在缔约过失,并需承担相应的责任。② 根据中基协的官方说明,这一制度设置的初衷更多的是为了规范私募基金募集行为,防范"飞单",而并非加强对投资者的保护。③

基于以上一般性的分析,接下来围绕案件事实和当事人双方的主要争议点进行具体讨论。

(一) 回访确认义务

本案中,仲裁庭支持了管理人的主张,考虑到中基协的募资回访制度尚未正式实施,以及双方约定的具体情况,认为管理人未回访确认并不导致基金合同的解除。

回访确认制度并未正式实施,因此私募基金管理人在募资阶段并不负有回访确认的法定义务。如果投资者和管理人在《基金合同》中自行约定了回访确认要求,应视为双方约定的解除权。但即使是在约定解除权期限并不确定、另一方也未催告的情况下,为了保障交易稳定,解除权人要求或接受对方继续履行的,也应推定其默示放弃解除权。④

---

① 参见李军华:《金融消费冷静期规则架构》,载郭锋主编:《金融服务法评论》(第七卷),法律出版社2015年版,第113—133页。
② 参见许德风:《资管交易中的信义义务》,载北京仲裁委员会官方网站(http://www.bjac.org.cn/news/view?id=3694),访问日期:2022年6月18日。
③ "飞单"是指从业人员未经正式授权即从事募集活动的现象。根据中基协发布的《〈私募投资基金募集行为管理办法〉起草说明》,设置回访确认制度既是"了解你的客户"原则的体现,也是为了遏制"飞单"给行业带来的负面影响。
④ 参见李先波、易纯洁:《无催告情形下合同解除权的消灭》,载《法学杂志》2010年第2期。

本案中,双方约定的管理人回访确认要求以中基协正式施行这一制度为条件。由于该制度并未正式施行,约定解除权的条件亦未成就。同时,在募资结束后,管理人将基金财产通过 P 合伙企业投向目标公司,也得到了申请人的认可。因此,仲裁庭认定管理人未回访确认并不导致基金合同的解除,是正当合理的。

(二) 信义义务

在双方合同成立后,被申请人在合同项下是否尽到了信义义务是本案的主要争议点。在投资阶段,私募基金管理人信义义务包括公平交易义务和审慎投资义务;在管理阶段则包括亲自管理义务和信息披露义务。本案中,被申请人并未从事与投资者利益冲突的交易,因此未有违反公平交易义务的情形,但被申请人是否尽到其他三项义务成了本案的争议点。

(1) 关于审慎投资义务,申请人主张,被申请人在投资前没有做好尽职调查工作,表现为目标公司的盈利远不如预期。

由于私募基金高风险、高收益的投资特征和相应的事前判断和规避投资风险的困难,实践中难以对管理人是否尽到勤勉义务进行实质评估。因此,裁判标准应当从形式上考察义务人是否存在重大过失,更多关注管理人是否建立了风控机制,是否采取多种方法收集资料和分析以作出投资决策,是否寻求了专业人员的意见等形式要件,从而与私募基金"过程导向型"的投资行为特征和高风险、高收益的投资项目特征相适配。① 另外,《九民纪要》第 94 条规定,资管产品的受托人应承担勤勉尽责义务争议的举证责任。② 基于相似的信义关系特征,在私募基金管理人是否勤勉尽责的争议中,也应当参照适用这一举证责任分配方式。

本案中,管理人承担了审慎投资的举证责任,而仲裁庭从形式上考察了管理人提交的证据,认为符合全面尽职调查的形式要件。这一证明责任分配和裁判标准是正当合理的。

(2) 关于亲自管理义务,申请人主张,被申请人在 H 以更低价格投资于

---

① 参见李先波、易纯洁:《无催告情形下合同解除权的消灭》,载《法学杂志》2010 年第 2 期。
② 《九民纪要》第 94 条规定:"资产管理产品的委托人以受托人未履行勤勉尽责、公平对待客户等义务损害其合法权益为由,请求受托人承担损害赔偿责任的,应当由受托人举证证明其已经履行了义务。受托人不能举证证明,委托人请求其承担相应赔偿责任的,人民法院依法予以支持。"

目标公司的股份时、目标公司向股东偿还借款和聘用不适格的会计师事务所时未能积极维护申请人的权益,也没有在约定的回购条件成就时通过 P 合伙企业及时要求目标公司及其股东回购股份。

通常而言,私募基金投资者与管理人之间是高度个人化的信任关系,管理人有义务亲自管理基金财产的投资,而不得转托第三人。但如果与投资者协商一致,管理人也可以另行聘用外部管理公司。本案中,被申请人与申请人协商一致,通过《基金补充协议》约定投资方式为通过 P 合伙企业投向目标公司,同时自然引入了 P 的普通合伙人为 C 基金的管理人。此时由 P 合伙企业的普通合伙人管理投资,不应被认定为被申请人未尽亲自管理义务。

但与此同时,P 合伙企业的普通合伙人在管理过程中存在未尽忠实勤勉义务的情况。此时,作为 P 合伙企业的唯一有限合伙人,C 基金有权利维护自身的正当权益,而这有赖于 C 基金的管理人代表 C 基金积极行使权利。因此,如果被申请人未积极行使权利,导致 C 基金及其投资者的正当权益蒙受损失,则被申请人仍然可能未尽到勤勉义务。

(3) 关于信息披露义务,《基金法》多个条款规定了投资者获得信息的权利和管理人信息披露的义务。[①] 同时,《私募管理办法》第 24 条也要求管理人和托管人向投资者披露"基金投资、资产负债、投资收益分配、基金承担的费用和业绩报酬、可能存在的利益冲突情况以及可能影响投资者合法权益的其他重大信息"。中基协发布的《私募信息披露办法》第 9 条则规定了更为细致的披露事项,并专章规定了私募基金运作期间的信息披露要求。

除法律法规和自律规则之外,私募基金管理人的信息披露义务还可能来自于私募基金的组织形式。有限合伙是私募基金最为常见的组织形式,此时投资者为有限合伙人,管理人为普通合伙人。《合伙企业法》第 28 条第 2 款规定,合伙人有权查阅合伙企业财务资料;第 68 条规定,有限合伙人可以获取经审计的有限合伙企业财务会计报告,对涉及自身利益的情况查阅会计账簿等财务资料,并在利益受到侵害时向有责任的合伙人主张权利或提起诉讼,且这些行为不视为执行合伙事务,因此不会导致有限合伙人失去有限责任的保护。

---

① 《基金法》第 46 条第 2 款规定,私募基金份额持有人对涉及自身利益的情况,有权查阅基金的财务会计账簿等财务资料;第 92 条要求私募基金的基金合同中包括"基金信息提供的内容、方式";第 95 条相应要求基金管理人、托管人按照基金合同的约定,向份额持有人提供基金信息。

信息披露是监管制度介入民商事法律关系的典型,应当理解为对被监管对象即私募基金管理人的额外要求,而非对管理人和投资者双方民商事法律关系的替代。因此,《合伙企业法》对有限合伙人的知情权的保障,应当与私募基金相关法律法规对管理人信息披露的要求互为补充。由于私募基金的信息披露通过非公开的方式进行,监管难以有效监督干预。因此,私募基金信息披露的有效性有赖于投资者积极行使权利,而这些权利既可以来自基金合同的明确约定,也可以来自投资者行使相应组织形式所赋予的权利。①

(三) 根本违约问题

在主张被申请人未尽到回访确认义务和包括信息披露在内的勤勉义务后,申请人主张被申请人的行为构成根本违约,从而请求仲裁机构解除合同。

根本违约是一项合同的法定解除权制度。通过限定几种严重违约的情形,根本违约制度既赋予相对方合同解除权,也将这一权利的行使限制于特定的严重违约情形下。② 我国的根本违约制度规定于《民法典》第 563 条,该制度赋予当事人在相对方存在法定严重违约情形时的合同解除权。③ 其中,与本案相关的法定违约情形是"当事人一方……有其他违约行为致使不能实现合同目的"。

"其他违约行为"包括给付不能、瑕疵给付、从给付义务违反和附随义务违反等情况。其中,瑕疵给付致合同目的无法实现需要满足两项要件:瑕疵程度严重,且不可期待通过补正给付消除。④ 瑕疵程度严重是指违反了合同明确约定的重要质量条款或该类合同中的一般质量条款,导致债权人的期待利益无法实现。⑤

根本违约制度中的合同目的要求,是界定违约行为是否足够严重的法定标准。界定合同目的是否不能实现,需考虑违约的性质是否严重、违约造成

---

① 也有观点认为,组织法的知情权规定是一般性的,在面对以投资为主业的私募基金时难以满足投资者的需求,例如《合伙企业法》对有限合伙人知情权的保障并不涉及合伙企业所投资的目标公司的相关情况,因此应以监管法的知情权规定为主要保障,明确投资者知情权基于基金法或信托法的规定。参见李建伟、李欢:《私募投资者知情权的路径、内容与完善建议》,载《经贸法律评论》2022 年第 2 期。
② 参见王利明:《论根本违约与合同解除的关系》,载《中国法学》1995 年第 3 期。
③ 《合同法》第 94 条的规定与之基本相同。
④ 参见赵文杰:《〈合同法〉第 94 条(法定解除)评注》,载《法学家》2019 年第 4 期。
⑤ 参见赵文杰:《〈合同法〉第 94 条(法定解除)评注》,载《法学家》2019 年第 4 期。

的损害程度等方面;只有涉及合同根基的性质严重的违约,导致债权人得不到合同正常履行所带来的主要利益,才符合根本违约制度中"不能实现合同目的"的要求。①

本案中,双方争议焦点在于管理人提供管理服务是否未勤勉尽责,以及未尽责的程度是否如此严重,以至于投资者的合同目的无法实现。投资者的合同目的是以私募基金的形式参与高风险、高收益的投资活动,在《增资补充协议》签订后,该目的进一步明确为通过 P 合伙企业投资目标公司。根据相关事实,申请人向 C 基金的出资已经按照约定按时通过 P 合伙企业投资于目标公司。尽管存在目标公司股东未实缴全部资本、未按约定聘用特定资质的会计师事务所等情形,但作为合同根基的投资行为已然完成,且管理行为中的这些瑕疵也可以通过被申请人维护 C 基金正当权益的行为得到相当程度的补正。因此,仲裁庭认定被申请人的争议行为并不构成根本违约,是正当合理的。

(本案例由北京大学法学院博士研究生武鸿儒编撰)

---

① 参见崔建远:《论合同目的及其不能实现》,载《吉林大学社会科学学报》2015 年第 3 期。

案例 20 FOF 基金管理人平仓义务的认定

仲裁要点：私募基金通过 FOF 方式投资于其他私募基金时，管理人应勤勉尽责地选择转投资对象，使之与母基金的投资者的适当性相适配，并采取措施控制可能产生的额外风险。在未根据《基金合同》约定或召开基金份额持有人大会修改平仓线的情况下，一旦基金净值触发平仓线，管理人有义务及时进行平仓，否则应赔偿未及时平仓给投资者造成的基金份额净值损失。

一、案情概要

2017 年 3 月 16 日，自然人 A（本案申请人）作为投资者与基金管理人 B 公司（本案被申请人）签署《基金合同》，申购被申请人管理的 C1 号私募证券投资基金（以下简称"C1 基金"）1000000 元 B 类份额，基金份额面值为 1 元。《基金合同》中特别约定：(1) 投资目标：力求在有效控制投资风险的基础上追求资产的稳健增值。(2) 投资范围：包括沪深交易所上市交易的股票、债券、优先股、证券回购、存款、公开募集证券投资基金、期货、期权、证券公司资产管理计划、信托计划、在中基协备案的基金产品、基金公司（含基金子公司）特定客户资产管理计划、期货公司资产管理计划、在基金业协会登记的契约式私募投资基金、银行理财产品，此外可参与融资融券交易、新股申购。(3) 预警线：基金份额净值 0.9 元。当某个交易日基金份额净值估值小于等于预警线时，基金管理人应当在该交易日当日以邮件和电话两种方式通知基金投资者，且自下一交易日起，基金管理人只能进行调降仓位、降低风险敞口的操作，直到基金份额净值大于等于预警线。(4) 止损线：基金份额净值 0.8 元。当某个交易日基金份额估值小于等于止损线时，基金管理人应当在该交易日当日以邮件和电话两种方式通知基金投资者，且自下一交易日起，基金管理人禁止进行新的开仓操作,并在20个工作日内对持有的证券、期货、股票型基金等价格波动较大的权益类资产全部平仓变现,本基金合同提前终止。如遇因持有流通受限的证券等原因导致本基金财产无法及时变现的,则变现时间顺延;待全部变现完成之日,基金管理人进行二次清算。本基金的预警和止损由基金管理人负责执行,如基金管理人未按照本合同的约定采取风险控制措施和进行强制止损,由此对基金财产或基金份额持有人造成的损失,由基金管理人承担全部责任。(5)基金管理人特别提示:本基金设置0.8元为止损线,并不代表基金管理人完成止损后基金份额净值等于0.8元,根据基金管理人变现操作的交易执行情况,本基金终止日基金份额净值可能低于0.8元。

同日,申请人向《基金合同》约定的基金销售归集账户支付1000000元C1基金B类申购款。2017年3月22日,被申请人出具《投资确认函》,确认申请人于2017年3月16日申购C1基金B类份额1000000元。2019年4月11日,被申请人通过《基金合同》约定的基金销售归集账户向申请人划付C1基金份额赎回款242584.64元。

C1基金于2016年12月16日成立,同日在中基协备案。2017年10月31日,该基金因认购D1号私募证券投资基金(以下简称"D1基金"),向后者账户划付4000000元;D1基金于2016年12月12日在中基协备案,管理人为被申请人。2017年11月2日,C1基金因认购E1号私募证券投资基金(以下简称"E1基金"),向后者收款账户划付9600000元;E1基金于2016年6月22日在中基协备案,管理人为G公司。

申请人认为,被申请人未按合同约定,在基金份额净值小于等于止损线时按合同约定进行强制止损,造成申请人持有的基金份额净值在赎回之日仅为0.24元,给申请人造成的损失高达557415.36元。申请人于2019年5月23日依据《基金合同》中的仲裁条款向深圳国际仲裁院提起仲裁,并提出如下仲裁请求:

1. 裁决被申请人向申请人赔偿损失557415.36元。

2. 裁决被申请人向申请人支付逾期返还款项的利息(以557415.36元为本金,按中国人民银行同期贷款利率,自申请仲裁之日起计算至被申请人实际支付之日)。

3. 裁决被申请人向申请人支付因办理案件支出的律师费。

4. 裁决本案仲裁费用由被申请人承担。

二、当事人主张

(一) 申请人主张

2017年3月16日,申请人与被申请人签署《基金合同》,约定申请人以1元的基金份额面值认购C1基金1000000份,认购金额合计1000000元。《基金合同》约定,基金份额净值0.8元为止损线,当基金份额净值估值小于等于止损线时,基金管理人应当在该交易日通知基金份额持有人,且自下一个交易日起进行平仓变现,《基金合同》提前终止。同时,因基金管理人未按照约定采取风险控制措施和进行强制止损,给基金份额持有人造成的损失,由基金管理人承担。被申请人作为基金管理人未按合同约定履行强制止损义务,给申请人造成的损失高达557415.36元。

(二) 被申请人主张

被申请人管理的C1基金于2016年12月16日在中基协备案,之后FOF到D1基金和E1基金中运作。在2018年基金运作过程中,受当年金融大环境的影响,D1基金融资买入F股票,而该股票在2018年2月2日、5日、6日、7日,连续四日开盘跌停;在同月8日、9日,被申请人每天晚上挂单,终于在9日全部卖出,但F股票的价格已下跌45%,导致C1基金净值下跌到0.237元清盘。被申请人已经作出平仓,《基金合同》中也载明,基金平仓后基金份额净值可能会低于平仓线。而且,《基金合同》中明确约定投资基金的市场风险由基金投资者自担。因此,被申请人不应向申请人承担赔偿责任。

三、仲裁庭意见

仲裁庭认为,本案中的《基金合同》由双方自愿协商签订,属于双方当事人的真实意思表示,且不违反我国的法律和行政法规的强制性规定,应属合法有效,并对本案双方当事人具有约束力。

(一)关于基金份额净值低于止损线后,被申请人是否存在违约

被申请人在《C1 号基金交易过程》中表示,2018 年 2 月 9 日,被申请人作为 D1 基金的管理人,卖出该基金所持的全部股票,导致基金投资 D1 基金损失 2944530 元,占基金的 21.65%,因被申请人未提供当日的基金份额净值以证明截至 2018 年 2 月 9 日基金未跌破止损线,仲裁庭认定截至 2018 年 2 月 9 日,C1 基金已跌破止损线。

根据《基金合同》中关于止损线的约定,被申请人应当于 2018 年 2 月 9 日基金跌破止损线时履行禁止新的开仓操作、平仓变现全部权益类资产、提前终止基金合同的义务,并按《基金合同》的约定对基金进行清算。被申请人并未举证证明已履行相应义务,应对此承担举证不能的责任。同时,被申请人在《C1 号基金交易过程》中表示"按照基金合同,没有取得所有基金投资者的同意,我们是不可以清算产品的,而且,有部分客户是同意继续等市场回暖后视情况再赎回清算,所以一直到 2019 年 4 月 22 日清算"。仲裁庭认为,修改《基金合同》关于平仓、合同终止并清算的约定,将对私募基金份额持有人利益产生实质性影响,故不属于《基金合同》约定的可直接由私募基金管理人修改的范畴,且根据《基金合同》的约定,当出现或需要决定修改本合同的重要内容时,应当召开私募基金份额持有人大会进行决议。被申请人并未举证证明已召开私募基金份额持有人大会,并已决议不予终止《基金合同》和进行清算,故在《基金合同》未修改的前提下,被申请人应当根据《基金合同》的约定履行相应的平仓、合同终止并清算的义务,被申请人未及时履行的,应对此承担违约责任。

(二)关于被申请人作为基金管理人是否按照恪尽职守、诚实信用、谨慎勤勉的原则管理运用基金财产

仲裁庭认为,止损线的设置是为了控制风险,《基金合同》将基金份额净值为 0.8 元设置为止损线,即投资者在签署《基金合同》之时,原则上所能承受的本金损失在 20% 以内;基金管理人也应当尽力确保基金投资的损失控制在该范围以内。虽然《基金合同》同时约定"基金管理人特别提示:本基金设置 0.8 元为止损线,并不代表基金管理人完成止损后基金份额净值等于 0.8 元,根据基金管理人变现操作的交易执行情况,本基金终止日基金份额净值可能低于 0.8 元",但该表示仅为对投资者的风险提醒,并非双方权利义

务的约定,也并未否定基金管理人恪尽职守、谨慎勤勉地管理运用基金财产的承诺和义务,更未否定《基金合同》将基金份额净值0.8元设置为止损线的约定。

2017年3月16日,申请人向《基金合同》约定的基金销售归集账户支付C1基金B类申购款1000000元;截至2019年4月11日,被申请人通过前述基金销售归集账户向申请人划付赎回款242584.64元,申请人投资基金产生损失共计757415.36元,远超《基金合同》约定的将基金份额净值0.8元设置为止损线所能造成的损失。被申请人作为基金管理人,应当对此举证证明该损失的发生是其已按照恪尽职守、诚实信用、谨慎勤勉的原则管理运用基金财产和防范相关风险后,依然发生的结果。否则,被申请人违反了其在《基金合同》中约定的按照恪尽职守、诚实信用、谨慎勤勉的原则管理运用基金财产的承诺,以及按照诚实信用、勤勉尽责的原则履行受托人义务,管理和运用基金财产的义务。

被申请人主张基金损失是因基金分别于2017年10月31日FOF到D1基金和2017年11月2日FOF到E1基金,以及D1基金融资买入F股票,而该股票在2018年2月2日、5日、6日、7日连续四个开盘跌停所致,但被申请人并未举证证明选择投资该两私募基金是恪尽职守、诚实信用、谨慎勤勉的结果,也未举证证明防范基金因投资该两私募基金而可能跌破止损线采取的风控措施,故仲裁庭认定被申请人作为基金管理人并未按照恪尽职守、诚实信用、谨慎勤勉的原则管理运用基金财产。

有关赔偿金额,申请人在本案庭审中明确第1项仲裁请求的计算依据为:"按照合同约定0.8元是基准线,我们把0.8元作为止损线,因此被申请人按照合同约定的话最低是80万元左右,而实际赎回了20多万元,用80万元减去实际赎回金额得出的557415.36元。"根据上述,仲裁庭认为被申请人作为基金管理人并未按照恪尽职守、诚实信用、谨慎勤勉的原则管理运用基金财产,申请人所持基金发生亏损与此具有直接关联,申请人请求按基金份额净值0.8元止损线计算的投资残值扣减实际赎回金额计算损失并无不当,但考虑到基金平仓止损在操作层面存在的实际价格差异和交易成本等因素,仲裁庭对申请人本项仲裁请求基本予以支持,酌定直接损失金额为500000元。

四、裁决结果

1. 被申请人赔偿申请人损失 500000 元。
2. 被申请人向申请人支付逾期返还款项的利息（以 500000 元为本金，自 2019 年 5 月 22 日起计至 2019 年 8 月 19 日，按中国人民银行同期同类贷款利率计算，自 2019 年 8 月 20 日至被申请人实际支付之日，按全国银行间同业拆借中心公布的贷款市场报价利率计算）。
3. 被申请人向申请人支付律师费。
4. 本案仲裁费用由被申请人承担 80%，申请人承担 20%。

五、评析

本案的案情较为明确。申请人投资于被申请人管理的 C1 基金，并在《基金合同》中约定了 0.8 元净值的止损线，即当基金份额净值跌破 0.8 元时，管理人必须停止新的开仓操作，卖出全部权益类资产止损，并清算该基金。C1 基金是 FOF 基金，即并非直接投资于股票或债券，而是通过投资于其他基金来最终投向证券市场。FOF 是"Funds of Funds"（基金中基金）的简称。《基金法》第 94 条第 2 款规定："非公开募集基金财产的证券投资，包括买卖公开发行的股份有限公司股票、债券、基金份额，以及国务院证券监督管理机构规定的其他证券及其衍生品种。"《私募管理办法》也在其中赋予私募 FOF 明确的法律地位[1]，并同时提出了穿透核查最终投资者的要求，防止这一投资方式用于绕开私募投资者数量和适当性的要求。[2]

基于这一 FOF 投资策略，C1 基金的相当份额转投资于 D1 基金，后者直

---

[1] 《私募管理办法》第 2 条第 2 款规定，私募基金财产可以投资于基金份额。
[2] 参见《私募管理办法》第 13 条。该条规定："下列投资者视为合格投资者：（一）社会保障基金、企业年金等养老基金，慈善基金等社会公益基金；（二）依法设立并在基金业协会备案的投资计划；（三）投资于所管理私募基金的私募基金管理人及其从业人员；（四）中国证监会规定的其他投资者。以合伙企业、契约等非法人形式，通过汇集多数投资者的资金直接或者间接投资于私募基金的，私募基金管理人或者私募基金销售机构应当穿透核查最终投资者是否为合格投资者，并合并计算投资者人数。但是，符合本条第（一）、（二）、（四）项规定的投资者投资私募基金的，不再穿透核查最终投资者是否为合格投资者和合并计算投资者人数。"

接进行证券投资。D1 基金的管理人同时也是 C1 基金的管理人,即本案的被申请人。

在投资过程中,D1 基金通过融资交易的方式采用了杠杆投资策略。这一策略会放大投资的损益,从而放大了投资的风险。受到市场突发下行等管理人以外因素的影响,D1 基金集中持有的 F 股票连续四个交易日跌停,价格下跌 45%。尽管 D1 基金的管理人已经尽力挂单卖出止损,但最终全部卖出时基金净值已经下跌至 0.237 元,远低于申请人和被申请人约定的净值 0.8 元的止损线,给投资者造成了损失。申请人因而提起仲裁,请求管理人赔偿损失。

仲裁庭认定 C1 基金的管理人在投资过程中未尽勤勉义务,因而支持了申请人的请求,裁决基金管理人承担相应的赔偿责任。下文分析守约义务、勤勉义务、忠实义务和私募基金杠杆投资的特别问题等内容。

(一) 基金管理人的守约义务

守约义务并非基金管理人所特有的义务,而是任何合同双方应当遵守的法定义务。在私募基金的具体情境中,基金的运作方式,投资范围、投资策略和投资限制,基金合同变更、解除和终止的事由、程序,以及基金财产清算方式,都是法律要求在私募基金合同中约定的内容。[①] 本案中的 C1 基金也在《基金合同》中就这些方面作了明确约定。

在 C1 基金投资于 D1 基金的过程中,C1 基金的管理人在两方面未能遵守《基金合同》的约定,存在违约情况。仲裁庭认定的管理人赔偿责任及其赔偿数额的计算也以此为依据。

一是管理人未履行及时平仓义务。仲裁庭认定截至 2018 年 2 月 9 日,C1 基金已经跌破止损线。尽管管理人声称其于 8 日、9 日每天晚上挂单卖出,终于在 2 月 9 日全部卖出,但并未举证证明其已履行相应义务,应对此承担举证不能的责任。由于管理人未按约定履行及时平仓义务,其对跌破止损线后基金资产的进一步损失应负赔偿责任。

二是管理人未履行及时清算义务。在跌破止损线的事实发生以后,管理人以未取得全部投资者同意且有部分投资者希望继续等待市场回暖等理由,自主决定继续经营,违反了《基金合同》的明确约定。尽管未及时清算并

---

① 参见《基金法》第 92 条。

不会导致投资损失进一步扩大,但会使投资者无法及时收回投资于基金的财产。因此,管理人违约未及时清算的,应就逾期返还款项向投资者支付利息,即违约占用财产的时间价值。

《基金合同》中关于止损线和平仓操作的内容,是投资者和管理人双方对基金运作方式的实质性约定。这些约定直接影响基金投资的方式和风险,也因此直接影响投资者的财产权益。《基金法》明确要求,这些事项应当在基金合同中明确约定,意味着这些事项并非属于管理人自由裁量权的范畴,而是双方意思自治的重要事项。在基金合同中对这些事项进行事先约定,是投资者积极参与基金治理的主要方式。

作为高度特质化和灵活的投资形式,私募基金得以受到监管的宽松对待的主要前提,即基金投资者有足够的能力去识别和承受投资风险,并有能力在与管理人的谈判中保护自己。如果管理人违反《基金合同》的直接约定,无疑将使投资者治理的效果大打折扣。因此,在管理人违反《基金合同》的约定时,其应当对投资者承担赔偿责任。仲裁庭在本案中的认定是正当合理的。

(二) 基金管理人的勤勉义务

《基金法》第 9 条规定了基金管理人"恪尽职守""诚实信用、谨慎勤勉"的义务。这一要求被学界普遍理解为信义义务。[①] 因此,在遵守合同的明确约定之外,管理人还有义务合理运用其自由裁量权,为投资者的利益服务。在本案裁决中,仲裁庭也指出,被申请人应举证证明选择投资于 D1 基金和 E1 基金是其谨慎勤勉地运用裁量权的结果,否则应承担未尽勤勉义务的责任。

私募基金投资者尽管都属于合格投资者,但也存在风险偏好的差异;作为高度特质化的投资方式,私募基金的投资行为应当与基金投资者的风险特征相适配。当私募 FOF 基金投资于另一私募基金时,由于后者会采取不同的投资策略,选取不同的投资标的,其投资行为很可能与原私募基金的投资者的风险偏好并不适配。当基金的投资行为与投资者的风险偏好过分偏离时,就存在管理人未尽勤勉义务、未忠实于投资者利益的可能性。

---

① 参见许德风:《道德与合同之间的信义义务——基于法教义学与社科法学的观察》,载《中国法律评论》2021 年第 5 期。

未从投资者利益出发选定投资标的,是本案被申请人在投资过程中未尽勤勉义务的关键之处。C1 基金的《基金合同》约定,基金的投资目标是在有效控制投资风险的基础上追求资产的稳健增值。尽管《基金合同》同时约定,基金的投资范围包括参与融资融券交易,但 0.9 元份额净值的预警线和 0.8 元份额净值的止损线都表现出投资者追求稳健增值的目标。此外,《基金合同》约定的管理人在跌破止损线时的行为也体现出投资者的风险偏好并不过于激进。因此,私募基金的投资策略和标的选择也应当与之相适应。这既体现了管理人从投资者利益出发行使自由裁量权的要求,也是基金投资者通过事前的合同约定参与基金治理的结果。

然而,管理人将 C1 基金的资产投资于 D1 基金,后者采用了激进的杠杆策略从事证券交易,这与申请人的风险偏好并不一致。在 D1 基金持有的股票连续下跌时,尽管证券市场有跌停的限制,但 D1 基金采用的融资交易杠杆放大了投资损失,导致投资于 D1 基金的 C1 基金的损失也被放大,C1 基金份额净值迅速跌破止损线,管理人此时的平仓操作已经难以有效防止损失,同时管理人也未采取其他风险控制措施。

勤勉义务是评价管理人行使自由裁量权是否适当的事后标准。在基金投资中,投资者的投资资产与管理人的管理资产是互相独立的,投资的风险和收益也均归于投资者。由于投资者和管理人利益的背离,管理人行为的利益激励更多以声誉机制的形式存在——管理人进行投资决策,为投资者带来突出的投资回报,从而积累良好声誉、吸引更多投资,以此为基础获取更多管理收益。因此,相比风险偏好差异化的投资者群体,管理人整体偏向更为激进的投资策略,因为投资风险更多由投资者承担,而投资获得的超额回报有助于管理人积累声誉,同时根据业内实践惯例,对于基金投资取得的超额收益,管理人通常也可以分润一定的比例。

在这一情形下,基金管理人有动机在作出投资决策时过度承担风险,但这不符合投资者的利益。因此,勤勉义务要求管理人从投资者利益出发,不能出于博取高额收益的目的过分激进地采用杠杆策略,而是要守住底线、取得平衡,从全局来考虑。换言之,管理人的自由投资决策权在风险可控的情况下才能进行。

(三) FOF 基金投资过程中的忠实义务

本案 C1 基金投资中的一个特别之处在于,C1 基金的管理人同时也是

D1基金的管理人。因此,与通常的FOF基金不同,C1基金投资于D1基金的行为属于同一管理人管理的不同私募基金之间的关联交易。《私募管理办法》第22条要求,同一私募基金管理人"管理可能导致利益输送或者利益冲突的不同私募基金的,应当建立防范利益输送和利益冲突的机制"。此外,案涉基金投资行为发生时尚有效的《基金管理公司特定客户资产管理业务试点办法》也要求,资产管理人主动避免可能的利益冲突,并对可能存在利益冲突的关联交易进行说明。[①]

(四)私募基金杠杆投资的特别问题

本案中,由于D1基金采用融资交易方式,在股票价格下跌时,即使管理人尽力平仓,投资者仍然遭受了损失。融资交易是一类特别的杠杆投资策略,投资者借入资金买入证券,也被称为"保证金交易"(margin trading)。2010年3月,沪深两市开展融资融券业务试点,开启了证券市场信用交易的新阶段。

根据证监会发布的《证券公司融资融券业务管理办法》和上海证券交易所制定的《上海证券交易所融资融券交易实施细则》,投资者融资买入证券时,融资保证金比例不得低于100%,亦即借入金额与保证金之比不得超过100%。另外,私募基金及其管理人被认定为专业机构投资者,在从事融资交易时不受从事证券交易时间和证券类资产条件限制。

私募基金在投资过程中使用杠杆投资的情形并不罕见。资本结构理论一般认为,引入固定收益资本可以放大股权资本投资的损益,从而在市场表现较佳时增强投资者的回报,但在市场表现不佳时也会放大投资者的损失。正因为如此,公募基金通过借贷来增强回报的行为受到严格的监管和限制,这与公募基金投资者的风险承受能力相一致。

监管制度对私募基金借贷的限制一度较为宽松。《私募管理办法》第25条要求私募基金管理人向中基协报告所管理私募基金的杠杆运用情况。2015年股市波动后,对私募基金杠杆交易的监管趋于严格。私募基金的杠

---

① 参见《基金管理公司特定客户资产管理业务试点办法》第33条。该试点办法已被证监会2018年10月22日发布的《证券期货经营机构私募资产管理业务管理办法》废止。该管理办法已于2023年1月12日修订,其第66条第2款规定,证券期货经营机构以资产管理计划资产从事重大关联交易的,应当遵守法律、行政法规、证监会的规定和合同约定,事先取得投资者的同意,事后及时告知投资者和托管人,并向证监会相关派出机构报告。

杆可以分为两类：一类是负债杠杆，即在募集完成后通过各种负债行为增加投资杠杆；另一类是分级杠杆，即通过产品内部结构化分级的方式，由优先级投资者向劣后级投资者提供融资杠杆。在《资管新规》发布之前，监管更关注分级杠杆。根据《证券期货经营机构私募资产管理业务运作管理暂行规定》第14条的释义，杠杆倍数＝优先级份额/劣后级份额。中基协的私募基金杠杆信息填报要求也沿用了这一定义。①

《资管新规》对两类杠杆均有所规制。《资管新规》第20条设定了私募基金的负债杠杆比例上限（每只私募产品的总资产不得超过该产品净资产的200%），而第21条规定了可以进行结构化分级的资管产品类型和这些类型产品最高的分级比例。②《资管新规》发布之后，《证券期货经营机构私募资产管理业务管理办法》第42条也要求，资产管理计划的总资产不得超过该计划净资产的200%。

可以看出，监管制度对私募基金和其他私募产品的杠杆限制从过去的主要关注内部结构化分级带来的对劣后级投资者损益的杠杆效果，到现在全面关注内部的结构化分级和外部的资金借入，从而综合规范私募资管产品的杠杆交易行为。投资者在关注基金的投资策略时，也需要从内部的分级杠杆和外部的负债杠杆两方面衡量基金投资策略的激进程度。如果是结构化的私募产品同时进行融资交易，产品劣后级投资人的收益和风险将被进一步放大，份额净值也更容易受到市场波动的影响。

综上，尽管私募基金转投资于其他基金的行为为监管所允许，但在选择转投资的基金时，管理人仍负有一定的勤勉义务，即体现为应选择与原基金投资者风险偏好相适配的基金，且应采取合理的措施以保障原基金投资策略

---

① 参见中基协《结构化信息＆杠杆信息填报说明》，载中基协官方网站（https://ambers.amac.org.cn/web/app/static/publicTemplate/structureShow.html），访问日期：2022年6月12日。值得注意的是，该填报说明并非仅适用于结构化产品，各类产品均需填报是否为结构化产品，以及相应的杠杆比例。

② 《资管新规》第21条规定："公募产品和开放式私募产品不得进行份额分级。分级私募产品的总资产不得超过该产品净资产的140%。分级私募产品应当根据所投资资产的风险程度设定分级比例（优先级份额/劣后级份额，中间级份额计入优先级份额）。固定收益类产品的分级比例不得超过3:1，权益类产品的分级比例不得超过1:1，商品及金融衍生品类产品、混合类产品的分级比例不得超过2:1。发行分级资产管理产品的金融机构应当对该资产管理产品进行自主管理，不得转委托给劣后级投资者。分级资产管理产品不得直接或者间接对优先级份额认购者提供保本保收益安排。本条所称分级资产管理产品是指存在一级份额以上的份额为其他级份额提供一定的风险补偿，收益分配不按份额比例计算，由资产管理合同另行约定的产品。"

的实现。本案中,管理人与投资者之间《基金合同》的约定表现出投资者较为稳健的风险偏好,但管理人仍将投资者的投资资产转投资于另一采用激进杠杆策略的私募基金,也未能采取措施保障投资者利益、控制这一投资行为的额外风险,从而在市场下行时造成了投资者的损失。因此,管理人未能尽到勤勉义务,对投资者的损失负有责任。

(本案例由北京大学法学院博士研究生武鸿儒编撰)

案例 21　管理人依约尽责推进基金管理和清算，投资者应自担风险

仲裁要点：基金投资受挫，尚未赎回的投资者应共担风险。基金管理人根据《基金合同》约定尽责推进基金管理和清算，投资者同意清算方案，其赎回权在清算程序中应终止并承担清算后果。基金管理人在这一过程中是否勤勉尽责、为投资者利益最大化进行管理和清算，应从实质和形式两方面进行考察。

一、案情概要

2018年3月6日，自然人A（本案仲裁本请求申请人及仲裁反请求被申请人，以下简称"申请人"）与B基金管理有限公司（本案仲裁本请求被申请人及仲裁反请求申请人，以下简称"被申请人"）签订《基金合同》，约定申请人认购被申请人管理的C1基金。该基金为契约型私募基金，存续期为2年。C1基金的约定投资范围为在政府备案的资产交易所或产权交易所挂牌的资产包，闲置资金用于银行理财。同时，案外人D公司与C1基金约定，将对资产包进行回购或收购。

之后，申请人支付认购金100万元，并于2018年3月8日确认取得对应基金份额100万份。

2019年2月28日，D公司向被申请人发送《承诺函》，主要内容为：根据被申请人与D公司签订的《信贷资产转让合同》，D公司应分别于2019年3月8日、2019年3月13日、2019年3月23日回购对应转让合同编号为074、075、075的信贷资产；现因其出现暂时流动性困难，无法按照合同约定的期限回购对应信贷资产包，向被申请人申请延期回购资产包，延期回购时间对

应至2020年4月至6月,在信贷资产回购完成之前,其将继续按原来的约定每月支付收益。从2019年3月起至《承诺函》之约定条款完成,每月支付不少于人民币1000万元的信贷资产回购价款至被申请人账户。

同日,被申请人发布《清算说明函》,主要内容为:经与D公司沟通、确认,先针对不同的赎回期,设定了新的投资清算期,原回购确认日为2019年3月8日,新清算日期为2020年4月至6月。

被申请人于2019年7月3日向各基金份额持有人发布《关于召开C1基金基金份额持有人大会的通知》,并于2019年7月12日召开持有人大会,审议《议事规则》《清算方案》,持有人大会通过该两项议案。其中《清算方案》规定:基金每月自D公司收回的款项按照如下顺序清偿:①计提费用用于清算;②缴纳用于支付基金所欠税款(如有),清偿用于支付基金债务(如有),支付通过诉讼方式追收债权的费用(如有),包括但不限于律师费、诉讼费、保全费等;③剩余部分按基金份额持有人的基金份额比例进行分配。截至2019年7月3日,基金剩余待清算投资款项4150万元,剩余20位基金份额持有人。

申请人认为,根据《基金合同》的约定,赎回期限为12个月。截至2019年3月9日,申请人认购的基金赎回期限已届满,且双方未签订展期延期协议,根据《基金合同》的约定,被申请人应及时按约向申请人支付赎回款项。但是,在基金赎回期限届满后,被申请人直到2019年5月15日才向申请人回复称,因为案外人D公司无法回购本基金购买的资产包,被申请人无法向申请人支付赎回款项。申请人于2019年6月17日依据《基金合同》中的仲裁条款向深圳国际仲裁院提起仲裁,请求:

1. 裁决被申请人向申请人支付已认购基金的到期赎回款项100万元,并支付自2019年7月9日起至实际付清之日止的基金收益。

2. 裁决本案仲裁费、评估费、保全费由被申请人承担。

被申请人认为其已依约履行义务,申请人也清楚知悉C1基金目前正处于清算阶段,根据《基金合同》及《清算方案》的约定,在清算阶段,基金财产在扣除计提费用、所欠税款(如有)等费用后,剩余部分将按基金份额持有人持有的基金份额比例进行分配。

申请人申请参与的基金属于契约型基金,基金财产与管理人的财产严格独立区分。基金财产由综合服务商根据管理人的指令进行支付。即便申请人要求支付赎回款,也应当由基金财产支付,与被申请人的财产无关。申请人在仲裁过程中对被申请人的银行账户采取保全措施,明显是恶意仲裁及保全,严重损害了被申请人的声誉、信用,对被申请人的经营造成了重大影响及经济损失。被申请人于 2019 年 8 月 7 日提出如下仲裁反请求:

1. 请求依法裁决申请人向被申请人赔偿损失 300 万元。
2. 请求依法裁决申请人承担被申请人为本案支出的律师费用。
3. 本案仲裁费用由申请人承担。

二、当事人主张

(一) 申请人主张

1. 被申请人存在严重违反相关规定及约定的行为,应赔偿申请人剩余未支付本金及收益

被申请人作为管理人负有评估投资者风险承担能力、了解投资者财务状况,以及评价投资者是否为私募基金合格投资者并进行充分的风险提示义务。本案中,被申请人并未举证证明其向申请人推介私募基金之前,已采取有效方式进行充分的风险揭示。另被申请人未按照法规规定及合同约定履行信息披露义务,相反却隐瞒 D 公司增量业务下滑、回款逾期率增加,其母公司无法提供流动性支持等事实,并违约向先到期基金持有人赎回等事项,以及在基金存续期满后,未及时成立清算小组、启动清算程序接管基金财产,对基金财产进行估值或变现、制作清算报告等。

2. 案涉基金合同名为基金合同,实为借贷性质的合同

申请人于 2019 年 8 月 23 日申请变更后的仲裁请求为裁决被申请人向申请人支付 99 万元及收益,并承担申请人为本案支出的律师费、保全费、担保费、仲裁费等费用。申请人在提请仲裁申请后,被申请人支付了部分本金,故申请人更改了仲裁请求的本金金额,该请求与《基金合同》约定的内容相符,也与民间借贷的性质相符。另外,被申请人是剩余本金的支付主体,也是案涉基金的当事人,符合民间借贷的合同性质。如案涉《基金合同》不属于借贷合同性质,那么基于《基金合同》,被申请人也应按照案涉《基金合同》的约定向申请人支付剩余本金及收益。

3. 案涉基金并非合法、正常的私募基金产品

根据自律监管机构的监管要求,私募基金的投资不应是借贷活动,并明

确规定底层标的为民间借贷、小额贷款、保理资产等不属于私募基金投资范围。案涉基金于 2018 年 3 月 27 日到期,被申请人如需展期需提前在期满前 1 个月经全体投资者和管理人协商一致,但是被申请人仍与申请人在 2018 年 3 月 6 日签订案涉《基金合同》,因此被申请人属于违法募集,案涉基金并非合法、正常的基金产品。

4. 被申请人提出的仲裁反请求没有事实和法律依据

在本案尚未审结的情况下,申请人申请财产保全是否错误不属于本案的审理范围,被申请人的仲裁反请求不能与本案一并审理。

(二)被申请人主张

1. 目前 C1 基金已处于清算阶段,申请人在此期间不能主张赎回基金份额

在《基金合同》终止后,被申请人根据《基金合同》的约定,与综合服务商 E 公司成立了清算小组,由清算小组统一接管基金财产,负责基金清算资产的保管、清理、估价、变现和分配。

被申请人于 2019 年 7 月 12 日召开了 C1 基金份额持有人大会,申请人委托案外人郑某出席了会议,表明申请人清楚地知悉 C1 基金目前正处于清算阶段。根据《基金合同》及《清算方案》的约定,基金进入清算程序后,基金管理人不再接受持有人提出的赎回申请,在清算完成后,基金财产在扣除计提费用、所欠税款(如有)等费用后,剩余部分将按基金份额持有人持有的基金份额比例进行分配。因此,C1 基金正处于清算阶段,申请人要求被申请人支付基金到期赎回款项没有任何事实和合同依据。

2. C1 基金目前处于清算阶段,投资人不再取得投资收益,申请人无权要求被申请人支付清算期内的基金收益

在 C1 基金清算前,被申请人一直按照《基金合同》的约定,按时、足额向申请人支付基金收益。但由于从 2019 年 7 月起,C1 基金已进入清算阶段,投资人不再取得投资收益。因此申请人要求被申请人支付 2019 年 7 月 9 日至此后的基金收益亦没有任何事实依据。

综上,申请人的全部仲裁请求均缺乏事实和法律依据。

三、仲裁庭意见

仲裁庭认为,本案的争议焦点为:被申请人是否应按申请人提请的仲裁请求向申请人支付到期赎回款项,并支付期间的投资收益。

仲裁庭认为,被申请人应根据《基金合同》及《清算方案》约定的清算程序、分配顺序和内容向申请人分配剩余基金财产,而非根据申请人提交的仲裁请求支付相应的赎回款项及期间的投资收益。

(一)案涉投资关系合法有效

案涉基金于2018年3月6日成立,基金存续期间2年。申请人认购案涉基金份额在案涉基金开放期内,认购基金手续符合《基金合同》的约定。同时,被申请人确认申请人为合格投资者,投资案涉基金符合投资者适当性的要求。

根据申请人签署的《风险揭示书》《基金合同》,被申请人已明确告知申请人C1基金投资范围为在政府备案的资产交易所或产权交易所挂牌的资产包,主要为D公司的信贷资产包;基金财产主要投资收益来源于D公司对资产包的回购款项。因此,被申请人已按照《基金合同》约定的投资范围进行基金资产的投资、运作。

(二)被申请人已经充分履行信息披露义务

根据案涉基金在中基协的产品备案记录,被申请人在基金运作期间已按《基金合同》的约定和监管要求履行了定期信息披露义务。另外,回购方D公司在因发生流动性困难,无法按合同约定的期限回购对应信贷资产包时,于2019年2月28日向被申请人申请延期回购并发送《承诺函》。该事项因会对投资者利益产生重大影响,被申请人于同日根据《承诺函》的内容,向投资者提前告知并披露了《承诺函》的主要内容,履行了相应的重大事项披露义务。此外,在案涉基金最后一期份额回购期满后,被申请人因清算事宜向全体基金份额持有人发布了关于召开基金份额持有人大会的通知,提请审议关于《议事规则》《清算方案》等议案,履行了《基金合同》约定的清算披露义务。因此,被申请人已经履行了《基金合同》约定的信息披露义务。

(三) 被申请人已充分履行管理义务

在 D 公司发生实质性违约后,被申请人并不存在明显怠于履行管理人义务的情形。一是管理人自 C1 基金成立以来,一直持续按《基金合同》约定的投资范围进行基金财产的投资、运作,即投资 D 公司的信贷资产包,其投资策略具有延续性。二是该基金自成立以来至 2019 年 7 月 17 日,已投资本金 5.115 亿元,已清算投资本金 4.7 亿元。其中 2018 年 C1 基金投资 0.965 亿元,已清算投资本金及收益 4838.77 万元,剩余待清算本金 4150 万元,待清算款项截至庭审日也进一步减少。三是自申请人投资 C1 基金以来,被申请人自 2018 年 4 月至 2019 年 11 月已累计向申请人分配 20 笔基金分红和部分本金赎回款项,期间 D 公司及其母公司已发生流动性紧缺、回购逾期的情况,被申请人在基金清算前仍然按照 D 公司发送的《承诺函》内容向投资人发放了分红,协助 D 公司兑现相关的《承诺函》事项内容。因此,在 D 公司发生实质性违约后,被申请人并未停止履行管理人义务。

(四) 被申请人合法合规推进基金清算

被申请人在 C1 基金最后一期份额赎回期限届满后,根据《基金合同》的约定与综合服务商 E 公司组成了清算小组,就清算工作事项的推进拟定了《议事规则》《清算方案》,并召开基金份额持有人大会审议上述事项,同时就持有人大会会议情况及结果向基金份额持有人进行了充分披露。申请人委托郑某代表本人出席了 2019 年 7 月 12 日召开的持有人大会,并进行了相关议案的表决,因此申请人充分知悉份额持有人大会《议事规则》和《清算方案》内容。仲裁庭根据《基金法》的精神及《基金合同》约定的内容认为,被申请人就清算事项召开的份额持有人大会会议事项、表决程序及内容的做法并无不妥,有利于保护基金份额持有人的合法权益。虽然申请人出具了两项议案的否决意见,但上述议案最终经占基金有效表决权总数份额 2/3 以上的份额持有人审议通过,对基金剩余份额持有人发生效力。

综上内容,仲裁庭认为被申请人已按《基金合同》的约定履行了基金财产的投资、运作和管理义务,以及信息披露义务。D 公司对基金财产的回购逾期是基金财产投资产生的市场风险和信用风险。申请人签署《风险揭示书》《基金合同》,表明其已明确知悉并理解基金投资的相关权利和义务、基金运作方式及风险收益特征,应自行承担基金投资产生的风险和损失。因此,申请人申请赎回基金投资款项,应以基金财产可支付的现金资产为限。目前 C1 基金已进入清算程序,申请人可申请赎回的款项应当以清算方案规定的分配顺序从 D 公司收回的款项中扣除清算费用、基金所欠税款、基金债务、追收债权相关费用后,按基金份额持有人持有的基金份额比例进行分配,而非按照申请人的仲裁请求要求被申请人向其支付相应款项。

四、裁决结果

1. 驳回申请人的全部仲裁请求。
2. 驳回被申请人的全部仲裁反请求。
3. 本案本请求仲裁费由申请人承担,反请求仲裁费由被申请人承担。

五、评析

本案涉及私募基金管理人在管理和退出阶段勤勉义务的履行问题。在行业实践中,私募基金需约定明确的存续期,到期进行清算以实现收益,或经投资者同意展期。① 在存续期内,私募基金进行投资并最终退出。在私募股权投资基金中,基金管理人在存续期内通常还要参与目标公司的管理,从而促进目标公司的经营治理水平、提升经济效率,进一步保障基金的投资回报。而私募证券投资基金的管理人则通常不参与所投资公司的管理,该类私募基金的投资方式为持有所投资公司在二级市场上公开发行的证券。

除私募股权投资基金和私募证券投资基金外,还存在投资于其他类型资产的私募基金。② 本案中的 C1 基金是专门投资于信贷资产的私募基金。依其投资方式的差异,这类私募基金既可能属于股权投资基金的范畴,也可能属于其他类私募基金的范畴。直接收购信贷资产包的方式属于债权投资,相应的私募基金属于其他类私募基金;通过投资相关公司股权的方式参与信贷资产投资的私募基金则属于私募股权基金。近年来,其他类私募基金的备案

---

① 中基协对此的要求,参见《私募投资基金备案须知》第 17 条。
② 参见中基协《有关私募投资基金"基金类型"和"产品类型"的说明》,载中基协官方网站(https://ambers.amac.org.cn/web/app/static/template/orgType.pdf),访问日期:2022 年 6 月 27 日。

审核较为谨慎,甚至一度暂停①,随着《资管新规》、中基协新版《私募投资基金备案须知》等规则的出台,私募基金以借贷形式进行投资被进一步禁止,与之相似的非标债权投资的合法性目前也存疑。② 而中基协对私募股权基金的备案也提出了限制基金直接或间接投资于"保理资产、融资租赁资产、典当资产等类信贷资产、股权或其收(受)益权"的要求。③ 当然,本案中的 C1 基金于 2016 年在中基协注册时,这类投资方式无疑是合法合规的。

(一) 投资受挫时的管理人勤勉义务

私募基金是高风险、高收益的投资活动,而非基于现代投资组合理论的稳健投资方式。④ 因此,投资标的出现特质化风险,并因此极大影响到私募基金投资回报的情况并不罕见,也不能认为投资受挫乃至失败就是管理人未勤勉尽责的体现。

尽管如此,在投资活动出现风险甚至失败时,为维护投资者利益,管理人仍有义务尽可能积极应对以减少投资损失。这一义务的内容因具体情境而异,但均为管理人勤勉义务的体现。例如,在股权投资中,当私募基金与目标公司之间存在回购协议或其他保障性协议时,管理人应积极履行协议,以为投资者争取利益;在证券投资中,当存在预警线、止损线等约定时,管理人需依约定及时进行操作,以避免损失进一步扩大;在其他类投资中,管理人也需结合投资的实际情况和可行使的权利尽可能保障基金财产的安全。

相比于投资前管理人的谨慎投资义务,在投资过程中的管理人勤勉义务应当接受更为实质的事后审查标准,而非注重形式要件的审查标准。这是因为,私募基金在事前作出投资决策时掌握的信息较为有限,选择较多,不宜过于苛求管理人能够选择出最佳的投资标的;而当基金投资面临风险时,可行的救济方式则更为明确,而投资者对管理人执行这些明确的救济方式也存在

---

① 中基协于 2019 年 12 月 23 日发布新版《私募投资基金备案须知》,特别提及有关私募投资基金投向债权、收(受)益权、不良资产等特殊标的的相关要求将另行规定。

② 中基协于 2019 年 12 月 23 日发布新版《私募投资基金备案须知》,特别提及有关私募投资基金投向债权、收(受)益权、不良资产等特殊标的的相关要求将另行规定。

③ 参见中基协 2022 年 6 月 2 日发布的《关于私募基金管理人登记备案工作相关事宜的通知》和《私募股权、创业投资基金备案关注要点》。

④ 尽管如此,《私募投资基金备案须知》对组合投资提出了原则性的要求,即鼓励私募投资基金进行组合投资,并建议基金合同中明确约定私募投资基金投资于单一资产管理产品或项目所占基金认缴出资总额的比例。

相应的期待。

本案中，C1基金投资标的为D公司的信贷资产包，该资产包由诸多分散的债权组成。在D公司逾期未回购这些信贷资产后，C1基金既可以提起仲裁或诉讼，请求D公司履行义务，也可以直接向底层借款人追索。但两种方法均不经济。如果被申请人越过D公司直接向底层借款人追偿，因涉及违约笔数众多，诉讼成本极高，催收效果也不确定，且追偿产生的成本均将计入基金财产的投资运作成本，从根本上并不利于保护基金投资者的利益。同时，如果被申请人在D公司发生实质违约一开始即对D公司采取诉讼或仲裁措施，也不利于D公司向借款人履行对底层借款人的催收和批量诉讼工作，最终也不利于保护基金投资者的利益。这一判断基于D公司在C1基金的投资运作中扮演的重要角色。一方面，基金投资的主要标的是D公司的信贷资产包；另一方面，基金投资的获益方式为D公司回购或收购这些信贷资产。因此，D公司不仅是C1基金的投资对象，也为C1基金的最终获益起到担保的作用；同时，D公司还承担着为C1基金管理、催收这些信贷的角色。由于基金管理人并不具有管理大量分散的信贷资产的能力，其对投资标的的管理义务实际上通过生成这些信贷资产的公司来进行。因此，C1基金的信贷资产投资要想最终实现回报，有赖于D公司的稳定运作，要求C1基金的管理人越过D公司自行处置信贷资产并不现实。

虽然被申请人未在D公司实质违约后对其采取诉讼或仲裁追偿措施，但不代表被申请人因此怠于履行催收工作。被申请人在庭审过程中及披露的临时报告中表示，其已采取要求D公司补充信贷资产包、采取投资措施帮助D公司改善现金流等措施，从而促进D公司定期对底层资产包的回购，有利于保护基金投资者的合法利益，且从后续案涉基金财产的回款情况看，被申请人采取的系列措施也取得了积极效果。

从应对的方式来说，管理人在与D公司积极沟通并达成后续协议的同时，依据《基金合同》的约定召开基金份额持有人大会，向投资者充分披露信息，并以投资者多数决的形式通过了后续处置方案，这一决议方式是合法合规、公平正当的。

因此，本案中，C1基金的管理人在面临基金投资风险时，结合实际情况和可得的救济方式，从投资者利益出发，已经作出了有效应对，履行了勤勉义务。仲裁庭实质考察了管理人面临的选择和最终选择的应对方式，也考察了管理人应对的程序，最终认定管理人采取的措施一定程度上有利于保护投资者的利益,也是其履行管理人义务的体现,是正当合理的。

(二) 退出清算中的管理人忠实勤勉义务

如前所述,私募基金通常要约定存续期。存续期满,私募基金进行清算,投资者退出。在退出清算阶段,管理人的忠实义务体现为"公平交易义务",而勤勉义务体现为"谨慎投资义务"。①申言之,公平交易义务要求管理人不得从事与基金利益冲突的关联交易,对管理人的行为提出实质性要求,相应的事后审查标准也实质性地考察交易是否公平;谨慎投资义务则是"过程导向型"的,以与私募基金投资活动的风险收益特征相适配,保护管理人的积极性,因此审查标准更多关注决定过程的形式要件。②

本案中,双方争议的焦点之一在于,管理人未及时为申请人办理赎回,最终使申请人与其他投资者一并参与 C1 基金的清算分配。毋庸置疑的是,基金进入清算后,不再满足投资者个人的赎回权,但需公平对待所有投资者,投资者应依约接受清算结果,自担风险。

申请人于 2018 年 3 月申购 C1 基金的份额,赎回期为 12 个月,因此申请人应于 2019 年 3 月赎回。2019 年 2 月 28 日,D 公司向被申请人发送《承诺函》,向被申请人告知无法按约回购的事实。同日,被申请人即发布《清算说明函》,将 C1 基金的清算日期延后至 2020 年 4 月至 6 月。由于 C1 基金信贷资产投资的收益实现有赖于 D 公司按约回购,D 公司的实质违约行为使得 C1 基金的整体投资面临风险。此时申请人的赎回期尚未届满,申请人应当与 C1 基金的其他投资者一同承担投资风险,亦即申请人应当与其他投资者一并适用新的清算安排。

在 D 公司实质违约后,随着基金份额赎回期届满,被申请人履行管理人职责,依据《基金合同》的约定,召开基金份额持有人大会,申请人也委托案外人参加了该次会议。大会通过的《清算方案》约定了 D 公司剩余还款的清偿顺序,即在计提清算费用、缴纳税款、偿还基金债务后按照持有人持有的份额分配剩余部分。这一清偿顺序和分配方式是公平合理的,不存在管理人从中牟利或不公平对待投资者的情形,因而也得到了持有人大会的多数通过。仲裁庭认可了这一清算方案的正当性,并据此认定申请人可申请赎回的款项

---

① 参见许可:《私募基金管理人义务统合论》,载《北方法学》2016 年第 2 期。
② 参见许可:《私募基金管理人义务统合论》,载《北方法学》2016 年第 2 期。

应以清算方案为分配依据,是正当合理的。

(三)私募基金投资信贷资产中的管理人勤勉义务问题

本案中的 C1 基金主要投资于 D 公司的信贷资产包,而非更为常见的私募股权投资基金或私募证券投资基金。

如前所述,私募基金的信贷资产投资可以以多种方式进行,并依不同的投资方式在备案时可能会被认定为不同的私募基金类型。例如,将投资于另外的信贷资产管理企业的私募基金认定为私募股权投资基金,而将直接购入信贷资产的私募基金认定为从事债权投资的其他类私募投资基金。在这一区分下,不同类型私募基金管理人的勤勉义务是否会随着基金类型而有所差异?

以本案为例,被申请人将基金财产投资于 D 公司的信贷资产包,该信贷资产包由 D 公司将其合法资金借贷给借款人形成的信贷资产债权组成并在合法的资产交易所挂牌转让,该信贷资产包底层涉及诸多小额借款人,数量众多,故在投资安排上,由 D 公司对该信贷资产包进行后续管理,由 D 公司与被申请人代表的案涉基金进行资产回购或收购约定具有合理性。如果 C1 基金并非采用直接买入信贷资产包的投资形式,而是向另一专门从事信贷资产处置的公司进行股权投资,以分红和股权增值退出的方式获取投资收益,这一投资方式在实践中也较为常见。此时,如果因为投资方式和相应备案分类的不同,要求后一情形中的私募股权投资基金管理人负有亲自管理的勤勉义务,而前一情形中的另类投资基金管理人则无须承担这一义务,无疑既未能公平要求管理人,也不利于对投资者提供统一的保护。

事实上,中基协在私募基金登记备案时所作的分类,并非对私募基金作出的法定分类。这一分类在我国私募基金行业发展早期起到了规范行业运营的作用,但随着行业的进一步发展,已然难以涵盖并有意义地区分私募基金丰繁的投资样态。一方面,如前所述,使用不同的方式投资于信贷资产,在现行制度下可能被认定为私募股权投资基金或其他私募基金,但投资者所面临的风险和回报在实质上是相同的;另一方面,另类基金既包括投资于信贷资产等证券化资产的私募基金,也包括投资于红酒、家具等特殊实物的私募基金,不同的另类私募基金之间投资策略差异巨大,管理人的勤勉义务内涵也不完全相同。因此,在考察私募基金管理人勤勉义务的具体内容时,应结合信义关系与投资行为的情况进行综合考虑,而不宜过多受到备案登记的分类的影响。以不同方式投资于信贷资产的私募基金,其管理人的勤勉义务应当实质相同。

此外,投资于信贷资产的私募基金管理人还需履行一般性的信息披露义务,以及银行监督管理部门就金融机构信贷资产转让所特别规定的合规义务。私募基金投资经营过程中的信息披露义务和合规义务包含在管理人的勤勉义务之中,其中信息披露更是投资者治理的基础;但也有观点将二者合称"诚信义务",认为是管理人忠实义务与勤勉义务之外的第三类义务。[1]

(本案例由北京大学法学院博士研究生武鸿儒编撰)

---

[1] 参见许可:《私募基金管理人义务统合论》,载《北方法学》2016年第2期。

案例 22　同一类别投资者享有基金财产公平分配权

仲裁要点：基金管理人可以根据基金合同的约定，对基金作出分期认购和申购的安排，但应按照合同约定进行，同时应当恪尽职守，履行诚实信用、谨慎勤勉的义务，公平对待同一类别的基金投资者。如果由于管理人的不公平分配行为，导致投资人未能得到应有的款项分配，投资者有权向管理人主张按照其持有的基金份额比例获得相应的基金财产收益。

一、案情概要

2016年12月5日，自然人A（本案申请人）与基金管理人B公司（本案被申请人）签订了《基金合同》，就申请人认购后者管理的H基金份额等相关事宜作出约定。《基金合同》约定H基金存续期预计为基金成立之日起15个月，基金每期认购及申购份额的投资期预计为份额确认日起12个月。基金份额的初始募集面值为1元。基金根据投资者投资金额及业绩比较基准的不同，将基金份额分成A1级份额、A2级份额两个级别，其中A1级份额的投资金额不少于1000000元且低于3000000元，年化业绩比较基准为每年8%，A2级份额的投资金额不低于3000000元，年化业绩比较基准为每年8.20%。在每期认购或申购份额投资期届满（基金管理人有权根据收益退出情况相应调整）后，基金管理人有权按基金份额确认的时间先后顺序，根据先进先出的原则以强制赎回方式为每期认购或申购基金份额办理相应的份额赎回手续。

2016年12月5日，申请人转入1000000元到H基金的募集账户。2016年12月14日，被申请人的关联公司向申请人出具了《资金到账确认函》。2016年

12月(具体日期未载明),被申请人向申请人出具《确认函》,确认申请人认购基金资金为1000000元,本基金成立日期为2016年12月7日,并已对外投资,认购资金收益计算的起始日(年化收益起计日)为2016年12月13日。

2017年10月,被申请人发布《H基金分红公告》,其中载明:本基金于2016年12月7日宣告成立,基金管理人决定于2017年10月23日提前分配54200000元投资本金及对应收益,本次分配份额为54200000份,剩余份额45800000份,起始日为2016年12月13日,结算日为2017年10月23日。至此,本基金中的部分份额投资期限已于2017年10月23日终止,剩余份额仍在存续期间内。

2016年12月13日,托管户流水清单显示,基金托管户于2016年12月13日对外支付100000000元。被申请人确认该款系基金对C公司提供的借款。托管户流水清单亦显示,基金托管户于2017年10月24日收款58062837.78元,2017年10月25日付款57997249.34元。被申请人确认前述收款系收取借款人C公司的本金54200000元及相应利息,前述付款系对部分基金投资者进行的分配,但未向申请人进行分配。

2018年6月13日,被申请人发布《H临时公告》,其中载明:基金通过委贷银行发放委托贷款,对C公司进行债权投资,募集规模100000000元,存续期限为15个月,经延期6个月后,计划于2018年6月13日到期,C公司于到期日前剩余45800000元本金及对应利息尚未归还。

2019年6月24日,上海金融法院作出民事判决,判令C公司于判决生效之日起10日内向被申请人偿还贷款本金45800000元、利息6580016.99元、逾期利息和违约金等。

申请人于2019年7月29日依据《基金合同》中的仲裁条款向深圳国际仲裁院申请仲裁,提出如下仲裁请求:

1. 裁决被申请人支付本金542000元。

2. 裁决被申请人支付基金收益43360元(基金存续期收益自2016年12月13日算至2017年12月12日,计算公式:542000×8%)。

3. 裁决被申请人支付资金利息损失16579.26元(按银行同期一年期存款利率自2017年12月13日起算至还款之日,暂算至2019年9月30日,计算公式:542000 × 1.75% × 638天÷365天)。

4. 裁决本案仲裁费由被申请人承担。

二、当事人主张

(一) 关于被申请人是否有义务就基金已收回的款项向申请人进行分配及具体的分配金额

1. 申请人主张

申请人认为,基金在存续期内收到借款人 C 公司的还款,而被申请人未及时向申请人披露,也没有按照申请人持有的基金份额比例向申请人进行分配,违反《基金合同》第 18 条第 4 款的约定,也违反《私募管理办法》第 24 条①的规定,给申请人造成相应本金、投资收益、利息等损失。申请人不认可被申请人关于基金分为两期且申请人认购的基金属于当时尚未到期的第二期的主张。因此,被申请人应当按照申请人持有的基金份额比例向申请人进行分配,包括本金 542000 元和自 2016 年 12 月 13 日计算至 2017 年 12 月 12 日的收益 43360 元。

2. 被申请人主张

被申请人认为,基金分为两期,申请人属于第二期投资者,被申请人在 2017 年 10 月 25 日的分配系针对第一期基金份额,当时第二期基金份额尚未到期,因此无须向申请人分配。申请人对于基金分为两期投资和分配的事实是知悉并且同意的,在基金展期公告发出后也没有提出异议。而且,被申请人已积极向基金的被投资方 C 公司通过诉讼和谈判的方式督促其尽早归还贷款,已尽到管理义务。因此,被申请人无须向申请人支付投资本金和收益。

(二) 如果被申请人有义务向申请人分配而实际未分配,是否应当支付利息损失以及利息损失的计算标准

1. 申请人主张

申请人认为,被申请人未按照申请人持有的基金份额比例向申请人进行

---

① 《私募管理办法》第 24 条规定:"私募基金管理人、私募基金托管人应当按照合同约定,如实向投资者披露基金投资、资产负债、投资收益分配、基金承担的费用和业绩报酬、可能存在的利益冲突情况以及可能影响投资者合法权益的其他重大信息,不得隐瞒或者提供虚假信息。信息披露规则由基金业协会另行制定。"

分配,给申请人造成相应利息损失,并主张按照银行同期一年期存款利率计算该损失。申请人所认购基金的成立日期为2016年12月7日,认购资金收益计算的起始日为2016年12月13日。按照《基金合同》的约定(即按基金份额确认的时间先后顺序进行基金存续期内的到期赎回),申请人主张被申请人支付资金利息损失,按银行同期一年期存款利率自2017年12月13日起算至还款之日,暂算至2019年9月30日。

2. 被申请人主张

被申请人认为无须向申请人分配,故对于利息损失的主张不予认可。

三、仲裁庭意见

仲裁庭认为,本案申请人与被申请人于2016年12月5日签订的《基金合同》是各方当事人自愿协商签订的,反映了各方当事人的真实意思表示,不违反法律和行政法规的强制性规定,应属合法有效,并对本案双方当事人具有约束力。

(一)关于被申请人是否有义务就基金已收回的款项向申请人进行分配及具体的分配金额

仲裁庭认为,应结合《基金合同》的具体约定和实际履行情况是否与合同约定相符及其合理性来判断。

首先,关于基金是否可以分期。《基金合同》第4条第2款和第6款约定,基金存续期内原则上半开放式运作,每期认购及申购份额的投资期预计为份额确认日起12个月;第7条第1款约定,在每期认购或申购份额投资期届满后基金管理人有权按基金份额确认的时间先后顺序以强制赎回方式为每期认购或申购基金份额办理相应的份额赎回手续;第18条第2款约定,基金存续期内仅在每期基金份额到期赎回时分配该期基金份额对应的基准收益。从前述规定可以看出,基金可进行分期认购和申购。

其次,关于申请人是否属于第二期投资者。从《基金合同》的实际履行情况来看,被申请人于2016年12月向申请人出具《确认函》,确认申请人认购基金资金为1000000元,基金成立日期为2016年12月7日,认购资金收益计算的起始日为2016年12月13日。被申请人提供的打款报备表显示,包括申请人在内的3名投资者认购基金份额的"成立时间"为2016年12月7

日(与前述《确认函》一致),其余 20 名投资者认购基金份额的"成立时间"为 2016 年 12 月 12 日。若按照《基金合同》的约定(即按基金份额确认的时间先后顺序进行基金存续期内的到期赎回),则包括申请人在内的 3 名投资者理应属于第一期投资者,其余 20 名投资者属于第二期投资者。被申请人关于申请人属于第二期投资者的主张与《基金合同》的约定不一致,被申请人亦未提供充分证据证明该主张。

再次,关于被申请人的分配是否合理。被申请人提供的已分配名单显示,被申请人向其余 20 名投资者中的 17 名投资者进行了分配,而在打款报备表中同样"成立日期"为 2016 年 12 月 12 日的其他 3 名投资者却没有获得分配。《基金合同》第 18 条第 4 款第(二)项约定,"本基金的同一类别每份基金份额享有同等分配权"。被申请人的前述分配操作与该约定不一致,但被申请人未对相同成立日期的投资者未获得同等分配的合理性作出说明,亦未提供充分证据证明其依据。

综上所述,尽管《基金合同》约定基金可以分期,但被申请人关于申请人属于第二期投资者的主张与《基金合同》的约定和实际基金份额确认情况不一致,基金实际分配情况与《基金合同》关于同一类别每份基金份额享有同等分配权的约定不一致,被申请人未对此作出合理说明和提供证据予以证明。被申请人主张,其在基金的被投资方 C 公司资金状况恶化的情况下积极通过诉讼和谈判方式督促还款,已尽到管理义务。仲裁庭认为,前述行为属于被申请人作为基金管理人履行职责的范畴,但并非其实施分配的正当化理由。基于此,并鉴于申请人不予认可被申请人前述主张,因此仲裁庭认为被申请人的主张缺乏事实依据。

最后,关于申请人是否有权主张分配及分配的具体金额。被申请人于 2016 年 12 月向申请人出具的《确认函》确认申请人认购资金收益计算的起始日为 2016 年 12 月 13 日,且被申请人提供的打款报备表与已分配名单显示,23 名投资者的起息时间均为 2016 年 12 月 13 日,因此申请人与其他基金投资者的投资收益起算日相同。根据《基金合同》第 18 条第 4 款的约定,基金的同一类别每份基金份额享有同等分配权,如基金财产中货币形式财产不足以向基金投资者分配基准收益及本金,则基金管理人应以届时基金财产中货币形式财产为限,按照各投资者持有的基金份额份数占基金份额总份数的比例向该投资者分配本金及投资收益,所分配的款项以各投资者所对应的基准收益及本金之和为限。在申请人认购基金的确认日期较早但起息时间与其他投资者相同的情况下,申请人至少应与其他投资者享有同等分配权。而由于被申请人的行为,导致申请人未能于 2017 年 10 月 25 日的基金分配中获得任何款项分配。据此,仲裁庭认为,申请人要求按照其持有的基金份额比例获得分配的主张具有合理性,仲裁庭予以支持。

因双方均认可申请人的投资金额占基金募集规模的 1%,相应持有的基金份额比例亦为 1%,且被申请人确认基金于 2017 年 10 月 25 日实施分配的款项为 57997249.34 元,因此申请人在该次分配中有权获得分配的金额为 579972.49 元(57997249.34 元 × 1%),其中本金 542000 元,收益 37972.49 元。

(二)关于如果被申请人有义务向申请人分配而实际未分配,是否应当支付利息损失以及利息损失的计算标准

仲裁庭认为,如上所述,被申请人作为基金管理人,应当按照《基金合同》的约定对申请人进行同等分配,即被申请人于 2017 年 10 月 25 日进行的分配中应向申请人作出相应的分配。申请人因逾期分配会产生利息损失,其主张的计算标准为银行同期一年期存款利率,并不过高。因此,仲裁庭对申请人的该项主张予以支持。因被申请人本应实施分配的日期为 2017 年 10 月 25 日,故利息损失的计算起始日应为 2017 年 10 月 26 日,现申请人主张利息损失自 2017 年 12 月 13 日起算,属于申请人对权利的自行处分,仲裁庭予以认可。

四、裁决结果

1. 被申请人向申请人支付基金投资本金 542000 元。
2. 被申请人向申请人支付上述投资本金对应的基金收益 37972.49 元。
3. 被申请人向申请人支付利息损失,以 579972.49 元为基数、按照中国人民银行公布的金融机构一年期存款基准利率自 2017 年 12 月 13 日起计算至被申请人向申请人支付完毕前述 579972.49 元之日止。
4. 本案仲裁费由被申请人承担。

五、评析

我国私募基金投资者中自然人占比较高,投资者保护任重道远,管理人

公平对待投资者是投资者保护的重要方面,本案关注了管理人对投资者是否公平分配的问题。案件争议焦点在于被申请人就基金已收回款项的分配是否公平合理,以及如果被申请人有义务向申请人分配而实际未分配,是否应支付利息损失及其计算标准。评析部分将从具体法律规定出发,结合本案案情及司法实践,就管理人如何公平对待投资者的问题进行探讨,同时分析当管理人未公平对待投资者时面临的责任。

(一) 基金管理人如何公平对待投资者

私募基金发展的前提是投资者的信任,投资者出于充分的信任将资产处置权交给基金管理人,并愿意承担投资失败的风险。基金管理人是基金产品的募集者和管理者,主要职责是按照基金合同的约定,负责基金资产的投资运作,在有效控制风险的基础上为基金投资者争取最大的投资收益。正因如此,管理人在从事证券投资基金活动的过程中,必须履行包括勤勉、公正在内的一系列受托义务,始终将投资者利益置于首位。

"公平"的要求在《基金法》第4条中有所体现,其规定"从事证券投资基金活动,应当遵循自愿、公平、诚实信用的原则,不得损害国家利益和社会公共利益"。此外,在保险资金运用以及商业银行理财业务监管中,也可以看到类似要求。《保险资金运用管理办法》第29条第(二)项规定不得存在"不公平对待不同资金"的行为,《商业银行理财业务监督管理办法》第24条第(二)项规定不得"不公平地对待所管理的不同理财产品财产"。由此可见,对于私募基金、保险资金、银行理财这类类似信托的财产运用,公平是普适性要求。

具体而言,在私募基金中,管理人"公平对待"投资者即是"公平"的重要表现。"公平对待"既要求管理人公平对待其管理的不同基金,也要求公平对待同一基金中的不同投资者,同时贯穿在设立、募集、运作、退出等基金运转的各个环节。在基金设立阶段,公平对待投资者表现在,要求管理人对其管理的不同基金以及同一基金下的投资人一视同仁,不偏袒或歧视任何一个委托人。在基金的投资、日常管理和退出阶段,主要侧重于管理者的公平交易义务和投资者的公平受偿权,管理人应该保证交易公平而避免其所管理的不同基金之间发生利益冲突,防范利益输送,而同一类别投资者对于基金收益享有公平受偿权。另外,所谓的"公平"不只体现在投资人和管理人的关联实体的"待遇"上,更延伸到高风险商业机会的攫取与投资人可能面临的利益损失之间的较量。

1. 基金管理人应公平对待同一类别投资者

当同一基金有两个以上投资者时,即有数个受益人共同享有基金收益时,管理人应公平对待每个投资者,合理分配基金收益。换言之,投资者对基金收益享有公平受偿权。

管理人对于其管理的同一基金下的投资人应当一视同仁。证监会发布的《私募若干规定》第9条规定了私募基金管理人及其从业人员从事私募基金业务的禁止行为,其中第(五)项明确了不得不公平对待同一私募基金的不同投资者,损害投资者合法权益。因此,投资者之间的差异化处理应当具有充足的合理理由,不能任意为之。同样的规定也可见于公司法中关于"同股同权"的规定,《公司法》第126条规定,股份的发行,实行公平、公正的原则,同种类的每一股份应当具有同等权利。同次发行的同种类股票,每股的发行条件和价格应当相同;任何单位或者个人所认购的股份,每股应当支付相同价额。因此,在私募基金中,同类别基金份额的每份基金份额应当具有同等的合法权益,包括享有同等的分配权。

本案中,申请人在基金运作过程中面临管理人的不公平对待。本案中同一基金共有23名投资者,包括两部分:申请人在内的3名投资者,"成立时间"为2016年12月7日;另外20名投资者,"成立时间"为2016年12月12日。所有投资者的起息时间均为2016年12月13日,产品期限均为15个月。根据《基金合同》第7条第1款的约定,在每期认购或申购份额投资期届满后基金管理人有权按基金份额确认的时间先后顺序以强制赎回方式为每期认购或申购基金份额办理相应的份额赎回手续。那么包括申请人在内的3名投资者认购基金的"成立时间"在先,理应属于第一期,其余20名投资者认购基金的"成立时间"在后,应该属于第二期。管理人将申请人归于第二期投资者而不予分配的主张没有依据,是对申请人不公平分配的表现。

此外,案涉《基金合同》第18条第4款第(二)项约定,本基金的同一类别每份基金份额享有同等分配权,但在本案中,被申请人向"成立时间"为2016年12月12日的20名投资者中的17名投资者进行了分配,而其他3名投资者却没有获得分配。被申请人对相同成立日期的投资者进行了不同的分配,且并未对其操作的合理性作出说明,亦未提供充分证据证明其依据,是不公平对待投资者的表现。因此,本案中对于被申请人所说的基金分为两期,申请人属于第二期投资者的主张,仲裁庭不予支持是有充分依据的。

另外，基金管理人公平对待投资者应贯穿在整个基金运作的各个环节。例如在设立过程中，中基协于 2019 年 12 月 23 日发布的《私募投资基金备案须知》第 15 条规定："管理人不得在私募投资基金内部设立由不同投资者参与并投向不同资产的投资单元/子份额，规避备案义务，不公平对待投资者。"

在退出阶段，针对基金管理人让特定投资人优先退出的问题，需要注意的是，在合伙型私募基金中，由于合伙型私募基金的特殊形式，其同时受《基金法》和《合伙企业法》的规范，因此在退伙财产纠纷等问题的法律适用上，应适用《合伙企业法》还是《基金法》存在争议。有学者认为，合伙型私募基金虽登记为合伙企业，但核心本质是基金产品而非实体企业，因此在两部法律均有规定时，优先适用《基金法》；在《基金法》无规定时，可补充适用《合伙企业法》的一般规则，充分发挥其作为一般法、通用法的拾遗补阙功能。① 《基金法》对投资者退出的规定较为宏观，将基金份额持有人增加、退出的条件等交由基金合同来约定。因此实践中，投资人退出问题可能适用的是《合伙企业法》或双方签订的《合伙协议》，故而在认定基金管理人存在不公平对待投资者，使特定投资人优先退出的行为时，可能存在困难。根据《合伙企业法》第 45 条的规定，在合伙企业存续期间，有下列情形之一的，合伙人可以退伙：①合伙协议约定的退伙事由出现；②经全体合伙人一致同意；③发生合伙人难以继续参加合伙的事由；④其他合伙人严重违反合伙协议约定的义务。在实践中，若《合伙协议》未对退伙条件另行约定，由于投资人与私募基金管理人在处理利益关系等问题上并非处于同一立场，投资人提前退出私募基金势必会给私募基金的运营等造成不利影响，故无论是通过寻求全体合伙人一致同意，还是以发生合伙人难以继续参加合伙的事由等作为退伙条件，都并非易事，有可能发生管理人出于自己利益考虑而不公平对待投资者，投否决票导致投资者无法退出的情形。

在契约型私募基金中，当基金管理人与投资人签订基金合同，双方之间即确立了相互的权利义务关系。契约型私募基金订立的合同中可以有专门条款约定投资人的灵活退出方式，因此，当投资者想要退出契约型私募基金时，可依据双方合意的《基金合同》完成退出事项；投资者也可以以解除基金

---

① 参见刘俊海：《论合伙型私募基金有限合伙人的退伙财产请求权——合伙企业法和投资基金法的不同维度》，载《政治与法律》2021 年第 6 期。

合同作为请求依据,常见的解除理由包括管理人未履行信息披露义务、管理人未履行适当性义务、管理人存在过错导致基金合同目的不能实现等。以上退出方式中投资者意志均能够得到充分体现,因此出现管理人不公平对待投资者的情形较少。另外,契约型私募基金中不公平对待投资者存在可能的豁免情形。2019年11月15日中基协在深圳培训时明确提出了豁免情形,中基协认为,管理人基于独立、善意的判断,排除某一投资者对于某个项目的出资是可以的。例如,涉密的产业是不能有外资投资者的。"涉密标的不允许外资投资者进入"属于典型的客观标准,因此不倾向认定为管理人不公平对待投资者。①

2. 基金管理人应公平对待其管理的不同基金

实践中,私募基金管理人可能同时运作多只私募基金产品,不同基金产品及其投资者之间的利益可能发生冲突。为保证同一私募基金管理人管理的不同基金得到公平对待,保护投资者合法权益,私募基金管理人在运营中必须考虑公平交易问题,规避利益冲突。

《基金法》禁止基金管理人不公平地对待其管理的不同基金财产。具体而言,该法第20条第(二)项规定公开募集基金的基金管理人及其董事、监事、高级管理人员和其他从业人员不得"不公平地对待其管理的不同基金财产"。该规定被立法机构在制定《私募管理办法》时原封不动地援引,转化为对私募基金管理人等的约束,体现于第23条第(二)项。②

同时,《私募管理办法》第4条规定,基金管理人管理、运用私募基金财产,应当恪尽职守,履行诚实信用、谨慎勤勉的义务。对基金管理人"受人之托,代人理财"应当遵守的信义义务提出了原则性要求。《私募管理办法》第22条也规定,同一私募基金管理人管理不同类别私募基金的,应当坚持专业化管理原则;管理可能导致利益输送或者利益冲突的不同私募基金的,应当建立防范利益输送和利益冲突的机制。因此,当基金管理人同时管理若干只基金时,基金管理人作为受托人,应当公平地对待其管理的每一只基金,对所管理的每一只基金的基金份额持有人,都应履行诚实信用、谨慎勤勉、有效管

---

① 参见周鹏等:《私募基金管理人勤勉尽责义务简析》,载 https://mp.weixin.qq.com/s/R2a9djuO5ZI3oGoLU2KAtg,访问日期:2023年1月3日。

② 《私募管理办法》第23条规定:"私募基金管理人、私募基金托管人、私募基金销售机构及其他私募服务机构及其从业人员从事私募基金业务,不得有以下行为:……(二)不公平地对待其管理的不同基金财产……"

理的义务,为所管理的各只基金的全体基金份额持有人的最大利益管理基金财产。为一只基金的利益而损害另一只基金利益的行为,违背了受益人利益最大化原则,也违背了受托人义务,应当禁止这种行为。《私募管理办法》第22条从专业化管理和防范利益输送及利益冲突的角度对基金管理人的行为进行规范,而这些要求都是公平对待投资者的题中应有之义。此外,中基协的《私募投资基金备案须知》进一步重申了公平对待投资者这一基本要求,禁止投资单元、防范不同基金间的利益冲突。其中也要求管理人应当公平地对待其管理的不同私募投资基金财产,有效防范私募投资基金之间的利益输送和利益冲突,不得在不同私募投资基金之间转移收益或亏损。

应当注意的是,通过上述法律规定可以明确,当基金管理人同时管理若干只基金时,应当公平地对待其管理的每一只基金,建立防范利益输送和利益冲突的机制。但这些基金之间的关联交易行为并未被禁止,这是因为关联交易行为不必然导致利益输送,只有"非公允的关联交易或不正当关联交易"才会导致利益输送。管理人应当建立健全关联交易管理制度,防范利益冲突,投资前应当取得全体投资者或者投资者认可的决策机制决策同意,投资后应当及时向投资者充分披露信息。①

实践中基金管理人可能同时或先后设立多只基金进行不同项目的股权投资,对其也应公平对待。具体而言,包括以下几点:一是保证对不同基金给予同等质量的服务,对各只基金投入同等的时间和精力;二是在后基金的设立应取得前后基金所有投资人的同意,并保证其管理的不同基金财产独立;三是不得将从一只基金处获取的商业机会为另一只基金牟利。②

(二) 不公平对待投资者的认定方式

从前述法律规定及中基协发布的文件可以看出,公平对待投资者作为基金管理人的基本要求已经明确。但是在管理、运用基金财产过程中,如何做到公平,现行法律法规并未进行明确,仅对部分不公平对待投资者的行为进

---

① 《私募若干规定》第11条规定:"私募基金管理人不得从事损害私募基金财产或者投资者利益的关联交易等投资活动。私募基金管理人应当建立健全关联交易管理制度,对关联交易定价方法、交易审批程序等进行规范。使用私募基金财产与关联方进行交易的,私募基金管理人应当遵守法律、行政法规、中国证监会的规定和私募基金合同约定,防范利益冲突,投资前应当取得全体投资者或者投资者认可的决策机制决策同意,投资后应当及时向投资者充分披露信息。"

② 参见赵磊:《信托受托人的角色定位及其制度实现》,载《中国法学》2013年第4期。

行了列举。虽然不公平对待投资者的认定标准逐渐清晰,但在实践过程中,如何认定管理人行为构成对投资者的不公平对待仍然存在困难。

1. 不公平对待行为的认定

为了确定不公平对待投资者存在哪些情形,通过检索相关行政监管案件,发现监管机构并未在决定书中列明有哪种或哪些不公平对待投资者的行为,只是进行了较宽泛的表述。例如会在决定书中提到"申请人相关投资行为构成《私募管理办法》第二十三条规定的将固有财产或者其他财产混同于基金财产、不公平地对待管理的不同基金财产、从事损害基金财产和投资者利益的投资活动……"①,因此是否属于管理人的不公平对待行为需要结合具体案情予以认定。

本案中,不公平行为的认定较为明晰,被申请人作为管理人,在没有合理证据及说明的情况下,将基金分为两期且将申请人归于第二期分配,这是第一种表现形式的不公平对待,因为按照《基金合同》的约定及公平原则,申请人应属于第一期分配;另外在被申请人所分配的17名投资者中,也忽视了同一"成立时间"的另外3名投资者,同样也是不公平对待的表现。

此外,通过检索发现,在既往案例中,单独就存在不公平对待投资者的行为而受到监管的主体不多,大都是因其存在其他违规行为而一并列举。例如,在《中国证券监督管理委员会行政复议决定书(梁越、杨勇)》(〔2020〕79号)中,证监会认为北京恒宇天泽基金销售有限公司(以下简称"恒宇天泽")等公司私募基金推介内容与实际不符,在私募基金产品宣传中承诺产品的安全性、承诺保底或者固定收益等,存在虚假宣传推介、误导投资者的行为,认定恒宇天泽等公司违反《私募管理办法》第3条规定并无不当。恒宇天泽等公司相关投资行为构成《私募管理办法》第23条规定的将固有财产或者他人财产混同于基金财产、不公平地对待管理的不同基金财产、从事损害基金财产和投资者利益的投资活动。由此可见,出现不公平对待投资者的行为一定程度上反映出基金管理人存在其他违规行为。

2. 不公平对待的举证责任

不公平对待投资者的情形,反映在投资结果上,即投资者亏多了或者分少了。出现这些情形,如果投资者选择诉诸法院或向仲裁机构申请仲裁解决

---

① 《中国证券监督管理委员会行政复议决定书(北京博信盈泰投资管理有限公司)》(〔2020〕78号)。

争端,对于投资者来说,举证将会是最大的困难。最高人民法院为此作了有益的尝试,于 2019 年 11 月 8 日发布《九民纪要》对此进行回应,强调应当重点审查受托人在"受人之托,忠人之事"的财产管理过程中,是否恪尽职守,履行了谨慎、有效管理等法定或者约定义务。《九民纪要》第 94 条规定,资产管理产品的委托人以受托人未履行勤勉尽责、公平对待客户等义务损害其合法权益为由,请求受托人承担损害赔偿责任的,应当由受托人举证证明其已经履行了相关义务。受托人不能举证证明,委托人请求其承担相应赔偿责任的,人民法院依法予以支持。最高人民法院将举证责任义务分配给受托人,是对实践中存在的委托人举证难的回应,可以倒逼受托人公平对待投资者,勤勉审慎履职。

回到本案,被申请人作为基金管理人对申请人存在不公平对待行为。申请人主张被申请人应当按照申请人持有的基金份额比例向申请人进行分配,仲裁庭基于《基金合同》和申请人提供的证据对此予以认可。同时,仲裁庭将更多的举证责任归于被申请人,由其提供关于申请人属于第二期投资者的主张与约定存在不一致的证据,并对相同成立日期的投资者却没有获得同等分配的合理性作出说明。鉴于被申请人未对此作出合理说明和提供证据予以证明,仲裁庭不予认可其主张是合理的。

(三)基金管理人不公平对待投资者后应承担的责任

当基金管理人存在不公平对待投资者的行为,包括对同一类别基金的投资者没有进行同等公平分配,或在其管理的不同基金中进行利益输送,或存在为一只基金的利益而损害另一只基金利益等行为,管理人应为其不公平对待投资者的行为承担责任,实践中责任的承担主要表现在行政监管和民事赔偿两个方面。

行政监管方面,当管理人存在未谨慎勤勉,不公平对待同一私募基金的不同投资者,损害投资者合法权益等行为时,证监会或地方证监局会对其违规行为进行监管。例如,内蒙古证监局因内蒙古光锋私募基金管理有限公司存在以下两个行为,决定对该管理人采取出具警示函的行政监管措施:一是管理的部分基金按照不同投资金额分设不同收益特征的基金份额,存在不公平地对待同一基金的不同投资者;二是管理的部分私募基金收益脱离标的资产的实际收益率,未能恪尽职守、履行谨慎勤勉义务。①

民事赔偿方面,如《九民纪要》第94条规定,投资者可以以管理人未履行勤勉尽责、公平对待客户等义务损害其合法权益为由,请求管理人承担损害赔偿责任的,人民法院予以支持。回到本案中,仲裁庭最后也支持了投资者的请求,因管理人存在不公平对待同一基金的不同投资者的行为,要求管理人向投资者支付基金投资本金、投资本金对应的基金收益及利息损失。

(本案例由北京大学法学院博士研究生范正阳编撰)

---

① 参见《关于对内蒙古光锋私募基金管理有限公司采取出具警示函措施的决定》(〔2022〕6号)。

案例 23　管理人的选择符合商业判断，自愿提前终止基金的投资者应自担风险

仲裁要点：私募基金管理人接受投资者委托，为投资者提供基金运作和管理的专业化服务，应当遵守诚实信用、谨慎勤勉的义务。在基金投资运作过程中衡量管理人是否勤勉尽责，可以依据商业判断规则进行考察。管理人在投资时进行商业判断、作出商业决策时考虑的因素不仅限于合同约定的权利，还包括其他现实因素，如实际取得款项的可能性及时间等。若管理人采取的相关措施是基于商业判断而作出的正常合理的投资行为，且不采取该措施投资人必将面临较大风险时，管理人只要尽到合同约定的谨慎勤勉义务，不存在明显过错，即使最终基金投资受有损失，也不应为此担责。此外，应特别注意的是，投资者应为自己的投资决策承担可能的风险与损失，即风险自负。

一、案情概要

本案申请人为自然人 A，第一被申请人 B 公司为基金管理人，第二被申请人 C 公司为基金托管人，案涉基金为 X 基金。2015 年 9 月 23 日，申请人与第一被申请人、第二被申请人签订了《基金合同》。合同约定所募 X 基金的款项用于股权投资，主要投资由甲公司作为普通合伙人发起设立的乙企业（有限合伙）的有限合伙人份额，该有限合伙仅限于投资丙公司的债权或股权。申请人认购了 150 万元的基金份额，并于同日将 151.5 万元（含 150 万元投资款和 1.5 万元认购费）通过银行转账支付给第一被申请人，备注为"A 购买 X 股权投资"。

2015 年 9 月 30 日，第一被申请人向申请人出具《认购确认书》。

2015年11月,乙企业与丙公司及其股东D签订了三份《股权转让协议》。该协议约定了D转让其持有的丙公司共计40020000股股份至乙企业,收购价格为3.60元/股。该协议约定了双方权责及业绩调整条款、回购条款等。回购条款中约定,若丙公司利润未达标或经营出现亏损或上市进度受到耽搁,丙公司将按照年利率12%支付投资方在持有公司股权期间内的本息。

2015年12月,第一被申请人与甲公司签署《乙企业(有限合伙)合伙协议》(以下简称《合伙协议》),约定第一被申请人为乙企业的有限合伙人,甲公司为乙企业的普通合伙人。根据《合伙协议》的约定,X基金定向投资于丙公司的股权或可转换债权。

2017年4月26日,申请人签署了第一被申请人发出的《意向收集表》,载明乙企业已经履行完毕相应付款义务,但是丙公司及其股东D至今未能完成工商变更事项,并征询投资人是否提前退出,申请人表示提前退出,退出价格为4.20元/股。

2017年8月10日,甲公司作为甲方与第一被申请人作为乙方及乙企业作为丙方签订《项目清退方案》,载明了投资本金应分配金额。2017年8月16日、9月1日,甲公司作为甲方与第一被申请人作为乙方及乙企业作为丙方签订两份《项目清退方案》,内容基本与上一份《项目清退方案》相同,约定第一被申请人应分配的金额为2970.297万元及6343.762313万元。

2017年10月31日,申请人向第一被申请人发出标题为《关于X基金投资收益差异事宜》的函件。申请人认为根据回购条款内容,申请人应取得的收益和实际收益存在差距。自2017年8月至10月,申请人先后收到第二被申请人支付的款项合计1664810.62元,扣减150万元本金,剩余款项为164810.62元。而根据《股权转让协议》中的回购条款,申请人应取得的收益应为346530.52元,和实际收益差距181719.90元。因此,申请人要求第一被申请人补足上述差额。

2017年11月22日,第一被申请人向申请人作出回复,第一被申请人在该函中表明其不是回购义务人,没有回购的义务。另外,在2017年4月第一被申请人向全部投资人发出丙公司项目《意向收集表》中,申请人已签署《意向收集表》,表示接受4.20元/股的回购价格。本项目的退出系统按照4.20元/股的价格计算,并非按照年化12%的收益计算。

2017年11月28日,申请人向第一被申请人发出来函的回复。申请人认为其与丙公司及其股东 D 没有任何合约关系,第一被申请人作为基金管理人,收取了管理费用,就应当依法保障投资人的利益,向第三方索取是第一被申请人的责任。至于《意向收集表》,并非正式的法律合同文件,仅能视为预约合同。第一被申请人提出唯一提前退出方案让投资人选择是否退出,属于排除投资人权利的条款,于法无效。

2017 年 12 月 5 日,第一被申请人发出《X 基金一期清算报告》,载明在取得大多数投资人同意提前清算的书面表决意见后,管理人决定提前终止,2017 年 11 月 28 日为 X 基金的终止日。X 基金该次投资实现投资收益截至 2017 年 11 月 28 日已将该数额向合伙人分配完毕,并按期兑付全部投资本金。

2018 年 3 月 16 日,申请人依据《基金合同》中的仲裁条款向深圳国际仲裁院提起仲裁并提出如下仲裁请求:

1. 裁决第一被申请人赔偿申请人损失 181719.90 元。
2. 裁决被申请人承担本案的全部仲裁费用。

二、当事人主张

(一)关于第一被申请人是否应该按照年化 12% 的收益补足申请人损失

1. 申请人主张

申请人认为,根据《基金合同》的约定,第一被申请人作为基金管理人有诚实信用、勤勉尽责的义务,在基金份额持有人的利益遭受损失时,应以基金管理人的名义行使诉讼权利或实施其他法律行为,否则应承担赔偿责任。按照乙企业与丙公司及其股东 D 签订的《股权转让协议》的约定,如果标的公司丙公司业绩不达标,需按照年利率 12% 支付利息。按此计算,申请人应取得的收益应为 34.5 万元,而申请人收到的实际收益仅为 164810.62 元。如果按照进入价格 3.60 元/股,提前退出的 4.20 元/股的股价,申请人投资的 150 万元,折算后为 416667 股,退出后的本金和收益应当为 175 万元,扣减 150 万元本金,收益应当为 25 万元。无论按照何种方式计算,第一被申请人都未能勤勉尽责,应当赔偿申请人的损失。

2. 被申请人主张

第一被申请人认为,申请人已自愿签署《基金合同》以及《风险揭示书》,了解 X 基金投资的相关风险,知晓 X 基金不保证本金不受损失,也不保证最低收益。而第一被申请人作为 X 基金的管理人,已对投资标的进行了尽职调查,根据《基金合同》的约定管理基金,并就基金运行情况如实向投资人披露,已尽到基金管理人诚实信用、勤勉尽责的义务,不存在违反《基金合同》的情形。此外,申请人已自愿签署《意向收集表》,自愿选择基金退出方案。现申请人出尔反尔,在第一被申请人不存在违约行为的情况下要求赔偿其损失,其要求没有法律依据。

(二)关于被申请人是否应该承担本案仲裁费用

1. 申请人主张

申请人请求被申请人承担本案的全部仲裁费用。

2. 被申请人主张

第二被申请人认为,根据三方签署的《基金合同》的约定,第二被申请人在接到第一被申请人的相关划款指令后,及时进行了划付,且在该基金运作期间,第二被申请人尽职履责,无任何违约行为,亦无任何过错,不应承担本案的仲裁费用。

三、仲裁庭意见

仲裁庭认为,本案申请人与被申请人于 2015 年 9 月 23 日签订的《基金合同》是当事人的真实意思表示,不违反国家法律法规的规定,未发现该合同存在《合同法》规定的导致合同无效的情形,故合法有效,双方当事人应据此享有合同权利、承担合同义务。

(一)关于第一被申请人是否应该按照年化 12% 的收益补足申请人损失

仲裁庭认为,申请人并未证明第一被申请人违反诚实信用、勤勉尽责的义务,仲裁庭不支持申请人要求第一被申请人赔偿的主张。理由如下:

第一,申请人并没有证明丙公司及(或)其股东 D 应当在本案情况下以年利率 12% 的标准向乙企业回购股权。申请人提交的显示为"某金融产品中心风险研究部"于2016年12月出具的《某股权投资专项基金投后走访尽职调查报告》(以下简称《尽职调查报告》)载明了风控措施和回购条款,其中包括大股东承诺标的公司2015年税后净利润达到9200万元人民币,否则将以实际净利润为基础重新调整初始投资估值,并且若未按期完成IPO申报或累计新增亏损达到投资进入时公司净资产的20%,公司和(或)大股东将回购股份,按照年利率12%支付投资者持有公司股权期间内的本息。为进一步证明回购条款及对赌条款的存在,申请人还提交了载有该等内容的吴某的新浪博客截图。由于申请人提交的《尽职调查报告》并非原件,第一被申请人对其不予质证,又考虑到申请人未提交《尽职调查报告》是第一被申请人向其发送的证据,仲裁庭难以采信该份证据的真实性。至于申请人提交的新浪博客截图所载内容并非第一被申请人发布的信息,仲裁庭对该份证据不予采信。

即便申请人提交的前述证据内容真实,乙企业与丙公司及(或)其股东D之间确实存在《尽职调查报告》提及的业绩及回购条款,申请人也未证明业绩或回购条款已触发。关于业绩对赌,第一被申请人向申请人发送的《意向收集表》显示的数据表明丙公司已达到2016年的业绩要求。至于上市对赌,虽然第一被申请人的代理意见认可了申请人声称丙公司承诺于2017年12月31日之前进行上市申报的陈述,但是乙企业股权被回购时2017年还未结束,上市对赌条件尚未满足。因此,申请人未证明由于丙公司未达到业绩或上市要求,按照年利率12%回购乙企业股权的条件在当时已被触发。

第二,即便乙企业有权要求丙公司股东D按照年利率12%的标准回购其持有的丙公司股权,实际却未按该标准执行时,申请人未证明乙企业的利益会当然受损,因此第一被申请人未就此行使诉讼权利并不违反诚实信用、勤勉尽责义务。

第一被申请人作为基金管理人和乙企业的有限合伙人,应当履行诚实信用、谨慎勤勉的义务。根据《基金法》第9条的规定,第一被申请人的义务包括以其名义代表基金份额持有人的利益行使诉讼权利,但是第一被申请人行使诉讼权利的前提是乙企业的利益受损从而影响基金份额持有人的利益。而申请人并未提供证据证明乙企业未以年利率12%的标准向丙公司股东D转让股权必然遭受损失进而导致申请人利益实际受损。申请人不能仅凭乙企业未行使对赌条款约定的权利就认为乙企业遭受了损失。业绩调整等对赌条款的约定是为了保障投资人的利益，因此在回购条件触发时，投资人有权选择是否按照对赌条款的约定执行。当投资人选择不行使对赌条款约定的权利时，并不等同于投资人的利益受损。投资人在进行商业判断、作出商业决策时考虑的因素不仅限于合同约定的权利，还包括其他现实因素，如实际取得款项的可能性及时间等。

本案中，第一被申请人表示乙企业退出丙公司是考虑到乙企业的执行事务合伙人出现问题，为了及时减损，才尽快让乙企业转让股权，而且事实上申请人不但收回了投资款本金，还取得16万元的收益。申请人对该等事实或陈述也无相应反驳证据或意见。

因此，乙企业当初与丙公司及其股东D达成以4.20元/股的条件尽快退出，在当时的背景下对投资者是有利的。没有证据或可采信的意见表明乙企业的执行事务合伙人怠于行使权利导致乙企业利益受损的事实。既然此种情形下相关措施是符合正常商业判断的，不能认为乙企业的利益受到损害，故第一被申请人没有理由提起诉讼，不论诉讼是否为解决此种问题的最好策略。

事实上，第一被申请人是在征求投资人意见之后才让乙企业退出丙公司的，申请人也已在《意向收集表》上选择以4.20元/股的价格提前退出。因此，仲裁庭认为第一被申请人未违反勤勉尽责的义务，申请人要求第一被申请人赔偿损失的主张缺乏依据。

此外，申请人还提到按照进入价格3.60元/股，提前退出的4.20元/股的股价计算，申请人的收益应当为25万元。由于该计算方法未考虑到申请人应当向基金管理人及基金托管人支付的管理费，以及基金投资其他项目支出的成本，仲裁庭对于该主张不予认可。

(二) 关于被申请人是否应该承担本案仲裁费用

仲裁庭认为，第一被申请人不承担赔偿责任，因此不应承担仲裁费用。关于第二被申请人，因申请人未举证证明第二被申请人存在任何违反《基金合同》或相关规定的行为，也不应承担本案的仲裁费用。因此，本案的仲裁费用全部由申请人承担。

四、裁决结果

1. 驳回申请人的全部仲裁请求。
2. 本案仲裁费全部由申请人承担。

五、评析

私募基金管理人接受投资者委托,为投资者提供基金运作和管理的专业化服务,同时应当履行诚实信用、谨慎勤勉的义务,奉行审慎经营规则。但在实践中,如何认定管理人是否尽到忠实、勤勉义务尚未形成统一的判断标准。当投资者认为管理人违反忠实、勤勉义务给自己造成损失时,商业判断是否能够作为衡量管理人履行勤勉义务的标准,这是本案的争议焦点。评析部分将围绕管理人的勤勉尽责义务、商业判断及两者间的关系展开。

(一)基金管理人的勤勉尽责义务

管理人的勤勉尽责义务旨在对其施加客观上的要求,即管理人的行为活动需时刻保持合理的谨慎。勤勉尽责义务来源于法律的明确规定和合同的约定。《基金法》第9条①与《私募管理办法》第4条②的规定基本一致,都明确规定基金管理人管理、运用基金财产应当恪尽职守,履行诚实信用、谨慎勤勉的义务。但《私募管理办法》中对私募管理人义务的规定更为具体,主要体现在第22条至第26条,具体表现在防范利益输送和冲突、忠诚谨慎行事、信息披露和备案三个方面。

中基协《关于发布私募投资基金合同指引的通知》中明确,管理人应在

---

① 《基金法》第9条规定:"基金管理人、基金托管人管理、运用基金财产,基金服务机构从事基金服务活动,应当恪尽职守,履行诚实信用、谨慎勤勉的义务。基金管理人运用基金财产进行证券投资,应当遵守审慎经营规则,制定科学合理的投资策略和风险管理制度,有效防范和控制风险……"

② 《私募管理办法》第4条规定:"私募基金管理人和从事私募基金托管业务的机构(以下简称私募基金托管人)管理、运用私募基金财产,从事私募基金销售业务的机构(以下简称私募基金销售机构)及其他私募服务机构从事私募基金服务活动,应当恪尽职守,履行诚实信用、谨慎勤勉的义务……"

基金合同中承诺"按照恪尽职守、诚实信用、谨慎勤勉的原则管理运用基金财产"①,提出应将该义务作为约定义务嵌入合同条款的监管要求。因此,《基金合同》《公司章程》或《合伙协议》等文件通常会对私募基金管理人的勤勉尽责义务作出约定,若在此过程中由于管理人的行为瑕疵导致投资者利益受损的,投资者可依照上述协议约定,并援引相关法律法规的规定来追究管理人的违约或侵权责任。本案中,《基金合同》第8条约定了管理人的义务,其中包括"自本合同生效之日起,按照诚实信用、勤勉尽责的原则管理和运用基金财产"。

实践中投资者主张基金管理人未尽勤勉尽责义务的理由主要包括管理人未对投资标的开展尽职调查、投资标的不符合合同约定、未完成合同约定的风控措施、未尽审慎投资义务、不公平对待投资人、使特定投资人优先退出、未能适当履行信息披露义务、怠于履行投后管理义务或行使权利等方面。本案中,主要从以下方面判断管理人是否尽到勤勉尽责义务。首先,从风险管控方面来看,管理人多次表示基金不承诺保证本金和最低收益。《基金合同》第三章中明确约定"基金投资者承认基金管理人、基金托管人未对基金财产的收益状况作出任何承诺或担保"。第二十章"风险揭示"中单独列示"基金管理人不承诺基金保本及收益的风险",即"基金利益受多项因素影响,既有盈利的可能,亦存在亏损的可能。根据相关法律法规规定,基金管理人不对基金的投资者作出保证本金及其收益的承诺"。另外,在申请人已签署的《风险揭示书》中,管理人也明确揭示了其不保证基金财产本金不受损失,也不保证一定盈利及最低收益。其次,管理人已对投资标的开展尽职调查。管理人在基金投资后,对丙公司做了投后走访调查并出具调查报告。在发现丙公司未进行股权工商变更后,管理人积极争取,多次沟通谈判,确认了乙企业在丙公司的股东身份。最后,管理人已尽到审慎投资义务。考虑到乙

---

① 《关于发布私募投资基金合同指引的通知》第10条规定:"订明私募基金管理人、私募基金托管人及私募基金投资者的声明与承诺,并用加粗字体在合同中列明,包括但不限于:私募基金管理人保证在募集资金前已在中国基金业协会登记为私募基金管理人,并列明管理人登记编码。私募基金管理人应当向投资者进一步声明,中国基金业协会为私募基金管理人和私募基金办理登记备案不构成对私募基金管理人投资能力、持续合规情况的认可;不作为对基金财产安全的保证。私募基金管理人保证已在签订本合同前揭示了相关风险;已经了解私募基金投资者的风险偏好、风险认知能力和承受能力。私募基金管理人承诺按照恪尽职守、诚实信用、谨慎勤勉的原则管理运用基金财产,不对基金活动的盈利性和最低收益作出承诺……"

企业的执行事务合伙人出现问题,为了及时减损降低投资者的风险,管理人召开基金份额持有人大会,告知包括申请人在内的投资人基金所面临的实际情况,充分揭示了提前退出以及不退出可能存在的风险,并向投资人发放《意向收集表》,由投资人自愿决定是否退出。因此,根据上述三点,仲裁庭认为管理人未违反勤勉尽责的义务是有依据的。

(二)基金管理人的商业判断

1. 商业判断规则的缘由

商业判断规则(Business Judgment Rule)发端于美国判例法,该规则是一种司法审查标准,其目的是尊重公司董事及高级管理人员作出的商业判断。美国法律协会(ALI)在《公司治理的诸原理——分析和劝戒》中对商业判断规则的定义如下:"董事决策行为必须满足:与所从事的交易无利害关系;该决策是在充分收集信息和了解情况的基础上作出的;合理地相信该决策对公司是最有利的,并诚实地(in good faith)进行判断。"①在 Aronson v. Lewis 案②中,法官认为该规则是一种"推定"或"假定","商业判断规则建立在这样一种假定之上,即董事在行使决策之职时,会在知悉的基础上,本着善意,为公司最佳利益行事,如缺乏董事滥用裁量权的证据,董事的判断将受法院的保护。指证董事违反这一职责的一方应负举证责任,即找到证据推翻前述假设"。从这一定义可看出,商业判断规则是一种形式性的审查标准,是法院对商业决策进行实质公平判断前的一道屏障,也是对董事在商事经营中冒险精神的保护,故又被称作"安全港(safe harbor)规则"。根据《公司治理原则》第4.01(c)条,在下列情况下以善意作出商业判断的董事或经理即履行了他在本条款下的职责:①与商业判断事项没有利益关系;②对有关商业判断事项了解的程度达到董事、经理在相同情况下合理的相信为适当的程度;③合理相信符合公司最佳利益。③

2. 基金管理人的商业判断在其勤勉尽责义务认定中的适用

建立商业判断规则的原因主要是鼓励董事敢于进行一定的商业冒险、避

---

① 梁爽:《董事信义义务结构重组及对中国模式的反思——以美、日商业判断规则的运用为借镜》,载《中外法学》2016年第1期。

② Aronson v. Lewis, 473 A. 2d 805 (Del. 1984).

③ See Principles of Corporate Governance: Analysis and Recommendations (American Law Institute) §4.01(c).

免司法干涉正常商业决策、维护董事会的决策中心地位。同样是"忠人之事、受人所托"从事资产管理，可以理解将股东对董事的期望投射到委托人对于基金管理人的期望上去，这在很大程度上是可以匹配的。因此，将商业判断规则应用于对管理人的勤勉尽责义务的判断，具有合理性。实际上可以巩固管理人的进取之心，也进一步鼓励管理人履行主动管理职责。

基金管理人在管理、运行基金过程中盈利与否受金融市场本身市场风险的影响。"勤勉"义务的判断是过程判断，而非结果判断，且管理人对财产进行管理和处分的过程是管理人行使自由裁量权的过程，其本身具有一定的主观性。另外，金融投资具有极强的专业性，而人民法院很难具备这方面的专业知识去对管理人采用的投资决策、进行的量化分析、选择的投资时点恰当与否进行评判。事实上，管理人的勤勉义务与公司法中董事的勤勉义务类似。其结果是，在审查管理人是否勤勉尽责时，法院更倾向于保持谦抑，不轻易认定管理人未勤勉尽责，而是将对管理人的"能力"的评价，交由市场机制来解决。①

以司法判决为例，2003 年西能公司诉国泰君安委托管理资产合同纠纷案颇具指导意义。2000 年 12 月 18 日，广西西能科技有限责任公司（以下简称"西能公司"）的前身广西创志科技有限责任公司作为甲方，与乙方国泰君安证券股份有限公司（以下简称"国泰君安"）签订了一份《国泰君安证券股份有限公司关于广西创志科技有限责任公司之资产管理委托协议书》（以下简称《资产管理委托协议书》）。2001 年 11 月 25 日，国泰君安与西能公司签署了《资产委托管理延期协议》（以下简称《延期协议》），约定国泰君安为西能公司的 1 亿元资金在委托期限内提供资产管理服务，具体来说是对某一专用账户内的资金进行运作。诉讼因西能公司上述委托资产的投资存在亏损而触发。在上诉过程中，西能公司主张，从股票对账单看，国泰君安有两笔高买低卖的交易，不是转移西能公司账户的盈利就是意图赚取手续费。在第一年委托管理资产到期时，隐瞒亏损，虚报盈利，构成证券欺诈，因此国泰君安未尽勤勉谨慎的义务。

上海高级人民法院在审理此案后，给出如下意见：西能公司必须证明国泰君安有违反谨慎、勤勉的管理人的义务，故在没有证据证明国泰君安有违

---

① 参见雷继平、余学文：《怎么判断"管"得好不好？——资管管理人勤勉义务的判断标准》，载 https://mp.weixin.qq.com/s/G1Y1coR70YhGGDZeIK_FKQ，访问日期：2023 年 1 月 5 日。

反管理人义务的情况下,西能公司要求国泰君安补偿资金本金损失没有事实依据。就委托证券交易本身而言,委托人应当对受托人为其从事交易的结果直接承担交易风险和交易损失,除非受托人有故意违反委托人交易指令损害委托人利益的行为存在,否则受托人不应承担交易损失的后果。本案中,国泰君安除部分违约外,西能公司并没有证据证明国泰君安在证券交易过程中有违反法律规定的行为存在,其经营股票的交易损失也属于在股市行情处于低迷环境下的正常市场风险损失,在此方面,国泰君安没有明显过错,其不应对此交易带来的损失承担责任。①

最高人民法院维持了原审法院的判决:《资产管理委托协议书》约定国泰君安在不违反委托人利益的前提下,有权自主操作资金专用账户的资金买卖及持有在境内金融市场合法投资的品种,但不得为资金专用账户安排任何形式的借贷或其他负债资金。西能公司举证称国泰君安在资产管理中有两笔存在高买低卖、转移西能公司账户盈利、虚构收益的情形,构成对西能公司的欺诈。但西能公司没有证据证明国泰君安在证券交易过程中存在违反法律的行为以及在证券交易中存在明显过错和转移西能公司账户盈利的事实。在股市证券买卖操作中,国泰君安基于商业判断而作出的正常投资行为,即使出现投资判断失误,但其只要尽到了合同约定的谨慎、勤勉的管理人义务,不存在明显过错,就不能以受托人当时的商业判断与市场后来的事实发展相悖为由,要求其承担赔偿责任。本案经营股票交易的损失也属于股市行情处于低迷情况下的正常风险损失。因此,在长期的大额股票交易中西能公司仅以存在两笔高买低卖的情形,主张国泰君安在委托理财过程中违反了善良管理义务,构成对西能公司欺诈,显然证据不足。②

从判决书上述行文可见,最高人民法院在判断受托人——即基金关系中的管理人是否尽到了善良管理义务、是否存在违背其勤勉义务情况时,已依据商业判断规则进行评判。

回到本案,管理人在发现乙企业向丙公司支付股权转让款项后,丙公司未进行股权工商变更,管理人与甲公司进行了多次沟通,甚至多次发送函件,要求其进行股权变更,确保乙企业作为丙公司的股东,乙企业一直未给予积极回应。管理人也主动与丙公司进行沟通,但丙公司多次找借口搪塞,迟

---

① 参见最高人民法院(2003)民二终字第182号民事判决书。
② 参见上海市高级人民法院(2003)沪高民二(商)初字第1号民事判决书。

迟不予办理。在第一被申请人沟通谈判下,丙公司实际控制人出具确认函书面确认乙企业在丙公司的股东身份。管理人在对丙公司进行走访以及沟通中,认为丙公司财务状况并不如其所描述般乐观,无法给基金投资人带来较高的投资收益。此外,乙企业管理人甲公司对第一被申请人提出的要求一直消极不作为,其法定代表人潜逃境外,主要管理人也因涉嫌刑事犯罪被刑事拘留。面对上述实际情况,管理人认为该基金如继续存续,投资人必将面临较大的风险,因此要求丙公司股东D退还乙企业支付的股权转让价款,并经过多轮谈判,确定退还价格为4.20元/股。管理人采取的这些措施在当时的背景下对投资者是有利的,没有证据或可采信的意见表明乙企业未以年利率12%的标准向丙公司股东D转让股权必然遭受损失进而导致申请人利益实际受损。既然此种情形下相关措施是符合正常商业判断的,申请人不能仅凭乙企业未行使对赌条款约定的权利就认为乙企业遭受了损失。管理人的商业判断作为衡量管理人是否尽到勤勉尽责义务的参考,本案仲裁庭在认定管理人采取的相关措施符合正常商业判断后,进而可以判断管理人并未违反勤勉尽责义务。

3. 投资者的自愿选择与风险自担

由前述分析可知,管理人有权在充分收集信息和了解情况的基础上作出更有利于投资者的商业判断,而后基于商业判断作出的投资行为,即使出现投资判断失误,但管理人只要尽到了谨慎、勤勉义务,不存在明显过错,投资者就不能以管理人当时的商业判断与市场后来的事实发展相悖为由,要求其承担赔偿责任。

投资者在管理人作出商业判断后选择同意该基金提前终止,是其自愿选择的行为,管理人是在征求投资者意见之后才选择退出的,投资者也已在《意向收集表》上选择以4.20元/股的价格提前退出,该退出行为有效。并且如前所述,以4.20元/股的条件尽快退出,在当时的背景下对投资者是有利的,在此种情形下相关措施是符合正常商业判断的。

另外,投资者签署的《意向收集表》是其自愿选择的投资决策,故退出之后即使可能面临风险和损失也应当由投资者自己承担。最高人民法院在2019年11月8日发布的《九民纪要》指出,在审理金融产品发行人、销售者以及金融服务提供者(以下简称"卖方机构")与金融消费者之间因销售各类高风险等级金融产品和为金融消费者参与高风险等级投资活动提供服务而引发的民商事案件中,必须坚持"卖者尽责、买者自负"原则。此外,卖方机构在向金融消费者推介高风险等级金融产品,以及为金融消费者参与高风险等级投资活动提供服务过程中,必须履行了解客户、了解产品、将适当的产品(或者服务)销售(或者提供)给适合的金融消费者等义务。在推介、销售高风险等级金融产品和提供高风险等级金融服务领域,适当性义务的履行是"卖者尽责"的主要内容,也是"买者自负"的前提和基础。基于此,在私募基金管理人尽到勤勉尽责义务的基础上,投资者应当为自己的投资决策承担可能产生的风险与损失。

(本案例由北京大学法学院博士研究生范正阳编撰)

(三) 私募基金的托管人责任

案例 24　账户监督人与基金托管人的区分及其责任认定

仲裁要点：基金募集结算资金专用账户不同于基金托管账户，相对应的账户开立主体——账户监督人与基金托管人的法律义务或责任亦不能混淆。如果《基金合同》仅约定了商业银行作为基金募集结算资金专用账户监督人、未约定托管账户及商业银行的托管人职责，那么商业银行仅需履行作为该账户监督人的法律义务，并承担相应的法律责任。

一、案情概要

自然人 A（本案申请人）为私募基金投资者，第一被申请人 B 公司为基金管理人，第二被申请人为 C 投资公司，第三被申请人 D 银行为基金募集结算资金专用账户的监督人。

2018 年 4 月 10 日，申请人与第一被申请人签订《基金合同》和《补充协议》，约定申请人认购案涉 H 基金 550 万元，该基金按季度分配当期收益（500 万元到 1000 万元的年化收益率为 13%），收益起息日为 2018 年 4 月 11 日，认购期限为 12 个月。H 基金募集的资金以股权投资方式投资于项目公司，并最终投资于某高端商务中心公寓项目公司的股权。第一被申请人作为基金管理人，履行对基金财产运作、分配等管理人义务。之后，申请人分两次将 550 万元汇入《基金合同》中指定的募集专用账户，作为认购 H 基金的投资款。

在同年更早的时期（2018 年 2 月 6 日），第一被申请人与第三被申请人签订了《账户监管协议》，约定第一被申请人作为委托人，委托第三被申请人对 H 基金的资金进行监管，并对第三被申请人作为账户监督人的义务进行了明确约定。《账户监管协议》亦约定,任何一方未能按照本协议的约定履行各项义务均将被视为违约,违约方应承担因其违约行为给监管账户内资金和守约方造成的全部损失。

此外,申请人与第二被申请人签订了《预约受让协议》,约定在《基金合同》约定的投资期满、完成结算后10个工作日内,申请人仍未取得分配收益的,第二被申请人受让申请人持有的基金份额,受让价格等于"申请人实际投资的金额+投资收益-已得收益"。

截至提起仲裁之日,第一被申请人仅向申请人支付了第一季度、第二季度的投资收益,第三季度收益分配期限已到期近4个月,第四季度的收益分配期限也即将到期。经申请人多次催告后,第一被申请人表示无法偿付收益及本金。

根据《基金合同》《预约受让协议》中约定的仲裁条款,申请人于2019年3月14日向深圳国际仲裁院申请仲裁,提出如下仲裁请求:

1. 裁决第一被申请人支付本金550万元及投资收益331680元。
2. 裁决第二被申请人、第三被申请人对第一被申请人的上述本金及投资收益的偿付义务承担连带责任。
3. 裁决三被申请人承担本案的仲裁费、律师费、保全费及担保费。

二、当事人主张

(一)申请人主张

1. 第一被申请人未履行按时支付投资收益等义务,应当承担赔偿责任

一方面,第一被申请人未按照约定支付第三季度的投资收益,并以其行为表明不履行合同义务。第一被申请人出现大量产品到期不能兑付的危机,经申请人多次催告,第一被申请人均明确表示不能按约支付第三季度的收益,属于预期违约。另一方面,第一被申请人未勤勉尽责、诚实守信地管理和运用基金财产,未履行按时分配收益、信息披露义务,给申请人造成了损失,应当承担违约责任。自申请人认购H基金以来,第一被申请人从未向申请人披露某高端商务中心公寓项目的情况、基金运作情况及其他任何报告或重大事项,导致申请人无法了解投资项目的进展情况、财务状况。而第一被申请人出现大量产品到期不能兑付的危机,导致其未按照约定支付第三季度

的投资收益,并以其行为表明不履行合同义务,给申请人造成了损失。

2. 第二被申请人应当承担保证责任

在《基金合同》约定的投资期满、完成结算后10个工作日内,申请人仍未取得分配收益,且第一被申请人明确表示不能按照约定的投资期限节点支付收益及本金。根据《预约受让协议》的约定,第二被申请人应当对第一被申请人的偿付投资和投资收益、赔偿申请人损失的义务承担保证责任,向申请人支付本金及收益、赔偿申请人的损失。

3. 第三被申请人应当承担连带责任

第三被申请人监管不严,其未履行安全保管基金财产、及时清算、交割、信息披露义务,致第一被申请人管理本基金财产发生重大失误,使申请人的财产无法收回,给申请人造成损失,理应对第一被申请人的偿付投资和投资收益、赔偿申请人损失的义务承担连带责任,向申请人支付本金及收益、赔偿申请人的损失。

(二)被申请人主张

第一被申请人、第二被申请人经合法通知未出庭,亦未发表答辩意见。第三被申请人的主张如下:

1. 应由第一被申请人承担赔偿责任

《资管新规》第8条规定了基金管理人在受托管理基金财产时应当承担的法定义务,如果第一被申请人无法举证履行了上述法定义务,相关的赔偿责任应当由第一被申请人承担。

2. 第三被申请人不应当承担赔偿责任

其一,案涉账户的性质并不是托管账户,第三被申请人不应当承担托管人的法律责任。根据《基金合同》的约定,第三被申请人是以基金募集结算资金专用账户监督人的身份签署的《基金合同》,所以本案并不存在所谓的基金托管人。按照《基金募集办法》第13条的规定,第三被申请人已经尽到对募集结算账户法律规定和协议约定的义务,其中法律规定要求私募基金管理人和账户监督人必须明确资金账户的控制权。《账户监管协议》《基金合同》对基金账户的控制权已经作出了约定,即第三被申请人按照基金管理人结算凭证的原件进行资金的划付,在账户资金划出监管账户以后,第三被申请人对资金不再承担任何责任。

其二,申请人不是《账户监管协议》的签约方,因此不能根据《账户监管协议》向第三被申请人主张法律责任。即便申请人认为《账户监管协议》已经嵌入《基金合同》，但是《账户监管协议》第10条明确约定因《基金合同》导致的纠纷与第三被申请人无关，本案申请人产生损失是由第一被申请人运用资金导致，申请人没有任何事实和法律依据要求第三被申请人对第一被申请人、第二被申请人的赔偿责任承担连带责任。

其三，申请人作为合格投资者已经签署了包含在《基金合同》内的合格投资者承诺书，同时《基金合同》亦对本案涉及的基金产品的风险作了披露。本案基金风险是R5，属于激进型，申请人对此应该知晓。

其四，第三被申请人均未签署《补充协议》和《预约受让协议》，因此对于上述协议中约定的投资收益等相关条款不承担任何法律责任。

三、仲裁庭意见

案涉合同包括《基金合同》《预约受让协议》《账户监管协议》等，其均由各方当事人协商一致签订，反映了各方当事人的真实意思表示，且不违反法律、行政法规的强制性规定，因此属合法有效，并对本案各方当事人具有约束力。

(一) 关于第一被申请人是否应当承担赔偿责任

仲裁庭认为，第一被申请人因其未勤勉尽责、诚实守信地管理和运用基金财产，未履行按时分配收益、信息披露义务的违约行为对申请人造成了损失，该损失即为申请人应得的投资本金和收益。根据《合同法》第108条[①]的规定和《基金合同》的相关约定，申请人请求第一被申请人支付案涉基金本金550万元及投资收益，仲裁庭予以支持。

(二) 关于第二被申请人是否应当承担保证责任

仲裁庭认为，第二被申请人根据《预约受让协议》承担的受让义务，并非意味着第一被申请人应当承担连带保证责任。《担保法》第6条规定："本法所称保证，是指保证人和债权人约定，当债务人不履行债务时，保证人按照约

---

① 《合同法》第108条现已失效，但《民法典》第578条的具体内容与之基本相同。

定履行债务或者承担责任的行为。"①根据《预约受让协议》的约定,在《基金合同》约定的投资期满、完成结算后10个工作日内,申请人仍未取得分配收益的,第二被申请人受让申请人持有的基金份额。第二被申请人履行受让义务的前提可以归纳为两点,第一点是第一被申请人未履行《基金合同》约定的分配义务,第二点是申请人仍持有基金份额且能够转让该基金份额。其中,第一点与《担保法》规定的"债务人不履行债务"的前提一致,但第二点转让基金份额则超出了《担保法》规定的保证的法律特征。

另外,仲裁庭认为,第二被申请人仍应为申请人的损失承担补充责任。第二被申请人签订的《预约受让协议》是《基金合同》的重要增信措施,《预约受让协议》的存在对申请人签署《基金合同》有极大的促成作用,《预约受让协议》与《基金合同》不能完全分割。分析《预约受让协议》之条款,第二被申请人的核心义务是在第一被申请人违约时对申请人的权益作出弥补。当第一被申请人未全部实现申请人之权利时,由第二被申请人就申请人权利受损的部分向申请人支付。

(三) 关于第三被申请人是否应当承担连带责任

1. 第三被申请人已经履行了作为账户监督人的义务

仲裁庭认为,本案案涉账户的性质并不是托管账户,根据《基金合同》的约定,第三被申请人是以基金募集结算资金专用账户监督人的身份签署的《基金合同》。因此,本案并不存在所谓的基金托管人,申请人要求第三被申请人承担托管人的法律责任没有法律依据。

基于第三被申请人承担的是账户监督人的法律责任,按照《基金募集办法》第13条的规定,第三被申请人已经尽到了基金募集结算资金专用账户法律规定和协议约定的义务,其中法律规定要求私募基金管理人和账户监督人必须明确资金账户的控制权。《账户监管协议》《基金合同》对基金账户的控制权已经作出了约定,第三被申请人按照管理人结算凭证的原件进行资金的划付,在账户资金划出监管账户以后,第三被申请人对资金不再承担任何责任。法律同样规定账户监督人需要履行安全划转资金的义务,明确责任划分,这些法律要求的第三被申请人必须履行的义务,第三被申请人已提交资金监管业务划款支付结算凭证、转账凭证、基金交易流水等证据证明其已全

---

① 《担保法》第6条现已失效,但《民法典》第681条的具体内容与之基本相同。

部履行。

2. 申请人不具备向第三被申请人主张赔偿的法律基础

申请人不是《账户监管协议》的签约方,即申请人不能违反合同相对性原则而适用《账户监管协议》的违约条款。即便申请人认为《账户监管协议》已经嵌入《基金合同》,《账户监管协议》明确约定因《基金合同》导致的纠纷与第三被申请人无关,本案申请人产生损失的原因是第一被申请人违约运用资金,应当由第一被申请人承担赔偿责任。第三被申请人没有签署《补充协议》和《预约受让协议》,申请人要求第三被申请人就上述协议中约定的投资收益等相关条款对第一被申请人、第二被申请人的赔偿责任承担连带责任,没有事实和法律依据。

四、裁决结果

1. 第一被申请人向申请人支付本金550万元及投资收益。
2. 第一被申请人、第二被申请人向申请人支付保全费及担保费。
3. 当第一被申请人未全部履行上述第1、2项裁决时,由第二被申请人就第一被申请人未履行的部分向申请人支付。
4. 本案仲裁费由第一被申请人、第二被申请人承担。
5. 驳回申请人其他仲裁请求。

五、评析

本案主要为基金管理人、账户监督人履职不力时如何承担法律责任的纠纷,其中如何区分基金托管人和账户监督人的责任等问题是本案的主要争议焦点。总体而言,仲裁庭在本案中就以上问题已进行事实认定和裁决,相关说理逻辑清晰、裁决结果适当正确,下文将对此进行具体评析。

(一)基金管理人未能勤勉尽责的判断标准

基金管理人是发行基金份额、募集证券投资基金,并依法依约管理和运用基金财产的主体。根据《基金法》第9条、第19条之规定,基金管理人应当恪尽职守,履行诚实信用、谨慎勤勉的义务;其中,对所管理的不同基金财产分别管理和记账,按照约定确定基金收益分配方案、及时向基金份额持有人分配收益,以及办理与基金财产管理业务活动有关的信息披露事项,是基金管理人应当履行的重要职责。[①] 本案中,根据申请人提供的证据,基金管理人从未披露某高端商务中心公寓项目的情况、基金运作情况及其他重大事项,使得投资人无法及时、准确地了解投资项目的实时进展。在出现众多产品到期不能兑付的危机后,管理人也未能按照约定向申请人支付第三季度的投资收益。针对未能按期支付投资收益的事实,仲裁庭认定管理人存在违约情形,进而应当向申请人支付案涉基金本金及收益承担赔偿责任,结论准确,理由充分。

(二)《预约受让协议》的法律性质

一般而言,判断某一基金项目能否确保投资者获取基金管理人预设的收益目标,可以从管理人的以往业绩和行业声誉水平、托管人的监督能力、投资目标的可靠性等方面入手。随着基金行业竞争日趋激烈,担保等增信方式同样成为确保预设收益目标实现的手段之一。本案中,申请人与第二被申请人在《预约受让协议》中约定,在《基金合同》约定的投资期满、完成结算后 10 个工作日内,申请人仍未取得分配收益的,第二被申请人受让申请人持有的基金份额。从表面上看,此项约定与连带责任保证具有较高的相似性,但是,基于《预约受让协议》的受让标的与需要成就的"条件"中所涉及的债务并不相同,该约定不能被认定为连带责任保证条款。根据《民法典》第 681 条的规定,保证合同是为保障债权的实现,保证人和债权人约定,当债务人不履行到期债务或者发生当事人约定的情形时,保证人履行债务或者承担责任的合同。由此可见,在保证合同中,保证人所担保的债务是其事后可能需要承担责任的债务。在案涉《预约受让协议》中,第二被申请人所"保障"的是管理人按时获得收益分配,其事后可能承担的债务是受让申请人持有的基金份额,而非完全是管理人需要履行的义务,因此《预约受让协议》并非保证合同,而只是一般的基金份额受让协议。

(三)账户监督人的法律定位与职责

对于私募基金而言,是否设立基金托管人不存在法律上的强制性要

[①] 参见李飞主编:《中华人民共和国证券投资基金法释义》,法律出版社 2003 年版,第 46、48 页。

求,而是优先尊重《基金合同》的约定。另外,如基金管理人对基金财产的管理使用行为未受到监督,投资者的基金权利便会面临较大的受损风险。根据《私募管理办法》第 21 条的规定,如《基金合同》约定私募基金不进行托管,其应当明确约定保障私募基金财产安全的制度措施和纠纷解决机制,而账户监督人制度便是实现对管理人监督目标的手段之一。

在基金募集阶段,为了减少募集资金的集中化风险、确保资金原路返还、降低募集资金被非法挪用的可能性,向投资者所募集的资金并非直接转入用于基金管理人后续投资、由基金托管人开设的资金托管账户,而是转入由商业银行等主体另行开设的具有中间账户性质的"募集账户"。根据《基金募集办法》第 12 条的规定,募集账户用于办理募集资金划付,具体包括统一归集"私募基金募集结算资金"(以下简称"募集资金")[1]、向投资者分配收益、给付赎回款项以及分配基金清算后的剩余基金财产等事项。

募集账户的开设主体不仅包括取得基金销售业务资格的商业银行,还包括中国证券登记结算有限责任公司、证券公司以及中基协规定的其他机构。在《基金法》中,这一主体被称为"基金销售支付机构";根据《基金法》第 99 条、第 100 条的规定,基金销售结算资金应当独立于基金销售支付机构的自有财产,其应当确保基金销售结算资金安全、独立、及时划付,禁止任何单位或者个人挪用基金销售结算资金。不过,在《基金募集办法》中,该主体又被称为"监督机构"(以下简称"账户监督人"),其"监督"或监管资金的色彩有所强化:根据《基金募集办法》第 13 条的规定,募集机构应当与账户监督人签署账户监督协议,明确对募集账户的控制权、责任划分及保障资金划转安全的条款;而账户监督人应当依法依约对募集账户实施有效监督,承担保障募集资金划转安全的连带责任。由此可见,账户监督人应当依法履行对募集资金进行安全保管和及时划付两大职责,其监督的对象为募集账户。

(四)账户监督人已履行监督职责的认定标准

虽然账户监督人制度是保障投资者合法权益、约束基金管理人不当行为的手段之一,但对账户监督人的履职标准不应当完全参照与之相似的基金托管人;判断账户监督人是否已经履行监督职责,应当结合法律法规规定和《账

---

[1] 在《基金法》中,募集资金又被称为"基金销售结算资金",即在投资者结算账户与基金财产托管账户之间因基金申购(认购)、赎回、现金分红等划转的往来资金。

户监管协议》综合进行考量。除了上文已经提及的安全保管和及时划付两大法定职责,实践中,基金管理人和账户监督人(以商业银行为主)往往会在账户监督协议中进一步约定,账户监督人履行及时划付职责的前提,是基金管理人按照约定方式发送划款指令并提供相应的证明文件;之后,账户监督人根据掌握的信息对基金管理人的证明文件进行核对,如审核无误便会进行资金划付。例如,在收益分配环节,基金管理人向账户监督人发送划款指令、提供收益分配通知等证明文件;账户监督人根据投资者信息名录进行核对,之后便进行资金划付。一般而言,账户监督人在履行及时划付职责时,同样仅需遵循形式审核标准,而非类似于尽职调查的实质审核标准,也并非像基金托管人一样对基金投资运作进行全方位监督。

另外,由于在募集资金划出募集账户之后,账户监督人无法对资金进行控制,进而无法进行相应监督,因此对划出账户后的资金流转不应当承担任何法律责任,如本案申请人主张的安全保管基金财产、及时清算和交割以及信息披露义务等,进而无须承担因基金管理人在募集后违约行为所引发的连带赔偿责任。本案中,根据第三被申请人提交的支付结算凭证、转账凭证、基金交易流水等证据,其已经充分履行了法律规定和《基金合同》《账户监管协议》约定的、按照结算凭证原件进行资金划付的账户监督义务。因此,仲裁庭基于第三被申请人作为募集资金阶段的账户监督人已经充分履行其监督义务,进而认定第三被申请人不应承担连带赔偿责任,结论准确,理由充分。

(五)同一机构承担账户监督人与基金托管人的责任认定

商业银行作为吸收公众存款、发放贷款,并通过银行账户办理支付结算的金融机构,必然在基金投资管理这一资金传输活动中扮演重要角色。为了督促基金管理人适当履行义务,缓和基金管理人与投资人之间的信息不对称和利益冲突,基金托管人这一保管基金财产、监督投资运作的主体便应运而生。[1] 根据《基金法》第32条的规定,基金托管人应当由商业银行或其他金融机构担任;如由非银行金融机构担任基金托管人,其应当选定具有基金托管资格的商业银行作为资金存管银行,并开立托管资金专门账户,用于托管基金现金资产的归集、存放与支付,该账户不得存放其他性质资金。[2] 当

---

① 参见洪艳蓉:《论基金托管人的治理功能与独立责任》,载《中国法学》2019年第6期。
② 由此可见,商业银行基于其账户开立和管理职能,在基金托管活动中处于基础性地位。

然，如上文所言，私募基金中设立基金托管人并不是强制性的，而基于减少基金管理成本、拓宽基金销售范围等需要，商业银行不仅可以成为保管基金财产的基金托管人，也可以成为提供基金份额登记、估值等服务的基金服务机构，其中便包括上文讨论的账户监督人。

实践中，由于基金托管业务和募集资金划付服务的业务费用、经营成本以及风险控制要求存在差异，如同一商业银行或其他机构同时承担基金托管人与账户监督人，可能会引发二者业务之间的利益冲突，由此损害基金投资者的合法权益。对此，《私募投资基金服务业务管理办法（试行）》第16条规定，基金托管人只有在将其托管职能和基金服务职能进行分离，恰当的识别、管理、监控潜在的利益冲突，并披露给投资者时，才能被委托担任同一私募基金的服务机构。"业务独立性"对应法律责任承担的独立性，在建立托管业务与其他业务的防火墙的前提下[①]，商业银行等机构仅根据各自的主体类型履行相应的义务、承担相应的法律责任，而无须对相关资金无法实施控制的业务活动承担相关法律责任。此外，商业银行作为需要审批准入的特殊市场主体，其自身便需要承担大量监管义务，如应当符合资本充足率等审慎监管指标，这些义务同样不能与商业银行在基金投资管理中承担的其他义务和责任相混淆。

如商业银行等机构同时提供多种基金服务，应当优先根据《基金合同》的约定判断其具体的主体性质以及相应的法律责任。本案中，根据《基金合同》的约定，第三被申请人是基金募集结算资金专用账户监督人，而《基金合同》并未指定案涉基金的托管人主体，因此第三被申请人仅需根据该账户监督人的身份履行法定或约定的义务，并承担相应的法律责任。根据《基金募集办法》第13条的规定，账户监督人应当按照法律法规规定和账户监管协议的约定，对募集结算资金专用账户实施有效监督，承担保障私募基金募集结算资金划转安全的连带责任，而无须像基金托管人一样承担《基金法》第145条规定的单独赔偿责任或因与基金管理人的共同行为所承担的连带赔偿责任。不过，对基金托管人与账户监督人的职责进行区分，在实践中也容易引发监管套利，增加了偷换募资账户、资金挪用等风险事件发生的概率。[②] 此

---

① 参见吴晓灵主编：《投资基金法的理论与实践——兼论投资基金法的修订与完善》，上海三联书店2011年版，第126页。

② 参见马海源、李潇潇：《私募合规》，中国经济出版社2019年版，第229—234页。

外,一些账户监督协议表面上约定了商业银行等机构作为募集资金的账户监督人,但却要求其履行与基金托管人高度相似甚至完全一致的职责。对此,应当秉持"穿透"原则,详细分析账户监督协议的具体权利义务内容,以此判断募集账户开设主体的法律性质和应当承担的法律责任。

(本案例由北京大学法学院博士研究生柯达编撰)

案例 25　基金托管人应否与基金管理人成为共同受托人承担连带责任

仲裁要点：此案是较为少见的基金托管人应当承担赔偿责任的案例。虽然《基金合同》已对委托贷款的风险进行提示、相关账户操作符合委托贷款的惯常商业实践，该合同中免除托管人相应责任的条款应属有效，但如果基金托管人在履职过程中未充分勤勉尽责，且其过错与投资人所受损失存在一定的直接因果关系，那么其应在基金管理人对本金损失承担全部责任的基础上，承担一定的补充赔偿责任。

一、案情概要

自然人 A（本案申请人）为私募基金投资者，第一被申请人 B 资产管理公司为基金管理人，第二被申请人 C 证券公司为基金托管人。2015 年 7 月 6 日，第一被申请人成立 H 基金，当期募集规模约为 3 亿元，每 6 个月分配一次收益（自成功认购日起算），风险收益特征是"低风险、中高收益"，资金用途是某市政配套基础设施建设。该基金将通过 D 银行以委托贷款方式发放给 E 城建公司。

申请人于 2015 年 12 月与第一被申请人、第二被申请人（以下合称"被申请人"）签订《基金合同》，认购 H 基金份额 1000 万元，期限 2 年，预期年化收益率 11.50%，之后申请人将 1000 万元资金划至《基金合同》约定的基金募集账户。《基金合同》《招募说明书》显示，F 文旅公司作为政府平台公司，提供无限连带责任担保以及提供价值超过 6 亿元的土地抵押，抵押率不超过 50%。此外，《基金合同》约定了基金托管人的资金划款义务和责任豁免条款，即"因委贷银行要求，托管人根据管理人出具的划款指令将委托资金从托管账户中划入管理人以其名义在委贷银行开立的账户后，再由管理人将资金划入委贷账户,投资回款及收益按照原路返回。托管人依据划款指令将基金财产划入管理人账户实质上属于本基金合同投资范围内划款,委托人知悉此类划款并表示同意。若管理人未按照规定将资金再划入委贷账户及未将投资回款及收益及时划回托管账户,托管人不承担任何责任"。

之后,第一被申请人未按《招募说明书》和《基金合同》约定的用途使用资金,也未采取投资保障措施;此外,第一被申请人按照募集资金到账时间不同对投资人的回收款进行先后兑付。第二被申请人未按照《基金合同》的约定要求第一被申请人提供并保管与基金财产有关的委托贷款协议、委托贷款银行回单、《保证合同》《抵押合同》以及抵押凭证原件等资料。

截至庭审之日,第一被申请人已支付自申请人成功认购基金之日起至2017年上半年的收益、从基金到期日至2018年5月12日之前的预期收益,但尚未支付2017年下半年的预期收益以及2018年5月12日之后的任何收益;2018年8月14日,第一被申请人向申请人分配了252.5万元,作为部分本金偿付款。

根据《基金合同》中约定的仲裁条款,申请人于2020年12月10日向深圳国际仲裁院申请仲裁,提出如下仲裁请求:

1. 裁决第一被申请人和第二被申请人连带赔偿申请人基金份额损失747.5万元。

2. 裁决第一被申请人、第二被申请人连带赔偿申请人2017年下半年资金占用利息损失57.5万元。

3. 裁决第一被申请人继续履行支付延期兑付期间的资金占用利息的义务,应支付申请人从2018年5月12日至实际清偿日止的资金占用利息2762903.36元。

4. 裁决第一被申请人、第二被申请人共同承担案件受理费和案件处理费等仲裁费用,以及申请人因该案已发生的律师费用。

二、当事人主张

(一) 申请人主张

1. 关于基金回收款的分配顺序

其一,第一被申请人、第二被申请人未按《基金合同》的约定分配基金收益和剩余基金财产,应赔偿申请人的相应资金损失。该基金内部存在按照募集资金到账时间不同进行优先劣后兑付的情况,违反了《基金合同》约定的分配时间兑付收益和基金财产,违背了其确定的基金集合资金运用和收益具有整体性的属性以及平等分配原则。

其二,第一被申请人和第二被申请人对该损失应按约承担连带赔偿责任。根据相关法律法规的规定和《基金合同》的约定,只有经过第二被申请人的复核程序,基金分配方案才能最终确定。第二被申请人对基金收益分配是否符合《基金合同》约定具有复核、托管以及监督之责,相比基金管理人具有更高、更重的责任。因此,该基金按照募集资金到账时间不同进行优先劣后兑付造成的申请人财产损失,是第一被申请人、第二被申请人未尽诚实信用、谨慎勤勉义务,特别是第二被申请人未尽复核、托管和监督之责造成的。此外,第二被申请人是本基金的外包服务机构,代理了第一被申请人作为管理人的大量工作,包括基金注册登记、基金核算等,所以第一被申请人管理的失职某种程度上也是第二被申请人的失职。

2. 关于未按约定使用基金财产及设置投资保障措施

其一,第一被申请人未按《基金合同》约定的用途使用资金以及设置投资保障措施,应承担赔偿责任。根据申请人的调查,该基金未按照《基金合同》的约定通过委托贷款方式将资金用于某市政配套基础设施建设,而是直接借给了F文旅公司。此外,《基金合同》约定的"投资保障措施"——F文旅公司提供无限连带责任担保以及提供价值超过6亿元的土地抵押实际上并不存在。

其二,第二被申请人未按《基金合同》约定履行投资监督和安全保管基金财产的义务,应承担连带赔偿责任。第二被申请人对第一被申请人的投资运作、投资资金支付与到账情况及设置投资保障措施,未按《基金合同》和法律的规定履行监督之责和安全保管基金财产之责。

其三,《基金合同》中有关托管人不承担责任的条款应认定为无效。《基金合同》中约定的基金托管人资金划款义务和责任豁免条款,属于被申请人制作的格式条款。从形式上看,第一被申请人、第二被申请人未依法以该合同多处采用的标黑等同样的方式对申请人进行提示;从内容上看,该格式条款违反了《基金法》第9条有关基金托管人应当恪尽职守,履行诚实信用、谨慎勤勉的强制性义务。因此,这一条款应认定为无效。

(二)第一被申请人主张

案涉基金已全部投入目标项目,第一被申请人不存在违背基金文件管理、处分基金财产的行为。第一被申请人在 E 城建公司未中标的情况下,为了基金财产不被挪作他用,变更委托贷款的借款主体,将资金发放给 F 文旅公司,属于基金管理人独立自主进行投资决策的行为。虽然借款主体由 E 城建公司变更为 F 文旅公司,但是基金财产已全部投入《基金合同》约定的目标项目。即便 E 城建公司最终中标并获得借款,资金也是以施工保证金的形式支付给 F 文旅公司用于项目建设,而借款主体的变更并未造成投资风险的增大,其对申请人可分配收益并无实际影响。

(三)第二被申请人主张

1. 关于基金收益的分配顺序

案涉基金收益和剩余财产的分配符合《基金合同》的约定。基于案涉《基金合同》对托管人权利和责任的有限约定,托管人仅能依据现有证据和各方主张的实际分配情况,推测该基金的管理和分配方式,判断实际分配情况是否符合合同约定。案涉基金自募集行为开始即进行分期募集,投资、管理、退出阶段亦应按照分期投资、分期核算的原则实施。申请人仅从分配时间上将本案基金的分配解读为"优先劣后",系属混淆概念,违背行业规范和一般认知。

2. 关于是否按约履行基金托管人划款义务

第二被申请人已按照《基金合同》的约定履行划款义务,《基金合同》中关于托管人不承担保管职责的条款不属于格式条款。就申请人所指出的"对于非由托管人管理的账户,托管人不承担保管职责"这一约定,该条款内容非常清晰明确,不存在任何有失公允之处。申请人主张的违约事实发生于基金财产脱离第二被申请人控制之后,对于不在托管人管理之下的账户,托管人自然无法对其进行保管,客观上也没有保管此类账户的能力和途径。《基金合同》之所以如此设置交易账户并严格将托管人的监管职责限定在托管账户,是因为银行委贷业务管理规范中亦存在相关要求,由委贷银行承担委贷账户的监管职责。

3. 关于是否应当承担连带赔偿责任

就申请人主张的本案违约事实,第二被申请人与第一被申请人之间不存在共同行为,因此第二被申请人不应当承担连带责任。

其一,在审核基金财产出账时,管理人已向托管人提交了明确的划款指令及包括《委托贷款合同》(以下简称《委贷合同》)等委贷业务基础交易文件,托管人将基金财产划付至管理人控制的用于开展委贷业务的账户存在明确的合同依据和事实依据,且符合当时委贷业务的运作要求。

其二,在案涉基金陆续到期后,托管人依然要求管理人按照《基金合同》的约定督促 E 城建公司履行《委贷合同》项下的还款义务,这也说明托管人并不知晓投资去向变更的事实。

其三,在案涉基金出现未按期兑付的情况后,托管人已经按照《基金合同》的约定及相关法律的规定,向管理人发出《提示函》、要求其履行管理人职责,同时亦向相关监管机构发送报告,因此已尽到作为基金托管人的相应责任。

三、仲裁庭意见

申请人与第一被申请人、第二被申请人签订的《基金合同》,第一被申请人向申请人提供的《招募说明书》反映了各方当事人的真实意思表示,且不违反法律、行政法规的强制性规定,因此合法有效,并对相应各方当事人具有约束力。

(一)第一被申请人是否应当承担赔偿责任

关于基金回收款的分配顺序,仲裁庭认为,第一被申请人根据各期基金到期日可供分配收益,拟定基金收益分配方案提交给第二被申请人复核,之后再根据确定的该期基金收益分配方案向第二被申请人发送划款指令,第二被申请人据此将可供分配收益分给该期基金的所有投资者,合法合规,没有不公平对待投资者的情形。

关于未按约定使用基金财产及设置投资保障措施,仲裁庭认为,第一被申请人的操作明显不符合《基金合同》约定的投资用途和保障措施内容。借款合同的第一还款来源依赖于借款主体,尽管可能存在担保措施,但融资主体的信用直接关系到借款偿还风险的大小,是影响投资者信赖和判断投资风险的重要因素。与 E 城建公司相关的投资保障措施明显区别于由民营企业——F 文旅公司作为融资主体提供的还款保障,因此第一被申请人的相关操作违反了《基金合同》的约定,构成根本违约。

(二) 第二被申请人是否承担连带赔偿责任

1. 关于《基金合同》免除托管人责任是否有效

仲裁庭认为,第二被申请人作为基金托管人,是《基金合同》的签约方,应遵守《基金合同》的约定履行托管人职责。有关委贷账户的设置及其操作可能隐含的风险,《基金合同》已进行了事先约定。同时,因基金采用委托贷款的资金运用方式,委贷账户的设置及相应操作,符合一直以来商业银行委托贷款的操作常规,《基金合同》约定是这种实践做法的反映,不应被认为构成第二被申请人免除自己责任的格式条款,第二被申请人据此进行操作并履行相应职责,并无违约。

2. 关于第二被申请人是否充分履行监督义务

仲裁庭认为,第二被申请人未能注意到《委贷合同》1.0版中关于未在指定期间内提款、合同便自动失效的约定,从而勤勉尽责地向第一被申请人进行询问并核查,以确定《委贷合同》1.0版的效力及履行状况。这种疏忽为第一被申请人在第二被申请人根据划款指令将募集资金打入委贷账户后,利用《委贷合同》2.0版取代《委贷合同》1.0版,将借款人从E城建公司替换为F文旅公司提供了可能性,埋下了风险隐患。也因此,第二被申请人一直未发现第一被申请人已改变了基金发放委托贷款的借款主体,第二被申请人曾多次向第一被申请人发出《提示函》,也始终认为委托贷款的借款人为E城建公司,未能发现第一被申请人的违约行为而尽早协助投资者采取维权措施,因此存在履行监督职责不力的过错。

由于第二被申请人在履行托管人职责过程中,未充分勤勉尽责,其过错与申请人所受损失存在一定的直接因果关系,其应在第一被申请人对申请人本金损失承担全部责任的基础上向申请人承担一定的补充赔偿责任。另外,第二被申请人履行的是托管人职责,不同于第一被申请人的管理职责,其不存在与第一被申请人合谋替换委托贷款借款人及改变贷款用途的故意,更不构成无意思联络的共同侵权,因此不应对申请人的本金损失承担连带责任,而应基于第二被申请人履行托管监督职责方面的失职承担相应责任。

3. 关于第二被申请人兼任基金服务机构的责任认定

仲裁庭认为,尽管基金托管人与外包服务机构同为第二被申请人这一主体,但二者基于法律身份及其提供的服务内容不同,不应因其具体主体相同而混同责任。申请人主张的是第二被申请人作为基金托管人的失职责任，应围绕这一法律身份就其是否存在失职行为进行举证说理，不应基于第二被申请人的外包服务机构身份而主张理由，且根据《基金法》《基金合同》，外包服务机构的责任由第一被申请人承担，也与第二被申请人作为基金托管人的责任无关。

四、裁决结果

1. 第一被申请人在本案裁决作出之日起15日内赔偿申请人基金份额损失747.5万元。

2. 第二被申请人在上述第1项裁决所确定的第一被申请人的债务的3%范围内，向申请人承担补充赔偿责任。

3. 第一被申请人在本案裁决作出之日起15日内赔偿申请人2017年下半年基金收益，2018年5月12日至2018年8月13日的基金资金占用利息，以及自2018年8月14日起，以基金剩余份额为基数，按年利率14.95%计算至实际清偿之日止的基金资金占用利息。

4. 第一被申请人在本案裁决作出之日起15日内向申请人支付律师费。

5. 本案仲裁费由第一被申请人承担。

6. 驳回申请人的其他仲裁请求。

五、评析

本案是有关基金管理人和基金托管人是否承担赔偿责任的纠纷，其中对回收款兑付设置时间先后顺序是否有违平等分配原则、单方改变投资目标是否符合合同约定、基金合同免除托管人责任是否有效，以及基金托管人的监督义务标准和承担何种责任是本案的主要争议焦点。总体而言，仲裁庭在本案中就前述问题已进行认定和裁决，相关说理逻辑清晰、裁决结果适当正确，下文将对此进行具体评析。

(一) 对回收款兑付设置时间先后顺序是否有违平等分配原则

作为发行基金份额、募集证券投资基金，并管理和运用基金财产的主体,基金管理人可以在不违反法律法规规定和合同约定的情况下,在选择投资时间、投资方式、投资收益分配等方面享有充分的自由裁量权。另外,根据《基金法》的规定,基金管理人应当恪尽职守,履行诚实信用、谨慎勤勉的义务,而从事证券投资基金活动应当遵循自愿、公平、诚实信用的原则,不得损害国家利益和社会公共利益;其中,公平原则作为民商事活动通用的基本准则,是指民事活动当事人权利义务对等,任何一方不得随意扩大自己的权利,加重对方的义务。① 在基金运行实践中,并非所有投资人均在同一时期申购基金份额;即便在同一时期认购,基金管理人也可能会根据投资人的意愿或其风险承受能力为其提供差异化的基金产品,而由此造成的不同投资人在收益分配金额或时间顺序方面的差异,并不是因为基金管理人主观上的"歧视"。虽然证监会发布的《私募若干规定》第9条规定,基金管理人不得不公平对待同一私募基金的不同投资者,但基金管理中的公平或平等,更大意义上在于同类/期产品、同类份额对应的权利义务的平等。

(二)单方改变投资目标是否符合《基金合同》约定

如上文所述,虽然基金管理人可以在不违反法律法规规定和合同约定的情况下,在选择投资时间、投资方式、投资目标等方面享有充分的自由裁量权,但其应当恪尽职守,履行诚实信用、谨慎勤勉的义务。投资目标属于《基金合同》中的重要内容,如基金管理人意图更换投资目标,根据《基金法》第47条、第83条的规定,应当召集基金份额持有人大会,对《基金合同》的相应条款进行修改。本案中,《基金合同》已经明确约定了投资目标,即基金管理人应当将资金投至E城建公司。但基金管理人在未提前召开基金份额持有人大会、商讨更改投资目标的情况下,将E城建公司这一投资目标擅自更换为F文旅公司。基于E城建公司股东背景强大、偿债能力较强等因素,投资人在很大程度上是基于对基金管理人依约将资金投至E城建公司的信赖,以及对E城建公司存在"提前归集保障措施",才决定申购案涉资金。而基金管理人将投资目标更换为F文旅公司,事实上增加了投资收益不能实现的风险,因而构成对《基金合同》的根本违约。

---

① 参见李飞主编:《中华人民共和国证券投资基金法释义》,法律出版社2003年版,第11页。进一步看,本案中,需要重点关注的是第一被申请人作为基金管理人,对回收款兑付设置时间先后顺序是否有违公平或平等分配原则。

(三)《基金合同》免除委托贷款情况下的托管人责任是否有效

根据《基金法》等法律法规的规定,基金托管人应当恪尽职守,履行诚实信用、谨慎勤勉的义务。其中,按照法律法规规定和合同约定开设基金财产的资金账户和证券账户、对所托管的不同基金财产分别设置账户,是基金托管人应当履行的重要职责之一。此项职责的充分履行,可以为基金托管人的自有财产、其所保管的不同基金财产以及每个委托人的财产划清界限,确保基金财产的完整与独立。[1] 不过,基于私募基金在投资者群体等方面的特殊性,判断特定案件中基金托管人托管职责的具体标准,应当优先尊重《基金合同》的约定。

本案中,《基金合同》约定了将基金财产通过委托贷款投至 E 城建公司的具体方式,即托管人根据管理人的指令将资金从"托管账户"划入委贷银行开立的"管理人账户"后,再由管理人将资金划入"委贷账户";在此基础上,《基金合同》约定,托管人不对管理人将资金划入"委贷账户"以及将投资回款和收益划回"托管账户"承担任何责任。判断免除托管人责任的约定是否有效,需要先判断此种委托贷款的划款模式是否违反法律、行政法规的规定。长期以来,一些中小企业或初创企业由于信用累积程度较低,很难通过常规渠道获得商业银行贷款,通过私募基金发放委托贷款成为很多企业获得贷款的重要途径。在 2018 年之前,通过私募基金发放委托贷款这一商业模式并未受到法律法规的禁止;而案涉基金于 2015 年成立,之后便开展委托贷款的实际操作,不违反当时的监管规定。[2]

在此种委托贷款模式合法有效的前提下,判断免除托管人对管理人将资金划入"委贷账户"以及将投资回款和收益划回"托管账户"承担责任的有效性,重点在于其是否符合法定或约定的基金托管人义务,以及是否属于排除一方主要权利的格式条款。根据《民法典》第 497 条的规定,如提供格式条款一方不合理地免除或者减轻其责任、加重对方责任、限制对方主要权利,或排

---

[1] 参见李飞主编:《中华人民共和国证券投资基金法释义》,法律出版社 2003 年版,第 63 页。

[2] 但需要注意的是,随着 2018 年《商业银行委托贷款管理办法》的发布,商业银行开始不得接受包括私募基金在内的、通过"受托管理的他人资金"发放委托贷款;2020 年证监会发布《私募若干规定》,进一步要求基金管理人不得直接或者间接将私募基金财产用于借(存)贷、担保、明股实债等"非私募基金投资活动",但以股权投资为目的、为被投企业提供 1 年以内借款、担保的除外。

除对方主要权利的,该格式条款无效。本案中,由于"托管账户""管理人账户""委贷账户"设置的分离性,第二被申请人只能控制或操作属于其权限范围内的托管账户,因此即便《基金合同》不存在此项约定,如届时在"管理人账户""委贷账户"中出现相关纠纷,基金托管人亦无须承担任何责任。据此,该约定并没有免除或减轻第二被申请人的责任,更没有限制或排除申请人的主要权利,因而合法有效。

因此,仲裁庭基于《基金合同》已对委托贷款这一资金运用方式的风险进行提示、相关账户操作符合委托贷款的惯常商业实践,认定《基金合同》的相关约定不构成第二被申请人免责的格式条款,结论准确,理由充分。

(四) 基金托管人是否与基金管理人构成共同受托人而承担连带责任

为了督促基金管理人适当管理基金,减少基金管理人与投资人之间的代理成本,实践中出现了保管和结算基金财产、监督基金投资运作的另一主体——基金托管人。根据《基金法》《证券投资基金托管业务管理办法》等法律法规的规定,基金托管人应当恪尽职守,履行诚实信用、谨慎勤勉的义务。需要注意的是,尽管托管人和管理人同属投资人的受托人,但二者分别受托履行不同职责,不属于信托法意义上的"共同受托人",因此通常情况下对投资人的损失不承担连带赔偿责任。① 根据《基金法》第 145 条的规定,如基金托管人在履行职责过程中违反法律规定或《基金合同》约定、给基金财产或者投资人造成损害的,应当就其履职行为(单独)承担赔偿责任。另外,如托管人与管理人的共同行为(如合谋侵占基金财产)给投资人造成损害的,二者应当承担连带赔偿责任。②

基金托管人承担单独或连带赔偿责任的前提,是其未依法依约履行托管职责。《基金法》仅列出基金托管人应当履行的保管、审核、监督等托管职

---

① 参见周成、吴英姿:《基金投资托管人法律责任问题研究——以 15 个涉托管人责任案例为切入点》,载《湖南科技大学学报(社会科学版)》2020 年第 6 期。

② 在域外主要发达经济体,对基金托管人法律责任的认定也是从其应当履行的职责出发的。例如,美国《1940 年投资顾问法》第 17 条规定,基金托管人如故意违反保管基金资产的相关规定,一经定罪,应处不超过 1 万美元的罚款,或不超过 5 年的监禁,或两者并处。虽然日本《投资信托及投资法人法》第 210 条有连带责任的相关规定,即资产保管公司(即基金托管人)因怠于工作给投资法人(即基金管理人)造成损害时,该资产保管公司对该投资法人负"连带损害赔偿责任";但此处的受害主体是基金管理人而非投资人,与我国《基金法》中基金托管人可能承担的连带赔偿责任存在根本差异。

责,并未对判定其充分履职的标准进行详细规定,因而应当根据《基金合同》的约定判断基金托管人是否已尽到托管职责。实践中,基金托管人的托管职责一般采用了"形式审核"标准,即仅要求托管人进行适当的"怀疑"和调查,包括审查投资协议中的表面约定是否与《基金合同》相符、管理人提供的投资文件是否齐全、划款指令填写是否规范等,而不考虑具体的投资决定是否合理、是否有利于实现投资人的获益目的。而在本案中,《基金合同》在重申了既有法律法规中的托管人职责之外,还要求"对基金合同生效之后所托管基金的投资范围、投资比例、投资风格、投资限制、关联方交易等进行严格监督,及时提示基金管理人违规风险",以确保管理人的投资指令符合法律法规规定和合同约定,但并没有对管理人的投资决定是否合理适当的实质性判断义务,因此仍然采用了形式审核标准。如上文所述,案涉基金托管人过于信赖基金管理人,未能注意到《委贷合同》1.0版中关于未在指定期间内提款、合同便自动失效的约定,以及由此产生的借款人主体变更的可能,从而勤勉尽责地向管理人进行询问并核查,进而导致其之后仍将资金定期划至"管理人账户",因此连形式审核义务都未能充分履行。尽管托管人可能没有积极义务调查管理人是否尽到信义义务,但其对明知或应知的管理人违反信义义务的行为不能视而不见。[1]

在基金托管人未能尽到基于形式审核标准的托管职责的情况下,判断托管人单独承担赔偿责任或补充责任,还是与管理人共同承担连带赔偿责任,应当主要根据托管人的不当履职行为对投资者损失的影响力而定。由于托管人与管理人发挥的作用不同,不构成共同受托人,各自的违约行为对申请人的损失的因果关系、作用程度大小也应当存在差异。换言之,即便托管人未能尽到托管职责(例如未发现管理人的投资指令违法违约),其行为也不一定会必然造成投资者的损失,即托管人的托管失职是导致基金管理人进行不当资金操作进而造成投资者损失的必要条件,但非损失发生的充分条件。本案中,基金托管人的托管失职(未严格审核后便将托管账户中的募集资金划至管理人账户)只是造成投资者损失的原因之一;事实上,造成投资者损失的主要原因是案涉基金管理人在资金进入管理人账户后、利用《委贷合同》2.0版替换《委贷合同》1.0版,从而变更借款人并改变贷款用途而导致款项无法按时收回,托管人的划款行为并非造成损失的唯一条件。如果管理

---

[1] 参见洪艳蓉:《论基金托管人的治理功能与独立责任》,载《中国法学》2019年第6期。

人有意操作并向托管人隐瞒后来使用《委贷合同》2.0 版的情况,托管人客观上无法发现问题,因此不能苛责托管人对资金进入管理人账户后的过程勤勉尽责,并要求与管理人承担共同侵权责任。在此情况下,由于托管人的托管职责类似于"安全保障义务人"的职责,托管人未尽到托管职责的,应当依法承担补充责任,以发挥对托管人的惩戒作用。①

因此,仲裁庭基于第二被申请人未能就《委贷合同》1.0 版的效力、履行状况以及基金财产使用状况进行监督,认定第二被申请人承担补充赔偿责任,结论准确,理由充分。

(五) 如何确定基金托管人兼任基金服务机构时的法律责任

证券投资基金的服务机构是受基金管理人或基金托管人委托,提供基金募集、投资顾问、份额登记、估值核算、信息技术系统等服务业务的市场主体。对于投资人而言,基金服务机构是"受托人的受托人",但不是"转受托人";根据《基金法》第 101 条、第 107 条的规定,虽然基金服务机构同样应当勤勉尽责、恪尽职守,但基金管理人、基金托管人依法应当承担的责任不因委托基金服务机构代办而免除。近年来,出于成本控制、利用既有客户渠道、提升竞争优势等考量,一些基金托管人开始同时作为基金服务机构,为基金管理人提供份额登记、估值核算等服务。然而,基金托管人的法定职责便是按照基金管理人指令办理清算、交割事宜,以及复核、审查基金管理人计算的基金资产净值等,如另行承担相对应的基金服务职能,便极有可能引发利益冲突,形成"既当运动员、又当裁判员"的不利局面,也导致投资人以违规销售等为由向基金托管人追责的纠纷较为多发。对此,《私募投资基金服务业务管理办法(试行)》第 16 条规定,只有在基金托管人能够将其托管职能和基金服务职能进行分离,恰当的识别、管理、监控潜在的利益冲突并将其披露于投资者时,基金托管人才能被委托担任同一私募基金的服务机构。

本案中,第二被申请人在担任案涉基金的托管人的同时,还受管理人的委托承担了基金注册登记、基金核算等原属于基金服务机构的职能。判断第二被申请人需要承担何种法律责任,需要分别厘清其应当履行的作为基金托

---

① 补充责任是指数个责任人对受害人负有同一赔偿义务而主责任人无法承担全部赔偿责任时,为损害发生提供了消极条件的相关当事人就主责任人不能偿付部分承担的间接责任。参见王竹:《侵权责任分担论:侵权损害赔偿责任数人分担的一般理论》,中国人民大学出版社 2009 年版,第 184—185 页。

管人、基金服务机构的义务，以及作为委托者的基金管理人的义务。本案中，申请人基于基金管理人的失职行为，主张第二被申请人作为服务机构也应当承担基金管理人的失职行为所引发的不利后果，实质上混淆了第二被申请人扮演的双重角色，且颠倒了基金管理人或基金服务机构失职时的法律责任承担关系。此外，被申请人也未能提供充分的证据，以证明第二被申请人未能恰当识别管理中潜在的利益冲突。

因此，仲裁庭基于外包服务机构的责任不应由第二被申请人以基金托管人的身份承担，认定第二被申请人无须因其外包服务机构身份承担基金管理人的相应责任，结论准确，理由充分。

（本案例由北京大学法学院博士研究生柯达编撰）

案例 26　基金的间接投资方式及其基金托管人审核监督义务的履行

仲裁要点：私募基金采用间接投资方式投向目标，未对申请人权益造成实质影响(实质达成目标)且未违背《基金合同》约定的，不应认定为基金管理人擅自变更投资对象，构成根本违约。基金托管人根据《基金合同》约定对与间接投资相关的划款指令进行形式审核，在发现信息披露等问题时及时进行通知和报告，已充分履行法律规定和《基金合同》约定的监督义务，不应被要求承担赔偿责任。

一、案情概要

自然人 A(本案申请人)为私募基金投资者，第一被申请人 B 投资管理公司为基金管理人，第二被申请人 C 证券公司为基金托管人。案涉 H 基金于 2016 年 11 月 7 日正式成立，基金类型为私募股权投资基金。同月 15 日，申请人与第一被申请人、第二被申请人签订《基金合同》，约定 H 基金投资标的为 D 电力公司的股权，基金存续期为 36 个月(自基金成立日起算)，退出方式为港股 IPO 或并购溢价退出，基金管理人对基金给予年化 8% 的基础收益承诺。同月 17 日，第一被申请人确认收到申请人认购 300 万份基金份额的资金和认购费。

2017 年 1 月，H 基金未直接将基金财产投至《基金合同》约定的标的——D 电力公司的股权，而是以认购有限合伙份额的方式，投至 E 合伙企业(该合伙企业系 D 电力公司的股东)，直至 2019 年 6 月进行工商变更、直接持有 D 电力公司的股权。

申请人认为，自 H 基金成立之后，第一被申请人从未向申请人披露符合法律规定和《基金合同》约定的基金定期报告、临时报告。在基金运作期限3年期届满后,第一被申请人未按时兑付申请人的投资本金及预期收益。根据《基金合同》约定的仲裁条款,申请人于2019年12月19日向深圳国际仲裁院申请仲裁,提出如下仲裁请求:
1. 裁决解除申请人与第一被申请人、第二被申请人共同签署的《基金合同》。
2. 裁决第一被申请人向申请人返还投资款3030000元。
3. 裁决第一被申请人赔偿申请人投资案涉基金的经济损失。
4. 裁决第二被申请人对申请人上述第2、3项仲裁请求承担连带责任。
5. 裁决两被申请人承担本案的仲裁费用及律师费。

二、当事人主张

(一) 申请人主张

1. 第一被申请人应承担赔偿责任

其一,第一被申请人未履行《基金合同》约定的信息披露等义务。第一被申请人未向投资人披露基金运作信息、公司实际控制人变更信息和基金重大关联交易信息,未切实落实回购措施。

其二,第一被申请人未经与申请人协商一致,也未通过基金份额持有人大会形成决议,擅自变更基金的投资对象。进一步看,首先,投资E合伙企业的有限合伙份额与投资D电力公司的股权具有本质区别,因为直接投资D电力公司的股权与投资D电力公司控股股东的合伙份额的权益内容、投资风险及投资收益特征、持有成本、变现成本均不相同。其次,H基金募集投资到E合伙企业,未征得基金份额持有人大会同意,因此构成根本违约。再次,申请人对第一被申请人根本违约的请求权不以对申请人是否造成实际损失为前提,两被申请人以所谓的"基金变更投资路径对投资人的利益未造成影响"来否定申请人对其根本违约的请求权不能成立。最后,第一被申请人曾经持有的E合伙企业权益、目前持有的D电力公司股权也是其超越受托权限的越权交易的产物,也不是法律意义上的H基金的资产。

2. 第二被申请人应承担连带赔偿责任

其一,第二被申请人未按法律规定和《基金合同》的约定对基金的投资运作切实履行托管职责。第一被申请人将基金募集资金挪用至E合伙企业的合伙份额,是第一被申请人和第二被申请人意思表示一致的产物,没有第二被申请人的推手,第一被申请人挪用基金募集资金的企图不可能实现。

其二,第二被申请人对第一被申请人擅自变更基金的投资对象一事未履行监督职责,更未按《基金合同》的约定,对第一被申请人的有关违反《基金合同》约定的投资指令予以拒绝执行,默许第一被申请人变更基金投资对象。

(二)第一被申请人主张

其一,案涉基金的基金财产从未被第一被申请人挪用。因 D 电力公司作为国资参股企业,办理股权变更的程序较为复杂,为确保 H 基金对投资标的 D 电力公司股权的及时占有,维护投资人利益,第一被申请人决定采取过渡性措施,即代 H 基金暂时通过持有 E 合伙企业财产份额持有 D 电力公司股权。这一投资行为符合《基金合同》的约定,并且在基金存续期内已经直接取得了投资标的,即 D 电力公司相应的股权,因此不存在根本违约以及挪用基金财产的事实。

其二,申请人完全知悉整个基金财产的运用,包括取得 D 电力公司股权的事实。申请人在相应的股权变更事实发生后,包括第一被申请人进行先期披露后从未提出异议。申请人于 2019 年发现 D 电力公司的经营出现纠纷,担心自己的投资不能拿到如期的收益,不愿意承担这样的投资风险。这实际上是申请人不愿意承担投资风险,想转嫁这样的投资风险,违背了买者自负的原则。

(三)第二被申请人主张

其一,对于间接持股问题,第二被申请人已经尽到审查监督义务。第二被申请人按要求对第一被申请人的投资指令进行了形式审查,相关材料显示基金投资用于向第三方受让 D 电力公司的股权,与《基金合同》约定一致,第二被申请人已尽到了合同约定的审查监督义务。以加入有限合伙形式进行间接持股,是第一被申请人单方行为,第二被申请人对此不知情,因为第二被申请人无法通过第一被申请人提供的材料,知晓第一被申请人是直接受让第三方所持的 D 电力公司股权还是通过 E 合伙企业的合伙份额间接持有标的公司股权。在划付股权转让款之后,第二被申请人多次致函第一被申请人,提示第一被申请人对投资标的进行确权登记,证明第二被申请人对间接持股方式不知情、不认可,也证明履行了第二被申请人提示监督义务。此外,间接持股方式没有增加基金投资实质风险,也没有造成投资者损失,不属于根本违约行为,并不导致《基金合同》目的无法实现;H 基金最终直接实现了投资 D 电力公司股权的目的,自始至终都享受该公司 IPO 后带来的潜在的升值收益,因此没有损害基金投资者的利益。

其二,第二被申请人已尽到对第一被申请人的投后监督义务。2018 年 5 月,第二被申请人履行托管人义务,向监管部门报告提示第一被申请人未办理股权变更手续的事项。2018 年 7 月、2019 年 7 月和 12 月,第二被申请人先后三次正式发函给第一被申请人,提示其落实《基金合同》约定的增信或风控措施,密切关注增信措施的有效情况,及时充分向投资人披露信息。在 2019 年 11 月基金预定的存续期到期后,第二被申请人还发函提示第一被申请人产品已达到终止条件,请根据合同约定进行相关操作,及时进行清算及信息披露。2019 年 12 月,第二被申请人关注到 E 合伙企业正在进行简易注销公告,可能造成 E 合伙企业的回购义务落空,损害投资人的利益,正式发函要求第一被申请人对此予以关注,向投资人进行信息披露,并按相关规定向中基协等监管机构报告。

其三,根据《基金合同》的约定,第二被申请人不负责本基金投资项目的审核义务,对第一被申请人的任何投资行为及其投资回报不承担任何责任。第一被申请人未与全体份额持有人协商,未通知第二被申请人,擅自决定将本基金对 D 电力公司的投资方式由直接持股变为间接持股,如果仲裁庭认定此行为有重大过错,造成基金财产损失的,要进行赔偿,应当依照《基金合同》的约定由第一被申请人独自承担,不应由第二被申请人共同承担。

三、仲裁庭意见

案涉《基金合同》由各方当事人协商一致签订,反映了各方当事人的真实意思表示,且不违反法律、行政法规的强制性规定,因此合法有效,并对本案各方当事人具有约束力。

(一)申请人是否有权要求被申请人返还投资款及赔偿经济损失

1. 关于间接持股

基于基金"受人之托、代人理财"的属性,基金管理人对如何投资管理受托财产享有充分的自由裁量权,以充分发挥其专业能力,更好地为投资者利益最大化服务。当然,这种自由裁量权不应违背《基金法》对基金管理人要求的诚实信用、谨慎勤勉的义务,也不应违反《基金合同》的约定,否则将构成违法违约。《基金合同》只指明基金最终投向D电力公司的股权,对直接持股还是间接持股方式进行投资未明确约定,基金管理人有权基于实际情况决定并保障所募基金最终投向D电力公司的股权。

H基金在投资目标上采用了先通过E合伙企业间接持股,后直接持股的投资方式投向了D电力公司的股权,其投资途径由基金管理人根据客观情况进行裁量,未对申请人权益造成实质影响,且最终投向了预设目标,未违背《基金合同》的约定,不应认为基金管理人擅自变更基金的投资对象,构成根本违约。申请人质疑的募集资金被挪用、募集资金被投资到E合伙企业的合伙份额等行为,系上述间接持股到直接持股操作过程中的必经环节,不宜分离后进行孤立评判。

2. 关于信息披露

根据《基金合同》的约定,基金的信息披露义务人是作为基金管理人的第一被申请人,而不是作为基金托管人的第二被申请人,其有义务根据法律法规的规定及《基金合同》的约定向投资者履行定期披露和临时披露义务。

根据庭审调查,第一被申请人虽然提供了对象为申请人的邮寄记录,但未能充分举证其根据《基金合同》约定完全履行了信息披露义务,特别是对管理人的法定代表人、实际控制人等的变化未及时向投资者履行临时报告义务,存在违约行为,仲裁庭对申请人的主张予以认可。

(二)第二被申请人是否应承担连带责任

第二被申请人根据《基金合同》等内容,在确认划款指令要素齐全、指向的交易对象符合《基金合同》约定的情况下,复核无误后在规定期限内及时执行,尽到了对第一被申请人的划款指令及相关文件进行形式审核的义务,没有违反《基金合同》及法律法规对其作为托管人的义务内容。

在发现第一被申请人作为管理人未及时办理所投资股权的工商变更登记、未落实回购措施、未及时向投资者披露相关信息等情况时,第二被申请人持续向第一被申请人发送《托管业务提示函》予以风险提示并将相关情况报送给证监部门,履行了《基金合同》和《基金法》要求的投后监督义务。

因此,第二被申请人作为托管人,既没有与第一被申请人有侵害申请人合法权益的故意,也没有二者的共同行为,即使第一被申请人需要向申请人承担返还投资款并赔偿经济损失的责任,也不适用《基金法》第 145 条的规定。

四、裁决结果

1. 驳回申请人的全部仲裁请求。
2. 本案仲裁费由申请人承担。

五、评析

本案是有关基金管理人和基金托管人是否承担赔偿责任的纠纷,其中间接持股的有效性以及基金托管人的监督是否充分是本案的主要争议焦点。总体而言,仲裁庭在本案中就间接持股的有效性、基金托管人的法律责任等问题已进行认定和裁决,相关说理逻辑清晰、裁决结果适当正确,下文将对此进行具体评析。

(一)基金通过间接方式投向预定目标是否符合合同约定

基金管理人是发行基金份额、募集证券投资基金,并依法依约管理和运用基金财产的主体,其中,采取何种投资方式是基金管理人的管理权利的重要组成部分。根据《基金法》的规定,基金管理人应当恪尽职守,履行诚实信用、谨慎勤勉的义务;此外,《基金法》还规定非公开募集基金应当制定并签订基金合同,其中应当包括基金的投资范围、投资策略和投资限制等内容。而在既有法律法规要求基金管理人履行诚实信用和谨慎勤勉义务,但未对基金管理人的投资方式予以限制的情况下,基金管理人可以根据合同约定,在投资时间、投资去向等方面享有充分的自由裁量权。

本案中,《基金合同》仅约定了 H 基金的资金主要通过新增或转让的方式投资于 D 电力公司的股权,但未明确约定"新增或转让"的具体方式。根据《合同法》第 62 条①的规定,如合同中的履行方式不明确的,按照有利于实现合同目的的方式履行;因此,只要投资方式有利于基金收益增长、有助于投

---

① 《合同法》第 62 条现已失效,但《民法典》第 511 条的相关内容与之基本相同。

资人获益目的的实现,基金管理人便可以根据自己的专业判断,选择更为合适的投资方式。基金管理人采用先投资于 E 合伙企业(有限合伙份额)以实现对 D 电力公司的间接持股、后直接投资于该电力公司从而实现直接持股的方式,最终仍然实现了直接持股的目标。[①] 虽然申请人主张基金管理人将所募资金投资于 E 合伙企业构成资金挪用,且投资 D 电力公司的股权与投资该公司控股股东的合伙份额在权益内容、投资风险及投资收益特征、持有成本、变现成本等方面存在差异,因而增加了基金投资风险控制环节、增加了持有和变现成本以及实现投资收益的难度;但 H 基金最终实现了投资 D 电力公司股权的目的和相应收益,而间接持股与基金财产未变现清算、未在预期时间内实现上市无关。

更重要的是,出于风险控制、减少投资成本等方面的考量,基金管理人将基金财产先以有限合伙份额的形式投至 E 合伙企业具有必要性,并不会过大增加基金财产的管理风险和投资者的费用支出,申请人提交的证据亦不足以证明基金管理人有利益输送、谋取私利之嫌以及对其造成了实质性损害。实践中,通过有限合伙管理基金资产的方式也较为常见,其不属于"变更基金投资范围"等对《基金合同》进行重大变更的内容,不违反合同约定,更不构成根本违约,此外亦无须召开基金份额持有人大会进行讨论表决。

此外,即便申请人依据《合同法》第 41 条[②]之规定,将《基金合同》的相关投资条款认定为"格式条款",要求对该条款按照通常理解或不利于提供格式条款一方予以解释,但对于私募基金而言,投资人并非消费者、老年人等"不占优势地位"的主体[③],申请人提交的证据也未显示间接持股方式对其产生了不利影响,因此不能依据既有法律中的格式条款来限制认定《基金合同》中的相关投资条款无效。

因此,仲裁庭基于基金管理人在合同未明确约定持股方式的情况下、根据实际情况进行投资,进而认定间接持股符合法律规定与合同约定的诚实信

---

① 当然,如果基金财产在未经投资人允许的情况下被投至更高风险的领域,如《私募若干规定》第 8 条规定,不得直接或者间接将私募基金财产用于从事承担无限责任的投资、借贷或担保等非私募基金投资活动,以及投向保理资产等类信贷资产,那么便存在滥用管理资金的自由裁量权之嫌。

② 《合同法》第 41 条现已失效,但《民法典》第 498 条的相关内容与之大体相同。

③ 参见黄薇主编:《中华人民共和国民法典合同编解读(上册)》,中国法制出版社 2020 年版,第 122 页。

用、谨慎勤勉的义务,结论准确,理由充分。

(二)间接投资模式下如何认定基金托管人的审核监督义务

基于证券投资基金"受人之托、代人理财"的特性,基金管理人从投资人手中募集资金后,便有机会凭借其专业知识、投资信息等优势,实施资金挪用、资金混同等损害投资人利益的行为。为促使基金管理人恪尽职守、稳健地管理基金财产,防止其利用基金财产牟取私利,实践中发展出了保管和结算基金财产、监督基金投资运作的另一主体——基金托管人。① 根据《基金法》等法律法规的规定,基金托管人应当恪尽职守,履行诚实信用、谨慎勤勉的义务,此为基金合同依存的信用基础,也是证券投资基金赖以生存和发展的保障。根据《基金法》第36条的规定,基金托管人应当根据基金合同及托管协议的约定,制定基金投资监督标准与监督流程,对基金合同生效之后所托管基金的投资范围、投资比例、投资风格、投资限制、关联方交易等进行严格监督,及时提示基金管理人违规风险,以实现监督基金管理人的投资运作的目的。② 不过,对于私募投资基金而言,由于投资人风险识别和风险承受能力相对较高,所以私募基金由基金托管人托管并不是强制的,《基金法》第88条优先尊重双方当事人的意思自治;而即便指定了私募基金托管人,基于私募基金业务模式、基金托管人业务权限等方面的差异,法律对其设定的"监督"职责的范围和程度也应与公募基金作出一定区分。③ 在域外,由于非公开发行和投资者准入等因素,制定法中对私募基金托管人的强制性要求较少,因此更强调意思自治,相关基金托管人的义务还会受到产品类型和组织形式的影响。

一般而言,基金托管人的诚实信用、谨慎勤勉义务本质上是"双层义务",其不仅包括采用形式意义上的存管业务(如履行安全保管基金财产、根据基金管理人的投资指令及时办理清算交割等事宜),还包括实质意义上的法定监督义务(如监督基金管理人的投资运作等职责)。此外,基金托管人发现基金管理人的投资指令违法或违约,应当拒绝执行,并立即通知基金管

---

① 参见李飞主编:《中华人民共和国证券投资基金法释义》,法律出版社2003年版,第61页。
② 在2008年全球金融危机之后,为了避免麦道夫骗局等类似事件再次发生,欧盟、美国等加强了对基金托管人的监管。例如,欧盟在2010年通过的《另类投资基金管理人指令》(AIFMD)中加入了对另类投资基金的托管要求。此外,美国通过加强对基金投资顾问的监管,间接地强化了对基金托管的要求,如任命合格托管人、突击检查等。See 17 C. F. R §275.206(4)-2.
③ 参见洪艳蓉:《论基金托管人的治理功能与独立责任》,载《中国法学》2019年第6期。

理人、及时向监管机构报告;如基金托管人未能勤勉尽责、在履职时存在重大失误,应当承担相应的法律责任。其中,与本案直接相关的是基金托管人按照基金管理人的指令进行划款等存管义务,以及发现基金管理人违法或违约行为后的通知报告义务,此处先讨论前者,即基金托管人是否仅需要对基金管理人的划款指令及相关文件履行形式审核义务。

《基金法》对此没有作出明文规定,而本案《基金合同》明确约定基金托管人的监督职责,便是在划款前对相应的划款指令、投资申请书、投资协议等管理人所提供的材料是否符合投资范围、投资策略及投资限制进行形式审核。与实质审核不同,形式审核侧重于审查相关投资文件是否齐全、划款指令填写是否规范、投资协议表面约定是否与基金合同相符等,而不考虑具体的投资决定是否合理、是否有利于实现投资人的获益目的。虽然《基金法》要求基金托管人"谨慎勤勉"①、《证券投资基金托管业务管理办法》第21条要求证券投资基金的托管人应当"严格监督",但在私募基金投资人风险意识相对较强且合同已明确约定基金托管人仅履行形式审核义务的情况下,私募基金托管人的监督标准不宜过高。本案中,基金托管人基于形式审查标准,已注意到基金管理人所发送的包含"支付D电力公司股权转让价款"这一资金用途在内的划款指令,以及基金管理人与E合伙企业签订的、基金管理人代基金受让E合伙企业所持有D电力公司股权的《投资协议》,认为虽然基金管理人将资金直接投于E合伙企业的合伙份额,但该合伙企业持有D电力公司80%以上的股权,相关价款和标的符合《基金合同》的约定,因此不存在申请人主张的"共同挪用资金"的行为。

因此,仲裁庭基于基金托管人在确认划款指令要素齐全、指向的交易对象符合约定、复核无误后在规定期限内及时执行的行为,认定其适当履行了基金管理人的划款指令及相关文件进行形式审核的义务,结论准确,理由充分。

(三) 如何认定基金托管人在后续基金操作中的通知报告义务

除了通过划款过程中对相关投资材料进行形式审核以履行保管义务,基金托管人还应当对基金管理人在其他重要活动中履行管理职责是否合法合

---

① 所谓谨慎勤勉,是指基金管理人、基金托管人处理基金事务,要像处理自己的同类事务一样周到严谨,精明细心,兢兢业业,尽心尽力,一丝不苟,认真负责。不得将自己的利益置于基金份额持有人的利益之上,不得用基金财产为自己或者第三人谋取利益。参见李飞主编:《中华人民共和国证券投资基金法释义》,法律出版社2003年版,第21页。

约进行监督。相较于发生在资金划拨阶段的投资监督义务,托管人履行通知报告的义务更具有明显的"事后性";正基于此种事后性,管理人实施的违法违约行为对投资人的危害后果更大。对此,托管人除了拒绝执行管理人的违法或违约指令、立即通知管理人,还应当履行向监管机构报告的义务。根据《基金法》第37条的规定,当发现基金管理人发出但未执行的投资指令或者已经生效的投资指令违反法律、行政法规和其他有关规定,或者基金合同约定,应当依法履行通知基金管理人等程序,并及时报告证监会,持续跟进基金管理人的后续处理,督促基金管理人依法履行披露义务。管理人的上述违规失信行为给基金财产或者基金份额持有人造成损害的,托管人应当督促管理人及时予以赔偿。另外,托管人履行通知报告义务,并不意味着其应当承担如同管理人一样的风险防范和风险控制义务,更不意味着其应当完全确保管理人绝对诚信和绝对专业可靠,而是在整个基金投资管理活动中主要承担监督者的角色。

此处需要重点讨论的是,在直接或间接投资方式之外,案涉基金托管人是否已经适当履行了通知和报告义务。在2018年至2019年期间,基金托管人多次致函基金管理人,提示其应当尽快采取合同约定的增信措施,并充分向投资人披露信息,并多次致函管理人、提示其尽快对投资标的进行确权登记,并向监管部门报告提示管理人未办理股权变更手续的事项;此外,托管人在发现E合伙企业进行注销时发函提示管理人及时进行信息披露、向监管部门报告,并在预定存续期届满后提示管理人应当按照合同约定及时进行清算。就《基金合同》履行期间发生、管理人实施"瑕疵"管理行为的数量而言,托管人已经充分履行了法律法规规定的通知报告义务。即便托管人未依法依约及时履行通知和报告义务,但由于其与管理人的履职性质存在根本区别、不与管理人构成共同受托人,因此不应根据《基金法》第145条的规定与管理人承担连带赔偿责任。

因此,仲裁庭基于基金托管人多次在发现基金管理人异常情况后对其进行风险提示并报送至监管机构,认定基金托管人履行了法律规定和合同约定的通知和报告义务、无须承担连带赔偿责任,结论准确,理由充分。

(本案例由北京大学法学院博士研究生柯达编撰)

专题四
私募基金的退出与清算

(一)私募基金的延期与退出

案例 27　基金份额自动赎回条款的理解与执行

仲裁要点：基金份额自动赎回条款的理解与认定应当以《基金合同》为主要依据。合同约定的基金份额自动赎回属于管理人应承担的义务,一旦基金份额到期未能及时赎回,管理人即构成该项违约。管理人对暂停赎回基金份额的事由负有举证责任,基金财产投资项目面临的市场和流动性风险不能当然成为管理人阻止投资者赎回基金份额的正当理由。管理人未如约为投资者办理基金份额自动赎回的,应当按银行同期贷款利率标准赔偿投资者的投资本金在赎回日之后被继续占用而发生的直接损失。

一、案情概要

本案申请人为自然人A,被申请人B投资管理有限公司为基金管理人,C基金销售有限公司为基金销售方,D证券股份有限公司为基金托管人。申请人经C公司销售人员的推销购买了由被申请人募集并管理、D公司托管的2号基金。申请人于2018年12月15日与被申请人、D公司签订《2号基金合同》。2018年12月17日,申请人通过银行转账向被申请人名下的私募基金专用银行账户转账1000000元,被申请人确认申请人于2018年12月20日成功认购2号基金791765.64份(单位净值为1.2630元)。

关于自动回赎基金份额的条件,《2号基金合同》明确约定:基金份额持有满3个月后自动赎回,赎回日为投资者持有该基金满3个月后的对日,投资者无须提交赎回申请;赎回金额的计算公式;赎回款项的支付期限。

关于暂停赎回基金份额的条件及后续处理,《2号基金合同》约定:"在如下情形下,管理人可以暂停接受或拒绝基金份额持有人根据本合同约定提起的赎回申请:(1)因不可抗力导致管理人无法支付赎回款项的情形;(2)相关交易场所交易时间临时停市,导致管理人无法计算当日基金资产净值的情形;(3)发生本合同约定暂停基金资产估值的情形;(4)法律法规规定、经监管部门认定的或本合同约定的管理人可暂停或拒绝接受赎回的其他情形。"同时,"发生上述情形之一且管理人决定暂停赎回的,管理人应当以公告形式告知基金份额持有人……""在暂停赎回的情况消除时,管理人应及时恢复赎回业务的办理并以公告形式告知基金份额持有人"。

关于管理人、托管人的免责条款,案涉基金的《风险揭示书》中列举了市场风险、流动性风险等,《2号基金合同》约定:基金份额持有人理解基金财产的投资、运作、托管面临合同《风险揭示书》中列举的各类风险,管理人、托管人就委托财产面临的上述固有风险免予承担责任。

根据上述案件事实以及《2号基金合同》的相关约定,2019年3月20日为基金自动赎回日。该日之后,申请人主张被申请人应当按照合同约定向D公司发出赎回通知,将合同约定的投资本金以及收益赎回给申请人,但被申请人未予赎回。

2019年4月,被申请人发布《公告》,在其中称"2号基金因受到金融市场环境下行的影响,兑付情况受到波及",并将之视为2号基金发生了市场风险、流动性风险等,即《2号基金合同》发生了管理人可暂停或拒绝接受赎回的情形,因此其有权暂停或拒绝申请人的自动赎回申请,并告知了申请人延期兑付方案。

2019年4月29日,申请人委托某律师事务所向被申请人发出《律师函》,再次书面要求其就无法赎回的原因进行详细说明并限期将款项赎回给申请人。被申请人未在相应期限内履行。

2019年5月27日,申请人依据《2号基金合同》中的仲裁条款向深圳国际仲裁院提交书面仲裁申请,提出如下仲裁请求:

1. 裁决被申请人向申请人支付基金投资本金1000000元及相应的投资收益(由被申请人根据合同约定以及基金状况进行核算,投资收益按投资本金1000000元从2018年12月20日起计算至投资本金实际清偿日,暂计至2019年3月21日为17500元,计算公式:1000000元×年化率7%÷4个季度)。

2. 裁决本案仲裁费用由被申请人承担。

二、当事人主张

（一）申请人主张

1. 自动赎回条件成就后，被申请人应当办理赎回手续

自动赎回是指投资人不需要向被申请人提交任何的书面赎回申请，被申请人应当按照合同约定的时间、方式向申请人办理相关的赎回手续。而且申请人之前购买的与案涉基金同一类型的基金，均是通过自动赎回的方式，到期后直接由被申请人进行赎回的手续办理，同时将投资人的投资款及收益予以返还。

2. 市场风险、流动性风险不构成暂停赎回的事由

被申请人混淆了是否接受赎回和风险由谁承担的问题。尽管相应的投资风险由申请人承担，也不能排除被申请人接受赎回的合同义务，被申请人对《风险揭示书》第2条列举的份额持有人面临的风险免予承担责任，尽管这一条成立，但申请人要求赎回基金份额，如果被申请人认为基金是亏损状况，相应的风险由申请人承担，被申请人可以对基金进行清算，或者针对某一日的基金情况与申请人进行清算，被申请人不能以此作为拒绝赎回的理由。基金赎回约定很明确，如果到期就自动赎回，风险的承担不是赎回的必要条件。被申请人提及案涉基金出现了市场风险、流动性风险，在庭审过程中没有提交任何证据证明案涉基金的现状，是否存在市场风险或者流动性风险，甚至案涉基金是否盈亏，也未告知投资者。

3. 第一被申请人怠于赎回基金份额构成违约

《2号基金合同》明确约定了基金份额持有人持有基金满3个月后自动赎回；赎回的时间是基金满3个月后的对日；申请人无须提交赎回申请。这些实际上是对自动赎回的解释。同时，也约定了暂停赎回的情形。因此，如果在事实上没有出现合同约定的暂停赎回的情形，被申请人没有任何理由拒绝申请人的赎回。申请人也曾经以多种方式要求被申请人进行基金赎回，但被申请人至今都没有履行合同义务，因此被申请人存在严重的违约行为。

(二) 被申请人主张

1. 自动赎回条件成就后尚需管理人确认

自动赎回，系指无须向管理人提交赎回申请，管理人是否确认接受申请人的赎回申请须根据基金所投项目回收投资本金和投资收益情况来决定，并非指代无须提交赎回申请并经管理人的确认接受。

根据《2号基金合同》"投资者赎回申请经管理人确认后，管理人应当在当期开放日后十个工作日内将赎回款划入投资者指定的账户"和"在如下情形下，管理人可以暂停接受或拒绝基金份额持有人根据本合同约定提起的赎回申请：……已接受的赎回申请，管理人应当足额支付；如暂时不能足额支付，应当按单个赎回申请人已接受的赎回金额占已接受的赎回总金额比例将可支付金额分配给赎回申请人，其余部分在后续工作日予以支付……"等约定，均可说明赎回申请须经管理人的确认接受，管理人是否确认接受申请人的赎回申请须根据基金所投项目回收投资本金和投资收益情况来决定，若涉案基金所投项目具有充足的资金流动性，管理人当然会接受申请人的赎回申请，并按照合同约定向已接受赎回申请的申请人支付赎回款；在管理人明知案涉基金所投项目的资金流动性不足以进行兑付申请人赎回申请的情形下，若管理人仍接受确认申请人的赎回申请，则依然不能进行兑付，故在案涉基金所投项目的资金流动性不足以进行兑付申请人赎回申请的情形下，管理人不会接受确认申请人的赎回申请。

因此，《2号基金合同》约定"自动赎回"并非指代投资者无须提交赎回申请并经管理人的确认接受，而是仅指无须向管理人提交赎回申请而已。

2. 市场风险和流动性风险构成暂停赎回的事由

因案涉基金出现了《风险揭示书》中列举的市场风险、流动性风险等，即《2号基金合同》发生了管理人可暂停或拒绝接受赎回的情形，故被申请人有权暂停或拒绝申请人的自动赎回申请，并告知了申请人延期兑付方案。

依据《2号基金合同》"在如下情形下，管理人可以暂停接受或拒绝基金份额持有人根据本合同约定提起的赎回申请：……（4）法律法规规定、经监管部门认定的或本合同约定的管理人可暂停或拒绝接受赎回的其他情形……"的约定，因受到金融市场环境下行的影响，现案涉基金所投项目暂无法回收投资本金和投资收益，并存在资金流动性严重不足的情形，无法对投资者的赎回申请进行兑付，被申请人作为管理人未确认接受申请人的自动赎回申请,该种情形应当属于《2号基金合同》约定的管理人可暂停或拒绝赎回的其他情形之一。故被申请人有权依据这一约定,暂停或拒绝申请人的自动赎回申请。

3. 管理人不予赎回基金份额不构成违约

因近几年受到金融市场环境下行的影响,出现了各种P2P、私募基金等暴雷事件,现案涉基金所投项目暂无法回收投资本金和投资收益,无法保证案涉基金所投项目回收的充足流动性,无法对投资者进行兑付,故不能满足申请人赎回投资款项及相应收益的申请,被申请人未确认申请人赎回申请,不构成违约。现案涉基金所投项目变现较为困难,若现在进行变现则损益较大,故管理人为了最大限度保护投资人权益告知投资人延期兑付投资本金及投资收益,并积极督促完成资产变现。

三、仲裁庭意见

(一) 基金份额自动赎回条件成就,不需要管理人再确认

案涉基金采用自动赎回机制。依据《2号基金合同》的约定,"赎回"指在基金成立后的开放日(或开放期),投资者按照本合同的约定将基金兑换为现金的行为。该合同还约定,份额持有人持有基金满3个月后自动赎回;赎回日为投资者持有基金满3个月后的对日,若当日不是工作日则顺延。投资者无须提交赎回申请。

基于自动赎回机制,对基金份额赎回程序,《2号基金合同》没有像基金份额申购那样约定申购申请的确认日期(管理人于开放日后3个工作日内对截至T日已经回访确认成功的申购申请进行确认,T日为当期开放日),只约定了赎回款项的支付(投资者赎回申请经管理人确认后,管理人应在当期开放日后10个工作日内将赎回款项划入投资者指定的账户),以及管理人可以暂停接受或拒绝接受基金份额持有人赎回申请的情形与后续处理。

综合上述合同约定,自动赎回应理解为申请人在持有基金份额满3个月之后的对日(赎回日)将基金份额转换为现金的权利,这一赎回主张无须向作为管理人的被申请人提出赎回申请即可成立,管理人如未能以《2号基金合同》约定的情形为由予以暂停接受或拒绝赎回并进行公告的,那么表示其已确认申请人的基金份额赎回主张,基金份额自动赎回自赎回日生效,管理

人应按照合同约定承担向申请人赎回基金份额的义务。

(二) 基金投资项目面临的市场风险、流动性风险不属于暂停赎回事由

按照《2号基金合同》的上述约定,案涉基金在持有满3个月后自动赎回,属于合同严格约定的管理人应承担的义务,一旦到期未能履行赎回义务,管理人即构成违约。能够阻却这一义务的是客观上存在《2号基金合同》约定的情形,且需要管理人对此以公告形式在合理期间内告知基金份额持有人,否则管理人不能因此免责。

《2号基金合同》约定,"本合同约定的管理人可暂停或拒绝接受赎回的其他情形"。被申请人提出的案涉基金遇到的市场风险、流动性风险,虽然规定于《风险揭示书》且依据《2号基金合同》的约定,管理人可就委托财产面临的这些风险免予承担责任。但一方面,《2号基金合同》未对这些"其他情形"再作出具体约定,市场风险、流动性风险是否属于"其他情形",无法建立明确的逻辑对应关系;另一方面,被申请人在《公告》中的描述不足以证明案涉基金遇到了"市场风险、流动性风险",且在整个仲裁过程中始终未能对案涉基金发生市场风险、流动性风险问题提供证据证明或予以充分说明。因此,仲裁庭不予认可被申请人的上述抗辩主张。

退一步而言,即使《公告》提及的案涉基金"兑付情况受到波及"被认为是发生了市场风险、流动性风险,且构成《2号基金合同》约定的抗辩理由,管理人也应在合理期限内履行公告义务,使基金份额持有人知晓才能免责。

《2号基金合同》虽未对管理人发布公告的时间作出约定,但为保障投资者的知情权及合法权益,要求管理人应在当期开放日后10个工作日内将赎回款项划入投资者指定的账户,因此管理人决定暂停赎回的公告应在当期开放日后10个工作日内发布为宜,如未在这一合理期间内发布,则视为管理人在赎回日确认了申请人的基金份额赎回。本案中,合同约定每周二为基金股东开放日,对应的是2019年3月19日,因此合理期间为该日起至2019年4月2日止,《公告》只写明2019年4月而未写明具体日期,根据申请人提供的微信聊天记录,其最早是在2019年4月10日才看到《公告》内容,超过了上述合理时间。

综上所述,被申请人既未能以《2号基金合同》约定的情形作为其暂停或拒绝接受赎回的正当理由,又未能在合理期间内对暂停赎回予以公告,严重违反合同约定,损害了申请人的合法权益,应承担相应的违约责任。

(三)被申请人违约责任的承担

仲裁庭认为,被申请人已构成违约,其违约责任内容包括如下两部分:

第一,被申请人应按照《2号基金合同》的约定,履行向申请人赎回基金份额的义务。依据《2号基金合同》的约定,2号基金的投资风险由作为投资者的申请人承担,投资收益主要由所有投资者共同分享。根据被申请人提交的《2019年第一季度运行报告》,其中"3.3主要财务指标"部分显示2号基金在2019年1月1日至2019年3月31日期间已实现收益2693827.31元,本期2693827.31元,期末基金资产净值124882950.86元,期末基金份额净值1.291元,超过了申请人认购时的基金份额净值(1.2630元)。可见,2号基金存在盈利,申请人有权按照合同约定分享基金投资收益。

由于被申请人在申请人持有的基金份额赎回日(2019年3月20日)之前都未公布基金份额净值或新的最高对应利率,故仲裁庭酌定支持申请人有关以《2号基金合同》约定的初始最高利率7%标准计算收益的仲裁请求;申请人持有基金份额的实际天数,从2018年12月20日基金份额确认至2019年3月20日的赎回日,共计90天。按照计算公式"赎回金额=委托人持有份额数×份额初始面值×(1+最高对应利率×T÷365)",被申请人作为管理人,应向申请人支付的赎回金额=791765.64份×1.2630元×(1+7%×90÷365天)=1017260.28元。

第二,因被申请人作为管理人未履行按时赎回基金份额的义务,应赔偿申请人的投资本金在赎回日之后被继续占用而发生的直接损失。《2号基金合同》未对上述违约责任如何计算作出约定,仲裁庭认为可以参考最高人民法院《关于逾期付款违约金应当按照何种标准计算问题的批复》(法释〔1999〕8号),参照中国人民银行规定的金融机构计收逾期贷款利息的标准计算逾期付款违约金,以1000000元本金为基数,按银行同期贷款利率标准计算被申请人作为管理人未履行按时赎回基金份额的义务而应向申请人支付的逾期付款违约金。

四、裁决结果

1. 被申请人应向申请人支付基金赎回本金和收益人民币1017260.28元,并从2019年3月21日起,以人民币1000000元本金为基数,按银行同期贷款利率标准向申请人赔偿相应的损失,及至实际清偿之日止。
2. 本案仲裁费用由被申请人承担。

五、评析

本部分首先结合《基金合同》文本解释基金份额自动赎回的内涵及其成就条件,其次分析管理人是否具备暂停赎回基金的充分事由以及是否构成违约,最后讨论管理人未如约为投资者办理基金份额自动赎回的民事责任问题。

(一) 基金份额自动赎回条款的理解

为吸引投资者并满足其投资的流动性需求,私募基金通常会设置定期开放日或约定一定条件下的份额赎回,特别是在基金到期时,如无法律规定或合同约定的正当事由,基金管理人应及时为投资者办理基金份额赎回,将相应投资本金及收益(如有)支付给投资者,以保障其"退出权",实现预期利益。

基金赎回是投资者对基金管理人的一项重要请求权,管理人应谨慎勤勉,尽量保证基金可赎回财产金额与赎回请求价额之间的相匹配,但考虑到基金财产投资运作受到市场环境等诸多因素的影响,完全满足投资者的赎回请求未必都能实现,因此基金合同常常会约定"先进先出""巨额赎回处理规则""按持有基金份额比例赎回"等基金退出规则,并赋予管理人在一定条件下暂停或拒绝接受基金份额赎回的权利(同时约定延后处理举措),以稳定基金运作,公平对待投资者权益并平衡投资者与管理人的关系。

按照是否需要管理人确认,基金到期后的基金赎回可分为常规赎回与自动赎回,前者一般指基金到期后,首先需要投资者提出赎回申请,其次经过管理人确认并计算确定可赎回的基金份额,最后再按合同约定的支付日期将款项支付给投资者,遵循的是类似合同订立的双方合意程序,且管理人掌握主导权并最终决定投资者可赎回的基金份额;后者一般指基金到期后,默认投资者已提出基金赎回申请且管理人已确认赎回请求,除非存在阻却赎回的约定或法定事由,管理人负有及时将基金份额赎回款项支付给投资者的义务。这一安排扭转了投资者在基金赎回上的被动地位,其投资退回权得到了充分保障,高效便捷,深受投资者喜欢,因此近年来一些私募基金多有采取自动赎回约定吸引投资者。但自动赎回好比双刃剑,无疑对管理人科以更严格的义务,客观上要求其更有效地管理基金并遵守合同约定的赎回程序,否则需要为此承担相应的违约责任。当然,基于私募基金类型多样且财产运用不尽相同,自动赎回如何界定及执行,仍需要根据基金合同进行判断,才能明确当事人各方权责。

本案中,《2号基金合同》约定了自动赎回条款,但仲裁双方存在理解上的分歧,主要集中在以下两个方面:一是根据合同约定,基金份额自动赎回申请是否需要管理人另行确认;二是管理人暂停或拒绝赎回的抗辩理由能否成立,以及由此衍生的相应公告发布的合理时间应如何确定。本部分先讨论第一个问题。

基金份额赎回,属于基金运作方式的范畴,主要受《基金法》和《2号基金合同》的规范。案涉基金属于私募基金,依法由基金合同约定基金的运作方式,因此应主要根据《2号基金合同》的约定理解并分析双方争议的基金自动赎回问题。注意到,《2号基金合同》对上述两个问题的约定不够明确或有所缺失,因此需要基于合同法原理进行补充解释。《合同法》(本案适用的法律)第125条第1款规定:"当事人对合同条款的理解有争议的,应当按照合同所使用的词句、合同的有关条款、合同的目的、交易习惯以及诚实信用原则,确定该条款的真实意思。"[1]在合同条款不完备的情形下,仲裁庭利用整体解释[2]的方法,把《2号基金合同》的全部条款和构成部分看作一个统一的整体,从各个条款的相互关联上阐明自动赎回的真意,这一思路值得借鉴。

根据《2号基金合同》的约定,仲裁双方对投资者持有基金份额满3个月后自动赎回,无法另行提交申请没有异议,有争议的是赎回是否需要得到管

---

① 对应现行《民法典》第142条。
② 整体解释也被称为体系解释,参见韩世远:《合同法总论》(第3版),法律出版社2011年版,第703页。

理人的确认才能成立。仲裁庭首先明确了《2号基金合同》在"释义"部分对"赎回"内涵的界定,达成对赎回即为将基金兑换为现金这一行为本质的共识;接着比较了基金赎回程序、基金申购程序的差异,发现前者只约定了赎回款项支付这一内容而未有像后者那样的管理人确认要求,从而排除了基金赎回需要管理人确认的约束,最终得出基金赎回自赎回日生效,既无须申请人申请,也无须管理人确认的结论,其推理逻辑自洽,有效维护了投资者的退出权。基金到期后自动赎回,管理人未及时办理支付款项手续且无正当理由的,则需要承担违约责任。

(二) 管理人是否违反自动赎回约定而负有违约责任

当然,如上所述,自动赎回是投资者对基金管理人的一项请求权,并非绝对权利,其能否实施还受制于基金合同约定的阻却条款是否被触发。换言之,如果管理人主张发生了合同约定的可以暂停或拒绝基金赎回的情形,那么其有权以此为抗辩不履行基金赎回义务,不构成违约,当然为保护投资者的预期,应对管理人的这一决定及时予以公告并对后续作出适当的安排。《2号基金合同》约定,"发生上述情形之一且管理人决定暂停赎回的,管理人应当以公告形式告知基金份额持有人……""在暂停赎回的情况消除时,管理人应及时恢复赎回业务的办理并以公告形式告知基金份额持有人",体现了二者之间权责的平衡和对确定性的追求。

因此,即使有自动赎回约定,考察管理人是否违约,仍需要分析:①管理人是否具有合同约定的合理抗辩;②管理人对主张的情形属于合理抗辩负有举证责任,如果举证不能或不力,应承担相应的后果;③即使管理人有合理抗辩理由,其仍负有在合理期限内公告的义务,以便投资者及时知晓作出策应,减少因基金赎回无果的负面影响。

本案中,管理人主张基金所投资项目面临市场风险和流动性风险,以此对《2号基金合同》约定的"管理人可暂停或拒绝接受赎回的其他情形"进行抗辩,但注意到《2号基金合同》并未明确约定"其他情形"包括哪些具体情况,管理人以概括性的投资项目遭遇市场风险、流动性风险为理由进行抗辩,却始终未能进一步举证说明或提供有力证据(例如权威机构、监管机构的认定等),其抗辩逻辑难以成立,无法证成这些风险构成阻却基金赎回的"其他情形",因此不得免责。

在公告义务的履行上,管理人也存在失职。《2号基金合同》未明确约定发布公告的,如何确定公告应发布的合理期限成为难点,其核心是要尊重商业实践,给予管理人必要的准备时间,又要保障投资者的及时知情以采取应对举措。仲裁庭再次采用了体系解释的方法,注意到《2号基金合同》约定了基金赎回之后最迟的款项支付日为10个工作日(要求管理人应在当期开放日后10个工作日内将赎回款项划入投资者指定的账户),因此将基金开放日之后10个工作日认定为发布公告的合理期间,既与基金合同的其他约定相洽,又合乎情理。本案基金管理人发布公告的时间未写明具体日期(也未举证哪天发布),仲裁庭从投资者最早知晓的时间反推公告发布日期,有效保护了投资者的利益并表明了对管理人失职的否定态度,值得肯定。管理人缺失暂停或拒绝基金赎回的合理抗辩理由,在履行公告上也有所不当,根据《2号基金合同》的约定,对投资者承担相应的违约责任顺理成章。

(三)违约责任的承担

被申请人作为管理人未按照《2号基金合同》的约定履行对申请人的基金份额到期自动赎回义务,已构成违约,应依《合同法》[①]和《2号基金合同》[②]约定承担违约责任,包括赔偿基金份额的赎回款项以及赎回日之后,该笔资金仍被管理人占用而导致的损失。

对于基金份额赎回款项的金额,一般按照基金合同约定的赎回款计算公式进行计算,其约定"赎回金额 = 委托人持有份额数 × 份额初始面值 × (1 + 最高对应利率 × T ÷ 365)"。注意到,基金投资贯彻投资者风险自负原则,投资风险由投资者承担,投资收益扣除管理费等基金合同约定的费用后主要由所有投资者共享。本案管理人在申请人持有的基金份额赎回日(2019年3月

---

① 《合同法》第107条规定,当事人一方不履行合同义务或者履行合同义务不符合约定的,应当承担继续履行、采取补救措施或者赔偿损失等违约责任;第112条规定,当事人一方不履行合同义务或者履行合同义务不符合约定的,在履行义务或者采取补救措施后,对方还有其他损失的,应当赔偿损失;第113条第1款规定,当事人一方不履行合同义务或者履行合同义务不符合约定,给对方造成损失的,损失赔偿额应当相当于因违约所造成的损失,包括合同履行后可以获得的利益,但不得超过违反合同一方订立合同时预见到或者应当预见到的因违反合同可能造成的损失。《合同法》的以上规定分别对应现行《民法典》第577条、第583条、第584条的规定。

② 《2号基金合同》约定,投资者因管理人、托管人违反法律法规或基金合同的约定导致合法权益受到损害的,有权得到赔偿;当事人违反本合同,应当承担违约责任,给合同其他当事人造成损失的,应当承担赔偿责任。

20日)之前都未公布基金份额净值或新的最高对应利率,因此无法将相应数值代入公式进行计算。在这种情况下,需要先综合判断基金是否盈利,如有盈利再选择合理的基金净值或最高对应利率标准。① 在缺乏具体数据的情况下,仲裁庭通过比较管理人提交的《2019年第一季度运行报告》公布的期末(2019年3月31日)基金份额净值(1.291元)超过申请人认购时的基金份额净值(1.2630元)方法,抓住基金价值增长的金融规律而符合逻辑地推断案涉基金存在盈利,基于此支持投资者要求分析基金投资收益的诉求,合乎法理。进而在最高对应利率的选择上,仲裁庭酌定选择《2号基金合同》约定的初始最高利率7%/年,并未超出当事人的预期,也是对管理人怠于公布最高对应利率的约束,有效落实合同约定并保护了投资者的合法权益,合理合法。

对于资金占用费的计算,申请人主张按7%的年收益率计算赎回日之后的投资收益,仲裁庭未予支持,而是采取按银行同期贷款利率标准计算管理人未履行按时赎回基金份额义务而应向申请人支付的逾期付款违约金。笔者认为,仲裁庭的观点更为合理。理由在于,投资者如向管理人要求赎回基金份额,那么后者在基金赎回日(2019年3月20日)之后已无继续管理和投资这部分资金的义务,相应的申请人也无须承担对应的投资风险,因此不宜再按这些本金作为投资资金的属性计算投资收益损失,更合理的是按管理人因未履行按时赎回义务导致这笔资金被继续占用而发生的利息损失进行计算。② 《2号基金合同》未对上述违约责任如何计算作出约定,仲裁庭在案件审理时参考的是最高人民法院《关于逾期付款违约金应当按照何种标准计算问题的批复》(法释[1999]8号),做法并无不妥。当然,该司法解释已于2021年1月1日失效,根据《民法典》第676条的规定,"借款人未按照约定的期限返还借款的,应当按照约定或者国家有关规定支付逾期利息",投资者有权向管理人主张因占用该笔基金份额赎回款而产生的利息损失,如基金合同对利率无特别约定,那么一般适用由中国人民银行授权全国银行间同业拆借中心公布的同期贷款市场报价利率(LPR,自2019年8月20日起开始公布)。

值得说明的是,基金赎回金额是申请人应得的本金及其投资收益,如发

---

① 当然,如果管理人能够提交对应期间的基金净值或最高利率,应能够更好地解决问题,但实践中管理人往往无法提供或不提供。
② 当然,依据《九民纪要》第77条的规定,如果卖方机构的行为构成欺诈的,可以按合同载明的预期收益率作为计算利息损失的标准。

生基金资产净值不足以支付这一赎回金额的情形,管理人应使用自有资产赔偿因其未能为申请人办理基金份额按时赎回导致的基金资产净值与赎回金额之间的差额。但资金占用费是由于管理人未按时履行基金赎回义务造成的,应由管理人使用自有财产而不是基金财产进行赔偿。

(本案例由北京大学法学院博士研究生蔡卓瞳编撰)

案例 28 基金延期的生效要件及其决定的披露

仲裁要点：如果《基金合同》约定的基金延期条件是基金管理人与基金托管人协商一致，那么延期终止基金的决定无须再取得投资者的同意。作为基金托管人的银行分行从事托管业务的资格来自银行总行的授权，在分行担任基金托管人，总行担任基金行政管理服务商的情形下，总行可以代替分行履行基金托管人职责。

如果服务职能与托管职能可隔离、潜在的利益冲突可控且披露给投资者，那么现行法律规范并不绝对禁止同一机构兼任基金服务商与托管人。虽然《基金合同》约定应当将基金延期决定向投资者进行公告或通知，但管理人未履行该项义务的，不影响基金延期的效力。基金延期属于影响投资者利益的重大事项，管理人应依法依约通过临时披露的方式提醒投资者特别注意，而非在年度报告等定期披露中简单提及基金延期后的到期日或通过基金销售机构等第三方代为转告投资者，否则有违其信息披露义务。

一、案情概要

2017 年 5 月 26 日，自然人 A(本案申请人) 与被申请人 B 合伙企业以及 C 银行北京分行签订《基金合同》，约定 H 基金的管理人为被申请人，托管人为 C 银行北京分行，行政管理服务商①为 C 银行。

---

① 一般指基金服务机构，根据《基金法》第 97 条的规定，从事公开募集基金的销售、销售支付、份额登记、估值、投资顾问、评价、信息技术系统服务等基金服务业务的机构，应当按照国务院证券监督管理机构的规定进行注册或者备案。中基协制定有《私募投资基金服务业务管理办法(试行)》进行规范，并写明私募基金管理人委托服务机构从事私募基金募集、投资顾问等业务的相关规定，由中基协另行规定。

2017年5月27日,申请人将《基金合同》约定的H基金认购款项101万元汇至被申请人账户,H基金于2017年5月31日正式成立。

基金存续期及延期方面,《基金合同》第4条第5款约定,H基金的存续期为24个月;基金到期前,基金管理人可根据实际投资项目存续及退出情况,与基金托管人协商一致决定延期或提前终止,共一次,每次延期为12个月;提前终止或延期终止基金,调整投资期、投资退出期的,管理人应当通过本合同约定的方式进行公告或通知。

基金信息披露方面,《基金合同》第20条"报告义务"第1款约定,基金管理人向基金委托人提供季度报告、年度报告、临时报告和清算报告。其中,发生投资经理变更等可能影响基金委托人利益的重大事项时,基金管理人应及时通过本合同约定的方式向基金委托人披露。基金终止后15个工作日内,基金管理人应将有关清算情况以清算报告形式向基金委托人披露。基金管理人向基金委托人提供的报告,以及基金委托人信息查询,将由基金管理人通过网站、电子邮件、邮寄、传真等方式中的至少一种方式进行。

基金终止及清算方面,《基金合同》第21条"基金合同的变更、终止与财产清算"第2款约定,私募基金合同应当终止的情形之一为"私募基金合同存续期限届满而未延期"。该条第3款约定,自合同终止事由发生之日起15个工作日内,基金托管人、基金管理人、行政管理服务商组织成立清算小组,负责基金财产的托管、清理、估价、变现和分配。该条第6款约定,本基金终止日即为基金财产清算日,基金管理人负责基金财产的清算事宜,在基金存续期届满日后10个工作日内编制委托财产清算报告并加盖业务章传真给行政管理服务商,行政管理服务商于5个工作日内完成复核,加盖业务章回传基金管理人,由基金管理人向基金委托人分配。

H基金成立之后,被申请人向申请人提供了2017年第三季度报告、2017年年度报告、2018年第一季度报告、2018年半年度报告、2018年第三季度报告、2018年年度报告、2019年第一季度报告、2019年第二季度报告。除2017年度第三季度报告载明的基金到期日期为2019年5月30日之外,其余报告载明的H基金到期日期均为2020年5月30日。所有报告均加盖被申请人印章,并加盖"C银行资产托管部业务章(2)"。

2019年5月17日,被申请人作出《延期公告》,说明截至2019年5月30日H基金投资项目尚未完全举办并退出,因此决定延期12个月(由2019年5月31日延期至2020年5月30日),延续期内,H基金原投资项目陆续举办后退出,并不再进行滚动投资。《延期报告》加盖有被申请人印章,无托管人C银行北京分行印章。

2019年7月9日,被申请人作出《第一次清算报告》,载明清盘原因为退出期内现金分配,管理人决定于2019年7月9日向投资者分配截至2019年7月5日本私募基金名下的现金类资产,退出期内陆续清算。

2019年7月12日和2019年9月18日,被申请人分别组织由被申请人和投资者参加的电话会议。在电话会议上,被申请人告知投资者基金财产尚未全部变现,截至2019年7月12日投资项目均为正收益。申请人确认知悉该情况。

2019年8月16日,申请人根据《基金合同》中约定的仲裁条款,向深圳国际仲裁院申请仲裁,提出如下仲裁请求:

1. 裁决被申请人返还申请人投资本金101万元及逾期利息暂计5492元(逾期利息以101万元为本金,自2019年7月1日起按银行同期同类贷款利率暂计算至2019年8月15日,计算至被申请人实际支付之日止),共计1015492元。

2. 裁决被申请人承担申请人因本案产生的仲裁费、律师费和差旅费。

二、当事人主张

(一)申请人主张

1. 关于H基金是否已依据《基金合同》的约定进行了延期

申请人主张,H基金自2017年5月31日成立,在24个月的存续期届满时即2019年5月30日到期。被申请人关于基金延期的主张没有得到托管人C银行北京分行的同意,被申请人也没有按合同约定将延期事宜予以公告或通知。被申请人提供的季度报告和年度报告上盖章的并非为托管人C银行北京分行,最多仅为行政管理服务商C银行,两者在合同中所承担的义务和享有的权利完全不同,不能混为一谈,不能将行政管理服务商在报告中的盖章视为托管人的确认。而且,根据基金的销售机构介绍,托管人在基金到期前明确拒绝了被申请人关于基金延期的要求。

2. 关于被申请人是否应当向申请人返还投资本金和支付逾期返还本金的利息

申请人主张,案涉基金已经到期且没有产生亏损,被申请人应及时履行合同约定的基金财产变现义务,进行清算并实施分配。由于被申请人怠于履行清算和变现义务,不正当地阻碍了投资者分配基金剩余财产条件的成立,因此被申请人应承担违约责任和不利后果,在基金投资未产生亏损的情况下将投资本金返还给申请人,而由于基金尚未清算,申请人同时保留对基金投资收益的权利。在计算方法上,由于被申请人本应于 2019 年 6 月 21 日开始实施基金财产的分配但未进行,因此应当按照银行同期贷款利率支付逾期返还本金的利息,即逾期利息以 101 万元为本金,自 2019 年 7 月 1 日起按银行同期同类贷款利率计算至实际支付之日止。

(二)被申请人主张

1. 关于 H 基金是否已依据《基金合同》的约定进行了延期

被申请人主张,H 基金已经延期 1 年,主要理由是基金的季度报告、年度报告以及《第一次清算报告》中载明基金到期日是 2020 年 5 月 30 日,在报告上盖章的 C 银行是以分行的名义盖章的,视为其有权代表 C 银行北京分行进行确认,并且是以托管业务章进行确认,说明其履行的是托管人职责。同时,C 银行北京分行的托管人资格权限来自总行,总行的认可也适用于该分行。另外,被申请人在基金延期之后通过告知基金销售机构的方式向投资者履行了告知义务。被申请人与托管人之间未签署关于基金延期的协议是因为托管人明确回复《延期公告》无须托管人出具书面意见。而且,即使未告知也不影响基金已延期的效力,因为合同约定告知义务是在延期之后履行的。

2. 关于被申请人是否应当向申请人返还投资本金和支付逾期返还本金的利息

被申请人主张,H 基金已按照《基金合同》的约定进行了延期,到期日是 2020 年 5 月 30 日,所以目前不符合返还投资者本金的条件,需要在全部清盘之后进行结算。因此应当驳回申请人的全部仲裁请求。

三、仲裁庭意见

(一)关于 H 基金是否已依据《基金合同》的约定进行了延期

仲裁庭认为,被申请人已按照《基金合同》的约定将 H 基金的存续期延

期1年,延期后的到期日为2020年5月30日。理由如下:

第一,根据《基金合同》第4条第5款的约定,H基金的延期仅需由基金管理人与基金托管人协商一致即可。

第二,虽然H基金托管人为C银行北京分行,并非C银行总行,但基于如下原因,仲裁庭认为前述"C银行资产托管部业务章(2)"能够代表托管人:首先,C银行北京分行属于C银行的分支机构,无独立法人资格,其以自己名义从事民事活动产生的责任由C银行承担,因此C银行有权代表北京分行作出相应的意思表示。其次,该印章为"资产托管部业务章(2)",说明与履行托管职责相关。根据《证券投资基金托管业务管理办法》以及该办法施行之前的《证券投资基金托管资格管理办法》的规定,商业银行以总行的名义申请和取得基金托管资格,设有专门的基金托管部门。商业银行的分支机构不另行向监管机构申请取得基金托管资格,而是由总行授权办理具体托管业务,故总行的托管业务章能够代表作为基金托管人的北京分行。据此,被申请人已经与托管人就基金延期事宜达成一致。

第三,《基金合同》约定的延期条件是基金管理人与基金托管人协商一致,对于双方协商的时间与具体方式没有限制,也未约定需要取得销售机构的认可或者将发出延期公告或通知作为延期的条件。本案仲裁过程中,申请人业已知悉基金延期事宜,即便被申请人未按《基金合同》的约定直接将延期事宜向申请人公告或通知,也并不影响延期的效力。

(二)关于被申请人是否应当向申请人返还投资本金和支付逾期返还本金的利息

仲裁庭认为,如上所述,被申请人和基金托管人已协商一致将H基金延期1年,延期后的H基金到期日为2020年5月30日,H基金尚处于存续期内,故目前无须进行基金财产清算和实施清算分配,申请人要求返还本金及支付逾期利息的主张缺乏事实依据,不予支持。

四、裁决结果

1. 驳回申请人的全部仲裁请求。
2. 申请人应当承担本案产生的仲裁费、律师费及差旅费。

五、评析

本案系基金延期纠纷,评析将从以下三个角度展开:第一,契约型私募基金有三种延期模式,本案选择的是以合同特别约定的方式授权基金管理人和托管人在协商一致后延期,相较于其他模式,协商成本较低。第二,银行分行的托管资格来自总行的授权,总行作为行政管理服务商,在利益冲突可控的情况下,可以代替分行履行托管人职责。第三,基金延期事关投资者能否按时收回投资,利益重大,应当通过临时报告单独披露,提醒投资者注意,而非以年度报告的形式。被申请人仅要求销售机构"转告"投资者延期决定的,无法证明其已履行通知义务。

(一)基金延期的模式

基金延期指在基金到期前,基金管理人按照基金合同约定或者法定的程序延长基金的运作时间。如果被投资项目无法在约定的基金存续期届满之前顺利退出,强行清算被投资项目股权可能会对基金投资者利益造成损害,基于最大化基金财产价值的考虑,基金管理人通常会选择延期操作。例如,被投公司上市后,私募基金作为股东往往有限制减持的义务,或者投资的股权欠缺流动性,无法在基金到期前找到合适的买家;又如,受疫情影响,被投企业未按照基金预想的时间表发展,导致投资期限需要进一步延长,等等。

基金延期属于重大事项,参照中基协发布的《私募投资基金合同指引1号(契约型私募基金合同内容与格式指引)》第54条有关基金合同变更的条件、程序等规定,可由全体投资者、私募基金管理人和私募基金托管人协商一致变更;或按照基金合同的约定召开基金份额持有人大会决议通过;或按照相关法律法规规定和基金合同约定的其他方式进行变更。由此可见,就契约型私募基金而言,一般有三种延期模式。

第一,《基金合同》没有就基金延期作特殊约定的,延期本质上属于合同的变更。依照合同法的原理和法律规定,合同变更强调意思自治,需要全体投资者、私募基金管理人和私募基金托管人协商一致,达不成协议便不发生合同变更的法律效力。①

第二，如果投资者之间难以达成合意的，对于重大事项，应当根据基金合同的约定召开基金份额持有人大会进行表决。②

第三，《基金合同》就基金延期的程序作了事先约定（即案涉 H 基金的情况），基金管理人和基金托管人协议一致即可变更，不需要再经过投资者的同意，但基金合同往往会要求管理人以相应的方式进行公告或通知。《基金法》第 92 条要求将基金合同变更的事由和程序写入合同③，而且管理人和托管人的协商成本较低，因此实践中一般会采取第三种模式。

(二) 基金管理人与托管人合意延期的认定

1. 如何判断基金管理人和托管人达成了合意

如何认定基金延期是管理人和托管人就延期事宜协商一致，而非管理人单方面变更的结果？本案中，申请人指出被申请人的《延期公告》中并没有托管人的盖章，而且基金的销售机构曾明确告知托管人曾在基金到期前拒绝被申请人关于基金延期的要求，由此证明基金延期没有得到托管人同意，不符合合同约定。然而，被申请人抗辩，在基金的定期报告中已经确认延期，而且取得托管人总行的盖章，因此符合合同约定。对此，仲裁庭认为，《基金合同》约定的延期条件是基金管理人与基金托管人协商一致，对于双方协商的时间与具体方式没有限制。可见，仲裁庭认可基金管理人和托管人通过在定期报告上共同签章的方式形成延期合意。然而，如下文所述，即便承认托管人和管理人可以在年报中达成延期合意，但由于基金延期事关申请人收回投资的核心利益，在通知和公告环节，应采取更加醒目的方式提醒投资者注意基金延期情况。

2. 商业银行总行能否代替分行履行托管人职责

托管人的总行，即行政管理服务商 C 银行，是否有权代替托管人 C 银行

---

① 参见崔建远：《合同法总论(中卷)》(第 2 版)，中国人民大学出版社 2016 年版，第 563 页。《民法典》第 543 条规定："当事人协商一致，可以变更合同。"

② 《私募投资基金合同指引 1 号(契约型私募基金合同内容与格式指引)》第 28 条规定："列明应当召开基金份额持有人大会的情形，并订明其他可能对基金份额持有人权利义务产生重大影响需要召开基金份额持有人大会的情形：(一)决定延长基金合同期限……"

③ 《基金法》第 92 条规定："非公开募集基金，应当制定并签订基金合同。基金合同应当包括下列内容：……(九)基金合同变更、解除和终止的事由、程序……"

北京分行作出同意延期的意思表示？笔者认为,只要服务职能与托管职能有效隔离,且潜在的利益冲突可控,投资者对此也知晓,那么现行法律规范并不绝对禁止基金托管人和行政管理服务商为同一机构;如果出现同一机构兼任服务商与托管人的例外情况,那么应根据中基协发布的《私募投资基金服务业务管理办法(试行)》第16条①的规定,将该机构的托管职能和基金服务职能进行分离,恰当的识别、管理、监控潜在的利益冲突,并披露给投资者。详见下文分析。

(三) 法人分支机构的民事权利与责任

法人分支机构不具有法人资格②,但可以在法人的授权范围内,以自己的名义独立地作出意思表示,法律效果归属于总行。根据《证券投资基金托管业务管理办法》第3条的规定,商业银行以总行的名义申请和取得托管资格,分行是在总行的授权下开展托管业务。通说认为,法人分支机构获得法人授权后,可以自己的名义签订合同,此时分支机构与法人之间成立的是代理关系。③ 民事责任方面,《民法典》第74条采用总行直接责任和补充责任的二元模式④,即分支机构产生的民事责任由法人承担;也可以先以该分支机构管理的财产承担,不足以承担的,由法人承担。⑤

根据《证券投资基金托管业务管理办法》第3条⑥的规定,商业银行以总行的名义申请和取得基金托管资格,同时在总行层面设立基金托管部门。因此,分行作为代理人,其从事托管业务的资格来自总行的授权,总行的托管业务章能够代表作为基金托管人的分行。

---

① 《私募投资基金服务业务管理办法(试行)》第16条规定:"私募基金托管人不得被委托担任同一私募基金的服务机构,除该托管人能够将其托管职能和基金服务职能进行分离,恰当的识别、管理、监控潜在的利益冲突,并披露给投资者。"
② 《商业银行法》第22条第2款规定:"商业银行分支机构不具有法人资格,在总行授权范围内依法开展业务,其民事责任由总行承担。"
③ 参见崔建远:《民事合同与商事合同之辩》,载《政法论坛》2022年第1期。
④ 参见祝文庭:《〈中华人民共和国民法典〉对商业银行分支机构民事责任承担制度的创新与完善》,载《南海法学》2021年第8期。
⑤ 《商业银行法》第22条更加明确规定了总行直接责任,规定商业银行的分支机构不具有法人资格,在总行的授权范围内开展业务,其民事责任由总行承担。
⑥ 《证券投资基金托管业务管理办法》第3条第1款规定:"商业银行及其他金融机构从事基金托管业务,应当经中国证券监督管理委员会(以下简称中国证监会)核准,依法取得基金托管资格。"

本案中,总行直接履行托管人职责后,分行并没有提出异议和反对。而且,被申请人自 2017 年年度报告起的各次定期报告中,包括 2019 年第一季度报告(基金原定存续期届满前的最后一次定期报告),均载明 H 基金到期日为 2020 年 5 月 30 日(即延期 1 年后的到期日)。该等定期报告均加盖被申请人印章和"C 银行资产托管部业务章(2)",能够代表托管人的意思表示。

(四)行政管理服务商与托管人的利益冲突

申请人主张,案涉基金将募集账户管理、基金份额注册登记、基金估值和会计核算服务等外包给 C 银行,这些业务有别于 C 银行北京分行从事的托管业务,行政管理服务商与托管人两者在合同中所承担的义务和享有的权利完全不同,因此不能将行政管理服务商在报告中的盖章视为托管人的确认。

目前,越来越多的基金托管人受基金管理人委托开展基金服务,在一定程度上便利了数据、资源共享和业务沟通,有助于提高基金运作效率并适当降低成本。但注意到,根据《基金法》的规定,契约型证券投资基金在治理架构上将基金管理人与基金托管人视为受托人,二者共同服务于投资者利益,但又分工有别,相互制衡,互相监督。根据《私募投资基金服务业务管理办法(试行)》第 16 条的规定,一般情况下,私募基金托管人不得被委托担任同一私募基金的服务机构,可以兼任的例外情形下,则要求该托管人能够将其托管职能和基金服务职能进行分离,恰当地识别、管理、监控潜在的利益冲突,并披露给投资者。这种以服务业务独立性为根本,以职能兼任为例外,侧重防范利益冲突的安排,其实是强化了托管和服务业务内部防火墙设置要求,强调了服务业务与托管业务的隔离和互相校验,加强内部风险防范[①],是既尊重市场选择和商业实践,又凸显投资者保护的平衡之举。

因此,笔者认为,尽管从投资者保护的角度看,行政管理服务商与托管人一般情况下应当保持相对独立,以明晰彼此的服务内容,增强交易的透明度与稳定性,避免发生利益冲突而损害基金财产,但如果同一机构在其内部职能部门设置、业务规则及合规风控等方面可以区分基金服务与托管职能,并能有效监控利益冲突的发生,那么兼任并不受到法律规范的绝对禁止,仍有存在空间。基于上述,本案中,总行代为履行分行作为托管人的职责应是允许的,且能产生相应的法律效果。

---

① 参见中基协《〈私募投资基金服务业务管理办法(试行)〉起草说明》。

(五)基金合同延期的通知义务

1. 通知义务的来源

管理人和托管人协商一致延期基金之后,需要将延期的决定进行公告或通知,这一义务来源于两处:《基金合同》的约定与规范性文件的规定。一方面,《基金合同》已经明确约定管理人和托管人协商一致延期后,"管理人应当通过本合同约定的方式进行公告或通知"。同时,根据《基金合同》第20条第1款的约定,发生投资经理变更等可能影响基金委托人利益的重大事项时,基金管理人应及时通过本合同约定的方式向基金委托人披露。基金延期涉及基金清盘时间的变化,影响投资者退出基金的预期,应被视为可能影响投资者利益的重大事项。另一方面,向投资者披露基金延期决定也是履行临时信息披露义务的要求。根据《基金法》第95条的规定,基金管理人、基金托管人应当按照基金合同的约定,向基金份额持有人提供基金信息。根据《私募信息披露办法》第18条的规定,如果基金续期变更或者展期的,信息披露义务人应当按照合同的约定及时向投资者披露。

2. 通知义务的履行方式

被申请人主张其已通过发布年度报告和基金销售机构"转告"的方式向投资者履行了告知义务,那么这两种方式是否符合合同约定?笔者认为,就裁决书披露的合同条款来看,这两种方式都是不适当的。

第一,基金延期事关投资者能否按时收回投资,利益重大,应当以临时报告的形式单独披露,提醒投资者注意,而非以年度报告的形式。退一步讲,即便允许通过年度报告披露基金延期决定,仅仅在报告中载明基金到期日是远远不够的,年度报告包含的事项庞杂,应当在到期日上作醒目标注或专门提示。

第二,结合《基金合同》的约定、《合同法》以及相关规范性文件的规定,临时报告应该通过官方网站、传真、电子邮件等正式方式通知,确保投资者能够收到公告信息,故被申请人仅仅要求销售机构"转告"投资者,无法证明其已履行通知义务。理由如下:

第一,根据《民法典》第523条[①]的规定,管理人请求销售机构代为履行

---

① 《民法典》第523条规定:当事人约定由第三人向债权人履行债务的,第三人不履行债务或履行债务不符合约定,债务人应当向债权人承担违约责任。

对合同相对方(投资者)的信息披露义务,属于第三人代为履行债务,需要有当事人的约定。而且,第三人不履行债务或者履行债务不符合约定的,债务人应当承担违约责任。在本案中,管理人并没有征求投资者意见就采用了此种履行方式。即便投资者同意,如果销售机构没有适当履行披露义务,管理人也不能免责。

第二,《基金合同》第 20 条中约定,基金管理人向基金委托人提供的报告,以及基金委托人信息查询,将由基金管理人通过网站、电子邮件、邮寄、传真等方式中的至少一种方式进行。《私募信息披露办法》第 2 条第 3 款也明确规定,信息披露义务人委托第三方机构代为披露信息的,不得免除信息披露义务人法定应承担的信息披露义务。

司法实践方面,在谢敏、广州市犇鑫投资管理有限公司委托理财合同纠纷二审民事判决书[1]中,原告投资者认为被告管理人没有按照合同约定通过指定方式披露基金净值、基金季度报告等信息。被告抗辩因公司网站出现了问题无法披露信息,故而在基金托管人广发证券的信息验证平台履行信息披露义务,认为投资者可自行注册登录查询。然而,被告并没有举证证明投资者知悉和同意此种代为履行披露义务的方式,法院依据《私募信息披露办法》的规定,认定被告委托广发证券披露基金份额净值和季度报告,并不能免除自身的信息披露义务。

值得注意的是,中基协于 2020 年 2 月 14 日正式上线定向披露功能模块[2],私募投资者可以登录私募基金信息披露备份系统(以下简称"备份系统")查询所投资的私募基金信息。这里引发的问题是,在基金合同对信息披露的履行方式另有约定的情况下(如电子邮件、邮寄、传真等),管理人在备份系统上传报告,能否视其履行了信息披露义务?

笔者的观点是否定的。中基协建立的备份系统给投资者提供了主动查询的途径,是对投资者知情权的保障和强化,并不能替代基金合同的约定。而且管理人将信息披露报告上传到备份系统本身,并不能证明相关信息已送达投资者处。因此,除非双方在基金合同中将上传备份系统约定为披露方式,并且根据合同的通知送达条款,可以判断该披露方式构成"送达"或"视

---

[1] 参见广东省广州市中级人民法院(2019)粤 01 民终 21112 号民事判决书。
[2] 《关于私募基金信息披露备份系统定向披露功能上线相关事项的通知》,载(https://www.amac.org.cn/aboutassociation/gyxh_xhdt/xhdt_xhtz/202001/t20200102_5415.html),访问日期:2022 年 7 月 18 日。

为送达",否则管理人不能仅以备份系统的报告作为履行披露义务的证据。

3. 未履行通知义务的民事责任

从《基金合同》的约定看,通知和公告并不是基金延期生效的条件,因此只要管理人和托管人达成合意,即便管理人没有完成相关的通知义务,也不会影响基金延期的效力。但管理人未依约履行通知义务仍有可能承担违约损害赔偿责任。根据《民法典》第577条、第584条的规定①,当事人一方不履行合同义务或者履行合同义务不符合约定,造成对方损失的,应当承担赔偿责任。本案中,被申请人未按约定方式通知公告重大事项,已经构成对合同约定的报告义务的违反,但由于基金延期决定是有效的,基金运营期间的损失属于投资风险,与管理人未履行报告义务之间不存在因果关系,也没有造成损害结果,管理人不需要为此承担违约的损害赔偿责任。

(本案例由北京大学法学院博士研究生蔡卓瞳编撰)

---

① 《民法典》这两条规定与《合同法》第107条、第113条第1款的规定基本相同。

案例 29 基金合同预期违约的解除与救济

仲裁要点：基金管理人因自身债务重组，明确拒绝履行分配基金投资收益义务的，投资者应当援引预期违约条款而非不安抗辩权解除《基金合同》。《基金合同》解除后，管理人应当向投资者返还投资本金，并按银行同期贷款利率标准赔偿因占用投资者本金而给投资者造成的损失。

一、案情概要

2018年3月9日，自然人A(本案申请人)与第一被申请人B基金管理公司(本案基金管理人)、案外人某银行股份有限公司(本案基金托管人)签订《H私募基金合同》(以下简称《基金合同》)，约定申请人认购案涉基金200万元的基金份额。《基金合同》第2条载明案涉基金每自然季度即3月、6月、9月、12月分配一次收益，该月16日为期间收益分配日(如遇法定节假日可顺延)。

在《基金合同》项下，申请人还对认购案涉基金份额的投资风险进行了签字确认。同日，申请人向《基金合同》载明的募集资金账户支付了200万元。

经查，案涉基金已向中基协备案，成立时间为2018年3月15日，备案时间为2018年4月3日。

2018年4月4日，第一被申请人出具了《出资确认书》，确认已收到申请人的出资金额，同时载明申请人的认购期限为12+12个月，起算日为2018年4月4日，若投资期满12个月，且申请人申请赎回案涉基金份额，则基金到期日为2019年4月4日；若投资期满12个月，且申请人未申请赎回案涉基金份额，则基金到期日为2020年4月4日。同时，第一被申请人还向申请人出具了《投资者收益分配测算表》，其中载明根据业绩比较基准测算出申请人每期的预期收益。

在申请人签订《基金合同》的同日(2018年3月9日),申请人与第二被申请人C公司签订了《H私募投资基金回购协议》(以下简称《回购协议》),约定在满足条件后,第二被申请人应回购申请人认购的案涉基金的基金份额,回购价格=申请人认购金额+申请人应分配收益-申请人已分配收益。回购条件包括:①自申请人投资款划入托管账户之日起满24个月(若提前赎回,则为12个月)后的10个工作日内,案涉基金未按约定向申请人分配本金及全部收益;②自申请人投资款划入托管账户之日起满24个月内(若提前赎回,则从投资款划入托管账户之日起至赎回申请生效时),申请人持有的全部基金份额未转让给第三方并办理完变更登记手续;③自申请人投资款划入托管账户之日起满24个月内(若提前赎回,则从投资款划入托管账户之日起至赎回申请生效时),申请人未发生依据《基金合同》的约定必须当然退出的情况。

同时,《回购协议》第3条约定了案涉基金的收益分配计算标准,结合申请人的认购本金及认购期限,申请人第一年投资收益的业绩比较基准为10.5%,第二年投资收益的业绩比较基准为11%。

2018年6月15日、2018年9月14日,案涉基金的募集资金账户通过银行转账的方式分别向申请人支付了40273.97元、29315.51元,此后再未支付任何利息。

2018年10月13日,第一被申请人发布《关于停止付息事项的公告》,称其已陷入挤兑危机,目前已聘请律师事务所和会计师事务所通过债务重组予以解决。在债务重组期间,第一被申请人管理的全部基金暂停付息。2018年10月19日,第一被申请人和第二被申请人共同发布《关于公司经营及债务重组工作进展的公告》,公告其经营及债务重组的工作进展。

2018年10月31日,申请人根据与第一被申请人、第二被申请人分别签订的《基金合同》和《回购协议》中的仲裁条款向深圳国际仲裁院申请仲裁,提出如下仲裁请求:

1. 解除申请人与第一被申请人签订的《基金合同》,以及解除申请人与第二被申请人签订的《回购协议》。

2. 第一被申请人、第二被申请人共同连带向申请人退还200万元本金及承担4万元经济损失(以200万元为基数,从2018年9月14日起暂计算至提起仲裁之日,实际计算至偿还完毕所有本金之止,按照10.5%年利率计)。

3. 第一被申请人、第二被申请人共同承担本案诉讼保全费、担保费、律师费以及本案全部仲裁费用。

二、当事人主张

(一)申请人主张

1. 申请人和被申请人之间成立借贷关系

《基金合同》于2018年3月9日签订之后,申请人向第一被申请人指定的账户支付了200万元款项,并且从2018年3月9日开始按照第一被申请人提供的投资者收益分配测算表,以年利率10.5%的比例按季度收取固定利息。申请人与被申请人之间实际上形成了合法有效的借贷关系,第一被申请人以名股实债的方式向申请人借款,并约定了固定利息回报。第二被申请人已承诺,以回购的形式对申请人承担返还本金及相关利息的义务。换言之,《基金合同》名为私募基金投资,实质是带有回购条款的融资借款,即名股实债。第一被申请人以名股实债的方式向申请人借款,并约定固定利息回报,并且双方的实际履行也符合借款协议的表现形式。因此,《基金合同》即便通过了基金业协会的备案,也应该被认定为借款关系。

2. 申请人享有不安抗辩权和法定解除权,《基金合同》和《回购协议》均应解除

2018年10月13日,第一被申请人发布《关于停止付息事项的公告》,2018年10月19日,第一被申请人和第二被申请人共同发布了《关于公司经营及债务重组工作进展的公告》,第一被申请人公司经营陷入了困境,无法按期支付本金及利息,第一被申请人只向申请人支付利息至2018年9月13日,此后再未支付任何利息。因此,申请人认为,第一被申请人作为《基金合同》的当事人之一,出现了严重的财务危机,无法正常经营,已逾期支付固定收益,存在根本违约行为,并且第一被申请人作为基金管理人也已经丧失了管理基金的能力;针对《回购协议》,由于申请人与第一被申请人之间实际上形成的是借贷关系,与之相关的"回购条款"实质是第二被申请人代第一被申请人履行偿还本金及相关利息的义务。现第一被申请人已经无法履行合同义务,第二被申请人也明确表示经营陷入困境,无法履行到期的合同义务。

申请人有权根据《合同法》第 68 条①、第 69 条②关于不安抗辩权的规定,以及根据《合同法》第 94 条③关于预期违约的规定,主张解除《基金合同》和《回购协议》。

3. 两被申请人应共同连带向申请人退还投资本金及承担相应的经济损失

申请人主张:首先,《基金合同》实质为借款合同,《回购协议》作为《基金合同》的配套文件,从实质内容看可以认定是一种担保形式。第二被申请人作为担保方,实质是对第一被申请人的借款本金及未支付利息承担返还义务。其次,第二被申请人与第一被申请人之间是母公司与子公司的关系,第二被申请人系第一被申请人的唯一股东,从双方的经营地址、高管人员以及经营状况来看,双方存在法人人格混同的情形。因此,第二被申请人应当与第一被申请人共同承担偿还本金及相关利息的义务。

(二) 两被申请人共同主张

1. 申请人和第一被申请人不成立借贷关系,申请人应对投资自负盈亏

第一被申请人主张本案的法律关系不是借贷关系,而是私募基金的投资关系。按照法律的规定以及双方签订的《基金合同》的约定,第一被申请人作为私募基金管理人,不保证投资人的所谓本金和利息,投资人应当对其投资自负盈亏、自担风险。申请人已经在《基金合同》中明确,其已知悉该款基金产品属于高风险的投资品种,也认可自身属于进取型的合格投资者,并同时签订了私募基金风险揭示书等一系列文件,足以说明其明确认识到了这款

---

① 《合同法》第 68 条规定:"应当先履行债务的当事人,有确切证据证明对方有下列情形之一的,可以中止履行:(一)经营状况严重恶化;(二)转移财产、抽逃资金,以逃避债务;(三)丧失商业信誉;(四)有丧失或者可能丧失履行债务能力的其他情形。当事人没有确切证据中止履行的,应当承担违约责任。"该条在《合同法》失效后被《民法典》第 527 条所承继。

② 《合同法》第 69 条规定:"当事人依照本法第六十八条的规定中止履行的,应当及时通知对方。对方提供适当担保时,应当恢复履行。中止履行后,对方在合理期限内未恢复履行能力并且未提供适当担保的,中止履行的一方可以解除合同。"该条主要内容在《合同法》失效后被《民法典》第 528 条所承继。

③ 《合同法》第 94 条规定:"有下列情形之一的,当事人可以解除合同:(一)因不可抗力致使不能实现合同目的;(二)在履行期限届满之前,当事人一方明确表示或者以自己的行为表明不履行主要债务;(三)当事人一方迟延履行主要债务,经催告后在合理期限内仍未履行;(四)当事人一方迟延履行债务或者有其他违约行为致使不能实现合同目的;(五)法律规定的其他情形。"该条主要内容在《合同法》失效后被《民法典》第 563 条所承继。

基金产品的投资风险。第二被申请人主张《回购协议》是一个风控措施,不构成所谓的担保,也无法认定双方之间成立借贷关系。

2. 申请人不享有不安抗辩权,基金正常存续,不构成预期违约

申请人提出的不安抗辩权的理由不能成立,因为第一被申请人至今为止没有出现经营严重困难、严重恶化等符合不安抗辩权构成要件的情形。目前被申请人已经在某市金融办和该市某区经侦支队进行了备案,在金融办的协调下目前正聘请律师事务所进行债务的清算,其目前的资产足以覆盖投资者的投资款。根据《基金合同》的约定,这款基金产品目前还远未到期。而且根据中基协网站的显示以及基金目前的运作状态,该款基金产品目前正常运作、正常存续,并没有发生任何投资中断的情形。

被申请人同时认为,申请人要求解除《回购协议》的法律依据不够清晰,尤其是申请人提到所谓的不安抗辩权,因为不安抗辩权的构成要件是如果出现一些类似经营恶化的行为,作为不安抗辩权人首先是中止履行,其次在中止履行之后必须尽到在合理期限内通知的义务。但是本案中,申请人没有根据不安抗辩权的规定履行通知义务,直接根据这个法律依据请求解除《回购协议》是不合理、不合法的。

被申请人认为,非经法律规定,被申请人无须承担连带责任。因此,申请人要求被申请人承担连带责任的依据不能成立。

三、仲裁庭意见

(一) 申请人不享有不安抗辩权,但《基金合同》法定解除条件已成就

在《基金合同》约定的期限尚未到期的情况下,结合申请人提交的证据《关于停止付息事项的公告》,第一被申请人已通过公告的方式表明不再履行支付利息的义务。申请人主张依据《合同法》的规定行使"不安抗辩权"及"法定解除权"。对于申请人主张行使"不安抗辩权",根据《合同法》第 68 条、第 69 条的规定,行使"不安抗辩权"的前提是提出主体负有"先履行债务",本案申请人并不负有"先履行债务",故不应适用《合同法》中关于行使"不安抗辩权"的规定。对于申请人主张行使"法定解除权",根据《合同法》第 94 条的规定,在履行期限届满之前,当事人一方明确表示或者以自己的行为表明不履行主要债务的,当事人可以解除合同。根据该规定,申请人主张

解除《基金合同》有事实和法律依据。

就《回购协议》而言，《回购协议》本质上为第二被申请人设定了附条件的合同义务，当满足合同约定的条件，第二被申请人应当履行支付特定价款的义务。考虑到《回购协议》与《基金合同》是相互独立的两份协议，《基金合同》的解除，并不当然影响《回购协议》的效力和履行。第二被申请人基于《回购协议》，应在未来附条件向申请人履行回购义务，并支付相应的回购价款。结合申请人提交的证据《关于公司经营及债务重组工作进展的公告》，第二被申请人也已进行债务重组，并且已移交了财务资料及公章，实际上已丧失履行能力。如前所述，本案申请人并不负有"先履行债务"，故不应适用《合同法》中关于行使"不安抗辩权"的规定，而根据《合同法》第94条的规定，在履行期限届满之前，当事人一方明确表示或者以自己的行为表明不履行主要债务的，当事人可以解除合同。根据该规定，申请人主张解除《回购协议》有事实和法律依据。

(二)《基金合同》与《回购协议》解除后的效果

根据《合同法》第97条和第113条第1款的规定，合同解除后，尚未履行的，终止履行；已经履行的，根据履行情况和合同性质，当事人可以要求恢复原状、采取其他补救措施，并有权要求赔偿损失。当事人一方不履行合同义务或者履行合同义务不符合约定，给对方造成损失的，损失赔偿额应当相当于因违约所造成的损失，包括合同履行后可以获得的利益，但不得超过违反合同一方订立合同时预见到或者应当预见到的因违反合同可能造成的损失。[1]本案中，申请人有权要求第一被申请人退还本金并赔偿损失，赔偿损失的范围包括合同履行后可以获得的利益。《基金合同》第11条第8款约定的年10.5%的"业绩比较基准"是合同约定的最高的可预期利益，考虑到第一被申请人的违约严重程度，仲裁庭采用该标准即年10.5%作为申请人在投资期内损失的计算标准。

第二被申请人和申请人签订的《回购协议》已解除，根据《合同法》关于合同解除后果的规定，申请人有权要求第二被申请人赔偿损失，而赔偿损失的范围应为《回购协议》履行后可以获得的利益。考虑到《回购协议》并未载明第二被申请人有向申请人连带偿还本金及收益的意思表示，第二被申请人

---

[1] 《合同法》第97条、第113条内容，被《民法典》第566条、第584条所承继。

也不负有法定的连带清偿义务,因此第二被申请人在《回购协议》项下的损失赔偿责任与第一被申请人在《基金合同》项下的损失赔偿责任,在性质上不属于连带责任。

结合《回购协议》的约定,第二被申请人对申请人负有支付特定价款的义务,该支付义务是附条件的,只有第一被申请人未能依照《基金合同》的约定向申请人分配本金及收益,第二被申请人才需支付申请人未受偿的部分。换言之,第二被申请人的损失赔偿范围,是对第一被申请人损失赔偿责任的补充,因此《回购协议》项下赔偿损失的范围具体为申请人应取得的本金及利息收益与第一被申请人实际支付款项的差额。

申请人请求退还 200 万元本金及经济损失 4 万元,根据《回购协议》第 3 条的约定,固定收益的计算方式为认购金额×业绩比较基准×天数÷365。结合本案,申请人的认购金额为 200 万元,年利率为 10.5%,申请人主张从 2018 年 9 月 14 日起计算至申请仲裁之日(2018 年 10 月 31 日)的固定收益应为 27616.44 元。因此仲裁庭认定第一被申请人向申请人支付 200 万元本金及经济损失 27616.44 元(暂计算至 2018 年 10 月 31 日)。第二被申请人对第一被申请人的前述偿付义务承担补充责任。

四、裁决结果

1. 解除申请人与第一被申请人签订的《基金合同》,以及解除申请人与第二被申请人签订的《回购协议》。

2. 第一被申请人向申请人支付 200 万元本金及经济损失 27616.44 元(暂计算至 2018 年 10 月 31 日;后以 200 万元为基数,自 2018 年 11 月 1 日起至实际给付之日止,按年利率 10.5%计算)。

3. 第二被申请人对第一被申请人的上述支付义务承担补充责任。第二被申请人向申请人的支付金额,为第 2 项裁决载明的支付总金额减去第一被申请人实际支付款项后的剩余金额。

4. 第一被申请人、第二被申请人共同承担本案诉讼保全费、担保费、律师费以及本案全部仲裁费用。

5. 驳回申请人的其他仲裁请求。

五、评析

本案系基金合同解除纠纷,评析内容围绕三方面展开:首先,分析《基金合同》与《回购协议》的法律性质,指出《基金合同》并非借贷合同,也不是《回购协议》的主合同。其次,两被申请人以明示的方式拒绝履行合同,申请人得依据预期违约制度解除合同。最后,申请人不能期待从基金运作中获得固定收益,因此不应以《基金合同》中记载的业绩比较基准计算《基金合同》解除后的可得利益,而应当要求管理人按银行同期贷款利率标准赔偿占用投资者本金而给投资者造成的损失。

(一)《基金合同》与《回购协议》的法律性质

仲裁双方就《基金合同》的性质有不同的认识,申请人认为根据《基金合同》记载的《投资者收益分配测算表》,第一被申请人应当按季度分配收益,故《基金合同》属于"明股实债",申请人和第一被申请人实际上建立了借贷关系。笔者认为,上述观点难以成立。

首先,《基金合同》中关于投资收益分配测算部分是根据业绩比较基础测算出的每期预期收益额。尽管从信息披露义务的角度看,管理人在合同中披露预期收益有违规之嫌①,但鉴于申请人已经知悉并签订了私募基金风险揭示书等一系列文件,因此不应将合同记载的预期收益视为第一被申请人对支付固定收益的承诺,申请人与基金管理人之间成立的是私募基金的投资关系,申请人应当自担投资风险。

其次,《回购协议》的性质。由于申请人和第一被申请人并没有成立借贷关系,《回购协议》约定的是附条件的回购义务,不构成对《基金合同》的保证担保,两者不是主合同和从合同的关系,前者的存在并不依赖于后者。虽然裁决书没有就两个合同的关系作具体认定,但仲裁庭实质上将《回购协议》作为独立合同看待,没有因为《基金合同》满足法定解除条件而直接解除《回购协议》,而是予以单独分析。

---

① 《私募信息披露办法》第 11 条规定:"信息披露义务人披露基金信息,不得存在以下行为……(四)违规承诺收益或者承担损失……"

(二)《基金合同》与《回购协议》的解除

1. 申请人无法基于不安抗辩权解除《基金合同》

不安抗辩权(《合同法》第68条和第69条)和预期违约制度[《合同法》第94条第(二)项和第108条①]均属于合同法理论上对预期不履行的救济制度。②两项制度主要的区别在于:第一,主体方面,前者适用于合同的先履行方;后者对合同双方履行义务的先后关系没有限制。第二,要件方面,前者是债权人对债务人履行能力的质疑,债权人必须提供相应证据方能中止履行;后者是债务人主观上欠缺履行意愿。第三,法律效果方面,债务人可以通过提供担保的方式阻止债权人行使不安抗辩权解除合同,债权人没有确切证据中止履行的还需要承担违约责任;在预期违约制度下,债权人在债务人明确拒绝履行后,得径直解除合同。

本案中,尽管第一被申请人的财务状况明显恶化,但投资者在支付购买基金份额的款项后,就不再属于《合同法》第68条规定的先履行一方,故仲裁庭认为申请人不得主张不安抗辩权。同理,在《回购协议》下,申请人也不属于"先履行一方",一样无法主张不安抗辩权。

2. 申请人得基于预期违约制度解除《基金合同》

根据《合同法》第94条第(二)项的规定,投资者欲通过主张预期违约解除《基金合同》的,需要证明管理人"明确表示或者以自己的行为表明不履行主要债务"。第一被申请人通过发布《关于停止付息事项的公告》表明停止分配收益,仲裁庭据此判断第一被申请人已明确拒绝履行基金合同义务,裁决解除合同是适当的。

第一,预期违约适用的情形是不履行主要债务,获得基金收益分配是投资者缔结基金合同的主要目的,因此分配收益也是基金管理人在合同项下的主要义务。这也能在司法实践中得到印证。在南方财经公司私募股权投资基金(贵州)有限公司、王毅军合同纠纷案③中,法院认为,从投资者签订《契

---

① 《合同法》第108条规定:当事人一方明确表示或者以自己的行为表明不履行合同义务的,对方可以在履行期限届满之前要求其承担违约责任。该条内容在《合同法》失效后被《民法典》第578条所承继。

② 参见陈韵希:《合同预期不履行的救济及其法理基础——再论〈合同法〉不安抗辩权和预期违约的界分》,载《比较法研究》2017年第6期。

③ 贵州省黔东南苗族侗族自治州中级人民法院(2019)黔26民终1146号民事判决书。

约型基金合同》之日起至起诉时止,管理人未按照《契约型基金合同》第22条"基金收益与分配"中"基金收益分配每年至少一次"的约定向投资者履行支付基金收益分配义务。上述事实足以认定管理人在履行期限届满之前,以自己不向投资者支付收益的行为表明了不履行主要债务,符合《合同法》第94条规定的法定解除情形。

第二,《基金合同》并非还本付息、承诺固定收益的借贷合同,管理人向投资者分配收益的前提是有投资盈利可供分配。换言之,如果管理人能够证明基金在运作期间没有产生收益,那么未在约定期间分配收益的行为并不会被视为拒绝履行合同义务。然而,就裁决书披露的内容来看,被申请人未对基金财产的运营收益情况作出披露,迫于公司债务重组的压力而发布《关于停止付息事项的公告》,属于明示的拒绝履行,同时可能也暴露了管理人未尽到将公司固有财产与基金财产相分离的义务。

3. 申请人得基于预期违约制度解除《回购协议》

如前所述,《回购协议》并非《基金合同》的从合同,其是否满足法定解除条件需另行判断。基于相同的理由,申请人在《回购协议》项下不负有"先履行债务"的义务,因此无法援引《合同法》第68条的不安抗辩权。另外,基于《关于公司经营及债务重组工作进展的公告》,第二被申请人显著丧失履行能力,并移交公司的财务资料和公章,属于以自己的行为表示不履行债务,因此申请人得援引《合同法》第94条第(二)项的预期违约制度请求解除合同。

(三)《基金合同》与《回购协议》解除的法律效果

根据《合同法》第97条的规定,合同解除后,尚未履行的部分终止履行,已经履行的部分,申请人可以根据履行情况和合同性质,选择恢复原状或赔偿损失。在合同法理论上,如果债务人在合同到期前明确拒绝履行的,实际上已经构成对合同主给付义务的违反,故允许债权人在解除合同的同时立即主张损害赔偿,有利于迅速清算病态合同关系。① 《合同法》第108条亦规定"当事人一方明确表示或者以自己的行为表明不履行合同义务的,对方可以在履行期限届满之前要求其承担违约责任"。由此可见,申请人可以根据

---

① 参见陈韵希:《合同预期不履行的救济及其法理基础——再论〈合同法〉不安抗辩权和预期违约的界分》,载《比较法研究》2017年第6期。

履行情况和合同性质选择恢复原状或者要求赔偿损失,且两被申请人的损害赔偿责任限于合同履行后的可得利益。①

仲裁庭认为,投资者在《基金合同》项下的可得利益为第 11 条第 8 款约定的年 10.5% 的"业绩比较基准",同时考虑到第一被申请人的违约严重程度,仲裁庭采用该标准即年 10.5%年利率计算申请人的可得利益。以 200 万元为基数,从 2018 年 9 月 14 日起暂计算至提起仲裁之日,申请人的可得利益=认购金额×业绩比较基准×天数/365,即 27616.44 元。

笔者认为,这一结论有待商榷。如前所述,案涉《基金合同》并非管理人向投资者支付利息的借贷合同,投资者不应期待在基金合同的运作中得到固定收益。因此,《基金合同》解除后,第一被申请人有向投资者返还本金的义务,但并不需要赔偿 27616.44 元的经济损失。相反,《回购协议》的目的是保障申请人能够实现《基金合同》载明的预期收益,故应当由第二被申请人赔偿 27616.44 元。此外,在申请人请求管理人返还本金的同时,可以要求管理人按银行同期贷款利率标准赔偿因占用投资者本金而给投资者造成的损失。

此外,值得注意的是,申请人提出两被申请人之间是母公司与子公司的关系,从经营地址、高管人员来看,存在法人人格混同的情形,因此第二被申请人应当与第一被申请人共同承担偿还本金及相关损害赔偿的义务。然而,如果申请人欲主张刺破公司面纱作为救济途径,那么除需要证明两被申请人满足公司人格混同的条件(例如人员混同、业务混同、财务/财产混同等)外,还需要证明公司人格混同达到了严重损害债权人利益的后果②,才有可能用于损失赔偿的救济;如果两被申请人能够以各自的财产清偿债务,则无须再援引法人人格否认作为救济手段。

(本案例由北京大学法学院博士研究生蔡卓瞳编撰)

---

① 《合同法》第 113 条第 1 款规定:"当事人一方不履行合同义务或者履行合同义务不符合约定,给对方造成损失的,损失赔偿额应当相当于因违约所造成的损失,包括合同履行后可以获得的利益,但不得超过违反合同一方订立合同时预见到或者应当预见到的因违反合同可能造成的损失。"

② 在法人人格否认之诉中,原告债权人就其债权遭受"严重损害"负举证责任。参见李建伟:《公司法学》(第 3 版),中国人民大学出版社 2014 年版,第 352 页。

(二)私募基金的清算

案例 30　基金份额赎回权与基金清算的冲突处理

仲裁要点：基金清算与基金赎回适用两种完全不同的程序。基金财产进入清算程序后,清算小组将统一接管基金财产并将清算后的剩余财产扣除清算费用后分配给投资者。在基金流动性资产充足且变现容易、个别清偿不会造成投资者之间的不公平时,基金清算不必然剔除个别投资者的赎回权。但当基金资产面临流动性枯竭与变现压力,为确保公平对待所有投资者并保障其他投资者的利益免受严重影响,个别投资者直接从清算财产取回赎回款将面临法律障碍。此时,主张赎回权的投资者仅能根据最终清算结果从基金财产中分得相应的剩余投资清算款,如就清算事宜与基金管理人发生争议,投资者可另案寻求法律救济。

一、案情概要

2015 年 4 月,自然人 A(本案申请人)作为投资者、被申请人 B 公司作为基金管理人签订了《基金合同》,约定申请人以 1 元每份额的标准向被申请人认购 1100000 份额的 H 基金。《基金合同》主要内容包括:

七、基金的申购和赎回
……
(二)申购和赎回的时间
基金投资者可在本基金开放日申购、赎回本基金,但基金管理人根据法律法规、中国证监会的要求或本合同的规定发布暂停申购、赎回通知时除外。本基金封闭期为 2 年,本基金成立之日起满 2 年的对日为第一个开放期,之后每一年的对日为开放日。

基金投资者拟于开放日(T日)申购基金时,应于T-4日至T日之间向管理人提交书面申请。基金份额持有人拟于开放日(T日)赎回基金时,应于T-45至T-40日之间向管理人提交书面申请。

……

(五)申购和赎回申请的确认

在正常情况下,基金管理人在T+2日对T日申购和赎回申请的有效性进行确认,若申购不成功,则申购款项退还给投资者。

……

(八)申购份额与赎回金额的计算方式

……

赎回价格为赎回申请所对应开放日基金份额净值。

(九)拒绝或暂停申购、暂停赎回的情形及处理

……

2. 在如下情形下,基金管理人可以暂停接受基金份额持有人的赎回申请:

(1)因不可抗力导致基金管理人无法支付赎回款项的情形;

(2)证券交易所交易时间临时停市,导致基金管理人无法计算当日基金资产净值的情形;

(3)发生本合同规定的暂停基金资产估值的情形;

(4)法律法规规定或中国证监会认定的其他情形。

……

发生上述情形之一且基金管理人决定暂停赎回的,基金管理人应当以约定的形式告知基金份额持有人。已接受的赎回申请,基金管理人应当足额支付;如暂时不能足额支付,应当按单个赎回申请人已被接受的赎回金额占已接受的赎回总金额的比例将可支付金额分配给申请人,其余部分在后续工作日予以支付。

……

(十)巨额赎回的认定及处理方式

1. 巨额赎回的认定

单个开放日中,本基金需处理的基金净赎回申请份额超过本基金上一工作日基金总份额的10%时,即认为本基金发生了巨额赎回。

2. 巨额赎回的处理方式

如开放日提出的赎回申请构成巨额赎回,基金管理人对巨额赎回全部接受,但可根据情况适当延期赎回款项支付时间,最长不应超过30个工作日。延期支付赎回款项的赎回价格为基金份额持有人申请赎回开放日的基金份额净值。延期支付的赎回款项不支付利息。

3. 巨额赎回延迟支付的通知:发生巨额赎回并且基金管理人决定延期支付赎回款项时,基金管理人应当通知基金份额持有人。

......

十九、风险揭示

(一)市场风险

......

3. 新三板股票投资风险

(1)流动性不足的风险。本基金可投资于全国中小企业股份转让系统挂牌的股票。就目前情况而言,全国中小企业股份转让系统市场交易量较小,流动性较差,可能存在建仓时间较长,并在投资后,不能及时变现的风险。

......

(三)流动性风险

在市场或个股流动性不足的情况下,基金管理人可能无法迅速、低成本地调整投资计划,从而对基金收益造成不利影响。

在基金份额持有人提出追加或减少基金财产时,可能存在现金不足的风险和现金过多带来的收益下降风险。

《基金合同》签订后,申请人于2015年4月13日向被申请人指定的募集专户支付了认购基金的款项1100000元及相关认购手续费。后被申请人官网及基金托管人C公司官网上显示申请人持有1100000份额的H基金。

依据《基金合同》的约定,2017年4月24日为开放日。2017年2月16日,申请人向被申请人邮寄《直销赎回申请表》,申请赎回全部基金,被申请人的客户经理确认收到①了申请人的赎回申请。

自2017年2月13日至2017年5月16日,H基金有大量投资者要求赎回基金份额。2017年5月17日,被申请人作出了H基金清算的决定。经过两次清算,被申请人分别于2017年5月26日、2017年9月11日向申请人支付了两次清算基金净值对应的金额。

申请人认为,依据《基金合同》的约定,被申请人应于2017年4月29日前向申请人支付赎回款项,但申请人未收到被申请人以任何形式向其支付的赎回款项,被申请人的行为已构成严重违约。

2017年8月21日,申请人依据《基金合同》中的仲裁条款向深圳国际仲裁院申请仲裁,提出如下仲裁请求:

1. 裁决被申请人向申请人支付基金赎回款1206700元。计算标准为:1100000股×1.097元/股=1206700元。

2. 裁决被申请人向申请人赔偿迟延支付基金赎回款导致的损失14812.66元(利息计算标准为:以1206700元为本金按中国人民银行同期贷款利率计算从2017年4月29日开始暂计至2017年8月9日,2017年8月10日至被申请人实际付清所有基金赎回款之日的利息按同等标准另行计付)。

3. 裁决被申请人承担申请人因本案纠纷支出的律师费。

4. 裁决本案全部仲裁费用由被申请人承担。

二、当事人主张

(一)申请人主张

(1)申请人要求被申请人按照1.097元每份额的单位净值(2017年4月

---

① 需要注意的是,"确认收到"与"确认"赎回申请的法律效果不同,前者表示管理人已经收到投资者的这一申请,但尚未对赎回请求进行审核或同意予以赎回;后者指管理人已认可申请人的这一请求,并有义务按《基金合同》约定向申请人支付赎回款。本案中,管理人已收到申请人提出的赎回申请,但未单独予以"确认"而同意赎回,因申请人的这一申请与当时的其他赎回申请共同构成巨额赎回,依据《基金合同》的约定,管理人对巨额赎回全部接受但可延期支付,因此申请人赎回申请应视为已被管理人"确认"而同意赎回。后续管理人以终止基金并清算的决定取代这一基金赎回效果及其程序,不再向赎回的投资者支付基金赎回款,投资者只能根据基金最终清算结果从基金财产中分配剩余投资清算款。详见下文分析。

24日H基金的单位净值),支付赎回款合法有据。

申请人与被申请人签约购买1100000万元基金份额,在2年封闭期内,该基金完全由被申请人独立运作,申请人承担了合同约定的所有风险。该基金不存在被申请人可以暂停接受赎回申请的情形,申请人在合同约定的期间内向被申请人提出赎回申请,被申请人没有理由拒绝。即便存在"巨额赎回"的情形,被申请人也仅有延迟支付的权利,不能以此为由拒绝向申请人支付赎回款。

申请人是独立的法律主体,与被申请人单独签订合同,而非所有投资人集体与被申请人签订合同,现在申请人依据合同要求赎回,并非要求清算。如果其他投资人不接受清算,也可以通过提起仲裁维护自己的合法权益。因此,不存在对其他投资人不公平的问题。

(2)申请人已经依照合同约定支付相应管理费、超额报酬等各项费用,不存在任何违约情形。

(3)被申请人官网上的清算公告是后加上去的,申请人的赎回请求是在清算流程之前提出的,应予支持。

(二)被申请人主张

(1)所涉基金合法设立。申请人与被申请人均具有完全民事行为能力,申请人作为基金投资者、被申请人作为基金管理人、C公司,三方自愿签署《基金合同》。同时,被申请人是依法备案的私募基金管理人,H基金也经过了备案程序,《基金合同》不违反法律、行政法规的禁止性规定,依法成立及有效。在此情况下,各方之间的权利义务关系应当以《基金合同》为准。

(2)投资人的损失金额尚不确定。首先,基金资产的所有权益从投资开始到申请赎回再到清盘一直都由投资人享有,管理人对基金资产不享有所有权。其次,基金所涉投资的价值处于变化之中。在完成清算后,投资人有可能亏损,也有可能盈利。最后,基金从2017年5月17日起开始清算,到现在为止已进行了两次清算,并向申请人支付了两次现金共计486166.83元。由于申请人的资产还在,价值也在变化,而管理人也在对资产不断进行清算,因此申请人的损失尚不确定。如果在完成清算后,投资人仍然亏损,并且投资人认为管理人失职导致其损失,可再提起索赔,维护其权益。

(3)变现过程中的流动性风险即便造成损失,也应由申请人承担。

在申请人申请赎回时,只有在流动性充足的情况下,管理人才可能按照申请所对应开放日基金份额净值变现基金资金及向申请人支付。对于流动性风险,管理人已经多次提示。

在申请人申请赎回后,管理人已变现其中部分资产,取得了不错的盈利。而其他剩余的资产,包括三只新三板股票,存在市场交易量小,流动性差,无法及时变现的情况。如强行挂牌出售,由于流动性差,资产价格被急剧压低,且可能长时间无法完成出售,严重影响本基金其他投资人的权益。在被申请人于2017年5月17日作出基金清算决定后,已依据《基金合同》的约定对基金进行了清算。对其他部分资产,由于流动性问题,暂未找到合适的交易方进行变现。

即使管理人应对未及时变现而承担损失赔偿责任,那么如前分析,投资人最终未必会有损失,即便有损失,损失金额是多少,是否存在因果关系,也应由申请人举证。

(4) 管理人对于投资人的赎回指示,只有操作义务,承担的是管理人的管理和运用资金义务,不承担以自有资金支付的义务。

(5) 管理人有独立管理基金的权利。管理人有权决定在时机合适时再变现资产。根据《基金合同》的约定,基金管理人"独立管理和运用基金财产"。如果要求管理人立即支付基金赎回款项,则管理人需要安排出售基金所持有的产品。然而,管理人对何时出售有独立的管理权。根据管理人对市场的判断,管理人认为尚不适合出售。此种判断也是为了最大限度地保护包括本案当事人在内的投资者的利益。如果要剥夺管理人的独立管理权,马上出售基金所持产品及支付赎回款,至少应满足以下条件:第一,申请人同意出售;第二,基金份额持有人同意出售;第三,仲裁庭确认管理人应出售。否则,管理人有权决定在合适的时机再变现。

(6) 管理人终止基金的决定合理。

由于在第一个开放日,即2017年4月24日,申请赎回投资人达到44个,相对于H基金的62个投资人,申请赎回份额明显超过上一工作日基金总份额的10%,已构成"巨额赎回"的情形。在此情况下,管理人有权适当延长支付时间,最长不超过30个工作日。

2017年5月17日,管理人作出了基金清算的决定,并在网站对此进行公告。管理人的终止决定是因为赎回申请较多,赎回份额已经远超管理人合理预期范围准备的现金,如果接受投资者的赎回申请,势必需强行变卖投资,对基金所投资公司的股权价值造成巨大压力,严重损害所有投资者的利益。因此,管理人的终止决定具有合理性。

(7)本基金投资存在流动性风险,基金也已进入清算程序,被申请人已根据清算程序向申请人支付清算所得,因此不存在违约行为。

基金已进行了两次清算,并向申请人作出了部分支付。投资人持有的基金资产,不管是赎回款还是清算款,都不由管理人持有,而由托管人持有,管理人无法强行要求托管人违反《基金合同》的约定,将基金资产支付给管理人和投资者。此外,在被申请人支付款项后,申请人的基金份额如何处理也存在法律上的难题。

综上,《基金合同》已经提示流动性风险,被申请人在处理赎回申请和清算程序中没有违反合同的约定,即便存在违约行为,申请人的损失不确定,被申请人本身也不持有基金资产,不承担向申请人支付赎回款的违约责任。

三、仲裁庭意见

（一）关于被申请人的行为是否构成违约的问题

双方当事人均具有相应的民事行为能力,意思表示真实,且合同内容不违反法律、行政法规的强制性规定,不违背公序良俗,《基金合同》合法有效。

根据《基金合同》申购赎回条款的约定,基金投资者可在本基金开放日申购、赎回本基金,但基金管理人根据法律法规、中国证监会的要求或本合同的约定发布暂停申购赎回通知时除外。已接受的赎回申请,基金管理人应当足额支付;如暂不能足额支付,应按单个赎回申请人已被接受的赎回金额占已接受的赎回总金额的比例将可支付金额分配给申请人,其余部分在后续工作日予以支付。

《基金合同》对于赎回条款的约定相当明确,被申请人也未提供根据《基金合同》约定可以暂停赎回的证据。被申请人虽提出巨额赎回情形,但依据《基金合同》的约定,巨额赎回只产生延期支付的法律后果,并不必然导致基金的清算,也不能抗辩未足额支付申请人赎回款的违约事实。

（二）关于向申请人支付基金赎回款的实际履行问题

申请人请求被申请人向其支付基金赎回款,实际上是要求被申请人履行给付责任。考虑到本案的实际情况,该请求难以实际履行,理由如下:

第一,该基金已进入清算程序,并经历了两次清算。根据《基金合同》的约定,基金合同终止后,由清算小组统一接管基金财产,将基金财产清算后的全部剩余资产扣除清算费用后,分配给投资者。基金清算与基金申请赎回适用两种完全不同的程序,清算不能剔除申请人的赎回申请。

第二,该基金还持有部分尚未变现的新三板挂牌公司和拟挂牌公司的股权,这些资产存在市场交易量小、流动性差、无法及时变现的客观情况。如强行挂牌出售,将导致资产价格被急剧压低,且可能长时间无法完成出售,可能会严重影响本基金其他投资人的权益。

并且,关于申请人偿还赎回款的请求,根据基金运作特点,赎回款只能从基金财产中提取,不能由被申请人代偿。在基金清算程序后,直接从清算财产中取回申请人的赎回款将面临法律上的障碍,申请人主张被申请人支付赎回款的请求难以得到仲裁庭支持。申请人有权待基金清算结束后,视清算结果从基金财产中分配得到剩余投资款。申请人如就清算事宜与被申请人发生争议,可另寻救济。

(三)关于申请人请求的迟延支付基金赎回款导致的损失问题

申请人要求被申请人向其赔偿迟延支付赎回款导致的损失。由于该损失仅局限于迟延支付基金赎回款导致的利息损失,并未包括其他损失,因此仲裁庭仅针对申请人的请求进行认定。考虑到申请人提出的要求被申请人向其支付赎回款的请求,仲裁庭目前无法支持,因此对申请人以该项赎回款为基数计算的利息损失请求,也无法支持。

(四)关于律师费、仲裁费的承担问题

对于申请人的第3项、第4项仲裁请求,虽然申请人的主要仲裁请求因实际履行的法律障碍未得到支持,但考虑到本案纠纷是由被申请人违约所致,申请人并无明显过错,仲裁庭决定上述费用由被申请人承担。

四、裁决结果

1. 被申请人向申请人支付律师费。
2. 本案仲裁费由被申请人承担。
3. 驳回申请人的其他仲裁请求。

五、评析

本案的核心争议点较为清晰,是有关投资者基金赎回权与基金清算的冲突问题。基金管理人面对投资者有效的赎回申请,未及时向其支付投资款,而选择将基金进行清算,仲裁庭认定基金管理人的行为构成违约,但考虑到基金已进入清算程序这一客观履行障碍,驳回了投资者主张赎回投资款项的仲裁请求,同时认定本案的过错方为基金管理人,进而要求其负担本案仲裁费及申请人支出的律师费,有理有据。以下将围绕这一争议点从两方面展开分析:第一,巨额赎回对基金运行的影响;第二,面对个别投资者的赎回权与基金清算不可避免的冲突,国际上的良好实践能为我国的基金管理人提供哪些启示。

(一)巨额赎回下基金管理人可采取的应对措施

有研究表明,基金份额的意外赎回会加剧基金的清算风险,甚至是导致基金清算的主要因素之一。如果基金业绩不尽如人意或崩盘,那么很可能发生大规模赎回,与此相伴的是基金清算率的显著提高。投资者如羊群一般的挤兑可能迫使基金管理人为满足赎回要求而平仓投资组合,致使基金的价值被进一步压低,此种低价甩卖可能给整个金融体系造成潜在的系统性风险。管理人面对强烈的赎回请求与巨大的变现压力,很可能不得不实施某些防御策略,比如暂停赎回(payment suspensions)、设置闸门(imposition of gates)、虽向投资者赎回但在赎回份额上仍保留一定比例的或有负债、实物支付(payments in kind)以及终止基金并清算。[①]

暂停赎回与设置闸门的区别何在?闸门通常以基金资产净值的某一百分比来衡量,它为管理人提供了将基金一次赎回的金额限制在相关百分比的选择权。例如,如果基金设置了20%的闸门,并且收到的赎回请求总计超过

[①] 预期赎回与意外赎回虽不存在极为明确的分界线,但大致可从这一角度来理解,即适度和预期的基金赎回是可管理和可控的,因为管理人可预测和提前准备。但意想不到的赎回可能会造成严重后果,例如投资者可能表现出羊群行为,同时使意外赎回请求的数量剧增,迫使基金经理以低价变现资产。See Leilei Tang, "How Do Redemption Requests Affect Hedge Fund Liquidation Risks?", pp. 1 - 34, accessed on http://www.unavarra.es/digitalAssets/235/235773_1Redemptions.pdf, last visited on June 27, 2022.

基金资产净值的20％,则基金可以:(a)满足所有赎回请求,即使超过闸门;(b)按比例满足每个请求,以使赎回总额不超过基金资产净值的20％。①与闸门条款不同的是,暂停条款使基金能够完全暂停赎回而不只是限制赎回。暂停权可以由某些市场混乱事件触发(例如交易基金资产的交易所关闭),也可以是管理人自由裁量权的一部分,如果管理人能够确定满足投资者的赎回请求将不符合基金的最佳利益,则可暂停赎回。从历史上看,暂停赎回被认为比设置闸门更严厉的措施,往往预示着基金即将崩溃。但鉴于市场波动和由此产生的估值困难,暂停赎回条款并不罕见。因此,无须将暂停赎回的基金都污名化。暂停赎回或闸门的实施可在一定程度上防止因基金资金突然外流而产生的不利后果,比如以不合适的价格被迫出售基金资产,导致未申请赎回的投资者所拥有的投资组合高度集中于流动性差的资产。②

除了暂停赎回与闸门条款,实践中还发展出了巨额赎回触发自动清盘的条款。例如,当基金合同生效满3年后,如发生明显损害剩余持有人利益的大规模净赎回申请,该只基金的基金合同将终止,履行清算程序,无须召开基金份额持有人大会。这一机制不但能够防止管理人通过基金的苟延残喘不断蚕食投资者的利益,而且为产品的平稳退出预留了空间,还有利于贯彻对所有基金份额持有人一视同仁的原则。不过,自动清盘虽然确保了投资者之间的公平,但可能面临短期内资产难以变现、清算困难等问题。③

在上述管理人的应对手段中,除了自动清盘、终止清算或在暂停赎回后陷入破产的情形,其他措施仅能发挥延缓支付的作用,不能让申请赎回的个

---

① 同时,一些基金可能会设置单个投资者的闸门,阻止每个投资者赎回其在基金中超过10％～15％的权益。尽管历史上其被认为比基金净资产的闸门更具限制性,因而只有一小部分基金进行了设置,但投资者已接受了此种限制,特别是在基金重组的相关实践中。See Leilei Tang, "How Do Redemption Requests Affect Hedge Fund Liquidation Risks?", pp. 1–34, accessed on http://www.unavarra.es/digitalAssets/235/235773_1Redemptions.pdf, last visited on June 27, 2022, pp. 1–34.

② 实施闸门、暂停赎回的时间取决于基金文件的约定。有些基金文件可能允许在赎回日后暂停赎回且对暂停赎回的次数没有限制。管理人可以推迟作出暂停赎回或设置闸门的决定,以便在决定前最大限度地掌握有关市场状况、赎回申请量和现金储备方面的信息。See Jennifer A. Spiegel, "Handling Mass Redemptions: A Primer", pp. 1–5, accessed on https://www.paulweiss.com/media/1517346/pw_spgl_apr09.pdf, last visited on June 27, 2022.

③ 只是自动清盘条款目前基本仅限于机构占比较高的定期开放式公募债券基金。参见李树超:《巨额赎回或触发突然清盘,部分基金紧急出手了》,载 https://mp.weixin.qq.com/s/H4ZM685UzshimgHHR_anvg,访问日期:2022年6月27日。

别投资者被迫等待最终同其他投资者一起按比例受偿。对投资者而言,一个可能合理的策略是尽量在挤兑或巨额赎回前提出申请,避免受到管理人上述手段的制约。但这一看似理性的策略在实践中很可能不会发生。原因在于,大多数投资者只会在基金业绩不佳、对基金丧失信心的情况下请求赎回,除非未卜先知,方能先于其他投资者一步。

对基金管理人而言,选择上述何种手段不存在僵化的约束,但无论如何选择,都应遵循基金利益最大化、投资者最佳利益的原则,且符合相关法律法规的规定和《基金合同》的约定。例如,支持管理人在面对巨额赎回情形选择终止清算、暂停赎回而非设置闸门等手段的理由是:第一,巨额赎回使基金规模骤降而在商业上或经济上不再具有可行性,如同亟须清盘的小微基金一样;第二,赎回投资者与非赎回投资者的利益分化与竞争,即若向投资者支付赎回款将使其他投资者因"烂手"的剩余资产而承担较大的流动性成本,则管理人不应向个别投资者赎回(无论是现时还是延缓)而使其他投资者被迫承受不公平的待遇。本案中,第二点理由虽然成立,且清算决定确保了不同投资者之间的公平,但由于《基金合同》明确约定在巨额赎回情况下,管理人仅得延期支付(而不存在其他处理方式),根据"唯一表述/统一排外"(expressio unius est exclusio alteriu)的解释原则,管理人未在一定期限内向投资者支付赎回款项且决定基金步入清算程序构成违约应无异议。然而,违约不意味着清算决定的无效以及投资者的赎回申请应当得到支持,这是由于投资者的赎回权与基金清算,或者说个别清偿与统一清偿之间存在一定程度的天然冲突。对于如何理解以及进一步妥善、规范地处理此种冲突,国际证监会组织提供了一些值得我国基金管理人借鉴的良好实践。

(二)国际良好实践:确保个别投资者的先发优势得到充分消解

在大多数情况下,是否终止并清算基金由管理人负责决策。①管理人在基金的整个生命周期内,应以投资者的最佳利益行事。当面临基金是否终止清算的抉择以及制订终止计划时,亦是如此。此时,管理人关注的焦点应是

---

① 在某些司法管辖区,法律或监管规则要求基金管理人的决定必须经过投资者批准,或在某些情况下经过托管人批准。See International Organization of Securities Commissions, Report on Good Practices for the Termination of Investment Funds, 2017, p. 9, accessed on https://www.iosco.org/library/pubdocs/pdf/IOSCOPD588.pdf, last visited on June 27, 2022.

将基金的资产进行充分变现并分配收益,同时确保公平对待所有投资者。①在投资者利益不同的情况下,这可能会变得复杂。

例如,当基金终止时,提前申请赎回的投资者可在正式终止程序之前赎回其投资款项,以便从最有利的流动性条件中获利,从而将流动性成本转嫁给剩余投资者。此时,提前申请赎回的投资者取得了"先发优势"。为确保投资者之间的公平,管理人应考虑在基金终止清算过程中暂停对个别投资者的赎回,以消除先发优势的风险。通过这一措施,使管理人在被迫变卖流动性较低的资产之前处置流动性资产从而将给剩余投资者招致更高流动性成本的风险降至最低。②

基金的终止计划应当披露基金管理人是否决定暂停申购和赎回,暂停申购和赎回的条件由基金合同约定。③ 如果管理人可以选择不暂停认购和赎回,终止计划应概述此类情况背后的理由和依据。虽然在某些司法管辖区可能会继续为认购和赎回请求提供便利,但基金管理人应确保公平地对待所有投资者(例如,在计算向赎回投资者支付的款项时,为终止成本留出足够的准备金)。若管理人选择不暂停赎回,终止计划也应明确说明为解决先发优势和出售流动资产以满足提前赎回要求而采取的措施。④管理人如果选择暂停赎回,则应在基金终止计划中向投资者说明暂停赎回的必要性以及暂停的持

---

① See International Organization of Securities Commissions, Report on Good Practices for the Termination of Investment Funds, 2017, p. 17, accessed on https://www.iosco.org/library/pubdocs/pdf/IOSCOPD588.pdf, last visited on June 27, 2022.

② 其他流动性管理工具在减少这些较高流动性成本造成的稀释效应方面能够发挥作用,但暂停赎回旨在确保先发优势得到充分缓解。See International Organization of Securities Commissions, Report on Good Practices for the Termination of Investment Funds, 2017, p. 12, accessed on https://www.iosco.org/library/pubdocs/pdf/IOSCOPD588.pdf, last visited on June 27, 2022.

③ 同时应当指出的是,一些司法管辖区不允许投资基金在没有该司法管辖区批准的情况下暂停赎回。在这些情况下,暂停赎回的决定应考虑到适用相应司法管辖区的监管框架。See International Organization of Securities Commissions, Report on Good Practices for the Termination of Investment Funds, 2017, p. 9, accessed on https://www.iosco.org/library/pubdocs/pdf/IOSCOPD588.pdf, last visited on June 27, 2022.

④ See International Organization of Securities Commissions, Report on Good Practices for the Termination of Investment Funds, 2017, p. 13, accessed on https://www.iosco.org/library/pubdocs/pdf/IOSCOPD588.pdf, last visited on June 27, 2022.

续时间①,并与投资者进行充分沟通,向投资者说明在终止清算程序正式开始前,基金是否会为投资者的赎回提供便利以及是否会就清算前的赎回收取特别的费用。②

国际证监会组织针对房地产投资基金、对冲基金、私募股权基金和其他通常不会出售给散户投资者且更有可能持有非流动性或难以估值的资产的基金,特别提出了管理人可以在获得投资者同意的情况下,向即将终止的投资基金的机构投资者以实物进行赎回,同时确保基金的其他投资者的最佳利益不受损害。国际证监会组织在《集合投资计划中的流动性风险管理原则》第4条规定:"如果是为了投资者的利益并且对某一特定投资基金而言是允许的和适当的,基金管理人应在投资基金文件中规定使用可能影响赎回权的特定工具或特殊措施的能力。"而在有关这一条的解释文本中,国际证监会组织将"实物赎回"作为该条中"特定工具"的示例。③

总结而言,在《基金合同》有相应授权的情况下,特别是在发生赎回的情况下,管理人无疑有权决定暂停赎回,采取终止基金并清算的措施。但当《基金合同》将巨额赎回的后果限定为延缓支付且将暂缓赎回的应用场景限于除清算以外的某些明确情形时,实则排除了管理人在巨额赎回情况下以基金终止并清算的决定来实施暂停赎回的权限。这导致在基金清算的场景下,极不完善的合同设计与保障投资者之间的公平存在着原生矛盾。一个避免自相矛盾的可取操作是,在《基金合同》中赋予管理人在清算中能够选择是否暂停赎回的权利,同时放宽巨额赎回的法律后果,虽然不一定要将基金清算明

---

① See International Organization of Securities Commissions, Report on Good Practices for the Termination of Investment Funds, 2017, p. 8, accessed on https://www.iosco.org/library/pubdocs/pdf/IOSCOPD588.pdf, last visited on June 27, 2022.

② See International Organization of Securities Commissions, Report on Good Practices for the Termination of Investment Funds, 2017, p. 16, accessed on https://www.iosco.org/library/pubdocs/pdf/IOSCOPD588.pdf, last visited on June 27, 2022.

③ 实物转让可以用来支付投资者的全部或部分赎回收益。在实物转让中,涉及将基础资产按比例份额的所有权直接转让给申请赎回的投资者,通常使投资者获得构成投资组合的每种资产按比例份额的所有权,尽管这在某些情况下可能不切实际,例如价值较大的债务工具。国际证监会组织指出,实物赎回可能并不实际或不适合于散户投资者。通常情况下,散户投资者将没有适当的基础设施(例如托管账户和验证过程)来支持资产的转让和持有相应的实物。See International Organization of Securities Commissions, Report on Good Practices for the Termination of Investment Funds, 2017, pp.18-19, accessed on https://www.iosco.org/library/pubdocs/pdf/IOSCOPD588.pdf, last visited on June 27, 2022.

确纳入其中,但至少不要将法律效果局限于延缓支付一种。因为,缓解先发优势、确保投资者之间的公平与投资者利益的最大化不仅是管理人应有的权利,也是其应尽的职责。具体到缓解先发优势的措施,既可以在决定清算的同时暂停赎回,也可以在确保其他投资者不会受到不公平对待的情况下向申请赎回的投资者作出实物支付。无论是与投资者单独签订合同,还是与全部投资者集体签订合同,管理人都应对基金份额持有者一视同仁,为保障投资者之间的公平和基金价值的最大化而有必要对个别投资者的赎回权作出一定限制的结论也不会受到影响。本案中,除《基金合同》本身存在不当之处,基金管理人自身的行为亦乏善可陈,其不仅在终止和清算计划公布时没有充分披露暂停赎回的必要性,也没有与投资者展开必要的沟通,详细释明基金资产的流动性状况与不宜向投资者个别清偿的理据。

(本案例由北京大学法学院博士研究生杨骐玮编撰)

案例31　基金财产清算中预留费用的合法扣除

仲裁要点：基金管理人在基金份额持有人大会上作出不收取管理费的承诺，经过投资人签字确认并列入《持有人大会决议》，已成为双方的一项共同意思表示并被确认于《基金合同》之中，不属于管理人有权单方撤销的事项，基金托管人因此拒绝执行从基金清算财产中向管理人划拨管理费的要求，合法有据。对于律师服务费、审计服务费、印刷服务费等费用，基金管理人因无法提供充分的证据证明这些费用的合法性、合理性以及实际发生，亦无权要求基金托管人从基金清算的预留费用中划拨相应费用。基金清算后的剩余财产根据《基金合同》约定归投资者所有。

一、案情概要

W基金成立于2016年12月1日，由申请人担任基金管理人，被申请人担任基金托管人。申请人、被申请人、基金投资者三者签订《基金合同》，约定，"基金管理人与基金托管人签署《资产托管网上综合服务协议》并按照服务协议约定方式进行指令发送、确认及执行的，本章节相关内容以服务协议为准"。此外，申请人与被申请人签署了《托管协议》。

自2019年12月2日起，W基金进入清算期，由申请人、被申请人等相关人员组成财产清算小组依法依约履行财产清算程序，全部清算工作按清算原则和清算手续进行。

2020年7月6日，申请人与被申请人共同制作了《清算报告》，其中载明截至2020年7月2日，W基金"预留管理费"614000元，"预留费用"729700元，并备注"预留顾问服务费、清算审计服务费、印刷服务费、律师服务费，实际支付时根据划款指令进行支付"。

2020年7月9日,被申请人依约划付了《清算报告》中除"预留管理费""预留费用"外的其他款项,但一直未应申请人要求划付这两项费用。申请人认为,被申请人拖延划付管理费和预留费用的行为,严重违反《托管协议》第7.6条的约定,除造成申请人损失外,还可能引发W基金与顾问服务机构等第三方的纠纷。

2020年10月13日,申请人依据《基金合同》中的仲裁条款向深圳国际仲裁院申请仲裁,提出如下仲裁请求:

1. 裁决被申请人向申请人划付W基金的管理费。
2. 裁决被申请人向申请人指定的第三方划付W基金的预留费用(律师服务费、顾问服务费、清算审计服务费、印刷服务费)。
3. 裁决被申请人补偿申请人在办理本案中支付的合理费用,包括律师费、电子证据固化费。
4. 裁决被申请人承担本案仲裁费。

二、当事人主张

(一)申请人是否有权要求被申请人划付管理费

1. 申请人主张

(1)申请人有权收取W基金第三年度管理费

第一,《基金合同》第17条"基金的费用与税收"中明确约定了基金管理费的计提方式、计提标准和支付方式,"自每笔份额确认之日起5个工作日内先行支付自基金成立日起前两个运作年度的管理费(基金提前终止多支付的管理费不退还),剩余期限管理费每满12个月及基金终止时支付。具体由基金管理人向基金托管人发送当期管理费划款指令,基金托管人复核后于3个工作日内从基金财产中支付给基金管理人。本基金一次性收取的管理费不进行摊销"。

第二,2017年9月的《持有人大会决议》所载"因基金存续期限修改,为最大限度地保障投资人权益,管理人决定自基金成立之日起算满两年之后不再收取管理费。根据《基金合同》的约定,此事项无须投资人再次表决,由管理人决定"已明确提示该事项非基金份额持有人大会决议事项,而是由申请人单方决定的事项。

第三,2019 年 6 月 13 日《收取管理费公告》称"将根据本基金第八章、第(二)条:'基金管理人可依据本合同的约定,及时、足额获得基金管理人管理费用及业绩报酬(如有)'约定,收取本基金第三年度管理费,用于后续推动本基金底层项目退出的各项开支"。

此时,尚未到达《基金合同》约定的支付第三年度管理费的时间,申请人有权撤销《持有人大会决议》中不收取第三年度管理费的单方决定。

(2)被申请人应及时划付 W 基金第三年度管理费

第一,申请人在致被申请人的《清盘通知函》中已明确告知"6.本基金截至终止日应付的管理费:☑收取□不收取□本基金合同中无管理费条款"。

第二,申请人与被申请人在《清算报告》中明确确认了 W 基金应付第三年度管理费为 614000 元,同时约定,被申请人托管部将在收到并确认此报告后,以此报告为依据进行费用类(含增值税)资金的划付,无须管理人出具指令。

第三,《托管协议》约定,"当通过托管服务平台提交的划款指令符合法律法规及基金合同的约定的,乙方(被申请人)应及时准确地执行甲方(申请人)按乙方规定程序发送的划款指令。否则,乙方有权利拒绝指令的执行"。

第四,《基金合同》约定,"基金管理人与基金托管人签署《资产托管网上综合服务协议》并按照服务协议约定方式进行指令发送、确认及执行的,本章节相关内容以服务协议为准"。

2. 被申请人主张

因申请人自我承诺及投资者通过的《持有人大会决议》,申请人无权提取 W 基金自 2018 年 12 月 1 日至 2019 年 12 月 2 日的管理费。根据《持有人大会决议》所载的内容可以看出("因基金存续期限修改,为最大限度地保障投资人权益,管理人决定自基金成立之日起算满两年之后不再收取管理费"),申请人已向基金全体投资者承诺不收取 W 基金自 2018 年 12 月 1 日起的管理费。该《持有人大会决议》符合绝大部分投资者签字捺印,超过《基金法》第 86 条关于份额持有人大会有效决议需 2/3 以上的份额比例的要求。

上述《持有人大会决议》相关文件,具备申请人盖章及 21 位投资者的签字捺印,上述引用的关于取消基金成立两年之后的管理费的决议已生效。W 基金产品成立于 2016 年 12 月 1 日,自 2018 年 12 月 1 日满两年,自该日期始申请人无权计提基金管理费。另外,被申请人在 W 基金正常存续期间,从未收到申请人提供的《收取管理费公告》。因此,申请人无权提取 W 基金产品自 2018 年 12 月 1 日至 2019 年 12 月 2 日的管理费。

综上所述,申请人已经通过有效的基金份额持有人大会决议不再提取 W 基金第三年度管理费、相关划款指令依据不足且投资者意见分歧很大。被申请人从履行安全保管基金财产、维护基金份额持有人合法权益的托管人责任出发,暂停申请人的划付指令和要求,均有合法、合理、合规的依据,没有任何违约行为。

(二) 申请人是否有权要求被申请人划付律师服务费、顾问服务费、清算审计服务费、印刷服务费等费用

1. 申请人主张

申请人代表 W 基金与某律师事务所于 2016 年 12 月 1 日签订法律服务期限自 2016 年 12 月 1 日起至 2020 年 12 月 1 日止的《聘请专项法律顾问合同书》,由 Z 公司垫付了法律服务费,某律师事务所分别于 2018 年 5 月 2 日、2020 年 8 月 11 日向 Z 公司开具了服务名称为"律师费"的发票,金额分别为 10 万元、18 万元(共分 5 张开具),合计 28 万元。被申请人应依申请人的划款指令向 Z 公司划付 28 万元的律师费。申言之:

(1) 申请人有权代表 W 基金聘请法律顾问,产生的费用由 W 基金财产承担。

第一,基金运营中基金管理人代表所管理的基金委托律师事务所提供法律服务是行业的常规现象。

第二,《基金合同》第 17 条"基金的费用与税收"中明确约定了基金的费用包括"6. 基金备案后与之相关的会计师费和律师费"。

第三,《基金合同》第 8 条"当事人及权利义务"中明确约定基金管理人有权"以基金管理人的名义,代表基金与其他第三方签署基金投资相关协议文件、行使诉讼权利或者实施其他法律行为"。

第四,本案中,申请人代表 W 基金与某律师事务所、Z 公司签署的《聘请专项法律顾问合同书》合法有效。

(2) 被申请人应及时划付 W 基金的律师服务费。

第一,申请人在致被申请人的《清盘通知函》中已明确告知"备注:预留顾问服务费、清算审计服务费、印刷服务费、律师服务费共计 72.97 万元"。

第二,申请人与被申请人在《清算报告》中明确确认了 W 基金应付预留费用729700元,预留费用包括律师服务费。

第三,《托管协议》约定,"当通过托管服务平台提交的划款指令符合法律法规及基金合同的约定的,乙方(被申请人)应及时准确地执行甲方(申请人)按乙方规定程序发送的划款指令。否则,乙方有权利拒绝指令的执行"。

第四,《基金合同》中约定,"基金管理人与基金托管人签署《资产托管网上综合服务协议》并按照服务协议约定方式进行指令发送、确认及执行的,本章节相关内容以服务协议为准"。

申请人主张被申请人应划付顾问服务费、清算审计服务费、印刷服务费等费用的理由与此类似,不再赘述。

2. 被申请人主张

申请人要求W基金支付律师费的理由不充足、材料存在瑕疵和缺失,且未披露给基金投资者、未获得投资者同意。

本案申请人在提起基金清盘程序后,向被申请人发送了《划款指令(律师费)》《聘请专项法律顾问合同书》,要求被申请人向案外第三方Z公司支付律师费28万元。被申请人因如下原因,未执行该笔划款指令:

第一,支付律师费的理由不充足。根据《基金合同》第17条第1款第(六)项的约定,"基金备案后与之相关的会计师费和律师费",属于基金费用的种类之一。在W基金的托管运营中,被申请人从未收到任何《聘请专项法律顾问合同书》所载某律师事务所提供的工作成果或咨询意见。且本案申请人亦未向被申请人提供《聘请专项法律顾问合同书》所载某律师事务所完成法律服务所交付的工作成果。被申请人在不清楚W基金产生相关费用的具体原因、事项的情况下,无法径行从基金财产中支付该费用。

第二,申请人提交的划款材料存在瑕疵和缺失。根据申请人提交的划款指令,被申请人需从基金财产中支付28万元给案外第三方Z公司,理由是Z公司替W基金垫付了律师费。此类向非服务提供方支付费用的行为与常态律师费的支付方式不符。与此同时,申请人亦未提供Z公司支付律师费的付款凭证、《聘请专项法律顾问合同书》所载律师事务所开具的律师服务费发票。被申请人无法在材料明显存在瑕疵、缺失,且付款路径有悖常规的情况下,支付该笔款项。

第三,收款方Z公司与本案申请人具有关联关系,付款存在关联交易的合规风险。根据证监会《私募若干规定》,其第9条第1款第(九)项明确规定了私募基金管理人及其从业人员从事私募基金业务,不得有下列行为:利用私募基金财产或者职务之便,以向私募基金、私募基金投资标的及其关联方收取咨询费、手续费、财务顾问费等名义,为自身或者投资者以外的人谋取非法利益、进行利益输送。根据持股关系显示,Z公司与申请人共同作为C合伙企业的合伙人,申请人要求返还其潜在关联方垫付费用并使用申请人自己管理的基金财产向关联方支付费用的行为亦与监管的要求相背离,存在一定的合规风险。

第四,投资者方面未获得披露也未同意该笔费用。在申请人提交该笔划款指令时,投资者并不知道基金产生了该笔费用。截至本案开庭,投资者不同意该笔费用的支付。申请人亦未解释该笔费用的合法合规、必要性,未与投资者达成一致。

另外,被申请人提供的投资者《提示函》写明:根据管理人在2020年7月召开的投资者电话会议上的信息披露,W基金计提了4年律师顾问费28万元、4年财务顾问费27万元、4年审计费3.5万元。上述三项费用管理人在2020年7月之前从未向投资者披露过,且费用均产生在基金到期日之后的清算时间段内,不合理。

被申请人认为申请人要求被申请人划付顾问服务费、清算审计服务费、印刷服务费的主张无法成立的理由与上述理由类似,不再赘述。

三、仲裁庭意见

(一) 申请人是否有权要求被申请人划付管理费

申请人作为基金管理人,提供对W基金的投资管理服务,根据《基金合同》第8条第2款第(二)项第2点的约定,基金管理人有权"按照本合同的约定、及时、足额获得基金管理人管理费用及业绩报酬(如有)",该笔费用被列入第17条"基金的费用与税收"第1款第(一)项"管理费",作为基金费用的类别之一。其支付方式根据《基金合同》第17条第2款第(一)项的约定,"本基金的管理费自基金成立日起计算,自基金成立日起每满12个月为一个运作年度。自每笔份额确认之日起5个工作日内先行支付自基金成立日起前两个运作年度的管理费(基金提前终止多支付的管理费不退还),剩余期限管理费每满12个月及基金终止时支付。具体由基金管理人向基金托管人发送当期管理费划款指令,基金托管人复核后于3个工作日内从基金财产中支付给基金管理人"。据此,基金管理人有权依法依约取得相应的管理费,该项费用支付无须经过投资者同意或经过基金份额持有人大会决议通过。但根据《基金合同》第19条第2款第2点、第3点的约定,有关管理费支出基金管理人应在基金年度报告中予以披露,且根据该条第3款第6点的约定,如涉及管理费率、托管费率发生变化的,基金管理人还应就此进行重大事项信息披露(即临时披露)。

W基金正式成立于2016年12月1日并设定2年固定存续期限(到2018年12月1日),申请人作为基金管理人在2017年2月28日已一次性收取了上述2年期间的管理费122.80万元。2017年9月20日,W基金召开第一次基金份额持有人大会并通过《持有人大会决议》,其中决定将基金存续期限修改为"基金存续期限为12个月投资期,12个月锁定期,12个月退出期,根据退出期届满时的有关监管要求,基金可能进行延期"。在该次大会上,申请人承诺"管理人决定自基金成立之日起算满两年之后不再收取管理费",该项承诺被列入《持有人大会决议》第三项内容,由21名投资者签名确认。对此,管理人无权单方面撤销,仲裁庭对于申请人要求被申请人向其划付管理费用的请求不予支持。

(二)申请人是否有权要求被申请人划付律师服务费、清算审计服务费、顾问服务费、印刷服务费等费用[①]

根据《基金合同》第17条第1款第6点的约定,基金备案后与之相关的会计师费和律师费,属于基金费用的种类之一,申请人作为基金管理人,在基金运作管理中对聘用会计师和律师提供专业服务及费用支付享有自由裁量权,无须投资者同意或者提交基金份额持有人大会决议,但相应的会计师和律师服务应出于必要且收费具有合理性;同时,这些开支作为一项财务费用支出,要像管理费一样遵从《基金合同》的约定,在年度报告中向投资者披露。

申请人代表W基金与某律师事务所于2016年12月1日签订《聘请专项法律顾问合同书》,其中约定法律服务期限自2016年12月1日起至2020年12月1日止,共4年。对于W基金约定固定期限2年且直到2017年9月20

---

① 限于篇幅,下文主要以律师服务费为例说明仲裁庭意见。

日才召开第一次基金份额持有人大会决议基金延期1年,为什么在2016年12月1日即签订4年期限的法律服务合同的问题,申请人在庭审中声称,"基金当时设置的时间是2年,但是根据证监会对于定向增发的退出时间有一个1+1,所以按照4年来签"。

仲裁庭注意到,证监会于2017年5月26日才对2016年1月7日发布的《上市公司大股东、董监高减持股份的若干规定》进行修改,在其中增加了第9条第3款的内容,"股东持有上市公司非公开发行的股份,在股份限售期届满后12个月内通过集中竞价交易减持的数量,还应当符合证券交易所规定的比例限制"。2017年5月27日,上海证券交易所、深圳证券交易所同时发布《上市公司股东及董事、监事、高级管理人员减持股份实施细则》予以落实,规定股东通过集中竞价交易减持上市公司非公开发行股份的,除遵守前款规定外,在股份限制转让期间届满后12个月内,减持数量还不得超过其持有的该次非公开发行股份的50%,由此才有了所谓的退出时间"1+1"的要求。换言之,在2017年5月26日证监会修法之前,不存在定增股东减持的上述时间限制问题,申请人对4年法律服务时间的解释与实际情况相矛盾,难以自圆其说。

此外,根据当事人双方提供的证据材料和庭审调查可知,其一,申请人从未在W基金正常存续期间向投资者披露过上述法律服务及其费用,直至基金清盘发生纠纷时才披露;其二,申请人从未向托管人提供有关法律服务合同及其履行服务成果的内容,也从未告知托管人有关Z公司垫付法律服务费一事;其三,申请人在庭审中未能举证说明过去4年律师事务所提供的法律服务内容,未能举证说明Z公司为什么只在2018年和2020年开具发票而不是逐年按对应法律服务费金额开具;其四,由与申请人具有关联关系的Z公司垫付律师服务费的做法有违监管要求和《基金合同》的约定,申请人对于律师服务费由后者垫付未提供充分理由。

综上所述,尽管申请人有权自主决定聘请律师事务所提供法律服务并用基金财产支付合理的费用,但申请人的做法及说理难以自圆其说,支付律师费的理由不充分且所提供的相关材料存在瑕疵和缺失,无法证成律师服务的必要性和律师服务收费的合理性,仲裁庭不支持申请人请求被申请人划付律师服务费的仲裁请求。

此外,申请人亦无法提供充分的理由及证据,说明顾问服务费、清算审计服务费、印刷服务费等费用的合法性和合理性,仲裁庭对相关请求亦不予支持,理由不再赘述。

四、裁决结果

1. 驳回申请人的全部仲裁请求。
2. 本案仲裁费由申请人自行承担。

五、评析

本案中,基金清算后存在剩余财产,管理人要求托管人从剩余财产中向其拨付基金管理费、律师服务费、清算审计服务费、顾问服务费等费用,而托管人以其合理的注意认定管理人提交的材料(比如付款凭证、发票、服务内容或成果)不充分或有瑕疵、相关费用的划拨依据不足。特别是,管理人指令所要求的付款路径、划款对象等有悖常规情形,其所指示的划款对象为自身关联方,关注到这一情况的托管人立足于监督职责与对投资者利益的维护,拒绝执行管理人的划款指令,值得赞许。基于此,仲裁庭认定托管人未执行划款指令不构成违法、违约,驳回了管理人的仲裁请求。以下评析将围绕本案所争议的两部分款项(即预留的基金管理费与其他预留费用)展开,分析划付相关费用应满足的前提条件。

(一)提高管理费需经基金份额持有人大会批准

根据《基金合同》第8条第2款第(二)项第2点的约定,基金管理人有权依法依约取得相应的管理费,该项费用的支付无须经过投资者同意或基金份额持有人大会决议通过;对于管理费的支出,管理人应在基金年度报告中予以披露,并且如涉及管理费率、托管费率发生变化的,管理人还应就此进行重大事项信息披露(即临时披露)。无疑,《基金合同》的相关约定是判断当事人权利、义务与责任的直接依据,但其并不构成对基金治理、基金管理人行为的唯一约束。在《基金合同》之外,基金份额持有人大会是投资者参与监督基金管理人、维护自身合法权益的有力依托,虽然基金份额持有人大会一般不会且不宜干预基金的具体专业运作①,但对于与投资者利益密切相关之事项,经由持有人大会审议表决殊有必要。持有人大会的决议作为投资者"用手投票"或多数认可的成果也将对基金管理人产生拘束力。

回到本案,一个关键事实是,管理人在基金份额持有人大会上②向投资者作出承诺,"因基金存续期限修改,为最大限度地保障投资人权益,管理人决定自基金成立之日起算满两年之后不再收取管理费。根据《基金合同》的约定,此事项无须投资人再次表决,由管理人决定"。该项承诺被列入《持有人大会决议》第三项内容,由 21 名投资者签名确认。尽管不收取延期管理费属于管理人的自我承诺,但因该事项被列入《持有人大会决议》的内容并有参会投资者签字,应看作管理人的承诺得到了投资者的确认,双方意思表示一致,形成了对各方都有约束力的一项约定。此时,不收取延期管理费不再是管理人的单方意思表示,这一结果还根据《持有人大会决议》的约定,"管理人将依据本决议结果,对《基金合同》的相应条款进行修改",被纳入了《基金合同》。即使管理人在此后为了继续收费专门发布了《收取管理费公告》③,且声称自己有权撤销《持有人大会决议》中不收取第三年管理费的单方决定,但如上所述,不收取延期费用已成为管理人与投资者的共同意思表示,不属于管理人有权单方撤销的事项。

再者,从法律属性看,撤销"不收取延期管理费"的承诺,并不简单等同于恢复原先的约定。在投资基金的语境下,这是从不收费到收费的性质转化,系

---

① 参见李春阳、郑阳超:《从证券投资基金来看委托人的权利保障》,载北京大学金融法研究中心编:《金融法苑》(总第 69 辑),中国金融出版社 2006 年版,第 122 页。

② 由于基金需要延期,管理人召集了第一次(也是唯一一次)基金份额持有人大会,大会决议修改基金存续期限以满足延期需要,"基金存续期限为 12 个月投资期,12 个月锁定期,12 个月退出期,根据退出期届满时的有关监管要求,基金可能进行延期"。除此之外,如正文所述,管理人承诺不收取延期管理费。

③ 本案中,基金管理人于 2019 年 6 月 13 日发布《收取管理费公告》称:"目前基于后续底层项目退出考虑,经管理人研究决定,将根据本基金第八章、第(二)条:'基金管理人可以依据本合同的约定,及时、足额获得基金管理人管理费用及业绩报酬(如有)'约定,收取本基金第三年度管理费,用于后续推动本基金底层项目退出的各项开支。"

影响决策权配置结果的敏感事项。①即从"不收取延期管理费"到"收取延期管理费"的变化应属于《基金合同》第 9 条第 1 款第 5 点约定的"提高基金管理人、基金托管人、投资顾问的报酬标准(法律法规和中国证监会另有约定的除外)"这一应当召开基金份额持有人大会进行决议的事由,而不能由管理人以发出公告的形式单方决定。退一步而言,即使管理人有权进行单方撤销,那么在原来承诺作出的客观条件没有发生重大变化(基金延期且仍需通过市场退出底层项目)的情况下,管理人单方撤销不收费承诺,也有悖于《基金法》和《基金合同》对管理人诚实信用履职的要求。

除了依据管理人无权单方撤销双方共同的意思表示、收取延期管理费尚需持有人大会决议等理由从实质上否定管理人的仲裁请求,由于管理人还提出"托管人已在《清算报告》中确认了第三年度管理费,根据约定,托管人在收到《清算报告》并确认此报告后,应以此为据进行资金划付"的论据,尚需回应的是,为何这一依据无法支持管理人的主张,对此简要分析如下。管理人未将与延期管理费有关的《持有人大会决议》及《收取管理费公告》提供给托管人。托管人在收到管理人勾选着收取管理费的《清盘通知函》后,按照常规在《清算报告》中预留"应付管理费",是其在不了解管理人承诺与持有人大会决议内容且无法获取相应信息的情况下的合理行为,不代表托管人了解情况后的真实意思表示。也因此,在托管人于基金进入清算后陆续收到投资者寄来的《持有人大会决议》及接到投资者异议电话,从而了解管理人与投资者之间对支付管理费的分歧之后,暂停遵从管理人的投资指令向其划付第三年度管理费,其主观上并无过错,该行为是对其过去意思表示内容的一个纠正。托管人在了解情况后,认为管理人无权收取基金第三年度管理费,其划款指令有违《基金法》及《基金合同》的约定,从而遵照《基金法》第 37 条有关监督管理人投资行为的规定,拒绝执行,其行为合法、合理,管理人

---

① 事实上,我国现行《基金法》第 47 条并没有区分管理人或托管人报酬的调高或调低的不同情形,而是统一规定调整管理人或托管人报酬标准属于基金份额持有人大会的职权。中基协发布的《证券投资基金基金合同填报指引》亦没有区分不同的调整类型。不过,域外的一些良好实践会将调高与调低进行区别对待,我国学界也有持此主张的。比如,调低报酬是基金管理人、托管人向基金资产让渡利益,对投资者而言,这属于民法上"纯获收益"的行为,因此,并不需要经历复杂漫长的持有人大会决议。而调高管理费则需要持有人大会决议,自不待言。参见蔡奕:《完善公募基金份额持有人大会制度的几点思考》,载黄红元、卢文道主编:《证券法苑》(第 23 卷),法律出版社 2017 年版,第 360 页。

无权要求托管人向其划付第三年度管理费。

(二)划付预留费用应满足相应的举证要求

判断基金清算后剩余财产中的预留费用(除了上述预留管理费)是否应予划付,需要从相关费用的必要性、合理性、是否实际产生、是否存在事先约定或披露等方面展开审查。以本案中管理人所主张的印刷服务费和清算审计服务费为例。在印刷服务费方面:①有关印刷服务的《合作协议》期限为5年,与基金所预设的2年期显然不符;②管理人提供的印刷数量、印刷单价所证明的印刷服务费金额远远未达到管理人申请的费用;③管理人从未在基金正常存续期间向投资者披露过上述印刷服务费,直至基金清盘发生纠纷时才披露;④管理人从未向托管人提供有关印刷服务的《合作协议》与相关发票。在清算审计服务费方面:①清算工作在清算小组的主持下已然完结,管理人所提出的聘请会计师事务所展开清算审计服务实际上尚未进行;②相关当事人对目前的清算结果并无异议,增设《基金合同》未约定的清算审计服务项目没有必要。由于管理人未能提供充分的材料证明印刷服务费、清算审计服务费的必要性、合理性以及实际发生,其划付请求无法得到支持。

综上,如果管理人未能提交充分的材料证明费用实际产生(或相关费用能够与基金所获得的服务成果相对应)、存在必要性和合理性(参考市场合理报价)、存在事前的合同约定(若有)且在对费用披露后相关当事人无异议,则托管人基于自身的监督职能与对投资者利益的维护,应拒绝执行管理人的划款指令,仲裁庭因此驳回管理人的请求合法、合理,值得肯定。

(本案例由北京大学法学院博士研究生杨骐玮编撰)